CRÍTICA HERMENÊUTICA DO DIREITO PROCESSUAL CIVIL

UMA EXPLORAÇÃO FILOSÓFICA DO DIREITO PROCESSUAL CIVIL BRASILEIRO EM TEMPOS DE (CRISE DO) PROTAGONISMO JUDICIAL

COLEÇÃO FÓRUM
Prof. Edson Prata

RICARDO AUGUSTO HERZL

Lenio Luiz Streck
Prefácio

Lúcio Delfino
Posfácio

CRÍTICA HERMENÊUTICA DO DIREITO PROCESSUAL CIVIL

UMA EXPLORAÇÃO FILOSÓFICA DO DIREITO PROCESSUAL CIVIL BRASILEIRO EM TEMPOS DE (CRISE DO) PROTAGONISMO JUDICIAL

2

Belo Horizonte

2018

Coordenadores
Eduardo José da Fonseca Costa
Fernando Rossi
Lúcio Delfino

Conselho Editorial
Carlos Henrique Soares
Georges Abboud
Glauco Gumerato Ramos
Lenio Luiz Streck
Ronaldo Brêtas de Carvalho Dias

© 2018 Editora Fórum Ltda.

É proibida a reprodução total ou parcial desta obra, por qualquer meio eletrônico, inclusive por processos xerográficos, sem autorização expressa do Editor.

Conselho Editorial

Adilson Abreu Dallari
Alécia Paolucci Nogueira Bicalho
Alexandre Coutinho Pagliarini
André Ramos Tavares
Carlos Ayres Britto
Carlos Mário da Silva Velloso
Cármen Lúcia Antunes Rocha
Cesar Augusto Guimarães Pereira
Clovis Beznos
Cristiana Fortini
Dinorá Adelaide Musetti Grotti
Diogo de Figueiredo Moreira Neto
Egon Bockmann Moreira
Emerson Gabardo
Fabrício Motta
Fernando Rossi
Flávio Henrique Unes Pereira
Floriano de Azevedo Marques Neto
Gustavo Justino de Oliveira
Inês Virgínia Prado Soares
Jorge Ulisses Jacoby Fernandes
Juarez Freitas
Luciano Ferraz
Lúcio Delfino
Marcia Carla Pereira Ribeiro
Márcio Cammarosano
Marcos Ehrhardt Jr.
Maria Sylvia Zanella Di Pietro
Ney José de Freitas
Oswaldo Othon de Pontes Saraiva Filho
Paulo Modesto
Romeu Felipe Bacellar Filho
Sérgio Guerra
Walber de Moura Agra

Luís Cláudio Rodrigues Ferreira
Presidente e Editor

Coordenação editorial: Leonardo Eustáquio Siqueira Araújo

Av. Afonso Pena, 2770 – 15º andar – Savassi – CEP 30130-012
Belo Horizonte – Minas Gerais – Tel.: (31) 2121.4900 / 2121.4949
www.editoraforum.com.br – editoraforum@editoraforum.com.br

H582c   Herzl, Ricardo Augusto

         Crítica hermenêutica do Direito Processual Civil: uma exploração filosófica do Direito Processual Civil Brasileiro em tempos de (crise do) protagonismo judicial / Ricardo Augusto Herzl.– Belo Horizonte : Fórum, 2018.

         Coleção Edson Prata

         328 p.

         ISBN 978-85-450-0471-4

         1. Direito Processual Civil. 2. Teoria Geral do Processo. 3. Teoria do Direito. I. Título.

                                                                    CDD 341.46
                                                                    CDU 347.9

Informação bibliográfica deste livro, conforme a NBR 6023:2002 da Associação Brasileira de Normas Técnicas (ABNT):

HERZL, Ricardo Augusto. *Crítica hermenêutica do Direito Processual Civil*: uma exploração filosófica do Direito Processual Civil Brasileiro em tempos de (crise do) protagonismo judicial. Belo Horizonte: Fórum, 2018. 328 p. (Coleção Edson Prata). ISBN 978-85-450-0471-4.

Coleção Fórum Professor Edson Prata

Lei, doutrina e jurisprudência têm reproduzido irrefletidamente no Brasil que o processo civil é mero "instrumento da jurisdição".

Ora, limitá-lo à sua faceta instrumental implica torná-lo verdadeiro *regnum iudicis*.

Mais: imprime à ciência processual civil uma visão autógena, metodologicamente pobre, que se legitima de dentro para fora.

Não se olvide, entretanto, que a CF-1988 reserva o processo ao rol de direitos e garantias fundamentais (sem distinção — aliás — entre *civil* e *penal*).

Afinal, onde há poder [= jurisdição], deve haver a respectiva garantia [= processo].

Nesse sentido, processo é *garantia* do cidadão contra os desvios e excessos no exercício da função jurisdicional.

Esse é o *missing link* do processo civil com a arquitetura político-institucional subjacente à Constituição.

Colocando-se o processo no centro gravitacional, não a jurisdição, equilibra-se a relação entre juiz e partes: o juiz manejando seu poder; autor e réu, suas garantias.

São elas que possibilitam um controle objetivo-racional do poder, confinando-o a balizas democrático-republicanas.

É preciso frisar: o processo civil serve precipuamente às partes, não ao Estado.

Essas premissas são vitais para uma compreensão do CPC-2015, o qual ainda descura de algumas garantias, alçando o juiz a perigosa condição messiânica.

Daí o relevante papel da *Coleção Fórum Professor Edson Prata*: em boa hora municiar a comunidade forense de marcos teóricos contra os ardis autoritários do sistema positivo de direito processual civil brasileiro vigente.

Eduardo José da Fonseca Costa
Fernando Rossi
Lúcio Delfino
Coordenadores.

Edson Gonçalves Prata

Foi advogado, graduando-se pela primeira turma da recém-implantada Faculdade de Direito do Triângulo Mineiro. Aposentado pelo Banco do Brasil, entidade na qual ingressou em primeiro lugar no concurso público em nível nacional a que se submeteu. Professor de Direito Processual Civil da graduação por mais de duas décadas na Faculdade de Direito do Triângulo Mineiro e da pós-graduação na Universidade Federal de Uberlândia. Professor do curso de Comunicação Social da extinta Faculdades Integradas Santo Tomás de Aquino e, posteriormente, da Faculdades Integradas de Uberaba. Fundador do Jornal da Manhã. Fundador da Editora Vitória, especializada em obras jurídicas. Fundador da Sociedade Rural do Triângulo Mineiro, entidade da qual se originou a Associação Brasileira dos Criadores de Zebu. Autor de diversos ensaios científicos e obras jurídicas. Escritor contista. Fundador da Academia de Letras do Triângulo Mineiro. Participante de palestras, seminários e congressos como palestrante e debatedor. Foi fundador e presidente do Instituto dos Advogados de Minas Gerais da seção de Uberaba.

Aos meus pais.

À Darla e à pequena Victoria, com amor.

Agradeço a Deus e aos amigos (poucos e sinceros) que nutri e colhi ao longo da vida.

PROCURO A PALAVRA PALAVRA

Não é a palavra fácil
que procuro.
Nem a difícil sentença,
aquela da morte,
a da fértil e definitiva solitude.
A que antecede este caminho sempre de repente.
Onde me esgueiro, me soletro,
em fantasias de pássaro, homem, serpente.

Procuro a palavra fóssil.
A palavra antes da palavra.

Procuro a palavra palavra.
Esta que me antecede
e se antecede na aurora
e na origem do homem.

Procuro desenhos
dentro da palavra.
Sonoros desenhos, tácteis,
cheiros, desencantos e sombras.
Esquecidos traços. Laços.
Escritos, encantos reescritos.
Na área dos atritos.
Dos detritos.
Em ritos ardidos da carne
e ritmos do verbo.
Em becos metafísicos sem saída.

Sinais, vendavais, silêncios.

Na palavra enigmam restos, rastos de animais,
minerais da insensatez.
Distâncias, circunstâncias, soluços,
desterro.

Palavras são seda, aço.
Cinza onde faço poemas, me refaço.
Uso raciocínio.
Procuro na razão.

Mas o que revela arcaico, pungente,
eterno e para sempre vivo,
vem do buril do coração.

(Lindolf Bell, O código das águas, 1984)

SUMÁRIO

PREFÁCIO
Lenio Luiz Streck 19

NOTA DO AUTOR 23

INTRODUÇÃO 25

1 PROCESSO CIVIL E PROTAGONISMO JUDICIAL 31
1.1 Do *sincretismo* ao *cientificismo processual*. Da coesão à separação entre o Direito Processual e o direito material 31
1.2 Neoconstitucionalismo e constitucionalização do Direito 41
1.3 Emerge o *Terceiro Gigante*: o Poder Judiciário como centralizador das expectativas do Direito. Do protagonismo à criatividade judicial 51
1.4 Instrumentalidade. A preponderância metodológica da jurisdição na construção de mecanismos processuais em busca de escopos do processo 59
1.5 Entre *subjetivismos* e *procedimentalismos*. A Crítica Hermenêutica do Direito Processual Civil (CHDPC) como um novo paradigma hermenêutico (filosófico) de superação ao esquema sujeito-objeto 74

2 FUNDAMENTOS DA CRÍTICA HERMENÊUTICA DO DIREITO COMO MARCO TEÓRICO PARA O DESENVOLVIMENTO DE UMA TEORIA CRÍTICA (FILOSÓFICA) NO DIREITO PROCESSUAL CIVIL BRASILEIRO 87
2.1 Os problemas do(s) positivismo(s) jurídico(s) e seus reflexos no (e para o) Direito. A natural incompletude das regras e a *metáfora do mapa*. A relação entre o agir positivista e o pensar metafísico 87
2.2 O antigo esquema *sujeito-objeto* e a sua superação: a *intersubjetividade*. Razões pelas quais a Crítica Hermenêutica do Direito (CHD) é antirrelativista. Por que o hermeneuta, ao contrário do epistêmico, não será devorado pelo leão? 96
2.3 Para a hermenêutica, *não se pode dizer qualquer coisa sobre qualquer coisa*. Nada parte de um grau zero de sentido. Texto é evento. Será que respeitar os limites semânticos da lei é um agir positivista? 101
2.4 O *nível apofântico* (interpretar mostrando) e o *nível hermenêutico* (mostrar interpretando). Não interpretamos para compreender, sim compreendemos para interpretar. Compreender é aplicar. Interpretar é exteriorizar a compreensão 107

2.5 O combate ao *senso comum teórico*. A alegoria do hermeneuta. Direito não é propaganda de cerveja. Como a hermenêutica pode contribuir com o Direito ao retirar as *falsas camadas de sentido* que encobre o significado dos fenômenos jurídicos 112
2.6 A hermenêutica e a superação de *subjetivismos* e *procedimentalismos*. Como assim: *primeiro decido (escolho), depois fundamento*? O direito fundamental à obtenção da (metáfora da) *resposta correta* (mais adequada à Constituição) 122

3 HERMENÊUTICA E PRINCÍPIOS DO DIREITO PROCESSUAL CIVIL 135
3.1 O que é isto – hermenêutica constitucional? O problema do *milkshake* entre os variados *métodos hermenêuticos*. Os *princípios de interpretação constitucional* 135
3.2 Diferença e relação entre *norma, princípio* e *regra*. Os princípios para o *senso comum teórico*: um modo de abertura interpretativa para a moralização do Direito. A vulgata da (técnica de) *ponderação de valores* como *álibi teórico* para justificar qualquer decisão 145
3.3 A função dos princípios para a Crítica Hermenêutica do Direito: os princípios são co-originários com as regras, são deontológicos e fecham a interpretação 154
3.4 Princípios do Direito Processual Civil. Novos paradigmas a partir do Código de Processo Civil de 2015 163
3.4.1 Princípio da instrumentalidade das formas 163
3.4.2 Princípio *pas de nulitté sans grief* 167
3.4.3 Princípio da flexibilização procedimental 169
3.4.4 Princípio da verdade real 175
3.4.5 Princípio do livre convencimento motivado 178
3.4.6 Princípio da boa-fé processual 181
3.4.7 Princípio da cooperação processual 188
3.4.8 Princípio da razoável duração do processo 196
3.4.9 Princípio do contraditório 199
3.4.10 Princípio da ordem cronológica das decisões 206
3.4.11 Princípio da proporcionalidade 209

4 HERMENÊUTICA, PROCESSO CIVIL E EFETIVIDADE 213
4.1 A sentença e o dever republicano de *accountability* do Magistrado. O Código de Processo Civil de 2015 e o desvelar do *dever de fundamentação*. Críticas à *técnica de suspensão de acórdãos não unânimes*. Os Juizados Especiais e o problema do "voto CPF" (confirma a sentença pelos seus próprios fundamentos) 213
4.2 Razões pelas quais nem todo agir do juiz (no Processo Civil) pode ser considerado *ativismo judicial*. É possível a *comissão por omissão judicial*? A *decisão hermenêutica de produção de provas* como

condição de possibilidade para a obtenção da (metáfora da) resposta correta...... 226
4.3 Processo e tecnologia. O risco do *processualismo tecnocrático*. *Eficiência* (critério quantitativo) não se confunde com *efetividade* (critério qualitativo). A busca pelo *processualismo tecnológico* 233
4.4 A *justiça lotérica* e (a necessidade de) os *provimentos vinculantes*. Críticas ao (pseudo)sistema brasileiro de precedentes judiciais. O importante papel da hermenêutica diante de uma *metalinguagem de segundo grau* 254
4.5 A inconstitucionalidade da *conciliação ou mediação judicial pré-processual*. A natureza Jurídica do processo. Existe processo (e jurisdição) para além do Poder Judiciário? Por um *conceito hermenêutico de processo* 262

CONCLUSÕES 271

À GUIA DE POSFÁCIO: A NARRATIVA DE UMA ABLUÇÃO OU PURIFICAÇÃO DOUTRINÁRIA. O FENÔMENO DE DILUIÇÃO DO PROCESSUAL PELO JURISDICIONAL E O ESQUECIMENTO DO SER CONSTITUCIONAL DO PROCESSO. O DESPREZO AO DIREITO FUNDAMENTAL À LEGALIDADE E O BRASIL SENDO ASSOLADO POR DECISÕES CUJO CRITÉRIO DE JUSTIÇA É O SUBJETIVISMO DO PRÓPRIO INTÉRPRETE. O RESGATE DO PROCESSO COMO INSTITUIÇÃO DE GARANTIA E AS POSSIBILIDADES DE CONTROLE DE ABUSOS E DESVIOS JUDICIAIS
Lúcio Delfino 301

REFERÊNCIAS 321

PREFÁCIO

Em busca de um processo civil democrático e a necessária crítica às velhas teses protagonistas

Há 20 anos lancei as bases do que se tornaria um novo movimento jurídico brasileiro, a Crítica Hermenêutica do Direito (CHD). Fundamentalmente, esta matriz move-se nas águas do paradigma hermenêutico instaurado por Heidegger (que Gadamer aplicaria depois à reflexão das Ciências), em que o conhecimento deixa de ser a mera reprodução de um objeto previamente dado, ou a livre construção por um sujeito. A atribuição de sentidos se dá na linguagem, onde sujeito e objeto (e outros sujeitos) já se encontram envolvidos numa circularidade. Como aduz Ernildo Stein, nós, que dizemos o ser, devemos primeiro escutar o que diz a linguagem. A compreensão e explicitação do ser já exige uma compreensão anterior.

Gadamer, então, já ensinava: aquele que quer dizer algo sobre um texto deve deixar que o texto lhe diga algo. Só por essa linha o leitor já pode imaginar a revisão que esta matriz impôs ao pensamento jurídico – aos objetivismos de sua dogmática e aos subjetivismos de sua prática. Por isso, ao aportá-la ao Direito, os primeiros anos da CHD foram de duro enfrentamento ao pensamento jurídico tradicional, por um lado, e de construção de pontes com outros juristas críticos, por outro. Em meio a tudo isso, cresceu o nosso grupo de pesquisa, o Dasein, contando com o esforço de vários alunos. E aos pressupostos teóricos iniciais logo se incorporaram elementos do interpretativismo de Ronald Dworkin, sobretudo no que se refere às críticas ao decisionismo judicial e à defesa de respostas corretas em Direito. Avançamos nesses estudos com muito rigor, mas criando algo novo, articulando estas fontes e adaptando-as aos problemas do nosso tempo e lugar. Uma antropofagia jusfilosófica.

Recentemente, a CHD entrou numa fase de consolidação, reconhecida no cenário acadêmico nacional e internacional. Firmou-se como matriz teórica autônoma. Há pessoas pesquisando as mais variadas áreas do Direito a partir dela, e muito além das paredes de nosso velho gabinete. Mais do que isso: muitas das nossas categorias se incorporaram ao debate público, vêm influenciando processos legislativos e se infiltrando no cotidiano forense.

Nisso tudo, o Direito Processual Civil vem sendo uma área privilegiada para a "aplicação" da CHD. Orientei várias dissertações e teses fazendo isso, além do que eu mesmo já venho escrevendo. Tenho participado de bancas pelo Brasil afora que tratam da Crítica Hermenêutica como matriz teórica.

A elaboração de um novo Código de Processo Civil foi então um momento marcante (Lei nº 13.105, de 16 de março de 2015). Fiz diversas sugestões que foram acatadas pelo Relator do projeto na Câmara dos Deputados, como a introdução do dever de coerência e integridade e a retirada do livre convencimento, além da luta para evitar o veto presidencial ao artigo 489 (fundamentação das decisões constante no parágrafo primeiro, que a Associação dos Magistrados do Brasil requeria que a então Presidente da República não sancionasse). A tônica dessas intervenções foi sempre no sentido de democratizar o nosso sistema de justiça, e de qualificar a prestação jurisdicional. Enfim, minha preocupação era aumentar o controle da comunidade de intérpretes sobre a decisão judicial.

Foi nesse contexto que se juntou a nós o estimado aluno Ricardo Herzl. Tivemos a satisfação de orientá-lo nesta tese, em que traz contribuições fundamentais para uma Crítica Hermenêutica do Direito Processual Civil. Além das aulas, conversávamos no gabinete, líamos livros conjuntamente e produzíamos em coautoria.

Nessa pesquisa que ora vem a público, além de sistematizar as relações entre a CHD e a processualística cível brasileira, Ricardo desenvolve várias ideias inéditas, se posiciona e abre diálogos críticos (inclusive com outros hermeneutas). Como fruto de suas pesquisas que resultou na sua tese, os posicionamentos que na sequência serão encontrados possuem aquele traço que é peculiar a este tipo de esforço acadêmico: ganham autonomia.

Estivemos juntos na crítica aos "novos embargos infringentes". Saúdo suas críticas ao protagonismo judicial como um todo, ao "(pseudo)sistema brasileiro de precedentes judiciais", ao livre convencimento do CPC/73, à ponderação no CPC/2015 etc. Saúdo também sua disposição de se aventurar produtivamente com relação à sua tradição, mesmo que discordemos eventualmente. Isso é importantíssimo, afinal

a hermenêutica não quer ter a última palavra. Sua "alma" é o diálogo autêntico.
Que o leitor aproveite esse diálogo de alto nível.
Boa leitura a todos.

> Escrito na Dacha de São José do Herval, quando os liquidambars começam a amarronzar suas folhas, abrindo seus galhos para a estação vindoura.

Por Lenio Luiz Streck

Mestre e Doutor em Direito pela Universidade Federal de Santa Catarina. Pós-Doutor pela Universidade de Lisboa. Professor titular do Programa de Pós-Graduação em Direito (Mestrado e Doutorado) da UNISINOS. Professor permanente da UNESA-RJ, de ROMA-TRE (Scuola Dottorale Tulio Scarelli), da Faculdade de Direito da Universidade de Coimbra e da Faculdade de Direito da Universidade de Lisboa. Membro catedrático da Academia Brasileira de Direito Constitucional (ABDConst). Presidente de Honra do Instituto de Hermenêutica Jurídica (IHJ) (RS-MG). Membro da comissão permanente de Direito Constitucional do Instituto dos Advogados Brasileiros (IAB), do Observatório da Jurisdição Constitucional do Instituto Brasiliense de Direito Público (IDP), da Revista Direitos Fundamentais e Justiça, da Revista Novos Estudos Jurídicos, entre outros. Coordenador do Núcleo de Estudos Hermenêuticos (DASEIN). Ex-Procurador de Justiça do Estado do Rio Grande do Sul. Autor de diversas obras jurídicas (*Jurisdição Constitucional e Decisão Jurídica, Hermenêutica Jurídica e(m) Crise, Verdade e Consenso*, dentre outras). Jurista e Advogado.

NOTA DO AUTOR

Tendo em conta que nada parte de um grau zero de sentido, ou seja, somos o reflexo da (e os responsáveis pela) nossa historicidade, antes de ingressar propriamente nos objetivos deste trabalho, tornam-se necessários alguns prévios e importantes esclarecimentos para que não nos acusem – levianamente – de incoerência em nossa postura acadêmica. Vamos nos antecipar, portanto, e evitar ou pôr fim a alguns potenciais mal-entendidos.

O neoprocessualismo (e suas derivações instrumentalistas) tem sido aclamado por boa parte (não necessariamente a parte boa) da doutrina brasileira como sinônimo de modernidade e prosperidade técnica – a exemplo de autores nacionais como Cambi, Didier e Bedaque –, enquanto decorrência dos influxos do neoconstitucionalismo sobre o Direito Processual Civil.

Fruto da crescente constitucionalização do Direito, o neoprocessualismo se caracterizaria pela utilização dos princípios como meio de concretização de valores constitucionais por intermédio do arcabouço processual e no desenvolvimento de institutos processuais aptos a assegurar maior efetividade às decisões judiciais.

Foi nesse sentido que, quando da elaboração da nossa dissertação de Mestrado na Universidade Federal de Santa Catarina (2011-2012), fomos seduzidos pelo canto das sereias e, assim, procuramos demonstrar (ingenuamente) que o neoprocessualismo representaria a quarta fase na evolução do Direito Processual Civil Brasileiro, após o sincretismo, o cientificismo e o instrumentalismo.

Naquela oportunidade sustentamos, sob o viés estritamente dogmático e caudatário do senso comum teórico, consistir o neoprocessualismo na mudança paradigmática do Direito Processual Civil a partir das influências teóricas do neoconstitucionalismo: a centralidade dos direitos fundamentais no sistema jurídico, a reaproximação entre o Direito e a ética, e a construção de uma nova dogmática de interpretação constitucional.

Em janeiro de 2013 encaminhamos para a publicação a obra intitulada *Neoprocessualismo, Processo e Constituição: tendências do Direito Processual Civil à luz do Neoconstitucionalismo*, que veio a compor o volume 6 da coleção Ensaios de Direito Processual Civil, em parceria com o Centro de Estudos Jurídicos (CEJUR) do Tribunal de Justiça de Santa Catarina, com o especial apoio do Prof. Dr. Eduardo de Avelar

Lamy, a quem seremos sempre gratos, pela amizade e pela confiança depositadas.

Ocorre que estávamos equivocados. Por nossa sorte (se é que ela existe...), no início do mesmo ano de publicação da nossa primeira obra nos deparamos com a possibilidade de realizar o processo seletivo para o ingresso no Doutorado em Direito da Universidade do Vale do Rio dos Sinos (UNISINOS).

Foi diante desse contexto que tivemos os primeiros contatos com as ideias do Prof. Dr. Lenio Luiz Streck, mormente por ter sido exigido, no referido processo seletivo, a leitura da obra *O que é isto: decido conforme minha consciência?*

As primeiras aulas vieram com o Professor Lenio em maio de 2013: o problema do positivismo, a superação do esquema sujeito-objeto, o solipsismo judicial e o panprincipiologismo.

Enquanto novos conceitos hermenêuticos ampliavam o tamanho da nossa gaiola e a visão crítica afiava as nossas unhas, observávamos o castelo formado por vários dogmas (como a panaceia do "princípio" da proporcionalidade) ruir diante dos nossos olhos atônitos. Saboreamos emoções das mais diversas: da sensação de ingenuidade teórica (ou insuficiência filosófica) à angústia pela obtenção da (metáfora da) resposta correta.

Foi no rico e profícuo convívio com o Prof. Lenio Streck – que, aliás, foi extremamente generoso conosco, pois nos abraçou sob a sua tutoria, ainda que previamente ciente da nossa equivocada publicação –, que decidimos aproveitar a pesquisa desempenhada no Mestrado para colocar em xeque as premissas do neoprocessualismo (e outras vulgatas instrumentalistas) a partir da Crítica Hermenêutica do Direito.

E a razão da desconstrução para reconstrução nos aparentou bastante evidente: percebemos que a partir de uma postura um pouco mais filosófica – onde os porquês se constituem em importante referencial e exercem papel refundante – poderíamos sair do conforto (aparente) que nos proporcionava o senso comum teórico, aliada com a enorme vantagem de poder interagir diretamente com o pensador de uma das mais importantes escolas críticas do Direito da América Latina na atualidade.

INTRODUÇÃO

A nossa pesquisa adotará o *"método" fenomenológico-hermenêutico*[1] – e, desde já, queremos antecipar que a simbologia da palavra "método" (sim, *entre aspas*) denuncia que *a hermenêutica é, na verdade, antimetodológica* –, cabendo-nos tecer algumas breves considerações acerca do percurso que conduzirá o nosso empreendimento (filosófico).

Em síntese, não faremos uma análise externa, como se o sujeito e o objeto estivessem cindidos. Pelo contrário, o pesquisador estará diretamente implicado a construção da tese, pois interagirá com a temática a ser desenvolvida e sofrerá, em contrapartida, as consequências dos seus resultados (suas descobertas e potencialidades). Logo, não se trata de uma investigação alheia ao pesquisador: estaremos hermeneuticamente *envolvidos no mundo* onde a pesquisa será desenvolvida. Esta é a dimensão que trabalharemos o fenômeno (tese).[2]

Ocorre que, para além da promessa de superação do paradigma juspositivista – do *juiz boca da lei* –, as influências do

---

[1] STEIN, Ernildo. Introdução ao método fenomenológico Heideggeriano. In: HEIDEGGER, Martin. *Conferências e escritos filosóficos*. Sobre a essência do fundamento. Tradução de Ernildo Stein. São Paulo: Abril Cultural, 1979. (Coleção Os pensadores).

[2] "Como fio condutor para a elaboração destas reflexões, adoto o 'método' fenomenológico, visto, a partir de Heidegger, como 'interpretação ou hermenêutica universal', é dizer, como revisão crítica dos temas centrais transmitidos pela tradição filosófica através da linguagem, como destruição e revolvimento do chão linguístico da metafísica ocidental, mediante o qual é possível descobrir um indisfarçável projeto de analítica da linguagem, numa imediata proximidade com a práxis humana, como existência e facticidade, onde a linguagem – o sentido, a denotação – não é analisada num sistema fechado de referências, mas, sim, no plano da historicidade. Enquanto baseado no método hermenêutico-linguístico, o texto procura não se desligar da existência concreta, nem da carga pré-ontológica que na existência já vem sempre antecipada. O verdadeiro caráter do método fenomenológico não pode ser explicitado fora do movimento e da dinâmica da própria análise do objeto. O 'Dasein' impõe, por causa de sua estrutura particular, que a consideração metódica se realize dentro da sistemática análise do seu ser e sentido. A introdução ao método fenomenológico somente é possível, portanto, na medida em que, de sua aplicação, foram obtidos os primeiros resultados. Isso constitui sua ambiguidade e sua intrínseca circularidade. A 'constituição fundamental do objeto' e o 'modo de ser do ente tematizado' estão implicados na exposição do método. Mas, como a 'constituição e o modo de ser' do 'Dasein' só resultam de uma análise existencial, deve primeiro ser suposto o método. Sua explicitação somente terá lugar no momento em que tiver sido atingida a situação hermenêutica necessária. Atingida esta, descobre-se que o método se determina a partir da coisa mesma ('Sache selbst'). A escada para penetrar nas estruturas existenciais do 'Dasein' é manejada pelo próprio 'Dasein' e não pode ser preparada fora para depois se penetrar no objeto. A escada já está implicada naquilo para onde deveria conduzir". STRECK, Lenio Luiz. *Jurisdição constitucional e decisão jurídica*. São Paulo: Revista dos Tribunais, 2013, p. 31.

neoconstitucionalismo transformaram o Direito Processual Civil em terreno fértil para as *mazelas da discricionariedade* e, consequentemente, de decisionismos. Se antes o julgador era destinatário da ditadura da lei, agora se assenhora dela (lei) e do Direito, utilizando-se da (técnica de) ponderação de valores para solapar o Estado Democrático e Republicano em nome de uma justiça patrocinada pelos seus próprios valores morais.

Nesta quadra da história – calcada pela busca tardia da efetividade dos direitos fundamentais, mormente no Direito brasileiro – ganham força *teorias da argumentação jurídica*, muitas vezes utilizadas como fundamento de decisões judiciais meramente performáticas, produto da jurisprudência dos valores. Multiplicam-se os princípios e, com eles, os *salvadores da pátria de toga* (ainda que bem-intencionados e, muitos, sem se darem conta do problema) reproduzem insegurança jurídica e *achismos processualizados*.

Depender da *sorte* para cair nas graças do *bom juiz* (bom para quem?) transformou a prestação jurisdicional em "roleta russa" no Brasil, circunstância que aniquila qualquer autonomia do Direito.

Ora, evidentemente, diante desse contexto jurídico processual *caótico*, invertem-se as expectativas dos *homens-de-bem*: aquele que nada tem a perder é estimulado a demandar (porque pode se dar bem... vai que cola?!) – e, aqui, referimo-nos principalmente aos Juizados Especiais, porquanto não existem custas processuais em primeiro grau de jurisdição –, ao passo que o cidadão (exemplar), que teria razão de buscar seu direito, tem medo de bater às portas do Poder Judiciário e correr o risco de suportar o efeito fulminante da coisa julgada, pois lhe falta hoje, em pleno século XXI, um mínimo de segurança e previsibilidade jurídica na atuação dos magistrados e tribunais.

Onde chegamos? Será que o *protagonismo judicial* não estaria passando por momentos de *crise*, em tempos de multiplicação de mecanismos de objetivação do processo e da constante *estandardização* do Direito, diante da criação de um *(pseudo)sistema de precedentes judiciais* projetado especialmente para combater a famigerada *loteria judicial*?

Assim sendo, a utilização da matriz hermenêutica para repensar o Direito Processual Civil Brasileiro se demonstra oportuna e fundamental, porquanto o Código de Processo Civil de 2015 rompe com a lógica da jurisdição no centro do fenômeno processual: doravante, o processo passa a ser pensado a partir da sua efetividade (no sentido qualitativo), onde as partes e magistrado passam a comparticipar de um processo onde o falar em protagonismos (de um polo a outro) perde (e refunda), aos poucos, seu significado. Logo, além de necessário, o debate a ser travado entre as posturas neoprocessualista-instrumentalistas e a Crítica Hermenêutica do Direito Processual Civil (CHDPC) não só é necessária e viável, como também é iminente.

Eis que emerge a *nossa hipótese*: buscaremos demonstrar *se e como* a Crítica Hermenêutica do Direito Processual Civil (CHDPC) poderá contribuir para a (re)construção de um novo paradigma no processo civil brasileiro, enquanto referencial teórico de *superação* da metafísica (clássica ou moderna), a partir da *desconstrução* de posturas *subjetivistas* ou *procedimentalistas*, ainda apegadas ao esquema sujeito-objeto.

De mais a mais, verificaremos que os princípios não devem ser utilizados como meio de introdução de *preceitos morais* no Direito Processual Civil a fim de proporcionar a abertura interpretativa, porquanto, ao contrário do que defende o *senso comum teórico*, as regras já nascem morais e co-originárias de princípios com função deontológica e que, por isso, fecham a compreensão, restringindo discricionariedades. Assim, deve ser repensada a função, o conteúdo e a finalidade de alguns dos mais relevantes princípios no (atual e futuro) Direito Processual Civil Brasileiro.

Impende ressaltar que os reflexos dos fundamentos que norteiam a Crítica Hermenêutica do Direito são indispensáveis para a construção de nova criteriologia na fundamentação das decisões judiciais, no combate à discricionariedade e ao solipsismo judicial. Aliás, como se verá, a ampliação das técnicas de *objetivação judicial de teses* não elimina a necessidade e a utilidade da hermenêutica (filosófica) – ao contrário, só a reforçam – diante da *aparente* tentativa de se pôr grilhões ao juiz Hércules no Direito Processual Civil Brasileiro.

Defenderemos que a *efetividade do processo* se exprime pela *qualidade* da prestação da tutela jurisdicional, o que só reforça a natureza constitucionalmente pública do processo civil em *terrae brasilis*. Mas cuidado: isso não faz do juiz um Deus no processo, tampouco a nossa proposta se confunde com uma espécie arrojada de *socialismo processual*. Colocaremos, sim, *cada pingo no seu "i"*.

Para a Crítica Hermenêutica do Direito Processual Civil (CHDPC), o juiz não é (e nem deve ser) um mero observador do processo. Aliás, o magistrado está no processo (no mundo) e, por isso mesmo, terá sempre a responsabilidade democrática de procurar obter a (metáfora da) *resposta correta* (mais adequada à Constituição) –, a partir de *decisões íntegras e coerentes*. Acreditamos que compromisso do magistrado com uma *postura hermenêutica (filosófica)* é capaz de blindá-lo, a partir da *intersubjetividade*, de discricionariedades e decisionismos.

Para tal desiderato, verificaremos a evolução (histórica) do Direito Processo Civil e algumas das diferentes concepções do *processualismo à brasileira* – ainda apegadas ao superado *esquema sujeito-objeto* –, a apostar em excessivo *protagonismo judicial*, mormente após os influxos do neoconstitucionalismo, ou em posturas procedimentalistas (garantistas).

Ainda, identificaremos os fundamentos da Crítica Hermenêutica do Direito, construída no Brasil por Lenio Luiz Streck –, que surge basicamente do *triálogo* entre a *filosofia hermenêutica* (Martin Heidegger), a *hermenêutica filosófica* (Hans-Georg Gadamer) e os critérios de *integridade e coerência* no Direito (Ronald Dworkin) –, a fim de lançarmos as premissas do referencial teórico que adotaremos e nos guiará durante o restante da nossa caminhada.

Ademais, (re)pensaremos a função, o conteúdo e a finalidade dos princípios, a partir do viés hermenêutico (antirrelativista), de modo a criticar alguns dos (ultrapassados) princípios do Direito Processo Civil e a identificar o papel dos novos (ou *oxigenados*) postulados diante dos novos paradigmas instituídos a partir do Código de Processo Civil de 2015.

Por derradeiro, trataremos de diversos assuntos relacionados à efetividade (hermenêutica) do processo. Verificaremos o dever republicano de o magistrado prolatar decisões bem fundamentadas (*accountability*), denunciar o *processualismo tecnocrático* e a indústria do *copia-e-cola* no dia a dia forense, examinar a possibilidade (ou não) de decisões hermenêuticas de produção de provas, constatar os reflexos da justiça lotérica e a criação de um novo mito para a salvação da lavoura – o *(pseudo)sistema de precedentes judiciais* (e, consequentemente, uma metalinguagem de segundo grau) –, averiguar a impossibilidade de atuação do Poder Judiciário em mediar ou conciliar *pré-processualmente* para, ao fim e a cabo, identificar quais os fundamentos da Crítica Hermenêutica do Direito Processual Civil (CHDPC) capazes de identificá-la como um *locus* filosófico de *superação* do atual paradigma processual.

Em uma última palavra: devido à nossa proposital opção pela *ampla abordagem temática* (o que nos impõe natural "movimento de *zoom-out*" na percepção dos fenômenos processuais em voo estratosférico), impossível esgotar os assuntos postos à baila ou propor soluções para todos os temas de grande relevância para o Direito Processual Civil. Aliás, a nossa luta é empreendimento que *desde-sempre-já-nos-antecede* e, certamente, ocupará boa parte da nossa vida acadêmica futura.

Nosso objetivo final, portanto, será fazer parte de um empreendimento filosófico e, exatamente por isso, sem qualquer comprometimento com a localização de soluções peremptórias. Pretendemos, sim, chamar a atenção do leitor para o sério *déficit hermenêutico* que atualmente vivenciamos a partir da *visão crítica* do Direito Processual Civil Brasileiro, espaço de significâncias onde as *perguntas*, desde que bem elaboradas, desempenham papel muito mais relevante na busca pela compreensão dos fenômenos jurídicos do que as respostas *prêt-à-porter* apresentadas pelo senso comum teórico.

1 PROCESSO CIVIL E PROTAGONISMO JUDICIAL

Neste capítulo, faremos um breve resgate histórico acerca da evolução do Direito Processual Civil, com ênfase no Brasil, a fim de demonstrar que vivemos em tempos de (crise do) protagonismo judicial, problema que se reflete em posturas *subjetivistas* e *procedimentalistas*.

1.1 Do *sincretismo* ao *cientificismo processual*. Da coesão à separação entre o Direito Processual e o direito material

Se é verdade que a história da humanidade civilizada se confunde com a história do Direito,[3] também é verdade que o Direito Processual Civil só foi assim identificado, com a merecida *autonomia científica* – o que exige o desenvolvimento de princípios, institutos e procedimentos próprios –, há algo em torno de *cento e cinquenta anos*.

Logo, quando fazemos a releitura da história do Direito[4] em busca de centelhas daquilo que foi no passado o alvorecer do Direito

---

[3] "Desde que o homem sentiu a existência do direito, começou a converter em leis as necessidades sociais. Para trás havia ficado a era da força física e da ardilosidade, com as quais se defendera na caverna e nas primeiras organizações gregárias. Agora o aspecto das coisas já era diferente: a própria natureza se ataviara, para gáudio dos sentidos. E a sensação do justo e do equitativo se infiltrava pelas frinchas do seu espírito. Uma noção inusitada do procedimento humano se distendia para dentro do seu ser, promanada do desconhecido e do mistério da criação. [...] Os direitos surgiram precisamente quando as civilizações originárias atingiram o momento necessário às suas eclosões. Resultaram delas, do ápice cultural a que tinham atingido, após a saturação do estado primitivo". ALTAVILA, Jaime de. *Origem dos direitos dos povos*. 5. ed. São Paulo: Ícone, 1989, p. 13-14.

[4] Conquanto seja inegável a relação entre a codificação do Direito e o surgimento da escrita humana, Antônio Carlos Wolkmer lembra que as civilizações mais arcaicas, como as dos aborígenes da Austrália, Nova Guiné e da Amazônia do Brasil, já possuíam regras de convivência sem qualquer conhecimento da escrita formal, calcadas nas tradições de

Processual Civil, é evidente que não encontraremos qualquer sistematização da disciplina, mas sim a identificação do berço de alguns poucos procedimentos ou institutos processuais, só possível em razão da pré-compreensão daquilo que hoje entendemos *ser* o processo e de *como* ele foi construído.

Por esta razão, a doutrina chama a primeira fase do processo de *sincrética*. A ideia do sincretismo remonta ao conceito de unidade, de fusão, momento histórico em que o direito material e o Direito Processual se confundiam em um só.

A característica dominante do sincretismo processual é a de que o processo, em seus primórdios, não possuía qualquer autonomia e, por isso, exprimia-se pelo *direito material em movimento*. Daí a ideia de *ação*, do processo enquanto uma *característica* meramente *dinâmica* do direito material.

É certo que a ritualística em torno de procedimentos que buscavam o Direito, ainda que ocupando a roupagem da *vontade divina*, fez parte da cultura desde os povos antigos. As *ordálias* (ou *ordálios*) eram procedimentos rudimentares de produção de prova utilizados para determinar a culpa ou a inocência por intermédio de elementos da natureza e as suas consequências sobre o corpo humano, pela mera relação de causa-efeito, ou até mesmo pelo duelo entre as pessoas.[5] Muitas das vezes a constatação da não culpabilidade deveria, inclusive, contrariar as leis da natureza, como sinal de desaprovação da punição do humano pelo divino.

Na Grécia já encontramos os primeiros traços acerca da arbitragem e da mediação de conflitos.[6] Mas é, sem dúvida, no Direito Romano

---

cada povo, principalmente na prática religiosa e nas relações de parentesco. Assim, os direitos desses povos espelham seu mundo social, seu tempo e se explicam no espaço de sua gestação, o que justifica a sua natural historicidade. Dentre os povos antigos destacaram-se os Direitos egípcio, o mesopotâmio, o mosaico, o grego, o hindu e o romano. A esse respeito: WOLKMER, Antônio Carlos (Org.). *Fundamentos de história do Direito*. 5. ed. Belo Horizonte: Del Rey, 2010, p. 2.

[5] "A noção geral de ordálio inclui uma grande variedade de técnicas utilizadas em diferentes situações, de acordo com as tradições particulares e com base nas escolhas feitas pelos juízes ou pelas partes: o ordálio mais comum e duradouro foi o duelo judicial, em que os partes ou seus campeões combatiam perante os juízes. Entretanto, outras formas foram muito populares, como a 'prova d'água', a prova do 'caldeirão fervente', a prova do 'ferro incandescente', a prova do 'fogo', e diversas versões dessas técnicas fundamentais. [...] Todos estes meios de prova eram vulgarmente chamados de 'juízos divinos', visto que se fundavam na premissa de que Deus, devidamente requerido a assistir as partes, deveria determinar o êxito da prova, tornando evidente a inocência ou a culpabilidade do sujeito que a ela se submetera". TARUFFO, Michele. *Uma simples verdade*: o juiz e a construção dos fatos. Tradução de Vitor de Paula Ramos. São Paulo: Marcial Pons, 2012, p. 19-20.

[6] "Um exemplo significativo de quão evoluído era o Direito Processual grego é encontrado no estudo dos árbitros públicos e privados. Trata-se aqui de duas práticas que se tomaram

que encontramos os principais vestígios de uma fase inaugural do Direito Processual Civil.

A doutrina processual costuma dividir a evolução do Direito Processual em Roma em três grandes momentos: a fase *legis actiones*, a fase *per formulas* e a fase *extraordinaria cognitio*.[7] Durante a fase *legis actiones*, período que se estendeu até 149 a.C., o processo civil era extremamente solene.[8] A ritualística, derivada de forte misticismo religioso, e o apego ao formalismo, ao *procedimento*, consistia no uso de uma série de palavras, gestos ou juramentos (*sacramentum*) que poderiam, pelo seu simples desrespeito, implicar o perecimento do direito (mérito).

Aqui o procedimento era dividido em duas partes. Na primeira etapa, o pedido era feito pessoalmente, diretamente e oralmente pelo cidadão romano ao *praetor* (magistrado não profissional),[9] que autorizava o prosseguimento da *actio* romana correspondente, por meio dos dizeres *do, dico, addico* (*tria verba legitima*).

Uma vez fixado o objeto do litígio, em uma segunda etapa as partes estavam autorizadas a submeterem a sua demanda a um árbitro privado (*iudex privatus*), por elas escolhido, e que seria o responsável por coletar as provas, proferir a sentença e resolver a questão em debate, todas ligadas por uma espécie de contrato arbitral após a pública homologação pelo *praetor*.

O Império Romano, em franca expansão territorial, trouxe consigo o aumento da complexidade das relações sociais. As poucas *actio*

---

comuns, no direito Grego, como alternativas a um processo judicial normal: a arbitragem privada e a arbitragem pública. A arbitragem privada era um meio alternativo mais simples e mais rápido, realizado fora do tribunal, de se resolver litígio, sendo arranjada pelas partes envolvidas que escolhiam os árbitros entre pessoas conhecidas e de confiança. Nesse caso o árbitro (ou árbitros) não emitia um julgamento, mas procurava obter um acordo, ou conciliação, entre as partes. Segundo Aristóteles, o árbitro buscava a equidade e não simplesmente o cumprimento de uma lei codificada. A arbitragem privada corresponderia, portanto, a nossa moderna mediação". WOLKMER, Antônio Carlos (Org.). *Fundamentos de história do Direito*. 5. ed. Belo Horizonte: Del Rey, 2010, p. 94-95.

[7] BERMUDES. Sérgio. *Iniciação ao estudo do Direito Processual Civil*. 1. ed. Rio de Janeiro: Liber Juris, 1973, p. 28.

[8] OLIVEIRA, Carlos Alberto Alvaro de. *Do formalismo no processo civil*. 2. ed. São Paulo: Saraiva, 2003, p. 16.

[9] Vale ressaltar que a *legis actiones* abarcou dois períodos importantes da civilização romana: o *período da realeza* (do início de Roma a 510 a.C.), as instituições políticas estavam ligadas a um Estado Teocrático e a um Direito costumeiro, em que a função da magistratura era exercida e monopolizada pelos pontífices; e, após a queda da realeza, o *período da república* (510-27 a.C.), quando foi introduzida a lei como fonte do Direito e a magistratura passou a ser exercida também por árbitros plebeus, de forma temporária, colegiada, gratuita e, ainda, irresponsável. A esse respeito: WOLKMER, Antônio Carlos (Org.). *Fundamentos de história do Direito*. 5. ed. Belo Horizonte: Del Rey, 2010, p. 140-143.

romanas disponíveis, tipicamente desenvolvidas à luz dos costumes locais e acessíveis apenas aos cidadãos romanos (*cives*), já não eram suficientes para solver as demandas.

Cada povo conquistado tinha peculiaridades atinentes à sua cultura. E os meios de acesso ao Direito, visando à pacificação social e a manutenção do Império Romano, exigiram certa *flexibilização* dos rígidos e estritos procedimentos adotados até então.

A segunda fase do Direito Processual romano, conhecida por fase *per formulas* (ou período formulário), tem início com a publicação da *lex Aebutia* em 149 a.C.[10] Passaram a ganhar voz e vez de peticionar os estrangeiros (*peregrinus*), para além dos cidadãos romanos (*cives*), e permitiu-se pela vez primeira a possibilidade de representação das partes por terceiros: eis que surge o *advogado*.

No período formulário, o procedimento se manteve divido em duas etapas. Todavia, quando o pedido de abertura do processo era admitido pelo *praetor*, também eram criadas fórmulas (instruções escritas) que norteariam o trabalho a ser desenvolvido pelos árbitros privados.

Tratava-se, portanto, de espécie de *flexibilização procedimental*, onde o *praetor*, como se um *alfaiate* fosse, tirava as medidas do caso em concreto a ele apresentado para desenhar o *molde* – o rito (*iudicium*), passo a passo – mais adaptado possível, sob medida, para a resolução da demanda.[11]

A partir de 27 a.C. Roma ingressa no *período do principado*, em que o sistema político passa da República ao Império, após intensa crise política, com a centralização de todos os poderes em Otaviano – embora tenha estrategicamente mantido as principais instituições republicanas –, restando agraciado com o título de *Augusto* pelo Senado.

O então imperador passa a agir como monarca absoluto, exercendo poderes ilimitados. Nessa época, surgem os maiores jurisconsultos clássicos e sistematizadores do Direito Romano, dentre eles Salvio Juliano, Papiniano, Paulo, Gaio, Ulpiano e Modestino.

---

[10] TUCCI, José Rogério Cruz e. *Lições de história do processo civil romano*. São Paulo: Revista dos Tribunais, 1996, p. 39.

[11] "Com a introdução das fórmulas escritas, pela 'lex Aebutia', os 'iudicia privata' sofrem grandes transformações, cedendo lugar a uma conceituação das regras do procedimento, menos rígidas e mais adaptadas ao reclame da comunidade. [...] A fórmula – que altera a característica eminentemente oral do sistema anterior – correspondia ao esquema abstrato contido no edito do pretor, e que servia de paradigma para que, num caso concreto, feitas as adequações necessárias, fosse redigido um documento ('iudicium') – pelo magistrado com o auxílio das partes –, no qual se fixava o objeto da demanda que devia ser julgada pelo 'iudex' popular". TUCCI, José Rogério Cruz e. *Lições de história do processo civil romano*. São Paulo: Revista dos Tribunais, 1996, p. 47.

O imperador Otaviano Augusto reorganizou todo o sistema processual romano e oficializou definitivamente a utilização de fórmulas por meio da *lex Julia privatorum* (17 a.c.), em substituição das *legis actiones*, dando início paulatinamente à ultima e terceira fase da *cognitio extraordinária*.

Nesta etapa, houve a unificação do papel de julgador, eliminando-se a figura dos *jurisconsultos* (árbitros privados) e concentrando o poder nas mãos dos *pretores* (agora, funcionários públicos remunerados). Surgem na história, assim, os primeiros *juízes profissionais*.[12]

A função jurisdicional, antes *parcialmente privada*, desloca-se para o Império, tornando-se *completamente pública*. Ainda, a função jurisdicional passa a representar o poder do Império, permitindo-se que o *praetor* fosse além da mera cognição e pudesse tomar medidas concretas de natureza executiva, com a possibilidade de invocar, em nome do imperador, a força pública.

Durante a fase da *extraordinaria cognitio*, o processo em Roma – ainda entendido como o direito de ação em movimento – vai paulatinamente se afastando do domínio das partes e permitindo papel cada vez mais central da figura do juiz e dos tribunais.

Em 285 Roma adentra em um período de forte decadência cultural e política, após a sua adaptação às balizas do Cristianismo. O imperador Diocleciano determina que a fonte de criação do Direito passe a ser a Constituição Imperial, em total superação e substituição às fórmulas, dando início ao *período do baixo império*.[13]

O Império Romano se dá conta de que a *jurisdictio* – concentração do poder de dizer a quem pertence o Direito – torna-se importante instrumento de *dominação política e social*. Inicia-se, assim, forte tendência de *publicização do processo*, em que as partes vão cedendo parcela de sua autonomia em benefício de um magistrado cada vez mais pujante e atuante.[14]

---

[12] BERNABENTOS, Omar Abel. *Teoria general del processo*. Rosario: Juris, 2005. v. 2, p. 49-50.

[13] O grande salto do Direito Romano ocorreu em torno de 530, quando Justiniano encarrega Triboniano para, no prazo de dez anos, compilar todo o Direito Romano. Para tal desiderato foi composta uma comissão por dezesseis membros e o trabalho foi concluído em três anos, com a elaboração do *Digesto* e das *Pandectas*. Em seguida, Justiniano escolheu três compiladores (Triboniano, Doroteu e Teófilo) para publicarem uma obra que servisse aos estudantes como introdução ao Direito, denominando-a *Institutas*. Justiniano ainda introduziu algumas modificações na legislação mediante as Constituições Imperiais. Finalmente, ao conjunto de compilações dá-se o nome de *Corpus Iuris Civilis*, composta pelas *Institutas* (manual escolar), o *Digesto* (compilação de jurisprudência), o *Código* (compilação de leis) e as *Novelas* (reunião das constituições promulgadas após Justiniano). A esse respeito: WOLKMER, Antônio Carlos (Org.). *Fundamentos de história do Direito*. 5. ed. Belo Horizonte: Del Rey, 2010, p. 143.

[14] "Em consequência do enfraquecimento do formalismo, na 'cognitio ou libellus' (esse procedimento começa com a entrega pelo demandante ao juiz de um escrito, o 'libellus

O procedimento passa a ser compreendido como *matéria de ordem pública* e, portanto, indisponível para a vontade das partes. As manifestações das partes, agora representadas por advogados, deixam de privilegiar a oralidade e advém a valorizar a *petição escrita*. O juiz passa a exercer papel mais proativo – torna-se possível a produção de provas *ex officio* –, transformando-se de mero expectador a fiscalizador do andamento processual (surge, assim, o *impulso oficial*).

À medida que as *respostas* (sentenças) eram prolatadas, as premissas e opiniões exaradas em suas justificações, em um mesmo sentido, fazem surgir o termo *jurisprudência*, correspondendo à "forma de pensar dos homens prudentes" e, a partir da *práxis*, elaboram-se regras aplicáveis a todos. A jurisprudência romana, calcada no forte respeito à religião e à tradição, transforma-se no fundamento do certo e do justo.[15]

Após a decadência do Império Romano em 585, a partir da fragmentação do poder das nações, a humanidade ingressa na chamada *idade das trevas*. Só no século XI, na denominada escola de Bolonha

---

conventionis', daí seu nome) começa a ser restringido o predomínio das partes sobre os trâmites procedimentais, em favor de um papel mais acentuado do juiz. Aumenta-se assim, de forma especial, o domínio do tribunal sobre a causa, passando aquele a caracterizar-se como lídimo representante do impulso do processo, embora não vedada a intervenção das partes. Ao mesmo tempo, os princípios da imediatidade e oralidade começam a perder vigência, admitindo-se exceções, pois, muitas vezes, na ausência das partes, a determinação da sentença apoia-se em atas e outros documentos. Em virtude dessa publicização do processo, a aportação e eleição das provas deixa de ser coisa das partes e se transfere ao tribunal. Podem ser empregadas como meios de prova, tanto no período clássico quanto no pós-clássico, todas as circunstâncias pessoais e reais, fáticas e jurídicas, nas quais pudesse o juiz apor sua decisão". OLIVEIRA, Carlos Alberto Alvaro de. *Do formalismo no processo civil*. 2. ed. São Paulo: Saraiva, 2003, p. 23.

[15] "Ora, a força coercitiva da autoridade, nos diz Hannah Arendt citando Mommsen, estava ligada à força religiosa dos 'áuspices', os quais, ao contrário dos oráculos gregos, não sugeriam o curso objetivo dos eventos futuros, mas revelavam apenas a confirmação ou desaprovação dos deuses para as decisões dos homens. Os deuses romanos não determinavam o que os homens fariam, mas aumentavam – isto é, engrandeciam as ações humanas. Assim, tinham autoridade aqueles que eram capazes de arcar com o peso de aumentar a fundação. Daí a importante noção romana de 'gravitas', traço proeminente de seus juristas. O desenvolvimento da jurisprudência romana, a nosso ver, está ligado a este quadro. Afinal, o jurista, mais do que pelo seu saber – saber, aqui, tomado num sentido grego de conhecimento – era respeitado pela sua 'gravitas', o que indicava estar ele mais perto dos seus antepassados. Entende-se, por isso, que a teoria jurídica romana não era exatamente uma contemplação no sentido grego ('theoria'), mas, antes, a manifestação autoritária dos exemplos e dos feitos dos antepassados e dos costumes daí derivados. Os próprios gregos e sua sabedoria só se tornaram autoridade por meio dos romanos, que os fizeram seus antepassados em questão de filosofia, poesia, em matéria de pensamentos e ideias. Assim, o pensamento jurisprudencial dos romanos, embora se ligue de alguma maneira à prudência e à retórica gregas, tem um sentido próprio, alheio até certo ponto ao problema da relação entre teoria e práxis, como acontecia com Platão". FERRAZ JR., Tercio Sampaio. *Função social da dogmática jurídica*. São Paulo: Max Limonad, 1998, p. 36.

(*Littera Boloniensis*), é que serão resgatados os estudos sobre os *Digestos* de Justiniano.[16] A partir do século XVI, alimentado pelo renascimento humanista que se espraiava por toda a Europa Ocidental, surge nova escola processual denominada *praxismo*.[17] O objetivo era estudar a praxe, a rotina, o dia a dia, limitando-se a compreender o processo como um *conjunto sistematizado de procedimento voltados à prática forense*, razão por que considerado o período de menor desenvolvimento para o Direito Processual Civil. O praxismo se estende até meados do século XIX.[18]

O retardo na evolução do Direito Processual Civil durante os séculos XVI e XVII se deveu, principalmente, ao momento histórico proporcionado pela *Santa Inquisição* e ao forte respeito cultural e religioso aos *dogmas* (verdades incontestáveis) da Igreja Católica. A ascensão dos Estados Liberais, impulsionados pela burguesia a partir do século XVIII, certamente contribuiu para a abertura de espaço a estudos mais críticos e científicos.

---

[16] "O pluralismo jurídico resultante dos direitos das cidades, dos direitos feudais e dos direitos consuetudinários constituía grave ameaça para a unidade política do que restava de reinos, artificialmente divididos, e de nações em gestação. Casualmente, foi encontrada a solução para esse problema com a descoberta, no século XI, em Pisa, de um texto completo do Digesto de Justiniano. Era o direito que faltava à Europa medieval, para organizar a vida social em bases mais estáveis. Irnério, gramático erudito da Universidade de Bolonha, entregou-se ao estudo desse texto, formulando interpretações (glosas) do mesmo. Glosas que, no século XII eram numerosas, formuladas nas entrelinhas do texto (glosa interlinear), e depois, à margem dos mesmos (glosa marginal) adaptando-o ao mundo medieval. Inicia-se, então com os Glosadores de Bolonha, o renascimento do direito romano na Idade Média. Deve-se esse ressurgir aos juristas das Universidades italianas, principalmente a Accursius (século XIII) e Bártolo, fundadores da ciência jurídica romanizada. Do trabalho dos glosadores resultou novo direito romano, adaptado à sociedade medieval cristianizada que, na Idade Moderna, se transformou em direito comum vigente em toda a Europa. Vigeu até o fim do século XIX, como 'ratio scripta', ou seja, direito por excelência". GUSMÃO, Paulo Dourado de. *Introdução ao estudo do Direito*. 18. ed. Rio de Janeiro: Forense, 1995, p. 314-315.

[17] Cf. PRATA, Edson. *História do processo civil e sua projeção no Direito moderno*. Rio de Janeiro, 1987.

[18] "A denominação praxismo vem de praxe, que significa rotina, uso, aquilo que se pratica habitualmente. Nesse período, o Direito Processual era considerado pelos juristas como um conjunto de regras práticas sobre a forma de proceder em juízo. A preocupação central não era a forma de realizar o processo. Não havia preocupação com o seu estudo teórico. Os estudos desse período estavam repletos de marcante preocupação forense. [...] Os praxistas confundiam o direito material com o Direito Processual e esse com a prática forense. O Direito Processual era o adjetivo e o direito material o substantivo. A natureza jurídica do processo era, para os praxistas, a de quase-contrato". LAMY, Eduardo; RODRIGUES, Horácio Wanderlei. *Teoria geral do processo*. 2. ed. São Paulo: Conceito, 2011, p. 56-57.

Logo, durante toda a história do Direito até meados do século XIX, é possível afirmar que o Direito Processual Civil esteve imerso sob uma *visão plana* do ordenamento jurídico, onde direito material e Direito Processual confundiam-se em um só. O processo não passava da ideia de um *simples procedimento*, um caminho, sem qualquer autonomia em relação ao direito material.

O direito de ação consistia simplesmente no direito material em movimento (*teoria imanentista*). A ação era característica decorrente do próprio direito, por reagir à sua violação. Por isso, *não existiria ação sem direito, tampouco direito sem ação*.[19]

É possível identificar diversos rastros históricos do sincretismo no Direito Processual Civil Brasileiro. O art. 75 do Código Civil de 1916, vigente até o ano de 2002, determinava que *a todo o direito corresponde uma ação, que o assegura*.

No Código de Processo Civil de 2015, ainda que tenham sido suprimidos os procedimentos sumário e ordinário e a sua unificação em um procedimento comum (artigos 318 e seguintes), constatamos a preservação de um título exclusivamente destinado aos *procedimentos especiais*. Lá encontramos diversos procedimentos adaptados às peculiaridades do direito material. Um exemplo que deriva diretamente do Direito Romano são as ações possessórias (artigos 554 a 568).

Ocorre que o Direito Processual Civil, exatamente por ser meio fecundo de novos institutos processuais, tende à *simplificação* – o que pode ser compreendido como um "aparente" paradoxo –, e, portanto, na redução da quantidade de procedimentos.

Vamos dar um exemplo. Qual a razão de existir de procedimentos específicos para as ações possessórias (que não o forte apego do nosso direito às tradições do Direito Romano) já que temos hoje um arcabouço de tutelas provisórias (cautelar, urgência e evidência) que, aplicadas a uma situação em concreto, fariam o papel da atual *liminar possessória*? Bastaria transferir a *ação de força nova* para o direito material, e reconhecer a existência de especial direito a quem foi turbado ou esbulhado de sua posse em menos de ano e dia.

Idêntico raciocínio poderia ser aplicado à grande maioria dos procedimentos especiais. Evidentemente, tal investigação mereceria

---

[19] "A autonomia do processo, tão cara para os cultores da ciência processual de nossos dias, não se denotava, como é cediço, no direito romano. A razão determinante desse fato centra-se na concepção que tinham os juristas romanos da relação entre direito subjetivo material e ação judiciária ('actio'), porquanto, a rigor, as normas de caráter processual figuravam na experiência jurídica romana fundidas com aquelas de cunho substancial". [...]. TUCCI, José Rogério Cruz e. *Lições de história do processo civil romano*. São Paulo: Revista dos Tribunais, 1996, p. 45.

por si só detida análise, o que não nos cabe, aqui, nesse momento. Mas é certo que existe entre os processualistas a *tendência de unificação* em torno de um procedimento, donde o maior referencial tenha sido o relativo sucesso (em alguns aspectos) obtido pelo microssistema dos Juizados Especiais.

A autonomia científica do Direito Processual Civil desvelou-se na célebre discussão travada entre Bernhard Windscheid e Theodor Muther,[20] resultando na nítida distinção entre o direito do lesado e a correspondente ação.

Windscheid procurou demonstrar em sua obra *Die actio des römischen Zivilrechts von Standpunkt des heutigen Rechts*,[21] publicada em 1856, que a *actio* romana e o conceito de ação não se confundiam, enfatizando que o sistema processual romano era composto por *actiones* e que o termo "ação" empregado pelos romanos equivaleria ao atual conceito de *pretensão (anspruch)*, ou seja, *a faculdade de impor a própria vontade na via judiciária*.[22]

Muther, no ano seguinte, em sua obra *Sobre a doutrina da actio romana, do hodierno direito de ação, da litiscontestatio*,[23] respondeu defendendo a reaproximação dos conceitos da *actio* romana e da ação tradicional (direito material em movimento), mas reconheceu ser o magistrado o sujeito passivo desta. Contudo, destacou que Roma priorizava o direito sobre a ação e, desta forma, também admitiu que direito e ação tratavam-se de conceitos diferentes.

Ao final, Windscheid e Muther concordaram acerca da existência do *direito autônomo de ação*, abrindo as portas para a construção de teoria calcada na autonomia científica do Direito Processual Civil, a partir da identificação de dois planos distintos entre o direito material e o Direito Processual.

Conquanto inegável a contribuição de Búlgaro (jurista medieval italiano) para a construção da célebre expressão *actum trium personarum*,[24] representando consistir o processo em *relação jurídica*

---

[20] Cf. WINDSCHEID, Bernhard; MUTHER, Theodor. *Polemica sobre "la actio"*. Buenos Aires: Europa-America, 1974.
[21] "A 'actio' do direito romano sob o enfoque do direito atual". (tradução nossa).
[22] DINAMARCO, Cândido Rangel. *A instrumentalidade do processo*. 14. ed. São Paulo: Malheiros, 2009, p. 18.
[23] LAMY, Eduardo; RODRIGUES, Horácio Wanderlei. *Teoria geral do processo*. 2. ed. São Paulo: Conceito, 2011, p. 60-61.
[24] Consoante ALVIM, José Eduardo Carreira. *Teoria geral do processo*. 10. ed. Rio de Janeiro: Forense, 2005, p. 164 e DINAMARCO, Cândido Rangel. *A instrumentalidade do processo*. 14. ed. São Paulo: Malheiros, 2009, p. 18, o primeiro a defender a existência de uma relação jurídica processual foi *Búlgaro* utilizando a expressão *judicium est actus trium personarum, judicius, actores, rei*, ou seja, o processo é um ato composto por três pessoas, juiz, autor e

especial que se estabelece entre juiz, autor e réu, foi somente em 1868 que, com a publicação da obra *Teoria das exceções e pressupostos processuais*,[25] Oskar Bülow trouxe as primeiras premissas que permitiriam teorizar acerca da autonomia científica do Direito Processual Civil.

A ideia de Bülow foi simples: existiam *exceções* (termo técnico para as defesas do réu) que tinham o potencial de, por si sós, acarretar a extinção de ação judicial em curso, sem implicar com isso a resolução do seu mérito. Logo, se defesas de mérito atingiam o direito material, que tipo de relação seria atingida por *defesas meramente processuais*?

A partir da constatação de uma *dupla relação* que se desenvolve durante o processo – de um lado, a *relação jurídica material* (normalmente obrigacional, composta pelo credor, devedor e o objeto) e, de outro, a *relação jurídica processual* estabelecida entre o juiz, o autor e o réu – começaram a ser desenhados os primeiros esboços dos mais basilares institutos do atual Direito Processual Civil.

Dentro da visão restrita de mundo na qual Bülow estava inserido, para ter autoridade de argumento e poder sustentar a autonomia científica do Direito Processual Civil, nada mais razoável que importar os alicerces fundantes do direito material e adaptá-los em tudo que lhe fosse possível.

Assim, Oskar Bülow demonstrou a possibilidade de aplicação dos planos da *existência* e da *validade* – decorrentes da teoria do ato jurídico – ao Direito Processual Civil, sob a forma de *pressupostos processuais*.[26]

---

réu [tradução nossa]. Ainda, Dinamarco destaca que "nas Ordenações do Reino havia a previsão de que três pessoas são por Direito necessárias em qualquer juízo, Juiz que julgue, autor que demande e réu que se defenda". Por fim, o próprio BÜLOW, Oskar. *Teoria das exceções e dos pressupostos processuais*. Campinas: LZN, 2003, p. 5, admite que antes dele a existência de uma relação jurídica processual, embora sem nenhuma fundamentação ou exame mais preciso, não havia escapado ao olhar de Bethmann-Hollweg.

[25] *Ibid.*, p. 15-16.

[26] "A relação jurídica processual se distingue das demais relações de direito por outra característica singular, que pode ter contribuído, em grande parte, ao desconhecimento de sua relação jurídica contínua. O processo é uma relação jurídica que avança gradualmente e que se desenvolve passo a passo. Enquanto as relações jurídicas provadas que constituem a matéria do debate judicial apresentam-se como totalmente concluídas, a relação jurídica processual se encontra em embrião. Esta se prepara por meio de atos particulares. Somente se aperfeiçoa com a litiscontestação, o contrato de direito público, pelo qual, de um lado, o tribunal assume a obrigação concreta de decidir e realizar o direito deduzido em juízo e de outro lado, as partes ficam obrigadas, para isto, a prestar uma colaboração indispensável e a submeter-se aos resultados desta atividade comum. Esta atividade ulterior decorre também de uma série de atos separados, independentes e resultantes uns dos outros. A relação jurídica processual está em constante movimento e transformação. Porém, nossa ciência processual deu demasiada transcendência a este caráter evolutivo. Não se conformou em ver nele somente uma qualidade importante do processo, mas desatendeu precisamente outra não menos transcendente ao processo como uma relação de direito público, que se desenvolve de modo progressivo, entre o tribunal e as partes;

De acordo com Bülow, para que o processo possa *existir* é necessário estejam presentes *jurisdição* (ou quem esteja investido de autoridade para decidir), *partes* (aquele que postula e aquele que é postulado) e *pedido* (é o objeto do processo, também conhecido como demanda). Mas, além de existir, para que o processo seja considerado *válido*, é indispensável a presença de *juízo competente* (aquele definido por regras previamente estabelecidas) e *imparcial* (não seja suspeito ou impedido), *capacidade postulatória* (poder de postular em juízo), *petição inicial apta* (aquela que preenche os requisitos mínimos exigidos em lei) e não estejamos diante de *litispendência, coisa julgada ou perempção*.

Outra forte contribuição ao desenvolvimento científico do processo foi proporcionado por Adolf Wach,[27] quando em 1888 publicou monografia intitulada *Ação declaratória*. Por meio do estudo da *ação declaratória negativa*, demonstrou a possibilidade da existência de *interesse* e *pretensão* sem que houvesse ameaça ou direito violado a ser tutelado: tratou a *teoria da ação como direito autônomo e concreto*.

Outros teóricos importantes do processo, mormente durante a primeira metade do século XX, buscaram desenvolver o *conceito de ação*. Dentre eles, Piero Calamandrei (ação como direito concreto, material e privado) e Francesco Carnelutti (ação como direito abstrato, processual e público).

1.2 Neoconstitucionalismo e constitucionalização do Direito

Em breves linhas podemos traduzir o *constitucionalismo* como movimento social, político, filosófico e jurídico que contestou os esquemas tradicionais de domínio político do Estado, a defender o ideal de liberdade humana e a limitação do poder absoluto.

---

destacou sempre unicamente aquele aspecto da noção de processo que salta aos olhos da maioria: sua marcha ou adiantamento gradual, o procedimento, unilateralidade que tem sua origem na jurisprudência romana da Idade Média e que foi favorecida pela concepção germânica do direito. Fez-se, lamentavelmente, da palavra 'processo' um monumento imperecível e um ponto de apoio muito difícil de se abater. Quem pretende extrair da ideia da palavra, será levado, desde o princípio, pela expressão 'processo' a um caminho, se não falso, bastante estreito. Muito embora os juristas romanos não haviam ficado com a ideia superficial do processo como pura série de atos do juiz e das partes, mas haviam concebido a natureza de aquele como uma relação jurídica unitária (judicium). Poder-se-ia, segundo o velho uso, predominar procedimento na definição do processo, não se descuidando de mostrar a relação processual como a outra parte da concepção." BÜLOW, Oskar. *Teoria das exceções e dos pressupostos processuais*. Campinas: LZN, 2003, p. 6-8.

[27] LAMY, Eduardo; RODRIGUES, Horácio Wanderlei. *Teoria geral do processo*. 2. ed. São Paulo: Conceito, 2011, p. 60-61.

Confundir o constitucionalismo com a mera elaboração de constituições escritas implica reduzir a sua importância e negar a sua essência, fruto da vontade popular, ainda que eventualmente direcionada pelo choque entre castas de poder. Prova disso é que muitas constituições escritas serviram tão somente como instrumento formal e material para a subjugação popular e a perpetração de regimes ditatoriais.[28]

Logo, a história do constitucionalismo se encontra em fina sintonia com a fundação da *república*[29] (vale lembrar que já existia república em Roma), a construção de um rol abrangente de direitos fundamentais – processo que veio a ser acelerado após a Segunda Guerra Mundial –, e, por fim, com a institucionalização do Estado Democrático de Direito.

O *constitucionalismo antigo* teve berço nas primeiras civilizações organizadas. O povo hebreu adotava o regime teocrático, concentrando o poder e as leis sob o jugo do Deus de Abraão. As cidades-Estado gregas, entre os séculos VIII e V a.C., foram as primeiras a institucionalizarem o sufrágio e o esboço de democracia direta: escolhiam-se os dirigentes políticos pela vontade da maioria e a sociedade se pautava pela igualdade entre governantes e governados. A república romana, entre os séculos V e II a.C., fez a cisão do poder entre o Senado e o Imperador, estipulando o sistema de pesos e contrapesos para tentar pôr freios ao abuso do poder político de César.[30]

---

[28] "Não pregava o constitucionalismo, advirta-se, a elaboração de Constituições, até porque, onde havia uma sociedade politicamente organizada já existia uma Constituição fixando-lhe os fundamentos de sua organização. Isto porque, em qualquer época e em qualquer lugar do mundo, havendo Estado, sempre houve e sempre haverá um complexo de normas fundamentais que dizem respeito com a sua estrutura, organização e atividade. O constitucionalismo se despontou no mundo como um movimento político e filosófico inspirado por ideias libertárias que reivindicou, desde seus primeiros passos, um modelo de organização política lastreada no respeito dos direitos dos governados e na limitação do poder dos governantes. É claro que, para o sucesso do constitucionalismo, agigantou-se a necessidade de que aquelas ideias libertárias fossem absorvidas pelas Constituições, que passaram a se distanciar da feição de cartas políticas a serviço do detentor absoluto do poder, para se transformarem em verdadeiras manifestações jurídicas que regulassem o fenômeno político e o exercício do poder, em benefício de um regime constitucional de liberdades públicas". CUNHA JÚNIOR, Dirley da. *Curso de Direito Constitucional*. 2. ed. Salvador: Jus Podivm, 2008, p. 29.

[29] "As ideias republicanas aparecem como oposição ao absolutismo e, ao mesmo tempo, pela afirmação do conceito de soberania popular. Jefferson chegou a dizer que as sociedades sem governo são melhores que as monarquias... A República surge como aspiração democrática de governo, através de reivindicações populares. Buscava-se, além da participação popular, a limitação do poder. Além disso, a possibilidade de substituição dos governantes era um importante apelo em favor da forma de governo republicana". STRECK, Lenio Luiz; MORAIS, José Luiz Bolzan de. *Ciência política e teoria do Estado*. 7. ed. Porto Alegre: Livraria do Advogado, 2012, p. 174.

[30] LOEWENSTEIN, Karl. *Teoria de la constitución*. 2. ed. Tradução de Alfredo Gallego Anabitarte. Barcelona: Ariel, 1970, p. 154.

Este período primeiro (primitivo) restou caracterizado pela ausência de constituições escritas, por limitar somente alguns órgãos do poder estatal e reconhecer certos direitos fundamentais. O monarca ou o imperador, assim como o parlamento, não restava limitado às disposições constitucionais.

Somente em 1215, com a Magna Carta Inglesa, introduziu-se o conceito de Constituição *escrita* e *rígida*, marcada pela submissão do poder do Rei João Sem Terra de 1215 a um rol de direitos e garantias fundamentais.[31] Os súditos, enfurecidos, na maioria estimulados pelos barões, cansados dos desmandos e da alta tributação, condicionaram o poder real, limitando-o. Tal ruptura com o modelo de poder até então vigente tornou possível identificar os primeiros traços que darão início ao *constitucionalismo moderno*.

No mesmo talante assistimos, a partir do século XVII, à elaboração de outros importantes documentos constitucionais: *Petition of Rights* (1628), *Habeas Corpus Act* (1679) e *Bill of Rights* (1689).[32]

Todavia, a primeira Constituição, sistematizada e assim rotulada, foi a do Estado da Virgínia (1776), seguida da Constituição dos Estados Unidos da América (1787) e da Constituição Francesa (1791).

O constitucionalismo moderno legitimou o aparecimento da *Constituição Moderna*, entendida como *a ordenação sistemática e racional da comunidade política através de um documento escrito no qual se declaram as liberdades e os direitos e se fixam os limites do poder político*.[33]

---

[31] "Desde 1213, vinha João Sem Terra encurralado num círculo de fogo de reivindicações, às quais fugia ou cedia de má-fé. Excomungado por Inocêncio III, finge uma submissão redentora de fiel vassalo da Santa Sé. Esquecendo logo depois a convenção de Dover, arma-se com a Flandres e com Oto IV, da Alemanha, contra Felipe Augusto, mas é vencido entre Lille e Tornai, em 1214. No ano seguinte, os bispos e barões organizaram 'o Exército de Deus e da Santa Igreja', que marcha contra Londres, quando João Sem Terra julga que vai perder a coroa com a famosa lei assinada em 1215. Acabou assim a luta dos barões naquele domingo em que invadiram Londres na hora em que o povo orava nas igrejas. Durante quatro dias, o inescrupuloso e enraivecido soberano lutou contra os revolucionários; seus protestos morriam, porém, sem eco dentro dos reposteiros, em face da indiferença cautelosa da guarda real e da famulagem, habituada a seus excessos de cólera impotente. Mas o desiderato se concretizou na verde campina de Runnymede, condado de Suney, onde foi levantado um suntuoso pavilhão, sobre o qual tremulavam flâmulas inglesas bordadas de leões ameaçadores e inofensivos. Sentado sobre um trono ali construído e tendo à frente a rude e insubmissa fidalguia, apoiada nos punhos das espadas desembainhadas, João ouviu, com semblante anuviado, o preâmbulo e as 67 cláusulas da grande Charte". CARDOSO, Antônio Manuel Bandeira. A Magna Carta: conceituação e antecedentes. *Revista Informação Legislativa*, Brasília, DF, ano 23, n. 91, p. 137, jul./set. 1986. Disponível em: <https://www2.senado.leg.br/bdsf/bitstream/handle/id/182020/000113791.pdf?sequence=1>. Acesso em: 24 ago. 2016.

[32] CUNHA JÚNIOR, Dirley da. *Curso de Direito Constitucional*. 2. ed. Salvador: Jus Podivm, 2008, p. 32-33.

[33] CANOTILHO, J. J. Gomes. *Direito Constitucional e teoria da Constituição*. 6. ed. Coimbra:

No plano político, o constitucionalismo moderno acaba sendo patrocinado pelo *liberalismo*: movimento liderado pela classe burguesa em franca ascensão, a defender o ideal da não intervenção estatal (*laissez--faire*), tolerando o Estado como mal necessário – o *Leviatã* (Hobbes) –, o que se perfectibilizou por meio da Constituição *escrita*, resultante do *contrato social* (Rousseau e Locke).[34]

E a fórmula encontrada pelo liberalismo[35] para prevenir eventuais abusos foi a *fragmentação do poder*, por intermédio da clássica divisão das funções do Estado teorizada por Barão de Montesquieu em sua obra *O espírito das leis*.

Este o ambiente oportuno para o surgimento dos direitos fundamentais de *primeira dimensão*,[36] compreendidos como aqueles que são exercidos pelos cidadãos em face do poder do Estado, limitando a sua atuação. Tais direitos (e garantias) representam o "não fazer" estatal, a fim de assegurar margem mínima de *autodeterminação* para o exercício do direito à vida, à liberdade, à igualdade, à segurança e à propriedade.[37]

Por outro lado, o Estado Liberal foi o algoz de seus próprios ideais: a ausência do Estado permitiu que a burguesia, antes reunida em guildas, usurpasse a dignidade dos indivíduos sob a sua contratação sem qualquer escrúpulos, agora nas fábricas da revolução industrial do século XIX, sob a égide da tão conclamada liberdade.[38] Surge, assim,

---

Almedina, 1995, p. 47.

[34] FERREIRA FILHO, Manoel Gonçalves. *Curso de Direito Constitucional*. 23. ed. São Paulo: Saraiva, 1996, p. 6.

[35] "O liberalismo é uma determinada concepção de Estado, na qual o Estado tem poderes e funções limitadas, e como tal se contrapõe tanto ao Estado absoluto quanto ao Estado que hoje chamamos de social". BOBBIO, Norberto. *Liberalismo e democracia*. São Paulo: Brasiliense, 1988, p. 17.

[36] "[...] Num primeiro momento, é de se ressaltarem as fundadas críticas que vem sendo dirigidas contra o próprio termo 'gerações' por parte da doutrina alienígena e nacional. Com efeito, não há como negar que o reconhecimento progressivo de novos direitos fundamentais tem o caráter de um processo cumulativo, de complementariedade, e não de alternância, de tal sorte que o uso da expressão 'gerações' pode ensejar a falsa impressão da substituição gradativa de uma geração por outra, razão pela qual há quem prefira o termo 'dimensões' dos direitos fundamentais, posição esta que aqui optamos por perfilhar, na esteira na melhor doutrina. Neste ponto, aludiu-se, entre nós, de forma notadamente irônica, ao que se chama 'fantasias das chamadas gerações de direitos', que, além da imprecisão terminológica já consignada, conduz ao entendimento equivocado de que os direitos fundamentais se substituem ao longo do tempo, não se encontrando em permanente processo de expansão, cumulação e fortalecimento. Ressalta-se, todavia, que a discordância reside essencialmente na esfera terminológica, havendo, em princípio, consenso no que diz com o conteúdo das respectivas dimensões e 'gerações' de direitos." SARLET, Ingo Wolfgang. *A eficácia dos direitos fundamentais*. 10. ed. Porto Alegre: Livraria do Advogado, 2010, p. 45.

[37] *Ibid.*, p. 46-47.

[38] "Os capitalistas achavam que podiam fazer como bem entendessem com as coisas que

a luta entre as classes econômicas: de um lado, a *burguesia* e, de outro, o *proletariado*.[39]

O cidadão, agora oprimido pelos graves problemas sociais, torna-se escravo do sistema capitalista que busca a *maximização dos lucros*. Por esta razão, restou-lhe invocar do Estado especial proteção contra os abusos do capitalismo.[40]

Diante desse contexto, surge o Estado do Bem-estar Social (*Welfare State*). Agora o Estado deve, além de assegurar um mínimo de liberdades públicas, interferir nas relações sociais e econômicas, pôr freios ao poder do capital.

Surgem, desta feita, os direitos fundamentais de *segunda dimensão*, notadamente sob a forma de *direitos sociais*, consistindo em um "fazer estatal", para além de preservar e ampliar os já conquistados direitos

---

lhes pertenciam. Não distinguiam entre suas 'mãos' e as máquinas. Não era bem assim – como as máquinas representavam um investimento, e os homens não, preocupavam-se mais com o bem-estar das primeiras. Pagavam os menores salários possíveis. Buscavam o máximo de força de trabalho pelo mínimo necessário para pagá-las. Como mulheres e crianças podiam cuidar das máquinas e receber menos que os homens, deram-lhes trabalho, enquanto o homem ficava em casa, frequentemente sem ocupação. A princípio, os donos de fábricas compravam o trabalho das crianças pobres, nos orfanatos; mais tarde, como os salários do pai operário e da mãe operária não eram suficientes para manter a família, também as crianças que tinham em casa foram obrigadas a trabalhar nas fábricas e minas". HUBERMAN, Leo. *História da riqueza do homem*. 14. ed. Rio de Janeiro: Zahar, 1978, p. 190.

[39] "Que poderiam fazer os trabalhadores para melhorar sua sorte? Que teria feito o leitor? Suponhamos que tivesse ganho a vida razoavelmente fazendo meias à mão. Suponhamos que presenciasse a construção de uma fábrica, com máquinas, que dentro em pouco produzissem tantas meias, a preços tão baratos que o leitor tivesse cada vez maior dificuldade em ganhar mais ou menos em sua vida, até ficar à beira da fome. Naturalmente pensaria nos dias anteriores à máquina, e o que fora então apenas um padrão de vida decente lhe parecia luxuoso, em sua imaginação. Olharia à sua volta, e estremeceria com a pobreza que estava atravessando. Perguntaria a si mesmo a causa, como já teria feito mil vezes, chegando à mesma conclusão – a máquina. Foi a máquina que roubou o trabalho dos homens e reduziu o preço das mercadorias. A máquina – eis o inimigo". *Ibid.*, p. 190.

[40] "O projeto liberal teve como consequências: o progresso econômico; a valorização do indivíduo, como centro e ator fundamental do jogo político e econômico; técnicas de poder como poder legal, baseado no direito estatal, como já explicitado acima. Todavia, estas circunstâncias geraram, por outro lado, uma postura ultraindividualista, assentada em um comportamento egoísta; uma concepção individualista e formal de liberdade onde há o direito, e não o poder de ser livre; e a formação do proletariado em consequência da Revolução Industrial e seus consecutários, tais como a urbanização, condições de trabalho, segurança pública, saúde etc. Evidentemente que isto trouxe reflexos que se expressaram nos movimentos socialistas e em uma mudança de atitude por parte do poder público, que vai se expressar em ações interventivas sobre e no domínio econômico, bem como em práticas até então tidas como próprias da iniciativa privada, o que se dá, por um lado, para mitigar as consequências nefastas e, por outro, para garantir a continuidade do mercado ameaçado pelo capitalismo financeiro [...]". STRECK, Lenio Luiz; MORAIS, José Luiz Bolzan de. *Ciência política e teoria do Estado*. 7. ed. Porto Alegre: Livraria do Advogado, 2012, p. 69-70.

e garantias individuais. São introduzidos nos textos das constituições os direitos trabalhistas, à previdência social, à saúde e à educação.[41] Todavia, os horrores causados pela Segunda Guerra Mundial revelaram ao mundo a insuficiência do modelo jurídico adotado pelos países da *civil law*, até então centrados no ultrapassado positivismo legalista, capaz de confundir a lei com o justo, tornando os juristas escravos de sistemas autoritários, como o nazismo e o fascismo.[42]

Assim, torna-se indispensável a luta pela superação daquele *modelo raso* de Direito, campo fértil para a reformulação do paradigma jurídico até então proeminente. Erige-se, assim, mormente no pós Segunda Guerra, a necessidade de construção de um *novo modelo de constitucionalismo*, construído a partir do renascimento do conceito *jusnaturalista* de dignidade humana por intermédio da assinatura de uma série de tratados internacionais buscando preservá-la.

Surge o *neoconstitucionalismo*, com a promessa de internalizar no bojo das constituições os direitos humanos reconhecidos internacionalmente. Ingo Wolfgang Sarlet, nesse sentido, assegura que *o rol*

---

[41] A Constituição da República Federativa do Brasil de 1988, após a redação dada pela Emenda Constitucional nº 90/2015, determina em seu artigo 6º que "são direitos sociais a educação, a saúde, a alimentação, o trabalho, a moradia, o transporte, o lazer, a segurança, a previdência social, a proteção à maternidade e à infância, e a assistência aos desamparados". BRASIL. *Emenda constitucional nº 90, de 15 de setembro de 2015*. Dá nova redação ao art. 6º da Constituição Federal, para introduzir o transporte como direito social. Disponível em: <https://www.planalto. gov.br/ccivil_03/constituicao/emendas/emc/emc90.htm>. Acesso em: 31 ago. 2016.

[42] "A principal característica do positivismo legalista é a equiparação do direito à lei. Essa equiparação pode ser pensada a partir do direito produzido por corpo legislativo soberano (no caso francês) ou na perspectiva da lei formada segundo os padrões ditados pelos eruditos, professores de direito (caso alemão). Para melhor compreender o positivismo legalista, podemos recorrer a uma análise semiótica do direito. A semiótica divide a análise da linguagem em três níveis: sintática, semântica e pragmática. No nível da sintaxe, a linguagem é considerada a partir de sua estrutura dos signos e a análise obedece a uma lógica de relação signo-signo. Não se considera, aqui, para efeitos de análise, a relação do signo com o objeto ao qual ele faz referência. Por outro lado, a semântica opera uma análise da linguagem na perspectiva de determinar o sentido do signo a partir de sua relação com o objeto. Já a pragmática considera a linguagem na perspectiva do uso (prático) que dela faz aqueles que com ela operam. Nessa perspectiva, o positivismo legalista pode ser considerado uma teoria jurídica-sintática. Isso porque o direito aqui é conhecido e analisado apenas a partir dos conceitos que compõem a legislação. Não se problematiza, aqui, a relação deste conceito com a concretude fática. O conceito pode ser conhecido em si mesmo apenas a partir da utilização das fórmulas lógicas do entendimento. Neste caso, o direito nunca poderia ser analisado numa perspectiva quer semântica, quer pragmática. Esse fato acaba por produzir um reducionismo na análise do direito, na medida em que os problemas interpretativos não são problematizados em análises exclusivamente sintáticas". ABBOUD, Georges Henrique; CARNIO, Garbellini; OLIVEIRA, Rafael Tomaz de. *Introdução à teoria e à filosofia do Direito*. São Paulo: Revista dos Tribunais, 2013, p. 205.

de direitos fundamentais esboçam a face positivada e constitucionalizada dos direitos humanos dentro de um ordenamento jurídico.[43]

Mas não basta acrescer à Constituição rol mais amplo de direitos e garantias fundamentais se o "modo" como se enxerga a interpretação do Direito continua o mesmo. Logo, o estandarte neoconstitucionalista – aceito pela maioria da doutrina nacional – também sustenta, além da *centralidade dos direitos fundamentais*, a *reaproximação entre o Direito e a ética*, e uma *nova dogmática de interpretação constitucional*, resultando em profundo processo de *constitucionalização do Direito*.

Com o objetivo de identificar e determinar o alcance da expressão *neoconstitucionalismo*, Paolo Comanducci sustenta ser possível estudá-la a partir de três perspectivas: *teórica, ideológica e metodológica*.[44]

Sob a *perspectiva teórica*, o neoconstitucionalismo significou a ruptura com os padrões do *juspositivismo teórico* – representado pela excessiva intervenção governamental, pelo papel de destaque das leis e por técnicas formais de interpretação (dentre elas a *subsunção*) –, por inserir no texto constitucional vasto catálogo de direitos fundamentais.

Ainda, para o *neoconstitucionalismo teórico*, a interpretação constitucional, como derivação natural do processo de constitucionalização do Direito, apresenta características especiais a respeito de como a lei deve ser interpretada, a depender se preponderará o *modelo descritivo* ou o *modelo axiológico*.

Ao se adotar o *modelo teórico-descritivo*, a Constituição é compreendida como um conjunto de regras jurídicas que fundamentam todo o sistema jurídico e que, por esta razão, encontra-se em *posição hierarquicamente superior* às demais normas legais.

Por outro lado, ao ser seguido o *modelo teórico-axiológico*, o neoconstitucionalismo *aproxima-se mais a uma ideologia*, ao revés de uma teoria propriamente dita, o que gera a necessidade de elaboração de uma doutrina especial de interpretação constitucional.

Já sob a *perspectiva ideológica*, o neoconstitucionalismo tende a relegar a um segundo plano a questão da limitação do poder estatal, muito presente no constitucionalismo dos séculos XVIII e XIX, projetando em destaque a centralidade os direitos fundamentais na composição do Estado Democrático de Direito.

Deste modo, o *neoconstitucionalismo ideológico* destaca o importante papel a ser exercido pelos Poderes Legislativo e Judiciário na

---

[43] SARLET, Ingo Wolfgang. *A eficácia dos direitos fundamentais*. 10. ed. Porto Alegre: Livraria do Advogado, 2010, p. 27-35.
[44] COMANDUCCI, Paolo. Formas de (neo)constitucionalismo: um análisis metateórico. In: CARBONELL, Miguel. *Neoconstitucionalismo(s)*. 4. ed. Madrid: Trotta, 2009, p. 75-98.

concretização, atualização e garantia dos direitos fundamentais previstos na Constituição.

Ideologicamente, o neoconstitucionalismo estabelece *forte conexão entre o Direito e a moral*, revelando a obrigação moral de obediência à Constituição, o que demonstra semelhanças ao *positivismo ideológico* do século XIX.

Por derradeiro, sob a *perspectiva metodológica*, o neoconstitucionalismo aproxima-se do positivismo metodológico e conceitual, por adotar a tese de que sempre é possível identificar e descrever o *direito como é*, de modo a distingui-lo do *direito como dever ser*. Assim, admite as fontes sociais do Direito e reafirma a necessária conexão entre o Direito e a moral.

Impende ressaltar que, além de descrever as perspectivas do neoconstitucionalismo, Comanducci aproveita o ensejo para também criticá-las.

Sob a *perspectiva teórica*, o neoconstitucionalismo não passa do positivismo jurídico com feições atuais. Por outro lado, sob o viés *ideológico* e *metodológico*, constata-se o alto grau de relativismo causado pela "técnica" de *ponderação dos valores* e pelo *alto grau de subjetividade* do que seria entendido por moral ou não. Pior, corre-se o risco de *tentar objetivar a moral*, como se fosse possível a construção de uma espécie de *metaética*.

Em condições reais, a existência de *princípios* em jogo (no sentido de abertura para introdução de "valores" no Direito) pode propiciar aos juízes a possibilidade de sempre encontrar alguma fundamentação que atenda às suas escolhas pessoais. Melhor dizendo: *primeiro decido, depois fundamento*. Desse modo, tamanha abstração acaba por aumentar a indeterminação do próprio Direito, enfraquecendo-o.

Sob o viés eminentemente crítico, Luigi Ferrajoli[45] acusa e opõe-se à expressão *neoconstitucionalismo*, por se tratar de *terminologia ambígua e enganadora*, porquanto nada mais identifica senão a tentativa de um retorno tardio ao *jusnaturalismo*, de modo a não possuir características próprias.

Ainda, Ferrajoli enfatiza que o neoconstitucionalismo não carrega consigo nada de novo, já que apenas representa a superação (em sentido antipositivista) do próprio positivismo. Propõe, assim, simplesmente falar-se em *constitucionalismo jurídico*, não mais resultante da conhecida (clássica) contraposição entre o *constitucionalismo jusnaturalista* e o

---

[45] FERRAJOLI, Luigi; STRECK, Lenio Luiz; TRINDADE, André Karam (Org.). *Garantismo, hermenêutica e (neo)constitucionalismo*: um debate com Luigi Ferrajoli. Porto Alegre: Livraria do Advogado, 2012, p. 13-56.

constitucionalismo juspositivista, mas sim decorrente do atual embate travado entre o *constitucionalismo argumentativo* (ou *principialista*) e o *constitucionalismo garantista*.

Para o referido autor, o *constitucionalismo principialista* tem como características fundantes o ataque ao positivismo jurídico e à tese da separação entre Direito e moral (papel central associado às teorias da argumentação) – mormente as que estabelecem que os direitos, após a sua *abdução* pela Constituição, ainda que sob a forma de regras, devem ser considerados princípios, a fim de viabilizar a (técnica de) ponderação de "valores" –, e a concepção do Direito como prática jurídica (*pragmatismo*) confiada ao sabor dos magistrados.

Ferrajoli vai além e denuncia os riscos do *constitucionalismo argumentativo*. O crescente cognitismo ético conduz ao *absolutismo moral* (dogmatismo), gerando intolerância às opiniões morais dissidentes. Por consequência, é enfraquecido o papel normativo das Constituições em face da sua constante *relativização*, diante do crescente ativismo judicial, com a ampliação da discricionariedade e o aumento do grau de incerteza das decisões.

Assim sendo, o constitucionalismo principialista levará à degradação dos direitos fundamentais e ao enfraquecimento dos princípios constitucionais que os representam pela utilização de enunciados vagos, contendo genéricas recomendações de caráter ético-político.

Ao fazer seu contraponto, Ferrajoli descreve o *constitucionalismo garantista* como detentor do que denomina *normatividade forte*, qualidade típica das Constituições rígidas. A ideia é simples: é possível reconhecer o *direito ilegítimo* quando violado o *dever ser jurídico*.

Dito de outro modo: na concepção de Ferrajoli, se a Constituição (texto) for levada a sério, reconhecendo-se nela constar grande *projeto normativo*, competirá ao Poder Legislativo, na via primária, criar legislação robusta e idônea de regulamentação e, na via secundária, será possível que o Poder Judiciário resolva *antinomias* ou *lacunas* do texto de lei por intermédio da *interpretação sistemática*.

No plano nacional, Luís Roberto Barroso[46] identifica o neoconstitucionalismo como conjunto amplo de transformações ocorrido no Estado e no Direito Constitucional, constituindo-se em *marco histórico* (por consolidar a formação do Estado Constitucional de Direito), *marco filosófico* (por coincidir com o pós-positivismo, ao adotar a centralidade

---

[46] BARROSO, Luís Roberto. Neoconstitucionalismo e constitucionalização do direito: o triunfo tardio do direito constitucional no Brasil. *Revista Eletrônica sobre a Reforma do Estado (RERE)*, Salvador, n. 9, p. 4-5, 2007. Disponível na internet: <http://www.direitodoestado.com.br/artigo/luis-roberto-barroso/neoconstitucionalismo-e-constitucionalizacao-do-direitoo-triunfo-tardio-do-direito-constitucional-no-brasil>. Acesso em: 31 ago. 2016.

dos direitos fundamentais e a reaproximação entre a ética e o Direito) e *marco teórico* (por simbolizar o desenvolvimento de uma nova dogmática de interpretação constitucional).

Lenio Luiz Streck, por sua vez, critica em *terrae brasilis* com veemência a utilização do prefixo (neo-), apontando que o termo *neoconstitucionalismo* pode levar a sérios equívocos.[47] Afinal, conquanto em um primeiro momento falar em um *novo constitucionalismo* foi importante na direção do *constitucionalismo compromissório* (dirigente), indo para além do constitucionalismo de feições meramente liberais, o denominado *neoconstitucionalismo* fez surgir *teorias da argumentação jurídica* (sendo Alexy seu expoente máximo), a jurisprudência dos valores, o ativismo judicial e, finalmente, a *loteria jurídica* decorrente do desmedido protagonismo judicial.

O neoconstitucionalismo, para Lenio Streck, não seria mais que uma espécie de *pós-positivismo à brasileira*, que pretende colocar o *rótulo de novo a velhas questões*: afinal, não haveria nenhuma novidade em se afirmar que o julgador, no momento da decisão, possui espaço *discricionário* de manobra,[48] ou que o juiz não se limita em ser a *boca da lei*.

Por tal razão, Streck reconhece não fazer mais nenhum sentido a utilização da expressão *neoconstitucionalismo*, razão por que opta em designar de *constitucionalismo contemporâneo* a construção de um novo Direito, sob a perspectiva de uma Constituição *íntegra* e *dirigente*.

---

[47] "Portanto, é possível dizer que, nos termos em que o neoconstitucionalismo vem sendo utilizado, ele representa uma clara contradição, isto é, se ele expressa um movimento teórico para lidar com um 'novo' direito (poder-se-ia dizer, um direito 'pós-Auschwitz' ou 'pós-bélico', como quer Maio Losano), fica sem sentido depositar todas as esperanças de realização desse direito na loteria do protagonismo judicial (mormente levando em conta a prevalência, no campo jurídico, do paradigma epistemológico da filosofia da consciência)". STRECK, Lenio Luiz. *Verdade e consenso*: Constituição, hermenêutica e teorias discursivas. 5. ed. São Paulo: Saraiva, 2014, p. 45-47.

[48] "Nesse sentido, discricionariedade acaba, no plano da linguagem, sendo sinônimo de arbitrariedade. E não confundamos essa discussão – tão relevante para a teoria do direito – com a separação feita pelo direito administrativo entre atos discricionários e atos vinculados, ambos diferentes de atos arbitrários. Trata-se, sim, de discutir ou pôr em xeque – o grau de liberdade dado ao intérprete (juiz) em face da legislação produzida democraticamente, com dependência fundamental da Constituição. E esse grau de liberdade – chame-se-o como quiser – acaba se convertendo em um poder que não lhe é dado, uma vez que as 'opções' escolhidas pelo juiz deixarão de lado 'opções' de outros interessados, cujos direitos ficarão à mercê de uma atribuição de sentido, muitas vezes decorrente de discursos exógenos, não devidamente filtrados na conformidade dos limites impostos pela autonomia do direito". *Ibid.*, p. 49.

1.3 Emerge o *Terceiro Gigante*: o Poder Judiciário como centralizador das expectativas do Direito. Do protagonismo à criatividade judicial

Durante o século XX presenciamos grandes avanços no tocante aos direitos de *segunda dimensão*, por meio da constitucionalização do direito ao trabalho, à saúde, à previdência, à educação e à assistência social. Os direitos sociais foram a resposta ao capitalismo desenfreado e sem limites, construído a partir da Revolução Industrial do século XIX, encampado pelos ideais do liberalismo burguês.

Assim, paulatinamente, o Estado Liberal – caracterizado pela não intervenção – viu-se forçado a interferir na relação estabelecida entre *sociedade e economia*, com a finalidade de "controlar" eventuais excessos do projeto capitalista.

E o meio pelo qual o Estado optou em regular questões relacionadas ao consumo, à concorrência, aos transportes e à agricultura foi *apostar na atividade legislativa* como um modo jurídico de se alcançar o Estado de Bem-estar Social.

Ocorre que a legislação com finalidade social possui contornos próprios e em muito se distingue da legislação tradicional. A promoção dos direitos sociais exige projeto jurídico, político e social, que se protrai no tempo e com execução gradual.

A legislação social, por possuir evidentes contornos programáticos, não admite a lógica simplória do *certo ou errado*, do *oito ou oitenta*. Ao contrário, normalmente se preocupa, antes de buscar a produção de efeito imediato, limitado e concreto, em direcionar políticas públicas por intermédio de *princípios* que orientem a implementação de direitos sociais. Busca-se, portanto, permitir a *transformação do presente* sem, com isso, engessar o *desenvolvimento do futuro*.

A partir da segunda metade do século XX, presenciamos a *massificação dos meios de consumo e de produção* (*externalities*). A revolução dos meios de comunicação, a imprensa escrita, o rádio e a televisão, somados ao avanço de uma população cada vez mais urbana e sedenta por avanços tecnológicos, aumentaram sobremaneira a complexidade e o impacto do capital nas relações sociais.

Nesse contexto, surge a necessidade de *outra espécie* de direitos. Os direitos individuais e sociais já não são capazes de tutelar as grandes e novas questões que afetam grupos humanos coletivos ou difusos, como a família, os idosos, os consumidores, os portadores de necessidades especiais, dentre outros.

Ao mesmo tempo, a finitude dos recursos naturais e a questão ambiental se tornam de elevada importância na medida em que cabe ao Estado dar direcionamento às políticas sociais sem prejudicar o crescimento da economia.

Aliás, não é mais possível confiar na *mão invisível* que direciona a economia, porquanto a lei que orienta o mercado é pautada pela *maximização dos lucros*. Torna-se imperioso, por isso, que o Estado interfira nos domínios da economia. Assim, surgem os *direitos de terceira dimensão*, cuja característica fundamental não reside em *fazer* ou *não fazer* do Estado, mas sim na titularidade coletiva ou difusa dos novos interesses (massificados) em questão.[49]

Esta nova dimensão (de titularidade coletiva) de direitos trouxe consigo importante repercussão sobre o estudo do Direito Processual Civil. Cada vez mais se observa a importância em se construir um sistema destinado a garantir a operabilidade dos direitos difusos e coletivos, em juízo e fora dele.

Por este novo esquema proposto, não se demonstra mais adequado que a resposta do Judiciário atinja somente a esfera jurídica das partes que propõe determinada demanda, se o reflexo da decisão judiciária a muitos interessa.

Mas, não se trata apenas da necessidade de *expansão dos poderes processuais*. Para além disso, a tutela dos direitos difusos e coletivos, por serem de difícil mensuração em relação à sua titularidade e abrangência, acabam por exigir do Poder Judiciário *maior grau de judicialização de políticas públicas*, o que, no mais das vezes, implica tendência de crescente *ativismo* e *criatividade judicial*.

O *positivismo legalista*, calcado na subsunção exata do fato à norma, reduzia a atividade jurisdicional à *mera declaração de direitos*, ao transformar a sentença no resultado matemático de uma *operação dedutiva* (subsunção) e o magistrado, por consequência, no representante da *inanimada boca da lei*.

Diante da legislação social, Mauro Cappelletti aponta que o papel da criatividade judicial toma maior destaque, tendo em conta

---

[49] "A nota distintiva destes direitos de terceira dimensão reside basicamente na sua titularidade coletiva, muitas vezes indefinida e indeterminável, o que se revela, a título de exemplo, especialmente no direito ao meio ambiente e qualidade de vida, o qual, em que pese ficar preservada sua dimensão individual, reclama novas técnicas de garantia e proteção. A atribuição da titularidade de direitos fundamentais ao próprio Estado e à Nação (direito à autodeterminação, paz e desenvolvimento) tem suscitado sérias dúvidas no que concerne à própria qualificação de grande parte destas reivindicações como autênticos direitos fundamentais. Compreende-se, portanto, porque os direitos de terceira dimensão são denominados usualmente como direitos de solidariedade ou fraternidade, de modo especial em face de sua implicação universal ou, no mínimo, transindividual, e por exigirem esforços e responsabilidades em escala até mesmo mundial para a sua efetivação". SARLET, Ingo Wolfgang. *A eficácia dos direitos fundamentais*. 10. ed. Porto Alegre: Livraria do Advogado, 2010, p. 49.

que o magistrado, ao interpretar os direitos sociais programáticos, tem espaço para maior grau de discricionariedade.[50] Vale destacar que o *Estado de Bem-estar Social (Welfare State)*, em resposta aos anseios da nova realidade econômica e social, foi criado pelo legislador, não pelos juízes. Contudo, *o legislador não foi capaz de acompanhar, no exercício da função legislativa, as necessidades que a realidade lhe impôs*. Muitas das leis são tardias e, com isso, tornam-se obsoletas. Outras são ineficazes, *não pegam*. Muitas ainda criam confusão e obscuridade. Trata-se do *overload* (sobrecarga) do Poder Legislativo.

Outro aspecto interessante diz respeito à *crise de legitimação democrática*. O sonho dos *sistemas representativos de governo*, em que o povo (ainda que indiretamente) formula a lei à qual se submete, transformou-se em *pesadelo*. Observa-se na atuação da classe política a defesa de interesses corporativos ou políticas partidárias, distanciando-se dos anseios dos eleitores representados.

O *Welfare State*, para poder controlar a sociedade complexa, transformou-se, aos poucos, de *Estado Legislativo* em *Estado Administrativo*. E, com o Estado Administrativo acentuado, chega-se finalmente ao *Estado Burocrático*, destinado à proteção e à repressão de práticas abusivas. Em outras palavras, para compensar a paralisia do Legislativo, criou-se *aparato grandioso* para o Poder Executivo, agora composto por órgãos, autarquias e agências reguladoras, a quem foram confiadas tarefas normativas e fiscalizadoras.

Assim, os Poderes Legislativo e Executivo transformaram-se em *dois grandes gigantes*. O primeiro (Legislativo) tornou-se sendo incapaz de acompanhar legislativamente as mudanças sociais, ao passo que o segundo (Executivo) demonstrou ser excessivamente paternalista, potencialmente repressivo e ineficaz em relação à concretização das políticas públicas.

Tais consequências trouxeram para o Poder Judiciário o destaque da sua função social e, consequentemente, o aumento da sua

---

[50] "É manifesto o caráter acentuadamente criativo da atividade judiciária de interpretação e de atuação da legislação e dos direitos sociais. Deve reiterar-se, é certo, que a diferença em relação ao papel mais tradicional dos juízes é apenas de grau, não de conteúdo: mais uma vez impõe-se repetir que, em alguma medida, toda interpretação é criativa, e que sempre se mostra inevitável um mínimo de discricionariedade na atividade jurisdicional. Mas, obviamente, nessas novas áreas abertas à atividade dos juízes haverá, em regra, espaço para mais elevado grau de discricionariedade e, assim, de criatividade, pela simples razão de que quanto mais vaga a lei e mais imprecisos os elementos do direito, mais amplo se torna também o espaço deixado à discricionariedade nas decisões judiciárias. Esta é, portanto, poderosa causa da acentuação que, em nossa época, teve o ativismo, o dinamismo e, enfim, a criatividade dos juízes". CAPPELLETTI, Mauro. *Juízes legisladores?* Porto Alegre: Sergio Antonio Fabris, 1993, p. 43.

responsabilidade jurídico-política. As expectativas dos cidadãos voltam atenção e, agora, *apostam as suas fichas* no Poder Judiciário, por meio do controle de legalidade e da constitucionalidade dos atos do Poder Público. Mas, para isso, foi indispensável que o Poder Judiciário acompanhasse a evolução dos demais poderes.

Este é o cenário perfeito para que o Poder Judiciário se imponha como o *Terceiro Gigante*.[51] Os tribunais e os juízes, desse modo, ultrapassaram a tarefa de solucionar conflitos meramente privados e tornaram-se, também, *controladores dos poderes políticos*. Mais que isso: na *sociedade de consumo em massa*, acredita-se que apenas um Poder Judiciário forte (*Big Judiciary*) será capaz de controlar as consequências sociais, tanto do grande mercado (*Big Business*) quanto do grande governo (*Big Government*).

Outra demonstração histórica da limitação ao crescimento do Estado Legislador tem sido a *internalização de direitos humanos sob a forma constitucional de direitos e garantias fundamentais*, a exprimir valores irrenunciáveis e supranacionais. Ocorre que o caráter não explícito do conteúdo dos direitos fundamentais – mormente em razão de sua *indefinição objetiva* – permitiu a juízes e tribunais (principalmente os constitucionais) responderem de maneira mais criativa.[52]

Embora Mauro Cappelletti defenda uma *criatividade judicial ampla e irrestrita* de juízes e tribunais – postura com a qual definitivamente não concordamos –, também reconhece a potencialidade de existência de quatro principais problemas que a sociedade pode vir a enfrentar.[53]

Primeiro, a *dificuldade de acesso ao conteúdo das decisões judiciais*. As decisões judiciais normalmente são casuísticas, produzindo repertórios numerosos, o que dificulta a consulta. Por mais consciente e evoluído culturalmente que seja o cidadão, a análise técnica, o domínio do vocabulário forense e o possível enquadramento do direito jurisprudencial é objeto do *profissional do Direito*, ou seja, da pessoa legalmente habilitada. Dito de outro modo: a grande massa ainda não tem acesso à jurisdição por seus próprios meios; por isso, depende da defensoria pública, que

---

[51] CAPPELLETTI, Mauro. *Juízes legisladores?* Porto Alegre: Sergio Antonio Fabris, 1993, p. 43.

[52] Para Mauro Cappelletti, "os juízes devem interpretar e criar o direito observando três limites processuais, aos quais denomina de 'virtudes passivas': a) agir de maneira imparcial, estando livre de qualquer pressão das partes (*nemo judex in causa propria*); b) observar o contraditório, dando a oportunidade das partes de manifestarem seu ponto de vista (*audiatur et altera pars*); c) diferencialmente do que ocorre nos procedimentos legislativo e administrativo, o processo judicial deve ser iniciado por um interessado, nunca ex officio por juiz ou tribunal (*nemo judex sine actore*)". A este respeito: *Ibid.*, p. 75-76.

[53] *Ibid.*, p. 83-92.

no Brasil ainda está em via de estruturação institucional, e, ainda, é incapaz de solver as demandas sociais.

Segundo, a *eficácia retroativa das decisões* judiciais. Via de regra, o papel do juiz é declarar o direito e, quando o faz, a decisão tem eficácia retroativa, ou seja, aplica-se a fatos e situações ocorridas anteriormente. Nesse caso, a criatividade jurisprudencial, por retroagir, colide com valores de certeza e previsibilidade, pondo em jogo a segurança de um sem número de relações jurídicas.

Para combater este déficit de segurança (jurídica), os tribunais têm mitigado as consequências das decisões judiciais ao limitar os seus efeitos jurídicos, a fim de preservar os negócios jurídicos constituídos sob a égide da lei ou do ato administrativo anulado. Trata-se da *modulação dos efeitos temporais das decisões judiciais*, presente em nosso ordenamento jurídico no art. 27 da Lei nº 9.868/99[54] e, agora, no §3º do art. 927 do Código de Processo Civil de 2015.[55]

Terceiro, a *insuficiência institucional da magistratura*. O Poder Judiciário não dispõe de todos os meios necessários a permitir a efetiva investigação de problemas complexos ligados a aspectos extrajurídicos (sociais, econômicos e políticos), o que prejudicaria atividade criativa mais ampla, madura e completa.

Tanto o Poder Legislativo, por intermédio de comissões temáticas a permitir a realização de audiências públicas para discutir determinado assunto, quanto o Poder Executivo, pelo patrocínio de centros de pesquisa e órgãos especializados, possuíam estrutura cognitiva mais ampla que o Poder Judiciário.

Este problema promete ser atenuado diante do Código de Processo Civil de 2015, com a ampliação do acesso do Poder Judiciário a uma gama vasta de conhecimentos extrajurídicos: a construção de *banco de peritos* no Poder Judiciário, com a realização de avaliações periódicas, cujo critério de escolha deve se pautar sobre a reconhecida

---

[54] "Art. 27. Ao declarar a inconstitucionalidade de lei ou ato normativo, e tendo em vista razões de segurança jurídica ou de excepcional interesse social, poderá o Supremo Tribunal Federal, por maioria de dois terços de seus membros, restringir os efeitos daquela declaração ou decidir que ela só tenha eficácia a partir de seu trânsito em julgado ou de outro momento que venha a ser fixado". BRASIL. *Lei nº 9.868, de 10 de novembro de 1999*. Dispõe sobre o processo e julgamento da ação direta de inconstitucionalidade e da ação declaratória de constitucionalidade perante o Supremo Tribunal Federal. Disponível em: <http://www.planalto.gov.br/ccivil_03/leis/ L9868.htm>. Acesso em: 7 set. 2016.

[55] "Art. 927. [...] §3º. Na hipótese de alteração de jurisprudência dominante do Supremo Tribunal Federal e dos tribunais superiores ou oriunda de julgamento de casos repetitivos, pode haver modulação dos efeitos da alteração no interesse social e no da segurança jurídica". BRASIL. *Lei nº 13.105, de 16 de março de 2015*. Código de Processo Civil. Disponível em: <https://www. planalto.gov.br/ccivil_03/_ato2015-2018/2015/lei/ l13105.htm>. Acesso em: 7 set. 2016.

especialização mais apta a desvendar as peculiaridades do caso em concreto;[56] permitir que pessoas estranhas à causa possam contribuir com sua opinião diante da relevância da matéria discutida, da repercussão social e do alto grau de especificidade do tema (*amicus curiae*);[57] criação de *Centros Judiciários de Solução Consensual de Conflitos* composto por mediadores e conciliadores com formação na área profissional sobre as questões que estão sendo objeto de litígio (*v.g.*, na ação de indenização cuja controvérsia incide sobre a construção de imóvel, a mediação ou conciliação preferencialmente deve ser realizada por um engenheiro civil).[58]

---

[56] "Art. 156. O juiz será assistido por perito quando a prova do fato depender de conhecimento técnico ou científico. §1º. Os peritos serão nomeados entre os profissionais legalmente habilitados e os órgãos técnicos ou científicos devidamente inscritos em cadastro mantido pelo tribunal ao qual o juiz está vinculado. §2º. Para formação do cadastro, os tribunais devem realizar consulta pública, por meio de divulgação na rede mundial de computadores ou em jornais de grande circulação, além de consulta direta a universidades, a conselhos de classe, ao Ministério Público, à Defensoria Pública e à Ordem dos Advogados do Brasil, para a indicação de profissionais ou de órgãos técnicos interessados. §3º. Os tribunais realizarão avaliações e reavaliações periódicas para manutenção do cadastro, considerando a formação profissional, a atualização do conhecimento e a experiência dos peritos interessados. §4º. Para verificação de eventual impedimento ou motivo de suspeição, nos termos dos arts. 148 e 467, o órgão técnico ou científico nomeado para realização da perícia informará ao juiz os nomes e os dados de qualificação dos profissionais que participarão da atividade. §5º. Na localidade onde não houver inscrito no cadastro disponibilizado pelo tribunal, a nomeação do perito é de livre escolha pelo juiz e deverá recair sobre profissional ou órgão técnico ou científico comprovadamente detentor do conhecimento necessário à realização da perícia". BRASIL. *Lei nº 13.105, de 16 de março de 2015.* Código de Processo Civil. Disponível em: <https://www.planalto.gov.br/ccivil_03/_ato2015-2018/2015/lei/l13105.htm>. Acesso em: 7 set. 2016.

[57] "Art. 138. O juiz ou o relator, considerando a relevância da matéria, a especificidade do tema objeto da demanda ou a repercussão social da controvérsia, poderá, por decisão irrecorrível, de ofício ou a requerimento das partes ou de quem pretenda manifestar-se, solicitar ou admitir a participação de pessoa natural ou jurídica, órgão ou entidade especializada, com representatividade adequada, no prazo de 15 (quinze) dias de sua intimação. §1º. A intervenção de que trata o caput não implica alteração de competência nem autoriza a interposição de recursos, ressalvadas a oposição de embargos de declaração e a hipótese do §3º. §2º. Caberá ao juiz ou ao relator, na decisão que solicitar ou admitir a intervenção, definir os poderes do 'amicus curiae'. §3º. O 'amicus curiae' pode recorrer da decisão que julgar o incidente de resolução de demandas repetitivas". *Ibid.*

[58] "Art. 167. Os conciliadores, os mediadores e as câmaras privadas de conciliação e mediação serão inscritos em cadastro nacional e em cadastro de tribunal de justiça ou de tribunal regional federal, que manterá registro de profissionais habilitados, com indicação de sua área profissional. §1º. Preenchendo o requisito da capacitação mínima, por meio de curso realizado por entidade credenciada, conforme parâmetro curricular definido pelo Conselho Nacional de Justiça em conjunto com o Ministério da Justiça, o conciliador ou o mediador, com o respectivo certificado, poderá requerer sua inscrição no cadastro nacional e no cadastro de tribunal de justiça ou de tribunal regional federal. §2º. Efetivado o registro, que poderá ser precedido de concurso público, o tribunal remeterá ao diretor do foro da comarca, seção ou subseção judiciária onde atuará o conciliador ou o mediador

Quarto, *a ausência de legitimação democrática do Poder Judiciário*. Embora a independência dos juízes seja uma prerrogativa e, em si, conquista democrática, *quanto mais independentes são os juízes*, como todo núcleo de poder, *maior será a tendência de cometimento de abusos*, e, portanto, de violação da própria democracia que lhe deu origem. Trata-se de um *paradoxo* republicano.

Todavia, a par das críticas deduzidas, Cappelletti opta em apostar em um Poder Judiciário *forte* e *independente* – jamais ilimitado –, suficientemente *ativo, dinâmico e criativo*, capaz de contrabalancear o crescimento dos demais poderes políticos para a construção da democracia.[59]

Norberto Bobbio acrescenta que o positivismo jurídico, preocupado com o conceito de "validade" da norma jurídica como sinônimo de *justo* (o direito como um "dever ser"), deu azo à contraposição e ao crescimento do *realismo jurídico* (direito como "ser").[60]

Para os *realistas*,[61] o direito deve ser entendido como um *fato*, ou seja, o direito será sempre o conjunto de regras que são efetivamente aplicadas a um determinado caso em concreto. Por isso, a preocupação maior do Direito deve ser a criação de instrumentos que proporcionem maior *eficácia*, ou seja, permitam a modificação da realidade.[62]

---

os dados necessários para que seu nome passe a constar da respectiva lista, a ser observada na distribuição alternada e aleatória, respeitado o princípio da igualdade dentro da mesma área de atuação profissional. §3º. Do credenciamento das câmaras e do cadastro de conciliadores e mediadores constarão todos os dados relevantes para a sua atuação, tais como o número de processos de que participou, o sucesso ou insucesso da atividade, a matéria sobre a qual versou a controvérsia, bem como outros dados que o tribunal julgar relevantes. §4º. Os dados colhidos na forma do §3º. serão classificados sistematicamente pelo tribunal, que os publicará, ao menos anualmente, para conhecimento da população e para fins estatísticos e de avaliação da conciliação, da mediação, das câmaras privadas de conciliação e de mediação, dos conciliadores e dos mediadores. §5º. Os conciliadores e mediadores judiciais cadastrados na forma do caput, se advogados, estarão impedidos de exercer a advocacia nos juízos em que desempenhem suas funções. §6º. O tribunal poderá optar pela criação de quadro próprio de conciliadores e mediadores, a ser preenchido por concurso público de provas e títulos, observadas as disposições deste Capítulo". *Ibid.*

[59] CAPPELLETTI, Mauro. *Juízes legisladores?* Porto Alegre: Sergio Antonio Fabris, 1993, p. 94-107.

[60] BOBBIO, Norberto. *O positivismo jurídico*: lições de filosofia do Direito. Tradução de Márcio Pugliese. São Paulo: Ícone, 1995, p. 142-144.

[61] Podemos citar como exemplos de realistas Oliver Wendell Holmes, Jerome Frank e Joseph W. Bingham.

[62] "A diversidade entre a definição juspositivista e a realista nasce, em última análise, do modo diverso de individualizar a fonte do direito. O que significa para um realista dizer que o direito são as normas efetivamente cumpridas? Em outras palavras: que conduta se observa para estabelecer a efetividade de uma norma? Talvez a conduta dos cidadãos? Não: quando os realistas falam de eficácia do direito não se referem a comportamento dos cidadãos; não pretendem dizer que são direito as normas aplicadas por estes últimos, e isto por dois motivos: em primeiro lugar, se se devesse acolher uma semelhante definição do direito, este não existiria porque não há normas jurídicas que todos os cidadãos respeitem;

Daí reside, para o realismo jurídico, a grande importância do papel do magistrado. Para os realistas, as decisões judiciais são a única fonte do Direito, já que só elas são capazes de dar concretude jurídica às regras legais. Em síntese: será a sentença (e sua força no plano real) quem fará existir, efetivamente, o direito entre as partes.

Todavia, impende ressaltar que o realismo jurídico *abomina a moralização do Direito*, porquanto o juiz que realizar *crítica moral* no bojo de uma decisão judicial estará *fugindo da ciência jurídica*. O realista deve se ater, apenas, à análise empírica das decisões jurídicas.

Por outro lado, a crescente *constitucionalização do Direito* – com a introdução nos ordenamentos pátrios de direitos humanos reconhecidos em tratados internacionais – aumenta o debate acerca do *papel dos princípios* no sistema jurídico, que passam a ser compreendidos como *vetores axiológicos* (para o senso comum teórico) a permitir a "abertura" do Direito a predicativos morais consoante a escola intitulada *jurisprudência dos valores* (ou *jurisprudência dos princípios*)[63] e, assim, fomentar as diversas *teorias da argumentação jurídica* em busca de "métodos" de interpretação (constitucional).

E, assim, ergue-se o "castelo" em torno do Poder Judiciário, e uma nova função, para além da mera subsunção, passa a ser desempenhada por juízes e tribunais,[64] mormente em *tempos neoconstitucionais*:

---

em segundo lugar, é extremamente difícil (e praticamente impossível) desenvolver uma investigação sociológica para verificar se e em qual medida os cidadãos aplicam certas normas – e consequentemente constatar quais são as normas jurídicas. Falando de eficácia, os realistas se referem ao comportamento dos juízes, daqueles que devem fazer respeitar as regras de conduta impostas aos cidadãos. Normas jurídicas são, pois, aquelas que os juízes aplicam no exercício de suas funções, vale dizer no dirimir das controvérsias. A definição realista do direito não faz consequentemente tanta referência ao legislador que estabelece a norma, mas sobretudo ao juiz que a aplica; naturalmente no aplicar as normas legislativas é possível que o juiz lhes modifique o conteúdo, e portanto é possível uma divergência, uma defasagem entre o ordenamento do legislador e o dos juízes". *Ibid.*, p. 143.

[63] "A chamada jurisprudência dos valores (Wertungsjurisprudenz) representa mais uma continuidade do que uma verdadeira ruptura com o método da jurisprudência dos interesses. Como já adiantamos linhas acima, a principal diferença entre essas duas correntes metodológicas reside no fato de que a jurisprudência dos interesses possui um acentuado corte sociológico (da identificação dos interesses em conflito que levaram o legislador a editar a norma), ao passo que a jurisprudência dos valores é revestida de um colorido filosófico: auxiliar o julgador a identificar os valores que subjazem ao direito naquele dado conflito levado à sua apreciação. Como afirma Lamego: 'se a jurisprudência dos interesses tinha empreendido a crítica aos procedimentos abstratos-classificatórios e lógicos-subsuntivos da jurisprudência dos conceitos mediante o recurso a modos de pensamento 'teleológicos' a jurisprudência da valoração, em vez de pensamento 'teleológico', prefere falar em pensamento 'orientado a valores'". ABBOUD, Georges Henrique; CARNIO, Garbellini; OLIVEIRA, Rafael Tomaz de. *Introdução à teoria e à filosofia do Direito*. São Paulo: Revista dos Tribunais, 2013, p. 340.

[64] Para Niklas Luhmann, "os tribunais passam a ocupar posição especial (central) no sistema de direito" e sustenta que, em determinados casos, a jurisprudência – partindo sempre

a jurisprudência se torna importante "fonte criativa do Direito", sob o mote de se buscar conferir maior efetividade na aplicação do sistema de direitos e garantias fundamentais, o que acaba por desaguar na *instrumentalidade do processo*, como veremos a seguir. A partir da segunda metade do século XX todas as "fichas" do Direito serão investidas no Poder Judiciário, a *bola da vez*! E é neste início de século que experimentamos o ápice do *protagonismo judicial*.

1.4 Instrumentalidade. A preponderância metodológica da jurisdição na construção de mecanismos processuais em busca de escopos do processo

Mauro Cappelletti publicou texto, em 1969, na *Rivista Trimestrale do Diritto e Procedura Civile*, intitulado *Ideologie nel diritto processuale*,[65] no qual defende a visão instrumental do Direito Processual Civil: reconhece que *o processo civil não é um fim em si mesmo*, porém voltado ao objetivo da tutela do direito substancial.

Defende Cappelletti que o Direito e a técnica processual devem servir ao direito material conferindo-lhe efetividade, bem como se adequar ao máximo à natureza do direito material (seu objeto), de modo que as ideologias do direito material (filosóficas, políticas, culturais e sociais) devem "penetrar" no processo, imprimindo-lhes certas

---

das regras vigentes – pode desempenhar papel mais importante do que a própria lei. Para Luhmann somente os tribunais, ao decidirem as demandas, podem gerir o paradoxo do sistema processual – proibindo a negação da justiça –, transformar o incerto em certo, a obrigação em liberdade. Por outro lado, os tribunais não podem condicionar o exercício da atuação do Poder Legislativo. No máximo, podem os tribunais interpretar o direito. Logo, torna-se melhor substituir um modelo hierárquico por outro que leve em conta a diferenciação entre o centro e a periferia. A organização judiciária é um subsistema que faz parte do centro do sistema do direito. Todos os demais campos do direito pertencem à periferia do sistema (em especial o processo legislativo e o espaço privado contendo a liberdade para a formação dos contratos). Por isso é natural que esta zona de contato periférico sirva como ponto de estofo com os interesses advindos de outros sistemas, como a economia, a política e a vida privada. A periferia do sistema do direito garante a sua autonomia exatamente por não ter que decidir. Já os tribunais, por estarem no centro do sistema jurídico, trabalham em um isolamento cognitivo muito maior, sofrendo menor interferência dos outros sistemas: somente uma pequena parcela dos problemas jurídicos chega ao conhecimento dos tribunais. Ainda assim, os tribunais terão de decidir casos fáceis ou difíceis, de modo conservador ou ativista. A esse respeito: LUHMANN, Niklas. *El derecho de la sociedad*. Mexico: Iberoamericana, 2002.

[65] O texto foi traduzido do italiano por Athos Gusmão Carneiro e publicado como "A ideologia no processo civil" na *Revista de Jurisprudência do Tribunal de Justiça do Rio Grande do Sul*, também em 1969. Anos depois, o texto foi republicado dentro do Volume II da coletânea: CAPPELLETTI, Mauro. *Processo, ideologias e sociedade*. Tradução e Revisão de Hermes Zaneti Junior. Porto Alegre: Sergio Antonio Fabris, 2010. v. 2.

orientações, significados e desenvolvimentos que o simples texto da lei não saberia revelar. Tal missão compete aos juízes.[66]

Por tais razões, a *instrumentalidade do processo* representa o terceiro momento metodológico do Direito Processual Civil: a superação em razão da obtenção de certa *maturidade conceitual*, sem mais se preocupar ou insistir na (re)afirmação da autonomia científica do processo.[67]

Procura-se, doravante, construir institutos processuais voltados à obtenção dos resultados práticos desejados pelo direito material. Em suma: a instrumentalidade do processo busca *reduzir o aparente abismo a separar o Direito Processual e direito material*, por intermédio da efetividade, entendida como a produção de efeitos práticos das decisões judiciais.[68]

---

[66] "Mais uma volta reconhecida à validade, antes à necessidade também da pesquisa jurídica aberta para as 'aberturas' das normas sobre o mundo dos valores; então uma ulterior problemática de grande significação se levará à consideração do jurista. Se a tarefa de exegese da norma impõe igualmente a tarefa de interpretar, de conhecer os momentos ideológicos e, assim por dizer, emocionais que lhe são inerentes em seu ser e em seu vir a ser como 'regra' da atividade humana – quero então referir que tal tarefa não compete somente ao estudioso 'de laboratório' ou 'de biblioteca', mas cabe sobretudo e antes de tudo, àqueles a quem a norma é praticamente endereçada como regra de ação ou de juízo: e por tal razão, em última análise, cabe sobretudo aos juízes. É aqui que se descobre a íntima ligação entre o tema, por nós abordado, da ideologia no Direito Processual, e o tema, ao qual liminarmente acenamos, do sentimento na sentença. Cada homem, e assim o juiz, é levado, talvez fatalmente, a dar uma significação, um alcance universal, quando não mesmo transcendente, àquela ordem de valores que ele imprimiu em sua consciência individual: e assim é levado a revelar aquela ordem, que é somente sua, nas 'praeformatae regulae iuris' que, entretanto, não foram editadas somente para ele. E aqui, igualmente, descobre-se o estreito liame entre o tema, por nós discutido, e aquela – antigo e novo, porque envolve um problema que é a destinação do homem sempre debater – da 'sentença legítima mas injusta', ou melhor, da 'injustiça na lei'". CAPPELLETTI, Mauro. *Processo, ideologias e sociedade*. Tradução e Revisão de Hermes Zaneti Junior. Porto Alegre: Sergio Antonio Fabris, 2010. v. 2, p. 54-55.

[67] "Insistir na autonomia do Direito Processual constitui, hoje, como que preocupar-se o físico com a demonstração da divisibilidade do átomo. Nem se justifica, nessa quadra da história processual, pôr ao centro das investigações a polêmica em torno da natureza privada, concreta e abstrata da ação; ou as sutis diferenças entre a jurisdição e as demais funções estatais, ou ainda a precisa configuração conceitual do 'jus excepcionis' e sua suposta assimilação à ideia de ação. O que conceitualmente sabemos dos institutos fundamentais deste ramo jurídico já constitui suporte suficiente para o que queremos, ou seja, para a construção de um sistema jurídico-processual apto a conduzir aos resultados práticos desejados. Assoma, nesse contexto, o chamado aspecto ético do processo, a sua 'conotação deontológica'". DINAMARCO, Cândido Rangel. *A instrumentalidade do processo*. 14. ed. São Paulo: Malheiros, 2009, p. 22-23.

[68] "A 'corrente instrumentalista da ação', por sua vez, embora dissidente em vários pontos e aproximando-se, dependendo do autor, de uma corrente mais ao plano unitário do Direito ao plano dualista, tem autoridade suficiente e congruência adequada para justificar a ultrapassagem do problema aparente surgido: faz assento na vinculação do Direito Processual ao direito material afirmando 'in status assertionis'. Trata-se de reconhecer os planos do Direito e permitir que o direito material afirmado seja o objeto do processo; frisa-se, não se traduz em um ponto anterior reconhecido como ação de direito

No Brasil, Cândido Rangel Dinamarco foi beber dos ensinamentos do aludido autor italiano para publicar, em 1987, a primeira edição da obra intitulada *A instrumentalidade do processo*. Dinamarco propõe que o instituto da ação saia do centro das discussões da seara processual, dando maior lugar à ideia de *jurisdição*: a disciplina do poder em torno da *figura do juiz* como o "fator de unidade" de uma *nova teoria* no âmbito do Direito Processual Civil.

A instrumentalidade do processo compreende o *processo como meio*, legitimado *a partir dos fins* a que se destina (raciocínio teleológico).[69] Melhor dizendo: para Dinamarco, o processo não pode ser observado como um fim em si mesmo; ao contrário, serve de instrumento para a execução das finalidades eleitas e perseguidas pelo Estado.[70]

Nesse contexto, a *jurisdição* – o poder de dizer o Direito – deve ser exercida por meio do processo e mediante a persecução de três escopos (objetivos, finalidades): o *escopo social* (o poder dos juízes em educar os membros da sociedade acerca dos seus direitos e obrigações);[71] o *escopo político* (o poder dos juízes em decidir imperativamente e definitivamente, valorizando a liberdade, limitando os poderes do Estado e assegurando a participação dos cidadãos); e o *escopo jurídico* (o poder dos juízes em aplicar a vontade concreta do direito, como fim ideal, tendo como limite de atuação as leis e a Constituição).[72]

---

material pré-existente somado à pretensão processual, apenas regula o instrumento para determinar-lhe a potencialidade de, em abstrato, servir ao direito afirmado na inicial. Resta, destarte, aberto o espaço para uma (des)ontologização do conceito de ação, 'desvalorizar a importância conceitual da 'ação', passando a tônica para as tutelas jurisdicionais processuais: condenar, declarar, constituir, mandar ou executar'". ZANETI JUNIOR, Hermes. *A constitucionalização do processo*: a virada do paradigma racional e político no processo civil brasileiro do Estado Democrático Constitucional. 2005. Tese (Doutorado em Direito) – Universidade Federal do Rio Grande do Sul, Porto Alegre, 2005.

[69] "[...] o que justifica a própria ordem processual como um todo é a sua função de proporcionar ao Estado meios para o cumprimento de seus próprios fins, sendo que é mediante o exercício do poder que estes são perseguidos (a ação, a defesa e o processo constituem o contorno da disciplina da jurisdição)". DINAMARCO, Cândido Rangel. *A instrumentalidade do processo*. 14. ed. São Paulo: Malheiros, 2009, p. 91-93.

[70] "Ao processo cabe a realização dos projetos do direito material, em uma relação de complementariedade que se assemelha àquela que se estabelece entre o engenheiro e o arquiteto. O direito material sonha; projeta; ao Direito Processual cabe a concretização tão perfeita quanto possível deste sonho. A instrumentalidade do processo pauta-se na premissa de que o direito material se coloca como o valor que deve presidir à criação, a interpretação e a aplicação das regras processuais". DIDIER JR., Fredie. *Curso de Direito Processual Civil*. 13. ed. Salvador: Jus Podivm, 2011. v. 1, p. 55.

[71] "[...] à medida que a população confie em seu Poder Judiciário, cada um de seus membros tende a ser sempre mais zeloso dos próprios direitos e se sente mais responsável pela observância dos direitos alheios". DINAMARCO, *op. cit.*, p. 191-192.

[72] "A perspectiva estritamente jurídica do sistema processual constitui reflexo do segundo momento histórico da sua ciência, consistente na afirmação da autonomia conceitual e

Além de traçar os objetivos (escopos) da jurisdição, Dinamarco também busca determinar o *conteúdo* da instrumentalidade do processo, desdobrando-o em seus *sentidos negativo e positivo*.

O *sentido negativo* da instrumentalidade consiste na negação do processo como um valor em si considerado, de modo a evitar exageros ao formalismo contido nas técnicas processuais. Ou seja: deposita-se nas mãos do julgador a capacidade de escolher quando a forma se torna obstáculo à concretização dos direitos.[73] Aliás, é por isso mesmo que é possível afirmar que a *flexibilidade procedimental* (muitas vezes em exagero e cabal afronta à lei) é decorrência da instrumentalidade.

O *sentido positivo* da instrumentalidade, por sua vez, liga-se à preocupação de extrair do processo, como instrumento, o máximo proveito quanto à obtenção dos escopos da jurisdição. Confunde-se, portanto, com a *efetividade do processo*, resumindo-a na ideia de que o processo deve ser apto a cumprir integralmente toda a sua função sócio-político-jurídica, atingindo em toda a plenitude todos os seus escopos institucionais, o que se revela por meio de *quatro aspectos fundamentais*.

Primeiro aspecto, quanto à *ampla admissão em juízo*: corresponde à possibilidade de acesso universal à tutela jurisdicional, superando as causas impeditivas, de natureza econômica, cultural, psicossocial e jurídica.

---

metodológica e aprimoramento interno do sistema. O terceiro momento, visivelmente instrumentalista, é assim por força da percepção das responsabilidades que perante a nação e sua estrutura política o processo é chamado a assumir. Isso não significa execrar a visão jurídica de um sistema que em si mesmo é jurídico. É de suma importância e vital relevância na técnica processual a definição do modo como o processo e os seus resultados repercutem no sistema jurídico; além disso, as fórmulas mais conhecidas, através das quais se tentou a definição teleológica do processo, constituem acima de tudo pronunciamentos acerca da função que o processo desempenha perante o direito e na vida dos direitos [...]". *Ibid.*, p. 208-209.

[73] "Felizmente a doutrina jamais chegou aos exageros temidos. O que se lhe crítica é a postura eminentemente técnica que guardou durante muitas décadas, o que por omissão negou então ao processo essa visão exterior que hoje se postula. Mas, com o superamento dessa postura técnica, característica da fase autonomista da história do Direito Processual, ela soube abrir o sistema, em primeiro lugar, aos influxos constitucionalistas e à teoria geral; e, com isso, vieram as preocupações de ordem social, a que se somam as de caráter eminentemente político. Tudo isso somado constitui enérgica afirmação instrumentalista que, vista sob o aspecto considerado, apresenta-se pelo lado negativo. Todos esses movimentos, que também tiveram o seu lado positivo no sentido de operacionalizar melhor o sistema, serviram para o combate a pensamentos ligados inconscientemente à sua suposta autossuficiência. Não se trata de se 'desprocessualizar' a ordem jurídica. É imenso o valor do processo e nas formas dos procedimentos legais estão depositados séculos de experiência que seria ingênuo querer desprezar. O que precisa é desmistificar as regras, critérios, princípios e o próprio sistema". DINAMARCO, Cândido Rangel. *A instrumentalidade do processo*. 14. ed. São Paulo: Malheiros, 2009, p. 317.

Segundo aspecto, quanto ao *modo-de-ser do processo*: o processo deve respeitar o contraditório (direito da parte em manter o diálogo com o juiz e a possibilidade de participar intensamente do processo), repudiar a litigância de má-fé, e buscar a imparcialidade, a tentativa de conciliação, a informalidade, a possibilidade de o magistrado converter o julgamento em diligência em busca da *verdade real* (verdade por correspondência), a adaptabilidade e a especialização de procedimentos, e a possibilidade de concessão de liminares.[74]

Terceiro aspecto, quanto à *justiça das decisões*: conquanto não seja equiparado ao legislador, o instante da tomada de decisão pelo magistrado é um momento valorativo; havendo mais de uma forma de interpretar determinada situação, o juiz tem o dever de optar pelo caminho que represente e satisfaça o *sentimento social de justiça*.

Quarto aspecto, quanto à *efetividade das decisões judiciais*: o juiz deve ter força bastante para concretizar suas decisões, por meio da aplicação de *meios de coerção* ou *sub-rogação*, na execução da tutela específica, da tutela executiva e da tutela cautelar.

Ocorre que a demora na solução dos litígios postos à baila no Poder Judiciário, em tempos de expansão da luta pelos direitos fundamentais sob a égide da então promulgação da Constituição Cidadã, serviu de combustível para *acelerar a difusão da concepção instrumental no meio jurídico*, mormente em uma sociedade pós-ditadura, extremamente carente de democracia e justiça social e, por isso, sedenta por mecanismos processuais pautados no discurso da *efetividade do processo*.

Nesse contexto, várias alterações legislativas buscaram criar novas técnicas processuais a fim de conferir maior "efetividade" (com a produção de mais *efeitos práticos* das decisões judiciais), mormente após a Constituição da República Federativa do Brasil de 1988. A seguir vamos revelar os principais influxos da *escola da instrumentalidade* aplicados ao Direito Processual Civil Brasileiro.

A Lei nº 8.038/90 (artigos 13 a 18) previu o instituto da *reclamação* para garantir a competência dos Tribunais ou a autoridade de suas decisões.

A Lei nº 8.953/94 incorporou ao nosso sistema processual o instituto do *ato atentatório à dignidade da justiça* (o que parte da doutrina aponta existir similaridades com o instituto norte-americano do *contempt of*

---

[74] "O discurso envolvendo o modo-de-ser do processo, em relação ao propósito de operacionalidade do sistema, acabaria por estender-se a toda a teoria do processo como instituto jurídico, não fora a conscientizada intenção de buscar somente as grandes colunas e tendências fundamentais". *Ibid.*, p. 335.

court),⁷⁵ ao alterar a redação do art. 601 do CPC/1973 e permitir ao juiz aplicar multa de até vinte por cento sobre o valor da execução, revertida em proveito do credor, caso constatada a fraude à execução ou se o executado se utilizar de expedientes ardis ou maliciosos para ocultar bens de seu patrimônio.

A Lei nº 8.952/94, também conhecida como a "minirreforma de 1994", autorizou expressamente o magistrado a: condenar o litigante de má-fé *ex officio* (CPC/1973, art. 18, *caput*); utilizar de *equidade* na fixação dos honorários advocatícios contra a Fazenda Pública (CPC/1973, art. 20, §4º); determinar que a parte responsável pela prova arque com os honorários periciais (CPC/1973, art. 33, parágrafo único); limitar o número de litigantes no litisconsórcio passivo quando comprometer a rápida solução do litígio (CPC/1973, art. 46, parágrafo único); tentar conciliar as partes a qualquer tempo (CPC/1973, art. 125, IV); determinar a citação e a penhora em domingos, feriados ou fora do horário convencional (CPC/1973, art. 172, §2º); *antecipar os efeitos da tutela* após o prévio requerimento da parte (CPC/1973, art. 273); exercer *juízo de retratação* a fim de reformar sentença de extinção sem resolução de mérito por indeferimento da petição inicial (CPC/1973, art. 296); designar audiência de conciliação em causa a tratar de direitos disponíveis (CPC/1973, art. 331); conceder de ofício a *tutela específica* (impor e fixar o valor de multa diária, busca e apreensão, remoção de pessoas e coisas, desfazimento de obras, impedimento de atividade nociva, requisição de força policial ou outras medidas necessárias), a fim de assegurar o cumprimento de obrigação de *fazer* ou *não fazer* (CPC/1973, art. 461); e, substituir *de ofício* as consequências jurídicas de uma medida cautelar outrora concedida pela prestação de caução ou por outra garantia que seja menos gravosa (CPC/1973, art. 805).

A Lei nº 9.099/95 criou os Juizados Especiais Cíveis – procedimento simplificado para demandas cujo valor não ultrapassasse os *quarenta salários mínimos* –, em respeito à determinação do legislador Constituinte (CRFB, art. 98, I), orientado pelos critérios da oralidade, simplicidade, informalidade, economia processual e celeridade, buscando, sempre que possível, a conciliação ou a transação.

Todavia, a referida lei proibiu expressamente a Fazenda Pública de figurar como parte desse procedimento, além das empresas públicas da União, o incapaz, o preso, a massa falida e o insolvente civil (art. 8º).

---

⁷⁵ Há Interessante artigo neste sentido: ASSIS, Araken de. *O contempt of court no direito brasileiro*. [S.l.], 2003. Disponível em: <http://www.abdpc.org.br/abdpc/artigos/araken%20de%20 assis(4)%20-%20formatado.pdf>. Acesso em: 7 set. 2016.

Uma das grandes inovações dos Juizados Especiais Cíveis quanto ao "acesso à justiça" foi a de permitir que as partes dirijam seu pleito diretamente ao magistrado, sem a necessidade de representação por advogado, nas causas de valor até vinte salários mínimos (art. 9º).[76] O problema maior é que a parte, sem a representação técnica devida, no mais das vezes, não sabe sequer o que deve ou pode pedir, tampouco "como" fundamentar ou provar o seu pleito. Essa realidade implica *aumento de probabilidade de insucesso* da parte ou *estimula o juiz a dar uma forcinha* para a parte-autora (seja em relação à produção ou à análise das provas, seja em relação à tomada da decisão), por se sentir *constrangido* a "equilibrar" a relação processual, causando o óbvio abandono da imparcialidade do julgador (postura ironicamente conhecida no dia a dia forense como a aplicação do *princípio do "coitadinho"*).

A Lei nº 9.307/96 (Lei da Arbitragem) possibilitou que pessoas capazes possam se valer do *árbitro* – terceiro escolhido, estranho ao Poder Judiciário –, por intermédio de *cláusula compromissória* (cláusula contratual no qual as partes, previamente, abrem mão da jurisdição estatal) ou por *compromisso arbitral* (contrato estipulando a arbitragem), desde que a demanda envolva direitos patrimoniais disponíveis.[77]

---

[76] O Conselho Federal da Ordem dos Advogados do Brasil ingressou com ação declaratória de inconstitucionalidade contra o art. 9º da Lei nº 9.099/99 (ADI nº 1.127). Por unanimidade o Supremo Tribunal Federal acolheu a constitucionalidade da norma, *in verbis*: "AÇÃO DIRETA DE INCONSTITUCIONALIDADE ACESSO À JUSTIÇA. JUIZADO ESPECIAL. PRESENÇA DO ADVOGADO. IMPRESCINDIBILIDADE RELATIVA. PRECEDENTES. LEI 9099/95. OBSERVÂNCIA DOS PRECEITOS CONSTITUCIONAIS. RAZOABILIDADE DA NORMA. AUSÊNCIA DE ADVOGADO. FACULDADE DA PARTE. CAUSA DE PEQUENO VALOR. DISPENSA DO ADVOGADO. POSSIBILIDADE. 1. Juizado Especial. Lei 9099/95, artigo 9º. Faculdade conferida à parte para demandar ou defender-se pessoalmente em juízo, sem assistência de advogado. Ofensa à Constituição Federal. Inexistência. Não é absoluta a assistência do profissional da advocacia em juízo, podendo a lei prever situações em que é prescindível a indicação de advogado, dados os princípios da oralidade e da informalidade adotados pela norma para tornar mais célere e menos oneroso o acesso à justiça. Precedentes. 2. Lei 9099/95. Fixação da competência dos juízos especiais civis tendo como parâmetro o valor dado à causa. Razoabilidade da lei, que possibilita o acesso do cidadão ao judiciário de forma simples, rápida e efetiva, sem maiores despesas e entraves burocráticos". BRASIL. Supremo Tribunal Federal. *ADI 1539 - Ação direta de inconstitucionalidade*. Requerente: Conselho Federal da Ordem dos Advogados do Brasil. Intimados: Presidente da República e Congresso Nacional. Relator: Maurício Corrêa. Brasília, DF, 24 de abril de 2003. Disponível em: <http://www.stf.jus.br/portal/processo/verProcessoAndamento.asp?incidente=1655754>. Acesso em: 7 set. 2016.

[77] Em 12.12.2001 o Supremo Tribunal Federal, ao decidir acerca de homologação de Sentença Estrangeira (SE nº 5.206), declarou a constitucionalidade da Lei de Arbitragem, por maioria de votos, consoante as razões extraídas de trecho da ementa do acórdão: "[...] 3. Lei de Arbitragem (L. 9.307/96): constitucionalidade, em tese, do juízo arbitral; discussão incidental da constitucionalidade de vários dos tópicos da nova lei, especialmente acerca da compatibilidade, ou não, entre a execução judicial específica para a solução de futuros conflitos da cláusula compromissória e a garantia constitucional da universalidade da

Mas a arbitragem vai além: permite que as partes escolham livremente quais as regras de direito que serão a elas aplicadas, podendo autorizar o árbitro, inclusive, a decidir com base na *equidade* (bom senso), nos costumes ou nos *princípios gerais do direito*.

A Lei nº 9.756/98 atribuiu especiais poderes ao relator ao permitir decidir monocraticamente, diante de recursos encaminhados ao tribunal. Determinou que ao julgar o conflito de competência o relator poderá decidir de plano se há jurisprudência dominante do tribunal sobre a questão suscitada (CPC/1973, art. 120).

A aludida lei também determinou que o relator negue seguimento a recurso manifestamente inadmissível, improcedente, prejudicado ou em confronto com súmula ou com jurisprudência dominante do respectivo tribunal, do Supremo Tribunal Federal, ou de Tribunal Superior, ou dar provimento ao recurso (CPC/1973, art. 557).

A Lei nº 10.259/01 criou os Juizados Especiais Federais. Para isso, foi necessário admitir no polo passivo a Fazenda Pública Federal, a fim de amoldá-los à típica competência da Justiça Federal determinada pelo art. 109 da Constituição Federal (art. 6º, II). Aliás, permitir a Fazenda Pública figurar nos Juizados Especiais Federais não foi *opção*, mas sim *necessidade*, já que historicamente quase a totalidade as demandas discutidas nesta seara jurídica envolvem interesses da União, autarquia ou fundação pública federal.

Todavia, o procedimento simplificado dos Juizados Especiais Federais foi ampliado para as causas de até *sessenta salários mínimos*, além de permitir que as partes postulem diretamente em juízo, sem a necessária representação por advogado, até o teto da sua competência (art. 3º).

---

jurisdição do Poder Judiciário (CF, art. 5º, XXXV). Constitucionalidade declarada pelo plenário, considerando o Tribunal, por maioria de votos, que a manifestação de vontade da parte na cláusula compromissória, quando da celebração do contrato, e a permissão legal dada ao juiz para que substitua a vontade da parte recalcitrante em firmar o compromisso não ofendem o artigo 5º, XXXV, da CF. Votos vencidos, em parte - incluído o do relator - que entendiam inconstitucionais a cláusula compromissória - dada a indeterminação de seu objeto - e a possibilidade de a outra parte, havendo resistência quanto à instituição da arbitragem, recorrer ao Poder Judiciário para compelir a parte recalcitrante a firmar o compromisso, e, conseqüentemente, declaravam a inconstitucionalidade de dispositivos da Lei 9.307/96 (art. 6º, parág. único; 7º e seus parágrafos e, no art. 41, das novas redações atribuídas ao art. 267, VII e art. 301, inciso IX do C. Pr. Civil; e art. 42), por violação da garantia da universalidade da jurisdição do Poder Judiciário. Constitucionalidade - aí por decisão unânime, dos dispositivos da Lei de Arbitragem que prescrevem a irrecorribilidade (art. 18) e os efeitos de decisão judiciária da sentença arbitral (art. 31)". BRASIL. Supremo Tribunal Federal. *SE 5206 AgR / EP - Espanha AG.REG.na sentença estrangeira*. Agravante: M B V Commercial and Export Management. Establishment. Agravado: Resil Industria e Comercio Ltda. Relator: Min. Sepúlveda Pertence. Brasília, DF, julgamento: 12 de dezembro de 2001. Disponível em: <https://goo.gl/8LFvVb>. Acesso em: 7 set. 2016.

Mais que isso: a Lei nº 10.259/01 permitiu expressamente que as partes sejam representadas, inclusive, por "não" advogados (art. 10). Seria o retorno do *rábula* (despachante judicial) ao Direito? Pois é. O Supremo Tribunal Federal manteve a constitucionalidade da norma em questão.[78]

No âmbito dos Juizados Especiais Federais, diferentemente do que ocorre nos Juizados Estaduais (onde o autor pode optar em ingressar com a demanda no local do seu domicílio ou do réu), a *competência do domicílio do autor é absoluta*.

Interessante inovação dos Juizados Especiais Federais foi, também, a criação de um microssistema recursal próprio e escalonado, a fim de permitir o manejo de incidentes de uniformização de jurisprudência

---

[78] O Conselho Federal da Ordem dos Advogados do Brasil ingressou com ação declaratória de inconstitucionalidade contra o art. 10 da Lei nº 10.259/01 (ADI nº 3.168). Todavia o Supremo Tribunal Federal preservou a constitucionalidade da norma, *in verbis*: "AÇÃO DIRETA DE INCONSTITUCIONALIDADE. JUIZADOS ESPECIAIS FEDERAIS. LEI 10.259/2001, ART. 10. DISPENSABILIDADE DE ADVOGADO NAS CAUSAS CÍVEIS. IMPRESCINDIBILIDADE DA PRESENÇA DE ADVOGADO NAS CAUSAS CRIMINAIS. APLICAÇÃO SUBSIDIÁRIA DA LEI 9.099/1995. INTERPRETAÇÃO CONFORME A CONSTITUIÇÃO. É constitucional o art. 10 da Lei 10.259/2001, que faculta às partes a designação de representantes para a causa, advogados ou não, no âmbito dos juizados especiais federais. No que se refere aos processos de natureza cível, o Supremo Tribunal Federal já firmou o entendimento de que a imprescindibilidade de advogado é relativa, podendo, portanto, ser afastada pela lei em relação aos juizados especiais. Precedentes. Perante os juizados especiais federais, em processos de natureza cível, as partes podem comparecer pessoalmente em juízo ou designar representante, advogado ou não, desde que a causa não ultrapasse o valor de sessenta salários mínimos (art. 3º da Lei 10.259/2001) e sem prejuízo da aplicação subsidiária integral dos parágrafos do art. 9º da Lei 9.099/1995. Já quanto aos processos de natureza criminal, em homenagem ao princípio da ampla defesa, é imperativo que o réu compareça ao processo devidamente acompanhado de profissional habilitado a oferecer-lhe defesa técnica de qualidade, ou seja, de advogado devidamente inscrito nos quadros da Ordem dos Advogados do Brasil ou defensor público. Aplicação subsidiária do art. 68, III, da Lei 9.099/1995. Interpretação conforme, para excluir do âmbito de incidência do art. 10 da Lei 10.259/2001 os feitos de competência dos juizados especiais criminais da Justiça Federal. ACÓRDÃO: Vistos, relatados e discutidos estes autos, acordam os ministros do Supremo Tribunal Federal, em Sessão Plenária, sob a presidência da ministra Ellen Gracie, na conformidade da ata do julgamento e das notas taquigráficas, por maioria de votos, em afastar a inconstitucionalidade do dispositivo impugnado, desde que excluídos os feitos criminais, respeitados o teto estabelecido no art. 3º e sem prejuízo da aplicação subsidiária integral dos parágrafos do art. 9º da Lei 9.099, de 26 de setembro de 195, vencidos, parcialmente, os ministros Carlos Britto, Celso de Mello e Sepúlveda Pertence, que especificavam, ainda, que o representante não poderia exercer atos postulatórios". BRASIL. Supremo Tribunal Federal. *Ação direta de inconstitucionalidade 3.168-6 Distrito Federal*. Requerentes: Conselho Federal da Ordem dos Advogados do Brasil. Requerido: Presidente da República, Advogado-Geral da União, Congresso Nacional. Relator: Joaquim Barbosa. Brasília, DF, julgamento: 8 de junho de 2006. Disponível em: <http://redir.stf.jus.br/ paginadorpub/ paginador.jsp?docTP=AC&docID=474620>. Acesso em: 7 set. 2016.

quando houver dissonância de entendimentos entre órgãos diversos de um mesmo grau de jurisdição (art. 14).[79] Assim, a divergência entre Turmas Recursais dentro da mesma região será decidida pela Turma Regional Federal. Da mesma forma, a divergência entre Turmas Regionais de Tribunais Regionais Federais diferentes será decidida pela Turma Nacional de Uniformização. Por fim, eventual divergência entre a Turma Nacional de Uniformização e súmula ou jurisprudência dominante no Superior Tribunal de Justiça (STJ) será dirimida por seu *órgão especial* (já que, conforme a cláusula de reserva de plenário, consoante o art. 97 da Constituição Federal, faz as vezes do tribunal pleno).

Este sistema recursal foi construído para reduzir as "incertezas" do sistema processual civil e, em um país com dimensões continentais como é o caso do Brasil, tentar uniformizar a jurisprudência no âmbito dos Juizados Especiais Federais. Daí muitos operadores do Direito *torcerem o nariz* para a aplicação simultânea entre o sistema de incidentes previsto no art. 14 da Lei nº 10.259/01 e o incidente de resolução de demandas repetitivas (CPC/2015, arts. 976 a 987), ao argumento de restar configurado *bis in idem*.

Não concordamos com este entendimento e vemos com relativa tranquilidade a coexistência de ambos os sistemas, já que possuem pressupostos e hipóteses de aplicação diferentes, ao lado de outras técnicas processuais que coadunam da mesma função. Afinal, desde 2004 já não existia *bis in idem* dos referidos incidentes de uniformização em relação às súmulas vinculantes (criadas pela Emenda Constitucional nº 45), tampouco haverá com as demais hipóteses de provimentos vinculantes constantes do Código de Processo Civil de 2015.

A Lei nº 10.358/01 permitiu que o magistrado aplique multa (pena processual) de até vinte por cento do valor da causa (de acordo

---

[79] "Art. 14. Caberá pedido de uniformização de interpretação de lei federal quando houver divergência entre decisões sobre questões de direito material proferidas por Turmas Recursais na interpretação da lei. §1º. O pedido fundado em divergência entre Turmas da mesma Região será julgado em reunião conjunta das Turmas em conflito, sob a presidência do Juiz Coordenador. §2º. O pedido fundado em divergência entre decisões de turmas de diferentes regiões ou da proferida em contrariedade a súmula ou jurisprudência dominante do STJ será julgado por Turma de Uniformização, integrada por juízes de Turmas Recursais, sob a presidência do Coordenador da Justiça Federal. §3º. A reunião de juízes domiciliados em cidades diversas será feita pela via eletrônica. §4º. Quando a orientação acolhida pela Turma de Uniformização, em questões de direito material, contrariar súmula ou jurisprudência dominante no Superior Tribunal de Justiça -STJ, a parte interessada poderá provocar a manifestação deste, que dirimirá a divergência. [...]". BRASIL. *Lei nº 10.259, de 12 de julho de 2001*. Dispõe sobre a instituição dos Juizados Especiais Cíveis e Criminais no âmbito da Justiça Federal. Disponível em: <http://www.planalto. gov.br/ccivil_03/leis/LEIS_2001/L10259.htm>. Acesso em: 7 set. 2016.

com a gravidade da conduta) às partes ou a todos que de alguma forma participem do processo e não cumpram com exatidão ou criem embaraços ao cumprimento de ordens judiciais (CPC, art. 14, V c/c. parágrafo único), a ser revertida em benefício da Fazenda Pública correspondente.[80] Trata-se de mais uma demonstração de *ato atentatório ao exercício da jurisdição*, também corolário do *contempt of court*. Ademais, inclui a sentença arbitral no rol de títulos executivos "judiciais" (CPC, art. 584, VI).

A Lei nº 10.444/02 viabilizou que o juiz possa, para dar mais efetividade às decisões de antecipação dos efeitos da tutela, aplicar medidas mandamentais típicas da *tutela específica*, como a fixação de multa diária e a requisição de força policial (CPC/1973, art. 273, §3º).

Também autorizou expressamente o magistrado a aplicar a *fungibilidade entre a tutela antecipatória e a tutela cautelar* (CPC/1973, art. 276, §7º) e estendeu a execução *lato sensu* (tutela específica) às demandas de entregar de coisa (CPC/1973, art. 461-A).

Por consequência, permitiu ao juiz requisitar diretamente documentos necessários à liquidação da sentença (CPC/1973, art. 604, §1º) e fixar multa por dia de atraso ao despachar a petição inicial de entrega de coisa certa (CPC/1973, art. 621, parágrafo único) ou de obrigação de fazer ou não fazer (CPC/1973, art. 644).

A Emenda Constitucional nº 45/2004, posteriormente regulada pela Lei nº 11.417/06, conferiu ao Supremo Tribunal Federal o poder de aprovar de ofício *súmulas vinculantes*, mediante decisão de dois terços de

---

[80] Na ADI nº 2.652 foi examinada a constitucionalidade do parágrafo único do art. 14 do Código de Processo Civil de 1973 e determinado que tanto os advogados privados quanto os advogados públicos, enquanto na regular função de representação processual, não poderão ser condenados por ato atentatório ao exercício da jurisdição. *In verbis*: "AÇÃO DIRETA DE INCONSTITUCIONALIDADE. IMPUGNAÇÃO AO PARÁGRAFO ÚNICO DO ARTIGO 14 DO CÓDIGO DE PROCESSO CIVIL, NA REDAÇÃO DADA PELA LEI 10358/2001. PROCEDÊNCIA DO PEDIDO. 1. Impugnação ao parágrafo único do artigo 14 do Código de Processo Civil, na parte em que ressalva 'os advogados que se sujeitam exclusivamente aos estatutos da OAB' da imposição de multa por obstrução à Justiça. Discriminação em relação aos advogados vinculados a entes estatais, que estão submetidos a regime estatutário próprio da entidade. Violação ao princípio da isonomia e ao da inviolabilidade no exercício da profissão. Interpretação adequada, para afastar o injustificado 'discrímen'. 2. Ação Direta de Inconstitucionalidade julgada procedente para, sem redução de texto, dar interpretação ao parágrafo único do artigo 14 do Código de Processo Civil conforme a Constituição Federal e declarar que a ressalva contida na parte inicial desse artigo alcança todos os advogados, com esse título atuando em juízo, independentemente de estarem sujeitos também a outros regimes jurídicos". BRASIL. Supremo Tribunal Federal. *Ação direta de inconstitucionalidade ADI nº 2.652*. Requerente: Associação Nacional dos Procuradores de Estado – ANAPE. Requerido: Presidente da República e Congresso Nacional. Relator: Min. Maurício Corrêa. Brasília, DF, 8 de maio de 2003. Disponível em: <http://www.trtsp.jus.br/ geral/tribunal2/Trib_Sup/STF/ADINS/2652_6.html>. Acesso em: 7 set. 2016.

seus membros, depois de reiteradas decisões sobre matéria constitucional, com a produção de *efeito vinculante* em relação aos demais órgãos do Poder Judiciário e à Administração Pública (CRFB, art. 103-A, *caput*). A referida alteração constitucional também reforçou o instituto da *reclamação constitucional*, a fim de dar eficácia às súmulas vinculantes ou para preservar a efetividade de suas decisões (CRFB, art. 103-A, §3º, c/c. art. 102, I, "l", c/c. artigos 156 e 162 do Regimento Interno do Supremo Tribunal Federal).

A Lei nº 11.277/06 dispôs que o juiz estava autorizado a proferir *sentença liminar de improcedência* quando a matéria controvertida fosse unicamente "de direito" e no juízo já houvesse sido proferida sentença de total improcedência em outros casos idênticos (CPC/1973, art. 285-A). Tal instituto restou preservado diante no Código de Processo Civil de 2015 (*julgamento liminar do pedido*), mas com significativas alterações para coaduná-lo ao conjunto de *provimentos vinculantes* (CPC/2015, art. 332).[81]

As Leis nºs 11.418/06 e 11.672/08 determinaram, tanto ao presidente do tribunal de origem quanto ao relator no Supremo Tribunal Federal ou Superior Tribunal de Justiça, o sobrestamento de recursos extraordinários e recursos especiais com idêntica fundamentação jurídica, quando houvesse a multiplicidade de recursos, com a finalidade de se evitar potenciais decisões conflitantes, tendo em conta que o julgamento do paradigma lastreava os seus efeitos sobre as causas similares (CPC/1973, arts. 543-B e 543-C).

Também, a Lei nº 11.418/06 determinou que o relator não conhecesse do recurso extraordinário, quando a questão constitucional nele versada não oferecesse *repercussão geral*, ou seja, quando a matéria que se discutia não fosse relevante do ponto de vista econômico, político, social ou jurídico, de modo a ultrapassar os interesses subjetivos da causa (CPC/1973, art. 543-A).

---

[81] "Art. 332. Nas causas que dispensem a fase instrutória, o juiz, independentemente da citação do réu, julgará liminarmente improcedente o pedido que contrariar: I - enunciado de súmula do Supremo Tribunal Federal ou do Superior Tribunal de Justiça; II - acórdão proferido pelo Supremo Tribunal Federal ou pelo Superior Tribunal de Justiça em julgamento de recursos repetitivos; III - entendimento firmado em incidente de resolução de demandas repetitivas ou de assunção de competência; IV - enunciado de súmula de tribunal de justiça sobre direito local. §1º. O juiz também poderá julgar liminarmente improcedente o pedido se verificar, desde logo, a ocorrência de decadência ou de prescrição. §2º. Não interposta a apelação, o réu será intimado do trânsito em julgado da sentença, nos termos do art. 241. §3º. Interposta a apelação, o juiz poderá retratar-se em 5 (cinco) dias. §4º. Se houver retratação, o juiz determinará o prosseguimento do processo, com a citação do réu, e, se não houver retratação, determinará a citação do réu para apresentar contrarrazões, no prazo de 15 (quinze) dias". BRASIL. *Lei nº 13.105, de 16 de março de 2015*. Código de Processo Civil. Disponível em: <https://www.planalto.gov.br/ccivil_03/_ato2015-2018/ 2015/lei/l13105.htm>. Acesso em: 7 set. 2016.

A Lei nº 12.153/09 implantou o sucesso experimentado pelos Juizados Especiais Federais (em certos aspectos), expandindo o microssistema dos Juizados Especiais para causas contra a Fazenda Pública Estadual, Distrital e Municipal, até o valor de sessenta salários mínimos.

A Lei nº 13.300/16 disciplinou o processo e o julgamento dos mandados de injunção individual ou coletivo, a fim de assegurar que a ausência de norma regulamentadora não prejudique o exercício de direitos e liberdades constitucionais.

Assim, só começamos a sentir os principais impactos da escola da instrumentalidade do processo, em termos legislativos, após a Constituição da República Federativa de 1988. E já demonstramos isso amiúde páginas atrás.

Logo, o Brasil experimentou uma *instrumentalidade tardia*, que praticamente já nasce sob os auspícios da nova Constituição.[82] É fato que os influxos do novo constitucionalismo não foram percebidos instantaneamente, mas também é realidade que a nossa "carência democrática" era forte e intensa, a ponto de produzirmos profundas e intensas reformas em nosso sistema processual civil no decorrer das décadas de 1990 e 2000: ao todo foram 71 (setenta e uma) alterações durante a vigência do Código de Processo Civil de 1973, a sua grande maioria após a Constituição Federal de 1988.

Atualmente, vivemos um importante momento histórico, porquanto estamos diante do Código de Processo Civil de 2015, o primeiro construído a partir de um *regime exclusivamente democrático*, decorrente da participação de diversos setores da sociedade, após rico embate acadêmico, doutrinário e político.

Assim, diante da realidade processual brasileira, a instrumentalidade nunca foi meramente formal (aquela idealizada por Cappelletti), mas sim já nasce como *instrumentalidade substancial* (constitucional, neoinstrumentalista ou pós-instrumentalista), mormente porque já constatamos na Constituição da República Federativa do Brasil de 1988 grande leque de direitos e "garantias" fundamentais.[83]

---

[82] Vale lembrar que a primeira edição da obra de Cândido Rangel Dinamarco – *A instrumentalidade do processo* – foi publicada só em 1987.

[83] "Então parece ser óbvio que para a escola que defende a fase instrumentalista, em especial a Escola paulista, esta deve ser lida em conformidade com o advento da Constituição federal de 1988, tendo em vista que esta fase é pensada no ano de 1986, sendo que o fator superveniente da promulgação do texto constitucional é motivo de mera releitura da fase, e não de criação de outra. Note-se que alguns autores chegam a afirmar que a doutrina identifica a nova fase como a instrumentalista, sem sequer fazer referências as outras escolas de processo e suas pensadas fases, como é o caso de José Roberto dos Santos Bedaque" (BEDAQUE, José Roberto dos Santos. *Direito e processo*: influência do direito material sobre o processo. 5. ed. São Paulo: Malheiros, 2009, p. 17. Afirma o processualista:

Em outras palavras: as novas técnicas processuais surgem só a partir da década de 1990, no Brasil, buscando exatamente dar maior efetividade a um rol de direitos e garantias fundamentais insculpidos pela atual Constituição Federal. Por tal razão, podemos identificar o *neoprocessualismo* brasileiro, sem sombra de dúvidas, com a *instrumentalidade substancial (ou constitucional)*.[84]

Enfim, as técnicas processuais introduzidas foram extremamente relevantes para o amadurecimento do sistema processual civil brasileiro e para o alcance de maior efetividade. Sim, muitas das técnicas processuais são excelentes (salvo algumas pequenas ressalvas). Disso não há discussão.

Todavia, ao *concentrar em excesso o poder nas mãos do magistrado* (e as expectativas do Direito em torno do *protagonismo judicial*),[85] tais

---

"A ciência processual no Brasil encontra-se na fase de sua evolução que autorizada pela doutrina identifica como instrumentalista. É a conscientização de que a importância do processo está em seus resultados"). Ao abrir sua conceituação para os escopos do processo, facilmente qualquer quarta fase nova a ser criada poderá se enquadrar num dos escopos da fase instrumentalista – social, política ou jurídica – estando aí a grande armadilha criada para que nenhuma outra fase seja admitida por esta Escola, bastando, apenas, que o instrumentalismo seja, pelo escopo jurídico, relido pela ótica dos Direitos Fundamentais, criando-se, assim, um pós-instrumentalismo ou neoinstrumentalismo. JOBIM, Marcos. As fases metodológicas do processo. *Revista eletrônica AJDD*, Rio de Janeiro, ano 4, n. 8, 2014. Disponível em: <http://www.reajdd.com.br/ed8.html>. Acesso em: 8 set. 2016.

[84] "Do conceptualismo e das abstrações dogmáticas que caracterizam a ciência processual e que lhe deram foros de ciência autônoma, partem hoje os processualistas para a busca de um instrumentalismo mais efetivo do processo, dentro de uma ótica mais abrangente e mais penetrante de toda a problemática sócio-jurídica. Não se trata de negar os resultados alcançados pela ciência processual até esta data. O que se pretende é fazer dessas conquistas doutrinárias e de seus melhores resultados um sólido patamar para , com uma visão crítica e mais ampla da utilidade do processo, proceder ao melhor estudo dos institutos processuais – prestigiando ou adaptando ou reformulando os institutos tradicionais, ou concebendo institutos novos –, sempre com a preocupação de fazer com que o processo tenha plena e total aderência à realidade sócio-jurídica a que se destina, cumprindo sua primordial vocação que é a de servir de instrumento à efetiva realização de direitos. É a tendência ao instrumentalismo que se denominaria substancial em contraposição ao instrumentalismo meramente nominal ou formal". WATANABE, Kazuo. *Da cognição no processo civil*. Campinas: Bookseller, 2000, p. 20-21.

[85] "[...] o predomínio das vertentes instrumentalistas do processo no campo da teoria processual produziu um tipo intrigante de sincretismo de tradições. A ideia de que o processo é um instrumento teleológico cujo fim é determinado a partir de escopos políticos, sociais e jurídicos encarrega a jurisdição de – solipsisticamente – levá-los à realização. Há algo de intrigante nisso, uma vez que, pela lente da referida corrente teórica, o processo não é um fim em si mesmo, mas apenas um meio para a realização plena do direito material. Ocorre que, quem realiza plenamente o direito material é o juiz, considerado pelos instrumentalistas como 'o canal de captação e tradução dos valores que a sociedade em seu tempo produz'. Dizem eles que isso deve ser assim porque 'o processo não pode retroceder em sua cientificidade'. Ainda para essa corrente, o processo não pode voltar ao sincretismo metodológico que o caracterizava em sua primeira fase, nos albores da pandectística germânica, mas deve ser o processo público que tem lugar

técnicas permitiram, consequentemente, a ocorrência de maior número de abusos em nome de uma pretensa efetividade processual. Assim alimentamos o nosso *juiz Hércules à brasileira*. Em poucas palavras: *muita potência para pouco controle*.[86] Embora a Emenda Constitucional nº 45/2004 tenha criado o Conselho Nacional de Justiça (CRFB, art. 103-B), importante mecanismo de controle "externo" do Poder Judiciário – e aqui chamamos a atenção para o "externo" entre aspas porque 9 (nove) dos 15 (quinze) membros, ou seja, sessenta por cento, são oriundos do próprio Poder Judiciário[87] –,

---

com o Estado Social. Nessa altura, não é mais a ação – que ao tempo do 'sincretismo' representava a categoria central da teoria processual –, mas, sim, a jurisdição o centro de todo processo. Em suma, todo edifício processual se faz, segundo a instrumentalidade, a partir da jurisdição. Dito mais claramente, ao mesmo tempo que a referida corrente prega a realização do direito material, ela se aproxima das teses da jurisprudência dos conceitos e, no momento em que coloca a jurisdição como epicentro do edifício processual, parece pactuar com as posturas realistas ou do movimento do direito livre, que está na base da formatação da chamada 'jurisprudência da valoração'. Daí a pergunta: por que, depois de uma intensa luta pela democracia e pelos direitos fundamentais, enfim, pela inclusão das conquistas civilizatórias nos textos legais-constitucionais, deve(ría)mos continuar a delegar ao juiz a apreciação do 'direito material em conflito'? Volta-se, sempre, ao lugar do começo: o problema da democracia e da (necessária) limitação do poder. Discricionariedades, arbitrariedades, inquisitorialidades, positivismo jurídico: tudo está entrelaçado". STRECK, Lenio Luiz. *Verdade e consenso:* Constituição, hermenêutica e teorias discursivas. 5. ed. São Paulo: Saraiva, 2014, p. 40.

[86] "[...] a fase instrumentalista acaba ela mesma caindo na mesma armadilha que a fase processualista caiu, sendo pensado o processo como mera aplicação, mera técnica, dos escopos pensados por Cândido Rangel Dinamarco. [...] Assim, a crítica faz com que o instrumentalismo esvazie o próprio escopo processual de valores, pois concede, a alargar o campo para outros dois escopos – social e político – força igual ou maior para estes, o que denota um enfraquecimento da própria acepção do que vem a ser processo e da jurisdição, concedendo um amplo poder discricionário a cada juiz que poderá julgar, no mais das vezes, conforme o entendimento que ele próprio tem de determinado fato social, trazendo insegurança ao jurisdicionado". JOBIM, Marcos. As fases metodológicas do processo. *Revista eletrônica AJDD*, Rio de Janeiro, ano 4, n. 8, 2014. Disponível em: <http://www.reajdd.com.br/ed8.html>. Acesso em: 8 set. 2016.

[87] "Art. 103-B. O Conselho Nacional de Justiça compõe-se de 15 (quinze) membros com mandato de 2 (dois) anos, admitida 1 (uma) recondução, sendo: I - o Presidente do Supremo Tribunal Federal; II - um Ministro do Superior Tribunal de Justiça, indicado pelo respectivo tribunal; III - um Ministro do Tribunal Superior do Trabalho, indicado pelo respectivo tribunal; IV - um desembargador de Tribunal de Justiça, indicado pelo Supremo Tribunal Federal; V - um juiz estadual, indicado pelo Supremo Tribunal Federal; VI - um juiz de Tribunal Regional Federal, indicado pelo Superior Tribunal de Justiça; VII - um juiz federal, indicado pelo Superior Tribunal de Justiça; VIII - um juiz de Tribunal Regional do Trabalho, indicado pelo Tribunal Superior do Trabalho; IX - um juiz do trabalho, indicado pelo Tribunal Superior do Trabalho; X - um membro do Ministério Público da União, indicado pelo Procurador-Geral da República; XI - um membro do Ministério Público estadual, escolhido pelo Procurador-Geral da República dentre os nomes indicados pelo órgão competente de cada instituição estadual; XII - dois advogados, indicados pelo Conselho Federal da Ordem dos Advogados do Brasil; XIII - dois cidadãos, de notável saber jurídico e reputação ilibada, indicados um pela Câmara dos Deputados e outro pelo Senado Federal. [...]". BRASIL. Constituição (19988). *Constituição da República Federativa*

muitos *decisionismos* passam ao largo de qualquer reprimenda, pelas razões mais diversas, desde o receio do advogado denunciante em ser "perseguido" (ainda que de forma velada) e prejudicado quanto aos demais processos em curso, até a formação de *jurisprudência administrativa defensiva* (decorrente de certo apego ao ainda presente *corporativismo*, no mais das vezes travestido no argumento de preservação da *independência funcional*).

Soma-se a isso tudo o fato da notória *descrença* da sociedade brasileira no seu sistema político, de modo que o *Terceiro Gigante*, durante a virada do milênio, passa a desempenhar cada vez mais papel de destaque diante do cenário jurídico nacional.

1.5 Entre *subjetivismos* e *procedimentalismos*. A Crítica Hermenêutica do Direito Processual Civil (CHDPC) como um novo paradigma hermenêutico (filosófico) de superação ao esquema sujeito-objeto

Como estudado alhures, a centralidade dos direitos fundamentais, a reaproximação entre Direito e ética e a criação de nova dogmática de interpretação constitucional, são as principais características daqueles que defendem a existência do neoconstitucionalismo.

A forte tendência de *constitucionalização do Direito*, em especial do Direito Processual Civil – com o aperfeiçoamento da *jurisdição constitucional* (*v.g.*, a súmula vinculante), a supervalorização da boa-fé e da eticidade processual, e a busca pela efetividade de direitos fundamentas por meio de técnicas processuais –, parte da doutrina passou a defender a existência de uma nova fase evolutiva da ciência processual civil, intitulando-a de *neoprocessualismo*: o Direito Processual Civil à luz do neoconstitucionalismo.

Fredie Didier Júnior aduz que, após a evolução do Direito Processual Civil ter ocorrido em três fases (sincretismo, processualismo e instrumentalismo), passa a ser mais adequado considerar o momento atual como a *quarta fase* da evolução do Direito Processual: nesse sentido, utiliza-se da expressão *neoprocessualismo*.[88]

Em outra oportunidade, antes da *nova visão de mundo* proporcionada pela hermenêutica, já nos manifestamos acerca das mais relevantes

---

do Brasil de 1988. Disponível em: <https:// www.planalto.gov.br/ccivil_03/constituicao/constituicao.htm>. Acesso em: 8 set. 2016.

[88] DIDIER JR., Fredie. *Curso de Direito Processual Civil*. 13. ed. Salvador: Jus Podivm, 2011. v. 1, p. 31-32.

características do neoprocessualismo:[89] a intensa constitucionalização do Direito Processual Civil; o processo consistir em ato jurídico complexo resultante da aplicação de princípios constitucionais sobre uma base procedimental, instrumentalizando o direito material e proporcionando a satisfação de direitos fundamentais; o Direito Processual Civil dever ser criado, interpretado e aplicado a partir dos princípios que emanam da Constituição; o processo civil (dentro ou fora da jurisdição) transformar-se em meio permanente e indispensável ao exercício da cidadania, exigindo maior capacidade ética na aplicação de seus institutos; o processo dever ser um meio para a expansão da interpretação e da criatividade judicial para a conservação e concretização de direitos fundamentais quando a lei não for bastante para cumprir a sua função social; a centralização do estudo, criação e aplicação de institutos a pautar pela efetividade do processo.

Mas talvez o maior arauto a hastear a bandeira do *neoprocessualismo* no Direito Processual Civil Brasileiro seja Eduardo Cambi, ao publicar sua obra *Neoconstitucionalismo e neoprocessualismo: direitos fundamentais, políticas públicas e protagonismo Judiciário*. Vamos tentar percorrer o caminho traçado pelo autor a fim de compreender sua tese e, se necessário, fazer as críticas pertinentes.

Para Cambi, "o neoconstitucionalismo, ao propor uma nova metodologia jurídica, e o neoprocessualismo, ao incorporar a necessidade de compreender e utilizar as técnicas processuais, a partir das bases constitucionais, trazem novas ideias que permitem revisar posições tradicionais [...]".[90]

Em sua tese, começa por enumerar *7 (sete) características do positivismo jurídico*: a identificação plena do Direito com a lei; a completude do ordenamento jurídico (não admissão de lacunas); o não reconhecimento dos princípios como normas; a dificuldade para explicar conceitos indeterminados; a identificação entre vigência e validade da lei; o excesso formalismo jurídico; e, a identificação entre legalidade e legitimidade.[91]

Fazendo o contraponto, Cambi denomina como *neopositivismo* a consequência filosófica do neoconstitucionalismo, do qual destaca também suas características: a superação do legalismo; a Constituição como *programa positivo de valores*; a diferenciação entre regras e princípios; o caráter principiológico dos direitos fundamentais; a superação

---

[89] HERZL, Ricardo, A. *Neoprocessualismo, processo e Constituição*: o Direito Processual Civil à luz do neoconstitucionalismo. Florianópolis: Conceito, 2013, p. 132-134.
[90] CAMBI, Eduardo. *Neoconstitucionalismo e neoprocessualismo*: direitos fundamentais, políticas públicas e protagonismo judiciário. 2. ed. São Paulo: Revista dos Tribunais, 2011, p. 21.
[91] *Ibid.*, p. 80-84.

do formalismo jurídico; e, a nova interpretação constitucional calcada na *ponderação de valores*.

Chamou nossa atenção o que Eduardo Cambi chama de "método concretista", quando aduz que "a norma jurídica somente adquire normatividade quando se transforma em 'norma de decisão' aplicável aos casos concretos. Ou melhor, 'concretização' da norma é 'construção' da norma".[92] E continua: "todos os participantes do processo de concretização normativo exercem um papel importante, na medida em que colocam a norma em contato com a realidade. O método concretista está fundado no pluralismo jurídico."[93]

Conquanto Cambi reconheça que não pode ser admissível que a decisão judicial seja tomada a partir de impulsos ou fatores puramente emotivos, o que poderia dar margem ao subjetivismo dos intérpretes, fazendo imperar a desordem e a descrença na Constituição – o que chama de "oba-oba constitucional" –, aposta todas as suas fichas na *teoria da argumentação* para "inibir" subjetivismos e decisionismos.

Todavia, Cambi não responde *qual teoria da argumentação* seria capaz os excessos judicializados. Pior, Cambi pretende colocar autores com pensamentos tão complexos e, alguns, diametralmente opostos – como Alexy, Habermas, Häberle, Dworking, Kaufmann, Posner, Ferrajoli, Canotilho, Ávila, Sarmento, Barroso, Bonavides, Posner, Streck, dentre outros – dentro do mesmo contexto, como se um complementasse as ideias do outro.[94]

---

[92] *Ibid.*, p. 109.
[93] *Ibid.*, p. 111.
[94] "É o caso, por exemplo, de Eduardo Cambi, que, a partir de uma mixagem de matrizes e autores, sustenta que o juiz, nos casos difíceis, possui tanta margem de discricionariedade quanto o legislador, como se, a um, o legislador tivesse discricionariedade nesta quadra da história e, a dois, não fosse a discricionariedade, exatamente, a porta de entrada dos decisionismos e voluntarismos. Mais ainda, embora sua obra tenha pretensões pós-positivistas (ou antipositivistas), o que, registre-se, é extremamente louvável, Cambi insiste em teses que são contrárias (ou estão em contradição) ao que propõe, como, por exemplo, quando sustenta que a sentença é ato de vontade do juiz – repristinando, consciente ou inconscientemente, o pai do positivismo normativista (Kelsen) – e que 'sentença vem de sentir' (sic). Ao fim e ao cabo, reforça o protagonismo judicial que pretende combater, ao fazer coro com Eduardo Couture, no sentido de que 'a dignidade do direito depende da dignidade do juiz', isto é, de que 'o direito valerá o que valham os juízes'. De ressaltar, ademais, a opção explícita de Cambi pelo solipsismo: 'A decisão judicial reflete características pessoais do juiz (a sua personalidade, o seu temperamento, as suas experiências passadas, as suas frustrações, as suas expectativas etc.) ou dos jurados [...]'.30 Por fim, sustenta a necessidade de que o juiz faça ponderações, o que, também neste caso, coloca-o em campo distante da hermenêutica filosófica, da teoria integrativa dworkiniana e do antirrelativismo habermasiano. Exatamente nessa linha é que não se pode (e não se deve) subestimar as mixagens teóricas e a confusão acerca de posições assumidas por determinados jusfilósofos, que acabam sendo citados fora de contexto, como se reforçassem o paradigma subjetivista". STRECK, Lenio Luiz. *O que é isto*: decido

Logo, o *pecado capital* que Eduardo Cambi comete é o da *mixagem teórica*. Em outras palavras: o autor *pinça* (seletivamente) trechos dos autores mais diversos, de acordo com a sua necessidade narrativa, montando um *frankenstein* argumentativo. Ao assim proceder, infelizmente, o autor constrói *discurso retórico*.

Ao retratar no que consistiria o que chama de "método concretista", em torno de cinco páginas,[95] Cambi constrói sua tese citando todos os autores acima em suas notas de rodapé. Mistura *ponderação de valores* com *Crítica Hermenêutica do Direito, coerência e integridade* com *teorias discursivas, pluralismo jurídico* com *semiótica*.

Vamos dar um exemplo. Na sua obra, Eduardo Cambi cita que "não se pode cair no panprincipiologismo, isto é, a elucubração de princípios que, em verdade, não são "standards jurídicos", mas meros álibis teóricos", citando em nota de rodapé trecho da obra *O que é isto – decido conforme minha consciência?* de Lenio Streck.[96] Todavia, logo na sequência, o autor aduz que "é possível colocar o postulado da proporcionalidade no "centro da dogmática" dos direitos fundamentais, com a consequência prática de que, em muitos casos, o seu conteúdo definido decorra da ponderação".[97]

Ocorre que o denominado "princípio da proporcionalidade", à luz da teoria alexyana, é muito duramente criticado por Lenio Streck por fazer uso da *ponderação* (técnica imprecisa que visa criar uma regra de aplicação diante do caso em concreto),[98] bem como por admitir que

---

conforme minha consciência? 4. ed. rev. Porto Alegre: Livraria do Advogado, 2013, p. 28-29.

[95] *Ibid.*, p. 109-114.
[96] STRECK, Lenio Luiz. *O que é isto*: decido conforme minha consciência? 4. ed. rev. Porto Alegre: Livraria do Advogado, 2013, p. 112.
[97] *Ibid.*, p. 113.
[98] "Penso, aqui, que o calcanhar de aquiles da ponderação – e, portanto, das diversas teorias argumentativas (e suas derivações) – reside no deslocamento da hierarquização 'ponderativa' em favor da 'subjetividade' (assujeitadora) do intérprete, com o que a teoria da argumentação (para falar apenas desta), como sempre denunciou Arthur Kauffman, não escapa do paradigma da filosofia da consciência. Ou seja, independentemente das colorações assumidas pelas posturas que, de um modo ou de outro, deriva(ra)m da teoria da argumentação de Robert Alexy, o cerne da problemática está na continuidade da 'delegação' em favor do sujeito da relação sujeito-objeto. Isso é assim porque a ponderação implica essa 'escolha' subjetiva. Daí a incompatibilidade com a circularidade hermenêutica, uma vez que o círculo atravessa o esquema sujeito-objeto (é por meio dele que se dá a antecipação de sentido, impedindo qualquer interpretação em etapas). No fundo, volta-se, com a ponderação, ao problema tão criticado da discricionariedade, que, para o positivismo (por todos, Kelsen e Hart) é resolvido por delegação ao juiz. Assim, também nos casos difíceis (os mais) falam as teorias argumentativas, a escolha do princípio aplicável 'reprístina' a antiga 'delegação positivista' (na zona da penumbra, em Hart, ou no perímetro da moldura, em Kelsen). Cabe ao intérprete dizer qual o princípio aplicável, isto é, tal como no positivismo, é tarefa (prerrogativa?) do juiz decidir nas 'zonas

princípios sejam *mandamentos de otimização* (cláusulas abertas), o que só serve para fomentar o *panprincipiologismo* (a indústria de multiplicação de princípios artificiais, criados pela consciência do juiz ou para a conveniência do discurso, desprovidos de qualquer normatividade).[99]

Com toda a vênia a Eduardo Cambi, mas fazer "tábua rasa" entre a Crítica Hermenêutica do Direito e as diversas teorias da argumentação jurídica, colocando-as todas dentro de um copo e as *liquidificando* (formando uma massa só), de nada serve enquanto teoria ou "método" de interpretação. No máximo obteremos uma "vitamina" conceitual, oriunda do caos teórico. Nada mais.

Pelo todo o exposto, foi possível constatar que o *neoconstitucionalismo* – e, consequentemente, o *neoprocessualismo* – não se trata da superação do positivismo jurídico, porquanto apenas transferiu as vicissitudes de obediência cega do legalismo exegético a uma nova forma de autoritarismo: investir todas as expectativas de um novo constitucionalismo na capacidade do Poder Judiciário de escolher a melhor resposta ao caso em concreto, calcada somente no poder de convencimento (teorias da argumentação jurídica). Isto se revela antidemocrático e no retorno tardio ao positivismo, agora enrustido nas decisões judiciais, pois só desloca o problema (sem resolvê-lo) da obediência à letra cega da lei ao caos interpretativo proporcionado pela consciência de cada julgador (cada cabeça uma sentença...).

O neoprocessualismo existe e possui características próprias enquanto fenômeno, sim, mas em nada suplantou a fase metodológica instrumental. Apenas exacerba, amplia, potencializa os problemas trazidos pela busca frenética dos escopos do processo (onde os fins justificam os meios...). O neoprocessualismo, assim, não passa de uma espécie de *instrumentalidade "turbinada", versão 2.0*. Isso apenas serviu

---

de incertezas' e em face das 'insuficiências ônticas' (para usar aqui uma expressão que faz parte do repertório que identifica a 'dobra da linguagem' que sustenta a ausência de cisão entre 'hard' e 'easy cases')". STRECK, Lenio Luiz. *Verdade e consenso*: Constituição, hermenêutica e teorias discursivas. 5. ed. São Paulo: Saraiva, 2014, p. 242-243.

[99] "Por mais paradoxal que possa parecer, os princípios têm a finalidade de impedir 'múltiplas respostas'. Portanto, os princípios 'fecham' a interpretação e não a 'abrem', como sustentam, em especial, os adeptos das teorias da argumentação, por entenderem que, tanto na distinção fraca como na distinção forte entre regras e princípios, existe um grau menor ou maior de subjetividade do intérprete. A partir disso é possível dizer que é equivocada a tese de que os princípios são mandados de otimização e de que as regras traduzem especificidades (em caso de colisão, uma afastaria a outra, na base do 'tudo ou nada'), pois dá a ideia de que os 'princípios' seriam 'cláusulas abertas', espaço reservado à 'livre atuação da subjetividade do juiz', na linha, aliás, da defesa que alguns civilistas fazem das cláusulas gerais do novo Código Civil, que, nesta parte, seria o 'Código do juiz'". *Ibid.*, p. 221.

para *dar corda* ao *juiz Hércules* brasileiro, sob o viés do *Direito Processual Civil Constitucionalizado*. Em outras palavras, a ampliação dos poderes judiciais potencializou a subjetividade do julgador, somada agora às premissas do neoconstitucionalismo (a centralidade dos direitos fundamentais no sistema jurídico, a reaproximação entre o Direito e a ética e a construção de nova dogmática de interpretação constitucional), agindo como combustível para incrementar, em muito, a fogueira da discricionariedade no âmbito do Direito Processual Civil.

Nesse tocante, Streck enfatiza que *decidir não é sinônimo de escolher*.[100] E a razão é muito simples: toda escolha, por ser escolha, sempre será parcial. E o termo (técnico) para as escolhas do juiz chama-se *discricionariedade*. Aí reside o *solipsismo judicial*.[101] O juiz solipsista acredita que as razões de decidir estão fundadas em suas experiências e expectativas interiores e pessoais, sem conseguir estabelecer a relação entre o seu *ser* interior e o conhecimento para além de si mesmo.

A proporcionalidade e a ponderação se transformaram no *combustível da discricionariedade*, em que heróis de toga – mesmo que ainda muito bem-intencionados – acabam por incorrer em ativismos e solipsismos judiciais, produzindo decisões performáticas.

Como consequência, os *neoprocessualistas* se viram forçados a arquitetar uma estrutura complexa para tentar resolver um novo paradigma: se antes a lei era o problema, agora, *como estabelecer limites às decisões judiciais?*

Eis aí o grande paradoxo causado pelo neoprocessualismo:[102] com a ascensão do *Terceiro Gigante*, o aumento dos poderes processuais

---

[100] STRECK, Lenio Luiz. *O que é isto*: decido conforme minha consciência? 4. ed. rev. Porto Alegre: Livraria do Advogado, 2013, p. 107.

[101] Id. *Verdade e consenso*: Constituição, hermenêutica e teorias discursivas. 5. ed. São Paulo: Saraiva, 2014, p. 527.

[102] "Destarte, passadas duas décadas da Constituição de 1988, e levando em conta as especificidades do direito brasileiro, é necessário reconhecer que as características desse 'neoconstitucionalismo' acabaram por provocar condições patológicas que, em nosso contexto atual, acabam por contribuir para a corrupção do próprio texto da Constituição. Ora, sob a bandeira 'neoconstitucionalista' defendem-se, ao mesmo tempo, um direito constitucional da efetividade; um direito assombrado pela ponderação de valores; uma concretização *ad hoc* da Constituição e uma pretensa constitucionalização do ordenamento a partir de jargões vazios de conteúdo e que reproduzem o prefixo neo em diversas ocasiões, como: 'neoprocessualismo' e 'neopositivismo'. Tudo porque, ao fim e ao cabo, acreditou-se ser a jurisdição responsável pela incorporação dos 'verdadeiros valores' que definem o direito justo (vide, nesse sentido, as posturas decorrentes do instrumentalismo processual). Desse modo, fica claro que o neoconstitucionalismo representa, apenas, a superação – no plano teórico-interpretativo – do paleojuspositivismo (Ferrajoli), na medida em que nada mais faz do que afirmar as críticas antiformalistas deduzidas pelos partidários da escola do direito livre, da jurisprudência dos interesses e daquilo que é

dos juízes sob o argumento de maior efetividade dos direitos fundamentais, a multiplicação de *decisionismos* (cada magistrado decide de acordo com a sua consciência) e a famigerada *loteria judicial* (depender de *sorte* ou *azar*: precisamos cair nas mãos do "bom" juiz...), o próprio sistema processual se vê forçado a vincular as decisões judiciais, por meios de instrumentos de objetivação do processo, a fim de garantir um mínimo (nível) de *segurança* e *previsibilidade*.

E agora, nesta quadra da história, a grande batalha contra a discricionariedade judicial será travada exatamente na trincheira do Direito Processual, mormente em face do Código de Processo Civil de 2015 (Lei nº 13.105/15), após percorrer cinco anos de discussão em ambas as casas legislativas e permitir a ampla participação da doutrina e das instituições democráticas na sua elaboração.[103] E é exatamente sobre as suas maiores *virtudes* e *vicissitudes*, sempre sob o aporte hermenêutico (crítico), que vamos nos debruçar a partir dos capítulos seguintes.

Isso só reforça o que já denunciamos anteriormente: o neoprocessualismo existe, sim, mas não simboliza a ruptura com a ideia de instrumentalidade. Logo, não consiste em nova fase evolutiva do Direito Processual Civil. O neoprocessualismo apenas é a *face mais acelerada*

---

a versão mais contemporânea desta última, ou seja, da jurisprudência dos valores". STRECK, Lenio Luiz. *Verdade e consenso*: Constituição, hermenêutica e teorias discursivas. 5. ed. São Paulo: Saraiva, 2014, p. 46.

[103] O projeto de novo Código de Processo Civil nasceu no Senado Federal, por meio do Projeto de Lei do Senado 166 de 2010, apresentado em 08.06.2010 pelo Senador José Sarney, após o assessoramento e o parecer de uma rica Comissão de doze Processualistas, capitaneados pelo então Ministro do Superior Tribunal de Justiça Luiz Fux – atual Ministro do Supremo Tribunal Federal – e composta por outros renomados juristas do quilate de Bruno Dantas, Elpídio Donizetti Nunes, Humberto Theodoro Júnior, José Miguel Garcia Medina e Teresa Arruda Alvim Wambier. No Senado Federal, o Relatório do Senador Valter Pereira foi aprovado em 15.12.2010. Na Câmara dos Deputados, a proposição foi renumerada, passando a tramitar como Projeto de Lei nº 8.046 de 2010 e com o auxílio de diversos especialistas "notáveis", dentre eles Cândido Rangel Dinamarco, Kazuo Watanabe, Ada Pellegrini Grinover, Thereza Arruda Alvim, Cássio Scarpinella Bueno e Fredie Didier Júnior. Os números impressionam: após 15 audiências públicas nesta Casa Legislativa, 13 conferências estaduais, ouvidos 140 palestrantes e um total de 900 emendas, o Relatório elaborado pelo Deputado Paulo Teixeira foi aprovado em 26 de março de 2014 e, por fim, o projeto foi reenviado à Casa de origem. Retornando ao Senado Federal, o projeto recebeu o nome de Substitutivo da Câmara dos Deputados (SCD) ao projeto de Lei do Senado nº 166/2010. Após célere tramitação foi aprovado o texto-base do novo Código de Processo Civil em 16.12.2014, a partir do Relatório do Senador Vital do Rêgo, e apreciados outros 16 destaques (dos quais 10 restaram aprovados) no dia seguinte (17.12.2014). Após alguns pequenos reparos de redação e renumeração de artigos em razão da aprovação dos referidos destaques, no dia 25 de fevereiro de 2015 o Projeto foi remetido à Presidência da República para sanção ou veto. Finalmente, a Lei nº 13.105, de 16 de março de 2015, foi sancionada, após apenas 6 (seis) vetos pontuais, sendo publicada no *Diário Oficial da União* de 17.3.2015, entrando em vigência após 1 (um) ano (18.03.2016). Ao todo são 1.072 artigos.

e *moderninha* da instrumentalidade – o que não retira a sua natureza teleológica: a busca pela efetividade –, agora aditivada do tempero constitucional e uma boa "pitada" das teorias da argumentação jurídica. Simples assim.

Ainda, é possível constatar que, principalmente a partir da virada do milênio, acrescentou-se ao traço neoprocessualista a utilização da "técnica" (se é que existe alguma) de *ponderação de princípios*.[104] E, assim, ganha o neoprocessualismo mais combustível para *busca frenética por efetividade* e a aposta no juiz Hércules. Repetimos: muita potência com pouco controle!

Desenvolveu-se no Rio Grande do Sul, mais precisamente junto ao PPGD da UFRGS, a escola doutrinária do *formalismo-valorativo*, a defender ser a quarta fase do Direito Processual Civil, dos quais seu maior expoente foi Carlos Alberto Alvaro de Oliveira.[105]

Para o aludido doutrinador, o *formalismo* no Direito Processual Civil não se confunde com a forma dos atos processuais individualmente considerados, mas sim com a *totalidade formal do processo*: tem a finalidade de organizar o processo e dar previsibilidade ao procedimento, servindo como garantia contra o arbítrio do Estado, das partes e de terceiros.

A função primeira do formalismo, portanto, seria a de conferir *segurança* ao processo e provê-lo de efetividade. Logo, o problema existe no *formalismo excessivo*, muitas vezes condicionando a estrutura e a organização do processo por vertentes políticas, culturais e axiológicas.[106] É possível que o formalismo excessivo, portanto, seja utilizado a serviço ou reflita determinada ideologia.

---

[104] Ao digitar as palavras "ponderação" e "princípios" na busca por jurisprudência do *site* do Supremo Tribunal Federal encontramos, em 08.09.2016, um total de 47 (quarenta e sete) ementas que citam ambas as palavras, sendo a primeira referente ao RE nº 197917/SP (julgado em 07.05.2004) e que à época estabeleceu uma relação de proporcionalidade entre a quantidade de vereadores e o número de habitantes dos municípios brasileiros.

[105] OLIVEIRA, Carlos Alberto Alvaro de. *Do formalismo no processo civil*. 2. ed. São Paulo: Saraiva, 2003.

[106] "De notar, ainda, que os verbos ordenar, organizar e disciplinar são desprovidos de sentido se não direcionados a uma determinada finalidade. O formalismo, assim como o processo, é sempre polarizado pelo fim. Desses aspectos fundamentais do fenômeno do formalismo é indissociável outra reflexão: o processo não se encontra in res natura, é produto do homem e, assim, inevitavelmente, da sua cultura. Ora, falar em cultura é falar em valores, pois estes não caem do céu, nem são a-históricos, visto que constituem frutos da experiência, da própria cultura humana, em suma. Segundo a original elaboração de RICKERT, além de constituir elemento de ligação entre os mundos do ser e do dever-ser, a cultura 'é o complexo rico e multifacetado reino da criação humana, de tudo aquilo que o homem consegue arrancar à fria seriação do natural e do mecânico, animando as coisas com um sentido e um significado, e realizando através da História a missão de dar valor aos fatos e de humanizar, por assim dizer, a Natureza'. Por isso mesmo mostra-se totalmente

Todavia, para Alvaro de Oliveira, os valores essenciais para a conformação do processo – a *efetividade* e a *segurança* – encontram-se em permanente conflito, em relação proporcional inversa: quanto maior a segurança, menor a efetividade e vice-versa. Sustentava, ainda, que a *excessiva segurança* pode inibir o desempenho dos valores fundamentais do jurisdicionado, já que a minúcia regulamentadora, muitas vezes formada em períodos autoritários, acaba por restringir a participação democrática dos sujeitos do Direito.[107]

Por tais razões, é natural que um sistema processual calcado na Constituição tenda a investir na efetividade em detrimento da segurança. Essa mudança de paradigma permite um *Direito Processual mais flexível*, de modo a relativizar a segurança, antes estática, agora dinâmica.[108]

---

inadequado conceber o processo, apesar do seu caráter formal, como mero ordenamento de atividades dotado de cunho exclusivamente técnico, integrado por regras externas, estabelecidas pelo legislador de modo totalmente arbitrário. A estrutura mesma que lhe é inerente depende dos valores adotados e, então, não se trata de simples adaptação técnica do instrumento processual a um objetivo determinado, mas especialmente de uma escolha de natureza política, escolha essa ligada às formas e ao objetivo da própria administração judicial". OLIVEIRA, Carlos Alberto Alvaro. O formalismo-valorativo no confronto com o formalismo excessivo. *Revista de Processo*, São Paulo, n. 137, 2006.

[107] "De mais a mais, o desenvolvimento, que se pode julgar excessivo, da penalização da vida social e política exige sejam as regras jurídicas formuladas de maneira simples, clara, acessível e previsível: daí a noção de Estado de Direito e o princípio da segurança jurídica, produtos de desenvolvimentos sociais cada vez mais complexos e de evoluções cada vez mais incertas [21]. Numa visão mais abrangente, a ultrapassar o campo estrito do Direito Processual, o princípio da segurança jurídica encontra-se ligado a duas exigências: qualidade da lei e previsibilidade do direito. Para Bertrand Mathieu e Michel Verpeaux [22], decorrem da primeira os seguintes princípios: de claridade, acessibilidade, eficácia e efetividade (confusão entre dois valores antagônicos). Da segunda, os seguintes princípios: da não-retroatividade da lei, da proteção dos direitos adquiridos, da confiança legítima e da estabilidade das relações contratuais. Advirta-se, porém, que o jurista deve observar a ordem jurídica, atento ao valor da segurança jurídica, sem confundi-la com a manutenção cega e indiscriminada do statu quo. Cumpre não identificar, outrossim, o valor da segurança jurídica com a 'ideologia' da segurança, que tem por objetivo o imobilismo social. Não se trata, também, de identificar o Estado com a ordem, e a lei com a justiça, subprodutos do positivismo, com o que se impediria o acolhimento de qualquer direito não-estatal, bem como a absorção dos reclamos de justiça do povo, a menos que com o expresso beneplácito do legislador. Essa percepção da realidade social revela-se míope e não desejada. A manutenção da ordem jurídica só pode ser realizada mediante questionamentos e aperfeiçoamentos, em consonância com a racionalidade, que certamente passa pelo Estado, mas que vai além dele, atenta aos direitos construídos pelo processo histórico". OLIVEIRA, Carlos Alberto Alvaro. O formalismo-valorativo no confronto com o formalismo excessivo. *Revista de Processo*, São Paulo, n. 137, 2006.

[108] "Em suma, a segurança já não é vista com os olhos do Estado liberal, em que tendia a prevalecer como valor, porque não serve mais aos fins sociais a que o Estado se destina. Dentro dessas coordenadas, o aplicador deve estar atento às circunstâncias do caso, pois às vezes mesmo atendido o formalismo estabelecido pelo sistema, em face das circunstâncias peculiares da espécie, o processo pode se apresentar injusto ou conduzir a um resultado injusto". *Ibid.*

O problema que encontramos na tese do formalismo valorativo foi acreditar que a utilização de princípios (no sentido de "valores"), a utilização de conceitos jurídicos indeterminados e a equidade (como a "justiça do caso concreto") seria capaz de recuperar o "diálogo judicial" por intermédio da *mútua colaboração* entre magistrados e partes.[109] Assim, conclui-se que o formalismo-valorativo contém proposta muito parecida com aquela defendida pela instrumentalidade constitucional, ao apostar na figura do "bom juiz", com a peculiaridade de buscar incluir as partes na construção do discurso narrativo que leve a uma "decisão justa e equilibrada" a partir do princípio da colaboração processual.[110] Todavia, em termos conceituais, não representa nada de

---

[109] "Por outro lado, o abandono de uma visão positivista e a adoção de uma lógica argumentativa, com a colocação do problema no centro das preocupações hermenêuticas, assim como o emprego de princípios, de conceitos jurídicos indeterminados e juízos de equidade, em detrimento de uma visão puramente formalista na aplicação do direito, haveria obviamente de se refletir no processo. Decorre daí, em primeiro lugar, a recuperação do valor essencial do diálogo judicial na formação do juízo, que há de frutificar pela cooperação das partes com o órgão judicial e deste com as partes, segundo as regras formais do processo. O colóquio assim estimulado, assinale-se, deverá substituir com vantagem a oposição e o confronto, dando azo ao concurso das atividades dos sujeitos processuais, com ampla colaboração tanto na pesquisa dos fatos quanto na valorização da causa. As diretivas aqui preconizadas reforçam-se, por outro lado, pela percepção de uma democracia mais participativa, com um consequente exercício mais ativo da cidadania, inclusive de natureza processual. Além de tudo, revela-se inegável a importância do contraditório para o processo justo, princípio essencial que se encontra na base mesma do diálogo judicial e da cooperação. A sentença final só pode resultar do trabalho conjunto de todos os sujeitos do processo. Ora, a idéia de cooperação além de exigir, sim, um juiz ativo e leal, colocado no centro da controvérsia, importará senão o restabelecimento do caráter isonômico do processo pelo menos a busca de um ponto de equilíbrio. Esse objetivo impõe-se alcançado pelo fortalecimento dos poderes das partes, por sua participação mais ativa e leal no processo de formação da decisão, em consonância com uma visão não autoritária do papel do juiz e mais contemporânea quanto à divisão do trabalho entre o órgão judicial e as partes". OLIVEIRA, Carlos Alberto Alvaro. O formalismo-valorativo no confronto com o formalismo excessivo. *Revista de Processo*, São Paulo, n. 137, 2006.

[110] "Em conclusão pode-se afirmar que o sistema brasileiro dispõe de meios suficientes para vencer o formalismo pernicioso e conduzir o processo a suas reais metas. Mostra-se necessária, tão-somente, uma atitude mais aberta, talvez uma mudança de mentalidade, para o enfrentamento de problemas dessa ordem. Advirta-se, no entanto, que o juiz não pode ser arbitrário e desprezar o formalismo virtuoso, a seu bel prazer. Por isso mesmo, a solução da situação problemática, gerada pela antinomia entre a justiça e o formalismo concreto encontra encaminhamento e solução apenas dentro do discurso jurídico, proferido este com a linguagem que lhe é própria. Não se esqueça que a apreensão hermenêutica da realidade, inclusive a jurídica, só é possível porque o sujeito cognoscente conhece de antemão a linguagem em jogo e o alcance da instrumentação nela empregada [61]. E o discurso jurídico só obriga até onde conduza a sua força de intrínseca persuasão, força vinculante que há de assentar no sistema jurídico (constitucional e infraconstitucional), nas valorações e princípios dele emanantes, e nas valorações sociais e culturais dominantes no seio da coletividade, enfim no direito como totalidade, para que tudo não redunde a final em puro arbítrio [62]. Nesse difícil, mas necessário equilíbrio, em que exerce papel fundamental o dever de motivação adequada do ato judicial, habita a força e a legitimação da justiça perante a sociedade civil". *Ibid.*

novo, tampouco rompe com a lógica neoprocessual, já que o resultado é um *juiz marombeiro, super-atrofiado*, dotado de poderes sem fim.

Por outro lado, a partir de *procedimentalismos* – em franca oposição às posturas subjetivistas –, o princípio do contraditório torna-se a *alma do processo*, pois será a garantia (constitucional) do direito de influência das partes e da não surpresa pelo julgador, tornando a discussão fruto da comparticipação de todos os sujeitos processuais. Com efeito, a redução do *endeusamento* e da *figura paternalista* exercida pelo Estado-juiz é medida que se impõe, de modo que a ideia de (com)participação entre todos os atores processuais com esteio no contraditório não só é saudável em tempo democráticos, como também necessária.

Todavia, sustentamos que o maior problema em neutralizar por completo o papel do magistrado dentro do processo sob o pretexto de torná-lo mero *garantidor de direitos fundamentais* seria o de transformá-lo em "fantoche" das partes e o processo (eletrônico) em *videogame*. Ganha quem joga melhor?[111]

Aliás, esta ideia de que o "bom juiz" é aquele que "não atrapalha" o andamento do processo, circunscrevendo suas ações para apenas garantir que as partes – em uma pretensa situação de igualdade (como se isso fosse verdade, na prática...) – travem entre si o embate do contraditório, exigirá do hermeneuta, necessariamente, o enfrentamento e a superação de alguns problemas importantes.

Primeiro problema: excluir todo e qualquer agir do juiz em relação à produção de provas essenciais, ainda que orientado por critérios hermenêuticos na sentença,[112] aproxima a teoria democrática do processo ao *garantismo* (Ferrajoli), cuja aplicação se justifica muito mais ao processo penal (pensamos), em razão da *preservação* (da conquista histórica) do *ius libertatis*.

Segundo problema: será utópico imaginar que as partes terão relação de completa igualdade durante a construção do seu "discurso" no transcorrer do processo. Ora, *um sempre falará mais alto que o outro*. Assim, o contraditório poderá até *oportunizar* a participação equitativa

---

[111] E, aqui, carinhosamente, relembramos algumas das intermináveis discussões respeitosas (embora acaloradas) travadas com o nosso amigo, processualista mineiro, Lúcio Delfino, muitas delas na cafeteria da biblioteca da UNISINOS, em São Leopoldo (RS), durante o primeiro semestre de 2014.

[112] Adiante-se que acreditamos que o dever de *accountability* do magistrado pode ser descumprido, também, pela omissão, quando a obtenção de uma determinada prova se transformar em obstáculo à obtenção da resposta correta (mais adequada à Constituição). Não confundimos essa postura, portanto, com *ativismo judicial* ou *decisionismo*, exatamente porque se decisão foi tomada a partir de uma postura hermenêutica, é possível "blindar" a decisão de subjetividades. Em outras palavras: em certas circunstâncias, o *pior cego é aquele que não quer ver*.

no plano ideal (metafísico), mas infelizmente diversos fatores *endógenos* e *exógenos* relacionados à facticidade (a espécie de litígio, o objeto da prova, a qualidade da representação, dentre outros), jamais permitirão o completo equilíbrio entre as partes. E ainda que se afirme sobre a possibilidade de utilização de "técnicas processuais" para a manutenção da paridade das partes diante do caso em concreto – como a *distribuição dinâmica dos ônus processuais* –, vale lembrar que continuaremos sempre a depender de uma (boa) decisão judicial.

Terceiro problema: as partes e os seus advogados não perseguem (e nem têm o compromisso jurídico com) o *justo*, mas sim defendem os seus próprios interesses, em franca (e inevitável) *rota de colisão*. Ora, as partes evidentemente serão sempre parciais. Por isso mesmo, as partes não têm nenhum compromisso em buscar a verdade (resposta correta). Aliás, é exatamente por isso que existe o processo e o Direito: para tentar resolver os problemas que as partes, sozinhas, não foram capazes de superar. Se realmente fosse possível a construção do "consenso" por meio da comparticipação discursiva, então a seara mais indicada para solução do problema não seria o processo, mas sim os meios alternativos de resolução de conflitos (arbitragem, mediação e conciliação).

Quarto problema: apostar todas as fichas no *procedimentalismo* (ainda que sob o viés democrático-constitucionalizado) aparenta-nos mera *repaginação* da antiga *legitimação pelo procedimento*. E isso nos causa severos "arrepios" (e alguns *espasmos filosóficos*...). Mais ou menos assim: pouco importa o resultado alcançado, desde que tenham sido respeitadas as "regras do jogo". Ou seja, o justo como resultado de uma conformação à mera obediência ao rito, ao procedimento.

Quinto problema: o *procedimento em contraditório* só encontrará sua utilidade diante do caso em concreto. O papel do juiz de "mero garantidor" de garantias fundamentais o afasta da *facticidade*, já que a complexidade processual é *dinâmica* (se desenvolve no curso do processo) e *intersubjetiva* (o juiz não é um *ET*, um *estranho no ninho*, mas, ao lado das partes, deve (com)participar "hermeneuticamente" para a obtenção da resposta mais adequada à Constituição). Isso demonstra que os procedimentlistas ainda estão apegados à *relação sujeito-objeto*, na medida em que acreditam que o respeito ao sistema de garantias fundamentais (construída no plano do normativo, metafísico) seria suficiente para a obtenção da *verdade processual*, conformada artificialmente com o alento da garantia do contraditório.[113]

---

[113] "[...] as teorias discursivo-procedurais movem-se ainda em uma dimensão de teoria da ciência, de epistemologia e, assim, não se dão conta da dimensão do discurso – ou a afastam – da qual já sempre viemos quando fazemos o discurso empírico. É isso que

Em conclusão: excluir ou neutralizar o papel do julgador – o que denominamos de *pessimismo judicial* – não resolverá o sério déficit de efetividade pelo qual perpassa o fenômeno processual, mormente na perspectiva de um meio necessário (quando houver lide) para a implementação das promessas feitas pelo Constituinte.

Afinal, alguém sempre terá que decidir, queiramos ou não, porque a necessidade de resolução de conflitos é inerente à natureza humana. Ora, o juiz sempre fará parte da equação processual. E, se de um lado a *instrumentalidade* tenha servido para fomentar o problema do *excesso de subjetividade*, é bem verdade que, de outra monta, não é colocando o *juiz de castigo*, no canto da sala, neutralizando-o (uma espécie de *vingança teórica* dos advogados após décadas de *"bullying" jurisdicional*...), que será possível a obtenção da (metáfora da) resposta correta (mais adequada) à Constituição.

Como historicamente constatamos, o processualismo civil brasileiro tem oscilado entre *procedimentalismos* (objeto: primeiro a *lei*, depois o *processo*) e o *protagonismo judicial* (sujeito: o *juiz*). Logo, é indispensável a construção de um "diferente caminho", vertente a partir de outras premissas (filosóficas), capaz de suplantar o ultrapassado (e insuficiente) *esquema (metafísico) sujeito-objeto*. Aqui surge a razão de ser (e existir) do nosso empreendimento: a Crítica Hermenêutica do Direito Processual Civil (CHDPC) deve ser compreendida como a *superação filosófica* das fases metodológicas do Direito Processual Civil Brasileiro, iniciativa na qual fincaremos raízes a partir dos próximos capítulos.

---

podemos chamar de teoria do mundo prático, de ser-no-mundo, de pré-compreensão, de teoria da diferença ontológica, que nos permite distinguir entre a dimensão entitativa do empírico e uma dimensão mais profunda – ontológica –, justamente a dimensão em que o entitativo sempre mergulha e a partir da qual é compreendido". STEIN, Ernildo. Apresentação da obra. STRECK, Lenio Luiz. *Verdade e consenso*: Constituição, hermenêutica e teorias discursivas. 5. ed. São Paulo: Saraiva, 2014, p. 32.

2 FUNDAMENTOS DA CRÍTICA HERMENÊUTICA DO DIREITO COMO MARCO TEÓRICO PARA O DESENVOLVIMENTO DE UMA TEORIA CRÍTICA (FILOSÓFICA) NO DIREITO PROCESSUAL CIVIL BRASILEIRO

Pretenderemos identificar, neste capítulo, os fundamentos da Crítica Hermenêutica do Direito, o que perpassa pela análise dos reflexos do positivismo jurídico, das implicações da metafísica (clássica e moderna) no Direito e das falsas camadas de sentido impostas pelo senso comum teórico, a fim de lançarmos as premissas do referencial teórico que adotaremos e nos guiará durante o restante da nossa caminhada.

2.1 Os problemas do(s) positivismo(s) jurídico(s) e seus reflexos no (e para o) Direito. A natural incompletude das regras e a *metáfora do mapa*. A relação entre o agir positivista e o pensar metafísico

O *positivismo* é a forma de pensamento filosófico que busca conhecer a explicação da natureza (verdade) por meio da observação e da experimentação, buscando abstrair padrões de comportamento para identificar quais leis regem determinados fenômenos. Para isso, o positivismo primitivo busca *neutralizar os efeitos do sujeito*: qualquer carga valorativa, humana, pode afetar a pureza do experimento. Logo, "objetifica-se" o conhecimento.[114]

---

[114] "O positivismo reintroduz a desconfiança quanto a fundar o conhecimento no homem. Funda o conhecimento na coisa e o sujeito deve anular-se para que apareça a coisa em

A vantagem em se conhecer as leis de funcionamento da natureza é a possibilidade de *prever os acontecimentos*, por intermédio da relação direta entre causa e efeito (usando da matemática, astronomia, física, química ou biologia). O positivismo proporciona *poder*: dominar a natureza significa aproximar o homem dos deuses, e torná-lo senhor do seu próprio destino.

O pensamento positivista influenciou todas as ciências, inclusive as ciências humanas, mormente durante o século XIX. A revolução industrial foi a prova da capacidade da máquina em suplantar as limitações físicas do trabalhador manual: a humanidade deveria ceder lugar à *tecnicidade*, em nome da produtividade.

Na seara jurídica, o *positivismo* buscou nas leis (e pelas leis) a construção de um seguro e completo sistema de regras – sem a possibilidade de lacunas –, a fim de garantir a previsibilidade e a estabilidade das relações jurídicas. É exatamente neste período (século XIX) que a comunidade jurídica experimentou a tendência de elaboração das grandes codificações, como o Código Civil Napoleônico de 1804.[115]

O positivismo jurídico clássico se desenvolveu, ao mesmo tempo e de acordo com cada tradição jurídica, na Inglaterra, França e Alemanha.[116] Um equívoco bastante comum é considerar o *positivismo*

---

[115] si. Aqui se configura a exigência da objetividade. O sujeito, o cientista, faz 'tábua rasa' de seus juízos e valores, para deixar as coisas falarem. Deve atuar como uma câmera fotográfica, que dá a cópia fiel da coisa. Devendo a prova ser experimental, a verdade passa pela exigência de testemunhos e garantias fornecidas pela experiência: só a observação confiável, fidedigna, que foi compartilhada, pode fundamentar as afirmações. E há também a exigência de neutralidade: as afirmações do cientista devem ser impessoais e ele deve apresentar apenas os resultados de sua pesquisa; proposições marcadas por posições pessoais não são científicas". VASCONCELOS, Maria José Esteves de. *Pensamento sistêmico*: o novo paradigma da ciência. 9. ed. Campinas: Papirus, 2002, p. 64.

[115] "O positivismo é uma postura científica que se solidifica de maneira decisiva no século XIX. O 'positivo' a que se refere o termo positivismo é entendido aqui como sendo os fatos (lembremos que o neopositivismo lógico também teve a denominação de 'empirismo lógico'). Evidentemente, fatos, aqui, correspondem a uma determinada interpretação da realidade que engloba apenas aquilo que se pode contar, medir ou pesar ou, no limite, algo que se possa definir por meio de um experimento. No âmbito do Direito, essa mensurabilidade positivista será encontrada num primeiro momento no produto do parlamento, ou seja, nas leis, mais especificamente, num determinado tipo de lei: os Códigos". STRECK, Lenio Luiz. *Hermenêutica jurídica e(m) crise*: uma exploração hermenêutica da construção do Direito. 11. ed. Porto Alegre: Livraria do Advogado, 2013, p. 123.

[116] "É preciso destacar que esse legalismo apresenta notas distintas, na medida em que se olha esse fenômeno numa determinada tradição jurídica (como exemplo, podemos nos referir ao positivismo inglês – perspectiva analítica, de cunho utilitarista; ao positivismo francês, no qual predominava o exegetismo da legislação; e ao alemão, no interior do qual é possível perceber o florescimento do chamado formalismo conceitual que se encontra na raiz da chamada jurisprudência dos conceitos – pandectismo)". *Ibid.*, p. 123.

jurídico como sinônimo de *positivismo exegético* (ou *legalista*). O positivismo exegético é apenas uma das variadas manifestações de positivismos. Na Alemanha o positivismo foi consequência da construção do "direito científico" por intermédio do *formalismo conceitual* – também conhecido como *pandectismo* –, fruto do estudo rigoroso dos juristas acerca do Direito Romano na busca da formação de conceitos jurídicos (dando origem à escola da *jurisprudência dos conceitos*). Trata-se do *positivismo pandectista*.

Já na Inglaterra predominou o *positivismo utilitarista* (agir sempre de forma a produzir a maior quantidade de *bem-estar social*), onde a lei deveria ser *clara* (para exprimir a vontade do legislador) e *breve* (para ser de fácil fixação na memória do cidadão).

É na França que se desenvolve o conceito de *positivismo exegético*. A *escola da exegese* teve cinco causas principais: a *codificação* (a concentração e a sistematização) facilitaria a vida dos operadores do Direito; a *vontade do legislador* é expressa, pela codificação, de modo seguro e completo (*princípio da autoridade*); o prestígio à *separação dos poderes*, porquanto é vedado ao juiz criar o direito, limitando-se a aplicá-lo (vem daqui a expressão *juiz boca da lei*), por intermédio do processo dedutivo de *silogismo*; a *previsibilidade* e, consequentemente, a segurança que o cidadão dispõe nas relações jurídicas (*princípio da certeza do direito*); e, a *manutenção do sistema político* (liberal-burguês), garantindo-se que fosse ensinado nas Escolas de Direito apenas o *direito positivo*.[117]

E, para Bobbio, as *principais consequências* do positivismo exegético (ou legalista), foram: a inversão das relações entre o direito natural e o direito positivo; as únicas regras jurídicas são aquelas impostas pelo Estado (*princípio da onipotência do legislador*); a interpretação da lei deve ser fundada sempre consoante a "vontade" do legislador, seja pela "vontade real" (aplicação da lei), seja pela "vontade presumida" (recorrendo à aplicação subsidiária do sistema jurídico, tanto pela analogia quanto pelos princípios gerais do Direito); cultuar o texto da lei, como a uma verdade acima de qualquer contestação (dogmas jurídicos); respeito ao princípio da autoridade.[118]

Aqui vale lembrar a "metáfora do mapa". A lei, assim como o mapa, é uma representação da realidade, uma metalinguagem criada para servir ao Direito. Todavia, o que dá sentido ao mapa é a sua natural incompletude. Afinal, se o mapa fosse completo e perfeito,

---

[117] BOBBIO, Norberto. *O positivismo jurídico*: lições de filosofia do Direito. Tradução de Márcio Pugliese. São Paulo: Ícone, 1995, p. 78-83.
[118] *Ibid.*, p. 83-89.

confundir-se-ia com a própria realidade e, assim, perderia a sua utilidade indicativa e orientativa, tornando-se complexo.

O mesmo ocorre com a lei. É impossível que a lei preveja toda a complexidade da realidade social. E se ainda fosse possível prever, na lei, todas as hipóteses e variáveis das relações travadas pela humanidade, consequentemente a lei perderia sua utilidade e se confundiria com a própria realidade, transformando-se em uma espécie de *Matrix* (realidade paralela). Logo, é possível concluir que *a utilidade das regras jurídicas encontra razão de ser em sua própria incompletude*. Filosoficamente, portanto, as leis nasceram para serem incompletas.

Como bem ressalta Lenio Streck, as teorias de superação ao positivismo clássico (ou primitivo) representaram a sua antítese.[119] Nesse sentido, surgiram escolas novas em contraposição às diversas escolas do positivismo jurídico.

A reação direta ao positivismo exegético (legalista), assim como ao formalismo conceitual alemão, foi o *Movimento do Direito Livre* (com curta duração: de 1905 a 1914), a sustentar a completa "libertação" do jurista à lei: os magistrados estariam autorizados a decidir *contra legem* com base na equidade (bom senso). Ou seja: o Direito se transforma em *vale-tudo*.[120]

Na Alemanha, a escola da *jurisprudência dos interesses* (surge a "ponderação") vem como resposta à escola da *jurisprudência dos conceitos* (*positivismo pandectista*), após Philipp Heck afastar-se do Movimento do Direito Livre, exatamente por discordar de decisões *contra legem*.[121] Com acentuado viés *sociológico* e *pragmático*, a jurisprudência dos interesses

---

[119] "Em resumo, nas diversas tentativas de superação do positivismo primitivo (nas suas variadas tradições 'nacionais'), construíram-se teses voluntaristas-axiologistas, passando da 'razão' para a 'vontade'. É possível dizer que cada um dos 'positivismos nacionais' teve sua antítese: o movimento do direito livre, na França, o realismo norte-americano e escandinavo, no direito do 'common law', e a Jurisprudência dos Interesses, na Alemanha." STRECK, Lenio Luiz. *Hermenêutica jurídica e(m) crise*: uma exploração hermenêutica da construção do Direito. 11. ed. Porto Alegre: Livraria do Advogado, 2013, p. 131-132.

[120] "A princípio, o 'direito livre' que se menciona na nomenclatura dessa escola metodológica quer apontar para um tipo específico de libertação. Trata-se de uma libertação científica do direito do método predominante no interior do formalismo conceitual dos pandectistas e dos exegetas franceses. [...]". ABBOUD, Georges Henrique; CARNIO, Garbellini; OLIVEIRA, Tomaz de Rafael. *Introdução à teoria e à filosofia do Direito*. São Paulo: Revista dos Tribunais, 2013, p. 338.

[121] "Portanto, pelo menos duas são as diferenças entre a jurisprudência dos interesses e o movimento do direito livre: 1) por um lado, a jurisprudência dos interesses não admite decisões 'contra legem', pregando a vinculação do juiz à lei quando as situações da vida que são levadas à sua jurisdição encontrem previsão legislativa; 2) por outro, a jurisprudência dos interesses desenvolve um método que procura guiar a atividade criativa do intérprete/juiz: a ponderação ('Abwägung') dos interesses em conflito". STRECK, *op. cit.*, p. 132.

parte da identificação dos interesses sociais em conflito para conduzir o legislador a editar a norma – sempre voltada à sua finalidade (teleológica) –, como crítica aos procedimentos de classificação abstrata e aplicação lógica (subsuntiva) da jurisprudência dos interesses.[122]

O *realismo jurídico*, com fortes raízes norte-americanas (país de reconhecida colonização inglesa), supera o *positivismo utilitarista* inglês e, ao mesmo tempo, combate a jurisprudência dos interesses, reconhecendo ser extremamente difícil desenvolver investigação sociológica para verificar *se* e *em qual medida* aos cidadãos seriam aplicadas as leis.

Para os realistas, a norma nasce apenas quando o juiz aplica a lei ao caso em concreto, ou seja, para os realistas quem criam o direito são os juízes e os tribunais.[123] Impende ressaltar, contudo, que para o realismo jurídico o julgador estará sempre limitado à análise empírica das suas decisões, ou seja, embora crie o direito diante do caso em concreto deve manter o respeito à ciência jurídica e, assim, abster-se de qualquer avaliação moral ou subjetiva quando do ato de decidir.

Portanto, é possível concluir que o positivismo legalista (exegético) equivale à mera equiparação do Direito à lei. Usando dos conceitos emprestados da *linguística*, é possível afirmar que o positivismo legalista opera no *nível sintático* da linguagem, porquanto o Direito é analisado a partir dos conceitos que compõem a legislação.

Dito de outro modo: no *nível sintático*, como ocorre com o positivismo legalista, a linguagem jurídica obedece à relação lógica entre signo-signo – os conceitos são deduzidos a partir de formas lógicas de entendimento entre si, distantes dos fatos concretos –, diferentemente do que ocorre no *nível semântico*, onde se busca determinar o sentido do signo a partir de sua relação com o objeto, ou, ainda, de maneira diversa ao *nível da pragmática*, em que a linguagem se estabelece no uso (efetivo) dos atos comunicativos.[124]

Logo, para o positivismo legalista, *o Direito seria uma metalinguagem* – um mundo de *faz de conta* –, onde os conceitos (signos) são inter-relacionados para fazerem sentido abstratamente (coisa julgada, litispendência, preclusão) e que, por isso, seriam autossuficientes nas relações que travam entre si, apenas a partir da utilização de fórmulas lógicas do entendimento (*v.g.*, há coisa julgada quando há identidade entre partes, causa de pedir e pedido, e desde que não caiba mais

---

[122] ABBOUD; CARNIO; OLIVEIRA, *op. cit.*, p. 340.
[123] BOBBIO, Norberto. *O positivismo jurídico*: lições de filosofia do Direito. Tradução de Márcio Pugliese. São Paulo: Ícone, 1995, p. 143.
[124] ABBOUD, Georges Henrique; CARNIO, Garbellini; OLIVEIRA, Tomaz de Rafael. *Introdução à teoria e à filosofia do Direito*. São Paulo: Revista dos Tribunais, 2013, p. 205.

nenhum recurso contra decisão definitiva de mérito). A conclusão é que o positivismo legalista produz grande reducionismo na análise do Direito, pois os problemas interpretativos serão sempre fruto de *especulação meramente teórica*, longe da perspectiva semântica ou pragmática. A *facticidade*[125] sempre sobra para o legalista, portanto. O positivismo legalista "descola" o direito dos fatos.

Com a falência (insuficiência) do Direito em confrontar ou controlar a ascensão de sistemas políticos ditatoriais (fascismo e nazismo), mormente durante as décadas de 1930 e 1940, surgiram novas propostas positivistas com a pretensão de abrandar o "rigor" metodológico decorrente do positivismo exegético.

O *positivismo normativista* não busca desconstruir a tradição positivista oriunda da jurisprudência dos conceitos, mas sim responder a novas correntes doutrinárias como a jurisprudência dos interesses e a *Escola do Direito Livre*, que tentavam introjetar no Direito, por intermédio da interpretação, argumentos de ordem psicológica, sociológica, política ou ideológica. Esse é o contexto em que surgem as ideias de Hans Kelsen, com a sua proposta de *teoria pura do direito*.[126]

Kelsen constata que o problema da interpretação do Direito é muito mais semântico do que sintático. E, exatamente por isso, *Kelsen abandona o plano semântico*, como quem separa a *maçã podre* do restante da fruteira. Kelsen propõe a cisão entre o *Direito* (ser) e a *ciência do Direito* (dever ser). Por consequência, também divide a interpretação entre *ato de conhecimento* (que pertence à ciência jurídica), que faz parte do plano ideal (metalinguagem) onde as regras jurídicas relacionam-se consigo mesmas (nível sintático), e *ato de vontade* (espaço onde se move o intérprete) que faz surgir a "norma jurídica", decorrente da aplicação das regras jurídicas (signos linguísticos) aos fatos do mundo concreto (nível semântico).

Em outras palavras: Kelsen se preocupa em construir uma *ciência pura do Direito*, autônoma em relação aos demais ramos do conhecimento, e, para isso, busca afastar da *ciência do Direito* (daí a sua pureza) valores religiosos, sociológicos, ideológicos ou morais de qualquer

---

[125] "Na hermenêutica, a facticidade é o espaço em que se dará o sentido. Na pré-compreensão, que se manifesta a partir de um ver prévio, um ter prévio e uma pré-visão, 'já há um é'. Quando o intérprete (sujeito) busca fundamentar seu 'modo de agir'/interpretar em uma instância 'superior', em categorias ou marcos idealizados, fruto de concepções metafísicas ou de construção de 'lugares ideais de fala', ou ainda a partir de 'consensos discursivos', já há um pronunciamento prévio do 'Dasein', que une universalidade e singularidade, onde o sentido é alcançado pré-ontologicamente". STRECK, Lenio Luiz. *Verdade e consenso*: Constituição, hermenêutica e teorias discursivas. 5. ed. São Paulo: Saraiva, 2014, p. 359.

[126] STRECK, Lenio Luiz. *Verdade e consenso*: Constituição, hermenêutica e teorias discursivas. 5. ed. São Paulo: Saraiva, 2014, p. 43.

natureza, relegando este problema de "contaminação" do Direito a um segundo plano – o plano da "aplicação" –, a partir da interpretação pessoal (portanto, discricionária) do intérprete (nível pragmático).[127] Daí reside a "maldição de Kelsen": ao reconhecer que a interpretação do Direito é impregnada de subjetivismos e que o desvio do intérprete é algo impossível de ser corrigido, atém-se tão somente ao nível normativo e "abandona" o principal problema do Direito, qual seja, a sua *aplicação*.[128]

Este é o berço das *teorias da argumentação jurídica*. Foi no *vazio kelsiano* que se desenvolveu, após a segunda grande guerra e aproveitando-se dos influxos do neoconstitucionalismo, a *jurisprudência dos valores* (*Wertungsjurisprudenz*), também conhecida como *jurisprudência dos princípios*, representando a continuidade, não a ruptura, com a escola da *jurisprudência dos interesses*.[129]

---

[127] "[...] positivismo exegético (que era a forma do positivismo primitivo) separava direito e moral, além de confundir texto e norma, lei e direito, ou seja, tratava-se da velha crença – ainda muito presente no imaginário dos juristas – em torno da proibição de interpretar, corolário da vetusta separação entre fato e direito, algo que nos remete ao período pós-revolução francesa e todas as consequências políticas que dali se seguiram. Depois veio o positivismo normativista, seguido das mais variadas formas e fórmulas que – identificando (arbitrariamente) a impossibilidade de um 'fechamento semântico' do direito – relegou o problema da interpretação jurídica a uma 'questão menor' (lembremos, aqui, de Kelsen). Atente-se: nessa nova formulação do positivismo, 'o problema do direito não está(va) no modo como os juízes decidem, mas, simplesmente, nas condições lógico-deônticas de validade das 'normas jurídicas'". STRECK, Lenio Luiz. *Hermenêutica jurídica e(m) crise*: uma exploração hermenêutica da construção do Direito. 11. ed. Porto Alegre: Livraria do Advogado, 2013, p. 50.

[128] "[...] Kelsen apostou na discricionariedade do intérprete (no nível da aplicação do direito) como sendo uma fatalidade, exatamente para salvar a pureza metódica, que assim permanecia 'a salvo' da subjetividade, da axiologia, da ideologia etc. Veja-se um dos equívocos da leitura que se faz e se fez de Kelsen: ele nunca separou/cindiu Direito e moral e nem o Direito dos 'valores'. Na verdade, ele cindiu a ciência do direito da moral (e dos valores lato sensu). Ou seja, se Kelsen faz essa aposta nesse 'nível', as diversas teorias (semânticas e pragmaticistas) apostam na discricionariedade a ser feita 'diretamente' pelo intérprete/juiz. Mais ainda, se Kelsen teve o cuidado de construir o seu próprio objeto de conhecimento – e, por isso, é um autêntico positivista –, a teoria pós-kelseniana, que não compreendeu a amplitude e profundidade do neopositivismo lógico, acabou por fazer essa mixagem dos dois níveis (metalinguagem e linguagem-objeto). A partir dessa má compreensão, os juristas pensaram que o juiz seria o sujeito pelo qual, no momento da aplicação do direito (em Kelsen, o juiz faz um ato de vontade, e não de conhecimento), passa(ria) a fazer a 'cura dos males do direito'. O que em Kelsen era uma fatalidade (e não uma solução), para as correntes semanticistas, passou a ser a salvação para as 'insuficiências' ônticas do direito". STRECK, Lenio Luiz. *Hermenêutica jurídica e(m) crise*: uma exploração hermenêutica da construção do Direito. 11. ed. Porto Alegre: Livraria do Advogado, 2013, p. 79.

[129] "Assim, se o positivismo pós-exegético está ligado à discricionariedade interpretativa (que conduz, mormente em "terrae brasilis", inexoravelmente, à arbitrariedades de sentidos), possibilitando, desse modo, múltiplas respostas, e se a dogmática jurídica (predominante no Brasil) continua refratária ao novo constitucionalismo e sua aderência paradigmática

Em síntese: vivemos, agora, apenas uma *nova forma de positivismo* – o que denominamos de *positivismo interpretativo ou valorativo* –, a transformar o Direito em campo fértil para o desenvolvimento das mazelas da *discricionariedade*, ao deslocar o problema, antes da lei (ou do fiel respeito à vontade do legislador), doravante para a "consciência" do intérprete. Daí o *sujeito solipsista*.[130]

A metafísica, pensada por Aristóteles, se apresenta como a ciência que está *para além* da nossa experiência física. Para a *metafísica clássica* o sentido das coisas (verdade) pode ser encontrado a partir da busca pela essência das coisas (objeto). Já o conceito de *metafísica moderna*, expresso em Emmanuel Kant, desloca a busca pela verdade para a consciência do sujeito. Assim, a partir do pensamento metafísico, todas as relações nascem e se perpetuam a partir da relação de dualidade entre sujeito e objeto – *esquema sujeito-objeto* –, sendo que a identificação das suas derivações (*metafísica clássica* ou *metafísica moderna*) decorre da ênfase na sua polarização (*objeto* ou *sujeito*).[131]

---

que alça a intersubjetividade ao lugar de condição de possibilidade, parece razoável afirmar que essa arbitrariedade (e as múltiplas respostas) não será contida ou resolvida através de regras e meta-regras que cada vez mais contenham a 'solução-prévia-das-várias-hipóteses-de-aplicação', pela singela razão de que a arbitrariedade (espécie de mundo de natureza hermenêutico) é exatamente produto daquilo que proporcionou a sua institucionalização: o positivismo jurídico em suas diversas facetas, que, analiticamente, sempre abstraíram a situação concreta no ato de aplicação". *Ibid.*, p. 409-410.

[130] "Assim, é positivista quem ainda defende que a norma e texto coincidem, ou que são a mesma coisa; que o sentido está nas coisas (realismo filosófico), o mito do dado; que a lei teria um sentido em si. Desta forma, a norma já estaria pronta para o uso por intermédio da subsunção e dos raciocínios silogísticos no predomínio de uma razão teórica asfixiante. A enunciação da lei é descolada da faticidade, tornando uma razão autônoma atemporal (por isso digo que positivismo é cronofóbico e factumfóbico). Neste contexto, estamos diante de uma discricionariedade legislativa, o direito já possui as respostas antes do surgimento das perguntas, assim, a jurisdição seria a emanação de uma vontade ('mens legis' ou 'mens legislatoris') que se impõe independentemente de uma inserção em um contexto compartilhado de significâncias. Em outro momento, no positivismo normativista, descobertas as insuficiências do exegetismo, passou-se a chamar à colação a subjetividade do intérprete, que, de forma solipsista (lembremos, sempre, do problema da dicotomia 'vontade-razão' e o 'produto' da superação do segundo pela primeira), levanta o véu que 'encobre' a resposta que a regra não pôde dar". STRECK, Lenio Luiz. *Hermenêutica jurídica e(m) crise*: uma exploração hermenêutica da construção do Direito. 11. ed. Porto Alegre: Livraria do Advogado, 2013, p. 135-136.

[131] "A Metafísica foi entendida e projetada como ciência por Aristóteles, e é a ciência primeira no sentido que fornece a todas as outras o fundamento comum, isto é, objeto ao qual todas se referem e os princípios dos quais dependem. A Metafísica é a ciência que tem como objeto próprio o objeto comum de todas as outras e como princípio próprio um princípio que condiciona a validade de todos os outros. Na sua história, a Metafísica se apresentou sob três formas fundamentais diferentes, que são: como teologia; como ontologia; e como gnosiologia. Na primeira, a Metafísica se apresenta como 'ciência daquilo que está além da experiência'. Implica reconhecer como objeto da Metafísica o ser mais alto e perfeito do qual dependem todos os outros seres e coisas do mundo. É o que Aristóteles chama de

Logo, é possível traçar o paralelo entre o desenvolvimento da *filosofia* (em geral) e o da *filosofia no Direito*. Basta constatarmos que para o positivismo exegético o verdadeiro sentido da lei seria obtido a partir da compreensão de uma espécie de *essência da lei*, a partir da ficta vontade do *legislador (mens legens)*. Assim, o positivismo exegético (uma das principais causas para a falência do Direito no início do século XX) segue as premissas enunciadas pela *metafísica clássica*, reconhecendo a relação sujeito-objeto, mas relegando o sujeito a um segundo plano, enaltecendo o objeto (a lei).[132]

Do mesmo modo, quando o *positivismo valorativo* (ocupando o espaço abandonado pelo positivismo normativista do *projeto kelsiano*) aposta todas as suas fichas na consciência do intérprete – do *sujeito solipsista* –, continua a reconhecer o *esquema sujeito-objeto* mas "desloca"

'algo de eterno, de imóvel e de separado' (Metafísica VI, 1, 1026 a). A segunda é a ontologia ou doutrina que estuda os caracteres fundamentais do ser: aquilo sem o qual algo não é; refere-se às determinações necessárias do ser. Estas determinações estão presentes em todas as formas e maneiras de ser particular. É um saber que precede todos os outros e é por isso ciência primeira enquanto seu objeto está implicado nos objetos de todas as ciências e enquanto, consequentemente, o seu princípio condiciona a validade de todos os outros princípios. O terceiro conceito da Metafísica como gnosiologia é expresso por Kant resgatando Bacon na sua filosofia primeira: 'uma ciência universal, que seja mãe de todas as outras e constitua no processo das doutrinas a parte do caminho comum, antes que os caminhos se separem e se desunam'. Para Kant, a Metafísica é o estudo daquelas formas ou princípios cognoscitivos que, por serem constituintes da razão humana, condicionam todo saber e toda ciência e de cujo exame, portanto, se podem extrair os princípios gerais de cada ciência. Um problema metametafísico é não distinguir estas três acepções do conceito. Muitos filósofos, mesmo Aristóteles, por vezes sobrepõem estas distinções, e são poucos os que realmente dominam o problema primeiro, e último, da filosofia. Entre os eruditos que entenderam bem esse problema fundamental da filosofia destacam-se Aristóteles, primeiro a formulá-la ordenadamente, Plotino, Tomás de Aquino, que leva adiante o projeto de Aristóteles e o aplica às ciências, Duns Scotus, que critica com rigor a tradição aristotélico-tomista, Francisco Suarez, que recebe a encomenda de fazer uma grande síntese, Roger Bacon e Kant, que vão dar as condições para o positivismo filosófico, e Heidegger, que será o defensor de uma nova formulação na ontologia fundamental". *Ibid.*, p. 346-347, nota 24.

[132] "Fazendo um pequeno escorço histórico destes vinte séculos, a busca de um 'fundamentum absolutum inconcussum veritatis' está já na ideia platônica, na substância aristotélica, no esse subsitens do medievo (último suspiro da metafísica clássica), no cogito inaugurador da filosofia da consciência, no eu penso kantiano, no absoluto hegeliano, pela vontade do poder nietzscheana e 'pelo imperativo do dispositivo da era da técnica', em que o ser desaparece no pensamento que calcula (Heidegger). Dito de outro modo, se na metafísica clássica os sentidos estavam nas coisas (as coisas têm sentido porque há nelas uma essência) e na metafísica moderna, na mente (na consciência de si do pensamento pensante), no século XX os sentidos passarão a estar na linguagem, a partir da ruptura com a filosofia da consciência produzida pela invasão da filosofia pela linguagem". STRECK, Lenio Luiz. *Verdade e consenso*: Constituição, hermenêutica e teorias discursivas. 5. ed. São Paulo: Saraiva, 2014, p. 356-357.

a busca pelo sentido do Direito (verdade) do *objeto* para o *sujeito*, típico da *filosofia da consciência* do pensamento kantiano.[133]

2.2 O antigo esquema *sujeito-objeto* e a sua superação: a *intersubjetividade*. Razões pelas quais a Crítica Hermenêutica do Direito (CHD) é antirrelativista. Por que o hermeneuta, ao contrário do epistêmico, não será devorado pelo leão?

Como visto, o pensamento positivista, expresso em qualquer de suas formas, não conseguiu superar os problemas da interpretação do Direito, seja pela insuficiência da literalidade do texto da lei (polissemias ou lacunas), seja pela excessiva relativização e insegurança jurídica em se apostar nos predicativos morais do intérprete *assujeitador* do Direito. Assim, torna-se necessária nova alternativa filosófica, capaz de superar a antiga *relação sujeito-objeto*.[134]

---

[133] "Dito de outro modo – e para facilitar a compreensão da problemática da história da filosofia –, é possível dizer que, para a metafísica clássica, os sentidos estavam nas coisas (as coisas têm sentido porque há nelas uma essência). [...] Na verdade – e isso é extremamente relevante –, era impossível de se dizer isso antes de Kant e, de certo modo, da 'invenção' do cogito de Descartes. De fato, até Kant, o ser era um predicado real. Pensava-se que havia uma relação real entre ser e essência. Portanto, o sentido era dependente dos objetos, que tinham uma essência e, por isso, era possível revelá-lo. A superação do objetivismo (realismo filosófico) dá-se na modernidade (ou com a modernidade). Naquela ruptura histórico-filosófica, ocorre uma busca da explicação sobre os fundamentos do homem. Trata-se do iluminismo ('Aufklärung'). O fundamento não é mais o essencialismo com uma certa presença da 'illuminatio divina'. O homem não é mais sujeito às estruturas. Anuncia-se o nascimento da subjetividade. A palavra 'sujeito' muda de posição. Ele passa a 'assujeitar' as coisas. É o que se pode denominar de esquema sujeito-objeto, em que o mundo passa a ser explicado (e fundamentado) pela razão, circunstância que – embora tal questão não seja objeto destas reflexões – proporcionou o surgimento do Estado Moderno (aliás, não é por acaso que a obra de ruptura que fundamenta o Estado Moderno tenha sido escrita por Thomas Hobbes, um nominalista, o que faz dele o primeiro positivista da modernidade)". STRECK, Lenio Luiz. *O que é isto*: decido conforme minha consciência? 4. ed. rev. Porto Alegre: Livraria do Advogado, 2013, p. 13-14.

[134] "[...] No fundo, a dogmática positivista não conseguiu ainda superar nem mesmo a metafísica clássica, circunstância facilmente perceptível em setores importantes da doutrina que a sustenta, que acreditam que a palavra da lei (regra) designa não a coisa individual, mas a 'comum a várias coisas individuais', ou seja, a essência captável pelo intérprete (as súmulas são um típico exemplo da tentativa de abarcar a 'substância' dos diversos casos jurídicos); por outro lado, a dogmática jurídica também não superou a metafísica moderna, o que se pode perceber nas posturas de considerável parcela dos juristas que – a pretexto de 'ultrapassar' a 'literalidade' do texto – coloca no sujeito a tarefa solipsista de descobrir os valores 'escondidos' debaixo da regra, isto é, na 'insuficiência da regra – construída a partir da consciência de si do pensamento pensante – entra em cena o intérprete, para levantar o véu que 'encobre o verdadeiro sentido da regra'". STRECK,

No campo da filosofia, a *ruptura com a filosofia da consciência* ocorre no início do século XX com o denominado *linguistic turn* (giro linguístico). Trata-se da *invasão da linguagem na filosofia*. A linguagem é uma estrutura social comum. É pela linguagem que se dá a ação, o sentido e a compreensão. Assim, o sentido não está mais na consciência do sujeito, mas sim em uma estrutura prévia – a linguagem – que condiciona e precede o conhecimento.[135]

Mas a linguagem não é terceira coisa (não é mero instrumento de comunicação), que se coloca entre o sujeito e o objeto. A linguagem é, sim, *condição de possibilidade* para que o sujeito se relacione com os objetos e com outros sujeitos. Assim, o sujeito não está livre para atribuir qualquer significado ao objeto, já que existe toda uma *comunidade de significâncias* que antecipa a atribuição do sentido do objeto ao sujeito por intermédio da linguagem.[136]

Em outras palavras: o acesso de atribuição de significado do sujeito ao objeto não se dá de forma direta e ilimitada, já que a linguagem traz consigo carga histórica e *intersubjetiva* (*a priori*, antecipada, compartilhada por todos) e que necessariamente irá realizar a "mediação" do significado.[137]

Lenio Luiz. *Verdade e consenso*: Constituição, hermenêutica e teorias discursivas. 5. ed. São Paulo: Saraiva, 2014, p. 444.

[135] STRECK, Lenio Luiz. *O que é isto*: decido conforme minha consciência? 4. ed. rev. Porto Alegre: Livraria do Advogado, 2013, p. 14-19.

[136] "Enfim, o que efetivamente importa é que a linguagem passou a ser a condição de possibilidade do próprio filosofar. O conhecimento não vem antes do compreender. Antes disso, como bem acentua Ernst Schnädelbach, há uma 'razão hermenêutica'. Por isso, como veremos mais adiante, a importância de se falar em uma 'dobra da linguagem' (há um 'como' apofântico e um 'como' hermenêutico) e que não interpretamos para compreender (e, sim, compreendemos para interpretar). O compreender se dá na e pela linguagem; logo, o conhecimento, que somente ocorre na linguagem, não mais tem a linguagem como um veículo ou uma terceira coisa. Eis a chave do problema. Nesse mesmo diapasão, é na linguagem que há a surgência do mundo. É na linguagem que o mundo se desvela. Pela linguagem o mundo nos aparece e se dá enquanto mundo. Está-se, pois, longe das posições nominalistas, nas quais pensar em linguagem era só questão de palavras. Não é que o mundo esteja atrás na linguagem, mas, sim, que está na linguagem. Há um compromisso ontológico preso em toda a linguagem, pela semantização do mesmo. Este mundo que encontramos na linguagem nos afasta dos perigos de uma filosofia da consciência, impossível no interior de nossa 'mundanização linguística'". STRECK, Lenio Luiz. *Hermenêutica jurídica e(m) crise*: uma exploração hermenêutica da construção do Direito. 11. ed. Porto Alegre: Livraria do Advogado, 2013, p. 252.

[137] "Daí que, com Ernildo Stein, podemos afirmar que, superando-se os paradigmas aristotélico-tomista e da filosofia da consciência, o acesso a algo não será mais de forma direta e objetivante; o acesso a algo é pela mediação do significado e do sentido. Não existe acesso às coisas sem a mediação do significado. Então, se não existe acesso às coisas sem a mediação do significado, não podemos compreender as coisas sem que tenhamos um modo de compreender que acompanha qualquer tipo de proposição; e este modo de compreender é exatamente este "como" que sustenta a estrutura fundamental do

No plano teórico, abstrato, a linguagem sempre será indeterminada. A linguagem, antes de ser aplicada, será ambígua e só adquirirá significado diante do contexto histórico e prático-social. A linguagem é o horizonte de significados a partir de onde os indivíduos podem exprimir a sua realidade.

A *filosofia hermenêutica* de Heidegger (*hermenêutica da facticidade*) adiciona o mundo prático na filosofia, o que podemos identificar como um *segundo giro*, denominado *hermeneutic turn* ou *giro linguístico-ontológico*. Não se trata de eliminar o sujeito, mas compreender que o *Dasein* (ser-aí) faz parte do *mundo*, espaço onde o significado é encontrado e produzido em um contexto previamente compartilhado.[138]

O giro linguístico-ontológico trata-se da compreensão de que o Ser Humano, enquanto *ser, sempre-se-compreende-a-si-mesmo* e, assim, o compreender é um existencial da própria condição humana. Enquanto a ontologia clássica trata da distinção entre "ser" (sujeito) e "ente" (objeto), a *fenomenologia* trata do "ser" enquanto "compreensão do ser" (*Dasein*) e do "ente" como "compreensão do ser de um modo de ser", a partir da *intersubjetividade* decorrente do contexto de significâncias e significados que são compartilhados no *mundo*.[139]

Em suma: a *viragem ontológico-linguística* é o princípio de uma nova possibilidade de constituição de sentido, com a introdução de estruturas que precedem e condicionam o conhecimento. Assim, a *intersubjetividade*, por meio da linguagem, supera o antigo esquema sujeito-objeto. É nesta intersubjetividade que experimentamos um mundo compartilhado *a priori*, e a linguagem torna-se condição de

---

enunciado assertórico algo enquanto algo, algo como algo (etwas als etwas). Esta expressão revela que não temos acesso aos objetos assim como eles são, mas sempre de um ponto de vista, a partir de uma clivagem, a cadeira enquanto cadeira, a árvore enquanto árvore. Isto é mediação do significado". STRECK, Lenio Luiz. *O que é isto*: decido conforme minha consciência? 4. ed. rev. Porto Alegre: Livraria do Advogado, 2013, p. 17.

[138] "O sujeito da subjetividade assujeitadora – instituidor da filosofia da consciência – 'não tem mais lugar nesse giro'. Daí o devido cuidado, para que não se confunda a 'morte do sujeito' (solipsista) com a morte do sujeito da relação de objetos, enfim, o sujeito da enunciação. Quem morre é o sujeito da subjetividade; nesse novo paradigma, o sujeito (solipsista) não é substituído por uma estrutura ou por um sistema; ele 'simplesmente' não mais 'assujeita' as coisas, os sentidos e o conhecimento; ele agora responde a uma relação intersubjetiva, em que existe um 'a priori' compartilhado, lócus dos sentidos que se antecipam a esse 'sujeito'. [...]". STRECK, Lenio Luiz. *Hermenêutica jurídica e(m) crise*: uma exploração hermenêutica da construção do Direito. 11. ed. Porto Alegre: Livraria do Advogado, 2013, p. 252.

[139] "Desse modo, a ontologia ligada à compreensão do ser será uma ontologia fundamental, condição de possibilidade de qualquer ontologia no sentido clássico que sempre está ligado à entificação e objetificação. Assim, podemos dizer que a ontologia – originada na tradição hermenêutica – está ligada a um mundo de ser e a um modo de operar do ser humano". *Ibid.*, p. 254.

possibilidade para que o sujeito – não como um mero observador, mas inserido nesse mundo compartilhado (ser-no-mundo) – exerça a compreensão.[140]

É no abandonar do *esquema sujeito-objeto*, ao se adotar a *intersubjetividade* – um espaço prévio compartilhado de significantes e significados – que a hermenêutica (filosófica) se torna *antirrelativista*. Antirrelativista significa que não existem inúmeras respostas corretas, "boiando" pelo universo da compreensão à espera do intérprete iluminado. Sim, a hermenêutica não é *verofóbica*, pois acredita em *verdade* e *resposta correta*, já que a compreensão ocorre em um espaço compartilhado onde a linguagem antecede os sentidos do intérprete e que, portanto, o determinam.[141]

E atenção: isso não quer dizer que *múltiplas respostas* não são possíveis. Basta que o intérprete abandone a intersubjetividade e opte por sua própria consciência. Aliás, assim o fazendo, matematicamente é possível que existam bilhões de respostas diferentes. Só tem um detalhe: a chance de acertar será muito menor, porque dependerá da eventual concomitância entre a *resposta subjetiva* e a *resposta intersubjetiva* (a única verdadeira, que existe, está no mundo e, portanto, não deriva de uma consciência isolada).

---

[140] "O giro (ontológico-linguístico) põe em xeque a ideia de um 'fundamentum inconcussum', superando-se a dicotomia do esquema sujeito-objeto. Nem mais o assujeitamento do sujeito às essências e nem o solipsismo do sujeito assujeitador dos objetos. Desse modo, na medida em que nos libertamos das ontologias, é dizer, 'na medida em que passamos a não acreditar na possibilidade de que o mundo possa ser identificado com independência da linguagem', ou que o mundo possa ser conhecido inicialmente através de um encontro não linguístico, e que o mundo possa ser conhecido como ele é, intrinsecamente, começamos a perceber – graças à viragem linguística da filosofia e do nascimento da tradição hermenêutica – que 'os diversos campos da filosofia, que antes eram determinados a partir do mundo natural, poderiam ser multiplicados ao infinito através da infinitividade humana. A hermenêutica será, assim, esta incômoda verdade que se assenta entre duas cadeiras, quer dizer, não é nem uma verdade empírica, nem uma verdade absoluta – é uma verdade que se estabelece dentro das condições humanas do discurso e da linguagem. A hermenêutica, é assim, a consagração da finitude". STRECK, Lenio Luiz. *Hermenêutica jurídica e(m) crise*: uma exploração hermenêutica da construção do Direito. 11. ed. Porto Alegre: Livraria do Advogado, 2013, p. 256-257.

[141] "É nesse sentido que, ao ser antirrelativista, a hermenêutica filosófica funciona como uma blindagem contra interpretações arbitrárias e discricionariedades e/ou decisionismos por parte dos juízes e tribunais. Mais do que isso, a hermenêutica é, assim, antipositivista, colocando-se como contraponto à admissão de múltiplas respostas defendida pelos diversos positivismos (pensemos, aqui, nas críticas de Dworkin a Hart). Nesse sentido, lembro que a noção de 'positivismo' é entendida, neste texto e no restante de minhas obras, a partir de sua principal característica: a discricionariedade, que ocorre a partir da 'delegação' em favor dos juízes para a resolução dos casos difíceis (não 'abarcados' pela regra)." STRECK, Lenio Luiz. *Lições de crítica hermenêutica do Direito*. Porto Alegre: Livraria do Advogado, 2014.

Não estamos a tratar de ficção científica. *Intersubjetividade* não é uma espécie de *rede neural social*, ou *consciência coletiva* interconectada pelo poder da mente de seres evoluídos ou *alienígenas do passado*. Intersubjetividade também não se relaciona com *formigas* ou *abelhas*. Nada disso. A intersubjetividade é uma grande metáfora, que exige do hermeneuta esforço para tentar suspender seus valores pessoais e compreender que todas as pessoas e coisas fazem parte de um mundo que nos antecede, fruto da historicidade compartilhada. Mais importante que a intersubjetividade, em si, é o caminho a ser percorrido, é a postura hermenêutica capaz de colocar em xeque os próprios valores morais do intérprete e suas pretensas verdades, em contínuo processo de *desconstrução* e *reconstrução*.

Pelo exposto, podemos concluir que *o hermeneuta acredita em verdade*, ao contrário do epistêmico que, em sua maioria, defende ser a *verdade* uma espécie de "projeção mental", fruto de sua iluminada consciência. Para o epistêmico, a verdade se torna relativa, já que cada pessoa traz consigo sua carga cultural, sua história, sua "visão de mundo".

Para o adepto da filosofia da consciência, a verdade não passa da projeção ideal dos seus pensamentos. Logo, não é difícil encontrar pessoas que afirmem que "cada um tem a sua verdade" e, no Direito, que "cada cabeça uma sentença".

Vamos a um exemplo do paradigma filosófico ultrapassado que compõe o imaginário (da ainda maioria) dos juristas brasileiros.

Maria Helena Diniz, em sua obra *Compêndio de introdução à ciência do Direito*, logo nas primeiras páginas, lança mão da seguinte pergunta: *o que é o conhecimento?* E assim responde:

> Conhecer é trazer para o sujeito algo que se põe como objeto. *É a operação imanente pela qual um sujeito pensante se representa um objeto.* Consiste em levar para a consciência do sujeito cognoscente algo que está fora dele. É o ato de pensar um objeto, ou seja, de torná-lo presente à inteligência. O conhecimento é a apreensão intelectual do objeto. [...]. Nítida é a correlação entre o sujeito pensante e o objeto pensado. Esse relacionamento intelectual entre ambos é o que chamamos de conhecimento. Há dualidade de pensamento e objeto. Cabe salientar ainda que o conhecimento de algo está condicionado pelo sistema de referência daquele que conhece, logo, não há conhecimento absoluto, pois ele só pode ser relativo.[142]

Como assim, *relacionamento intelectual entre o sujeito e o objeto?* Essa é boa: o objeto pensa? Será uma espécie de relação intelectual travada

---

[142] DINIZ, Maria Helena. *Compêndio de introdução à ciência do direito.* 8. ed. São Paulo: Saraiva, 1995, p. 11-13.

entre o *náufrago* e a sua *bola Wilson*? Fica cristalino que os que adotam o antigo esquema sujeito-objeto trabalham com a ideia de *representação da realidade*, relativizando o conhecimento e a verdade, ao sabor de seus próprios valores.

O problema maior ocorre quando transmutamos tais teorias epistemológicas para o Direito. Quer dizer que o juiz, de acordo com os seus predicados morais, sua religião, seu humor, a rodada do futebol, a tabela de menstruação (tanto da juíza quanto da esposa do juiz...), pode manter um relacionamento com a lei e o Direito e aplicá-lo *conforme a sua própria consciência*? Sim, exatamente este o imaginário que ainda predomina para boa parte dos juristas brasileiros, por mais absurdo que nos possa parecer.

Torna-se perceptível os *riscos* que corremos *quando a verdade é relativizada*. Se cada um constrói a sua projeção da verdade, então, passo a depender da *sorte* ou do *azar* quando da distribuição do meu processo. Pior que isso: quando a verdade é *assenhorada* pelo magistrado, ocorre o ápice do processo de "apoderamento" ou, em outras palavras, *manda quem pode obedece quem tem juízo*. Isso reduz o Direito a retórica barata, pois não?

Em conclusão, o hermeneuta sabe que está em mundo permeado pela linguagem e que ela o condiciona, previamente, em sua compreensão. Por esta razão, ao ver o leão o hermeneuta corre e se esconde, pois sabe que o leão é verdadeiro, existe, está no mundo e, também, pela linguagem, sabe que o leão, caso esteja faminto, irá devorá-lo. É por esta razão, pelo compartilhamento da antecipação de sentidos, que o hermeneuta, ao contrário do epistêmico, não será devorado pelo leão.

2.3 Para a hermenêutica, *não se pode dizer qualquer coisa sobre qualquer coisa*. Nada parte de um grau zero de sentido. Texto é evento. Será que respeitar os limites semânticos da lei é um agir positivista?

Para a hermenêutica, *não se pode dizer qualquer coisa sobre qualquer coisa*. E isso só é possível porque nada parte de um *grau zero* de sentido. O sentido que se pretenda dar ao texto estará limitado por um *a priori* de significâncias que, como vimos, restarão sempre condicionados pela linguagem.[143]

---

[143] "Como consequência, falar a partir da pré-compreensão e dos pré-juízos (tradição) implica assumir que não há a primeira palavra nem grau zero de significação; isso implica igualmente entender que nos movemos em um mundo em que a linguagem é condição

O significado não *brota* do texto da lei. Não vivemos mais sob o paradigma do positivismo exegético, quando na prática do "legalismo" *texto* e *norma* se (con)fundiam. Mas se *norma* e *texto* são "coisas" diferentes, não significa que *texto* (vigência) e *norma* (validade) sejam independentes entre si. Definitivamente não.

O texto da lei não existe em si mesmo, não possui uma essência (ou *textitude*) capaz de conter o seu significado. Não adianta andar com o caderno ou o livro debaixo do braço; o conhecimento não se transmite por *osmose*. Tampouco é correto afirmar que texto e norma são "faces" da mesma moeda, porque a norma não está simplesmente na parte encoberta pelo texto.[144]

Por outro lado, tampouco a norma surge de um *insight* da cabeça do intérprete. A norma não é uma projeção mental ou fruto de uma consciência iluminada. A *norma* só será *norma* diante da facticidade de um texto. Isso exige, também, a superação do *positivismo normativista kelsiano*, porque para a proposta da *ciência (pura) do Direito* nunca existiu espaço para o caso em concreto. Afinal, para Kelsen a aplicação do Direito sempre foi um problema insolúvel e, por isso, relegado a um segundo plano.

Mais que isso, *texto é evento*, porque trata de coisas.[145] O texto é dirigido a situações concretas. Afinal, *não há normas sem textos*. Não é

---

de possibilidade, e não algo à nossa disposição (nisso reside a ruptura com os paradigmas metafísicos clássico e moderno, fenomenologia que atravessa inexoravelmente o direito). É afirmar que as coisas (entes) só existem uma vez significadas e que nos compreendemos a partir de textos que significam coisas, e não por deduções feitas a partir de conceitos (universalidades), das quais 'extrairíamos a singularidade'". STRECK, Lenio Luiz. *Verdade e consenso*: Constituição, hermenêutica e teorias discursivas. 5. ed. São Paulo: Saraiva, 2014, p. 358-359.

[144] "Como venho insistindo, é preciso ter claro que a pergunta pelo sentido do texto jurídico 'é uma pergunta pelo modo como esse sentido (ser do ente) se dá, qual seja, pelo intérprete que compreende esse sentido'. Por isso, hermenêutica é existência. É facticidade. É vida. O intérprete não é um 'outsider' do processo hermenêutico. Há um já-sempre-compreendido em todo processo de compreensão. No conto está o contador. É por isto que Heidegger vai dizer que o mensageiro já vem com a mensagem. E é por isto que não se pode falar, de forma simplista, em 'textos jurídicos'. O 'texto não existe em si mesmo'. O texto como texto é inacessível, e isto é incontornável! O texto não segura, por si mesmo, a interpretação que lhe será dada. Do texto sairá, sempre, uma norma. A norma será sempre o produto da interpretação do texto". STRECK, Lenio Luiz. *Hermenêutica jurídica e(m) crise*: uma exploração hermenêutica da construção do Direito. 11. ed. Porto Alegre: Livraria do Advogado, 2013, p. 287.

[145] "De forma exemplificativa: a defesa da dita 'literalidade' da nova redação do art. 212 do Código de Processo Penal torna-se um mecanismo relevantíssimo contra interpretações despistadoras. E o que 'sustentará' essa 'mínima' literalidade? O princípio acusatório albergado pela Constituição. Eis o papel dos princípios, pois. De outra banda, a 'literalidade', em determinados casos poderá ser 'derrubada' em face de outro vetor de sentido, isto é, a Constituição. Exemplificadamente: a proibição de progressão de regime nos crimes hediondos (contida em lei) poderia ser sustentada na sua 'literalidade'? A resposta é não,

porque superamos o paradigma do *juiz boca da lei* que o texto da lei deixou de ser importante.

Vivemos no Brasil sob o império do *processo legislativo constitucional*, com a eleição de representantes eleitos diretamente pelo povo: as leis são apresentadas e aprovadas com *quórum mínimo*, sobrevêm pelo prévio debate público em comissões temáticas, devem ser aprovadas em ambas as casas legislativas e passam por dois controles prévios de constitucionalidade: pela Comissão de Constituição e Justiça do Senado e/ou Câmara dos Deputados e pela sanção/veto do Poder Executivo.

Por que todo este *percurso democrático* (trabalhoso) se, na hora de aplicá-la, a lei não nos serve de nenhuma valia? Será pelo mero conformismo ou, dito de outro modo, o legislar é um *faz de conta* para controlar nossos ânimos, uma forma sofisticada de *ópio do povo*, dando-nos a falsa sensação de participação nos rumos da nação? Não. Não somos adeptos desse tipo de *fatalismo político*.

Sem descurar da descrença da população pela grave crise de credibilidade pela qual perpassam as instituições políticas no Brasil, o fato é que a *lei votada e aprovada em um ambiente democrático* constitui-se em conquista histórica e, acima de tudo, na *garantia do cidadão* contra os abusos do Estado ou de seus pares.[146]

Assim sendo, a lei enquanto *texto* em nosso atual sistema jurídico tem, sim, o seu valor. Não se trata aqui de leis impostas em regimes ditatoriais, utilizadas como instrumento de dominação. Ao contrário, sob o paradigma constitucional democrático, as leis são importantes e, em princípio, devem ser observadas.

Há muito superamos o legalismo rasteiro, exegético, para o modelo jurídico de *legalismo constitucional*. Isso significa dizer que as leis

---

em face de sua inconstitucionalidade. Pronto: neste caso, o controle de constitucionalidade resolveu o problema. Isto quer dizer que somente poderemos discutir 'literalidades' se estivermos conscientes da situação hermenêutica que ocupamos: o constitucionalismo do Estado Democrático de Direito. E nos lembrarmos que a discussão sintático-semântica ficou para trás. Para a hermenêutica de cariz filosófico é irrelevante discutir simplesmente 'textos', pela simples razão de que, como já bem lembrava Gadamer, 'textos são eventos' ou, como diz Stein, 'textos são fatos'. Insisto: não há 'conceitos' sem 'coisas'!" STRECK, Lenio Luiz. *Hermenêutica jurídica e(m) crise*: uma exploração hermenêutica da construção do Direito. 11. ed. Porto Alegre: Livraria do Advogado, 2013, p. 342.

[146] "[...] chega-se à conclusão de que se está diante simplesmente do dever – inerente ao Estado Democrático de Direito – de cumprir a lei (constitucional), pois este, como se sabe, é um dos preços impostos pelo direito e, sobretudo, pela democracia! E, permito-me insistir: por vezes, cumprir a 'letra da lei' é um avanço considerável. Lutamos tanto pela democracia e por leis mais democráticas...! Quando elas são aprovadas, segui-las à risca é nosso dever. Levemos o texto jurídico a sério, pois!" STRECK, Lenio Luiz. Aplicar a letra da lei é uma atitude positivista? *Revista NEJ/UNIVALI - Eletrônica*, Itajaí, v. 15, n. 1, p. 170, jan./abr. 2010. Disponível em: <http://www6.univali.br/seer/index.php/nej/article/view/2308/1623>. Acesso em: 16 set. 2016.

nascem sob a *presunção de constitucionalidade*, ou seja, estão de acordo com a Constituição até que se declare o contrário.

Por isso, nesse contexto, *devemos levar o texto de lei a sério* e, antes de rechaçá-lo – porque o texto não nos é ideologicamente ou politicamente conveniente –, é postura do hermeneuta *deixar que o texto nos diga algo*.[147]

Experimentamos a ascensão do protagonismo judicial, a multiplicação de teorias da argumentação jurídica e a ideia equivocada de que os princípios são a *porta aberta* para introdução de "valores" no Direito, como se fossem um "salvo conduto" para passar por cima do texto da lei. Uma espécie de retorno à Escola do Direito Livre.

Isso causa sérios problemas: acreditar que Direito e moral andam em universos separados – como ocorria na época do positivismo exegético –, traz ao jurista, principalmente ao magistrado, a *falsa ideia* de que há a constante *necessidade de correção do Direito pela moral*. Se eu (sujeito *solipsista*) acho que a lei não é justa, calcado em meu *bom senso* (sabe-se lá o que isto quer dizer...), simplesmente, não a aplico ou, pior, decido em sentido diametralmente oposto à lei.

Ora, *a lei contém limites semânticos que devem ser respeitados*. Não se pode enxergar o "não" onde existe o "sim". Tampouco ignorar condições para aplicar determinados institutos, quando exigidos em lei. Ainda pior é "tirar da cartola" um princípio – ah, e como tem princípio "voando" por aí... – para retoricamente não aplicar texto de lei democraticamente aprovada, por meio da "canetada".

Por ora, vamos trazer à baila apenas um exemplo (de outros tantos possíveis) envolvendo o recém Código de Processo Civil de 2015, que entrou em vigor em 18.03.2016. Diz respeito à tentativa de afastar a contagem do *prazo em dias úteis* da sistemática dos Juizados Especiais. O que nos diz o texto da lei? *Art. 212. Os atos processuais serão realizados em dias úteis, das 6 (seis) às 20 (vinte) horas. [...]*.

---

[147] "Dizendo de outro modo, afirmar que 'devemos levar o texto a sério' ou que devemos deixar 'que o texto nos diga algo' ou, ainda, que 'questão de direito (texto) e questão de fato (caso concreto) não podem ser cindidos', não quer significar, por exemplo, uma adesão ao slogan pós-moderno de Derrida de que 'Il n' y a pas de hors-texte' (não há nada fora do texto). Texto é evento; textos não produzem 'realidades virtuais'; textos não são meros enunciados linguísticos; textos não são palavras ao vento, conceitos metafísicos que não digam respeito a algo (algo como algo). Eis a especificidade do direito: textos são importantes; textos nos importam; não há norma sem texto; mas nem eles são 'plenipotenciários', carregando seu próprio sentido (o mito do dado, fantasia de texto que se interpreta por si mesmo e se extrai por si mesmo, nas palavras de Simon Blackburn) nem são desimportantes, a ponto de permitir que sejam ignorados pelas posturas pragmatistas-subjetivistas, em que o sujeito assujeita o objeto (ou, simplesmente, o inventa)." STRECK, Lenio Luiz. *Verdade e consenso*: Constituição, hermenêutica e teorias discursivas. 5. ed. São Paulo: Saraiva, 2014, p. 229.

Nos dias 8 a 10 de junho de 2016 o FONAJE (Fórum Nacional de Juizados Especiais), consistente no encontro nacional de coordenadores dos Juizados Especiais do âmbito dos Estados, aprovou o *Enunciado 165 – Nos Juizados Especiais Cíveis, todos os prazos serão contados de forma contínua*. A proposta aprovada foi defendida pela então Corregedora Nacional de Justiça, Nancy Andrighi, ao argumento de que a contagem de prazos – em dias úteis – atenta contra os princípios fundamentais dos processos analisados pelos Juizados Especiais, como a simplicidade, a economia processual e, sobretudo, a celeridade.[148]

Fica a clara tentativa de dar o *drible da vaca* contra a literalidade do art. 212 do CPC/2015. Mas a pergunta a se fazer é: já que *nada nasce de um grau zero de sentido*, como eram contados os prazos sob a vigência do Código de Processo Civil anterior?

De acordo com a nossa tradição jurídica e o texto expresso de lei, sempre se aplicou as regras do Código de Processo Civil de 1973 subsidiariamente, porquanto a Lei dos Juizados Especiais nunca possuiu regras específicas dispondo sobre a forma de contagem dos prazos processuais. Aliás, a própria Lei nº 9.099/95 determina a aplicação subsidiária do CPC. E, ainda existindo uma regra especial (*v.g.*, da sentença com resolução de mérito cabe recurso inominado no prazo de dez dias), aplica-se o Código Processual Civil desde que com a Lei dos Juizados não seja incompatível (*v.g.*, aplicam-se as regras da apelação para o recurso inominado).

Pergunta-se: *qual o problema de se continuar aplicando, subsidiariamente, o Código de Processo Civil de 2015 e, assim, seguir a nova regra de contagem de prazos processuais em dias úteis?*

O argumento é o de que o novo texto legal viola a simplicidade, a economia processual e a celeridade. Será mesmo? Então, vamos um pouco além: por qual razão não se viu (nem ouviu) magistrado algum se rebelar contra a aplicação das férias forenses aos Juizados Especiais? Afinal, anualmente, entre 20 de dezembro a 20 de janeiro (CPC/2015, art. 220), os processos dos Juizados Especiais serão suspensos e será proibida a realização de audiências ou sessões de julgamento.

Ora, é fato notório para quem milita no âmbito dos Juizados Especiais que a demora no processamento está muito mais relacionada a uma questão de ordem estrutural, onde o grande gargalo está na

---

[148] Para maiores informações, vide: PRAZOS processuais de juizados especiais passam a ser contados em dias corridos. *Revista Consultor Jurídico*, São Paulo, 5 jul. 2016. Disponível em: <http://www.conjur.com.br/2016-jul-05/prazos-juizados-especiais-passam-contados-dias-corridos>. Acesso em: 16 set. 2016.

demora da designação de audiências ou perícias, bem como da prolação da sentença.

Logo, é possível concluir não existir qualquer óbice à contagem dos prazos em dias úteis no âmbito dos Juizados Especiais, razão por que fazer uso dos princípios que orientam os Juizados é discurso, no mínimo, falacioso.

Diante do exposto, podemos chegar a algumas conclusões.

Primeira conclusão: *cumprir com o texto de lei* – desde que respeitando os seus limites semânticos – *não implica necessariamente um agir positivista (ou legalista)*. Aliás, a lei existe para ser cumprida, pois não? É saudável e republicano que todos os cidadãos (inclusive os juízes) cumpram com a lei. É constitucional e *não dói*. E que fique muito claro: isso não significa, nem de perto, em retorno tardio ao *modelo montesquiano* do *juge bouche de la loi*.[149]

O magistrado não é, nem deve ser, um robô. Mas também não pode corromper com o texto de uma lei democraticamente aprovada se antes não for tecnicamente *declarada a sua inconstitucionalidade* ou *não recepção*. Eis o importante papel da jurisdição constitucional.[150]

---

[149] "'A tarefa hermenêutica se converte por si mesma num questionamento pautado na coisa', e já se encontra sempre determinada por este. Com isso o empreendimento hermenêutico ganha um solo firme sob seus pés. Aquele que quer compreender não pode se entregar, já desde o início, à casualidade de suas próprias opiniões prévias e ignorar o mais obstinada e consequentemente possível a opinião do texto - até que este, finalmente, já não possa ser ouvido e perca sua suposta compreensão. Quem quer compreender um texto, em princípio, disposto a deixar que ele diga alguma coisa por si. Por isso, uma consciência formada hermeneuticamente tem que se mostrar receptiva, desde o princípio, para a alteridade do texto. Mas essa receptividade não pressupõe nem 'neutralidade' com relação à coisa nem tampouco auto-anulamento, mas inclui a apropriação das próprias opiniões prévias e preconceitos, apropriação que se destaca destes. O que importa é dar-se conta das próprias antecipações, para que o próprio texto possa apresentar-se em sua alteridade e obtenha assim a possibilidade de confrontar sua verdade com as próprias opiniões prévias". GADAMER, Hans-Georg. *Verdade e método*. 13. ed. Petrópolis: Vozes, 2013. v. 1, p. 358.

[150] "Tenho ouvido em palestras e seminários que 'hoje possuímos dois tipos de juízes': aquele que se 'apega' à letra fria (sic) da lei (e esse deve 'desaparecer', segundo alguns juristas) e aquele que julga conforme os 'princípios' (esse é o juiz que traduziria os 'valores' – sic – da sociedade, que estariam 'por baixo' da 'letra fria da lei'). Pergunto: cumprir princípios significa descumprir a lei? Cumprir a lei significa descumprir princípios? Existem regras (leis ou dispositivos legais) desindexados de princípios? Cumprir a 'letra da lei' é dar mostras de positivismo? Mas, o que é ser um positivista? Permito-me explicar melhor isso: por vezes, cumprir a 'letra da lei' é um avanço considerável. Lutamos tanto pela democracia e por leis mais democráticas...! Quando elas são aprovadas, segui-las é nosso dever. Levemos o texto jurídico – quando este estiver conforme a Constituição – a sério, pois! E, por favor, que não se venha com a velha história de que 'cumprir a letra 'fria' (sic) da lei' é assumir uma postura positivista...! Aliás, o que seria essa 'letra fria da lei'? Haveria um sentido em-si-mesmo da lei? Na verdade, confundem-se conceitos. As diversas formas de positivismo não podem ser colocadas no mesmo patamar e tampouco podemos confundir uma delas (ou as duas mais conhecidas) com a sua superação pelo

Segunda conclusão: *não cumprir com o texto de lei pode configurar uma atitude positivista*. Superado o paradigma do positivismo exegético (ou legalista), o *positivismo principialista* abriu espaço para *subjetivismos*, ao apostar suas fichas na discricionariedade do sujeito *assujeitador* da relação sujeito-objeto. Assim, não apontar de modo claro e inequívoco a inconstitucionalidade do texto de lei desloca o problema de decidir conforme a *boca da lei* (positivismo primitivo) para a *caneta do julgador solipsista* (filosofia da consciência), aniquilando o sistema jurídico, em princípio, democraticamente construído.[151]

2.4 O *nível apofântico* (interpretar mostrando) e o *nível hermenêutico* (mostrar interpretando). Não interpretamos para compreender, sim compreendemos para interpretar. Compreender é aplicar. Interpretar é exteriorizar a compreensão

A partir de Heidegger foi possível superar a fenomenologia de Husserl (ainda apegada às teorias do conhecimento) pela identificação da existência de elementos antecipatórios de sentido, uma espécie de "pré-compreensão" dos fenômenos que *antecipa, acompanha* e *condiciona* a busca pela compreensão.[152]

---

e no interior do paradigma da linguagem". STRECK, Lenio Luiz. *Hermenêutica jurídica e(m) crise*: uma exploração hermenêutica da construção do Direito. 11. ed. Porto Alegre: Livraria do Advogado, 2013, p. 49.

[151] "Do exposto, pode-se concluir que: a) apegar-se à letra da lei pode ser uma atitude positivista... ou pode não ser, depende do modo como entendemos a linguagem; b) do mesmo modo, não apegar-se à letra da lei pode caracterizar uma atitude positivista ou antipositivista (ou, se quisermos, pós-positivista ou não positivista); c) por vezes, 'trabalhar' com princípios (e aqui vai, mais uma vez, meu libelo contra o panprincipiologismo que tomou conta do 'campo' jurídico de 'terrae brasilis') pode representar uma atitude (deveras) positivista; d) utilizar os princípios para contornar a Constituição ou ignorar dispositivos legais – sem lançar mão da jurisdição constitucional (difusa ou concentrada) ou de uma interpretação que guarde fidelidade à Constituição – é uma forma de prestigiar tanto a irracionalidade constante no oitavo capítulo da TPD de Kelsen, quanto homenagear, tardiamente, o positivismo discricionário de Herbert Hart (e de seus sucedâneos mais radicais, como os 'neoconstitucionalismos')". *Ibid.*, p. 137.

[152] "O que Heidegger diz aqui não é em primeiro lugar uma exigência à práxis da compreensão, mas, antes, descreve a forma de realização da própria interpretação compreensiva. A reflexão hermenêutica de Heidegger tem o seu ponto alto não no fato de demonstrar que aqui esta prejaz um círculo, mas, antes, que este círculo tem um sentido ontológico positivo. A descrição como tal será evidente para qualquer intérprete que saiba o que faz. Toda interpretação correta tem que proteger-se contra a arbitrariedade da ocorrência de 'felizes ideias' e contra a limitação dos hábitos imperceptíveis do pensar, e orientar sua vista 'às coisas elas mesmas' (que para os filólogos são textos com sentido, que também tratam, por sua vez, de coisas). Esse deixar-se determinar assim

A fenomenologia avança para a *hermenêutica* na explicitação de que a nossa compreensão está em nosso *modo-de-ser-aí* e *como somos* no mundo de modo prático, não por simples procedimentos (métodos) ou formas de "ver" a realidade, mas sim pela descoberta de que todo discurso carrega consigo uma *dupla estrutura de linguagem*: aquela visível, presente no enunciado, e outra escondida, obnubilada, presente em uma dimensão não explícita.[153]

O nível visível (expositivo) da linguagem, denominado de *nível apofântico*, permite que qualquer enunciado verbal seja considerado *verdadeiro* ou *falso*, buscando descrever a compatibilidade ou não da

---

pela própria coisa, evidentemente, não é para o intérprete uma decisão 'heroica', tomada de uma vez por todas, mas verdadeiramente 'a tarefa primeira, constante e última'. Pois o que importa é manter a vista atenta à coisa, através de todos os desvios a que se vê constantemente submetido o intérprete em virtude das ideias que lhe ocorram. Quem quiser compreender um texto realiza sempre um projetar. Tão logo apareça um primeiro sentido no texto, o intérprete prelineia um sentido do todo. Naturalmente que o sentido somente se manifesta porque quem lê o texto lê a partir de determinadas expectativas e na perspectiva de um sentido determinado. A compreensão do que está posto no texto consiste precisamente na elaboração desse projeto prévio, que, obviamente, tem que ir sendo constantemente revisado com base no que se dá conforme se avança na penetração do sentido. Essa descrição é, naturalmente, uma abreviação rudimentar: o fato de que toda revisão do projeto prévio está na possibilidade de antecipar um novo projeto de sentido; que projetos rivais possam se colocar lado a lado na elaboração, até que se estabeleça univocamente a unidade do sentido; que a interpretação comece com conceitos prévio que serão substituídos por outros mais adequados. Justamente todo esse constante reprojetar, que perfaz o movimento de sentido do compreender e do interpretar, é o que constitui o processo que Heidegger descreve. Quem procura compreender está exposto a erros de opiniões prévias, as quais não se confirmam nas próprias coisas. Elaborar os projetos corretos e adequados às coisas, que como projetos são antecipações que apenas devem ser confirmadas 'nas coisas', tal é a tarefa constante da compreensão. Aqui não existe outra 'objetividade' que a confirmação que uma opinião prévia obtém através de sua elaboração. Pois o que caracteriza a arbitrariedade das opiniões prévias inadequadas, senão que no processo de sua execução acabam se aniquilando? A compreensão somente alcança sua verdadeira possibilidade, quando as opiniões prévias, com as quais ela inicia, não são arbitrárias. Por isso faz sentido que o intérprete não se dirija aos textos diretamente, a partir da opinião prévia que lhe subjaz, mas que examine tais opiniões quanto à sua legitimação, isto é, quanto à sua origem e validez." GADAMER, Hans-Georg. *Verdade e método*. 13. ed. Petrópolis: Vozes, 2013. v. 1, p. 404-405 e p. 355-356.

[153] "Esse é o ponto. A hermenêutica não deveria mais ser uma teoria das ciências humanas, nem uma expressão da teoria da subjetividade. Com isso, 'não mais se poderia repetir o erro e a confusão que as teorias metafísicas faziam entre ser e ente'. A fenomenologia heideggeriana terá um duplo nível: no nível hermenêutico, de profundidade, a estrutura da compreensão; no nível apofântico, os aspectos lógicos, expositivos. É nesse sentido que Heidegger pensa as bases da diferença ontológica ('ontologische Differenz'). Na medida em que se constrói sobre a interpretação e a hermenêutica, a diferença ontológica só é possível dentro do contexto do círculo hermenêutico (hermeneutische Zirkel), no qual eu me compreendo em meu ser e cuido de mim e me preocupo, e nesse preocupar-me eu tenho o conceito de ser, e, assim, compreendo a mim mesmo". STRECK, Lenio Luiz. *Verdade e consenso*: Constituição, hermenêutica e teorias discursivas. 5. ed. São Paulo: Saraiva, 2014, p. 301.

linguagem diante do mundo físico constatável. O nível apofântico é aquele utilizado pela "lógica", desde a concepção aristotélica, por onde deambula toda a epistemologia (teorias do conhecimento) e que tem no *método* o maior vetor de *racionalidade científica*. Quando debatemos um tema ou analisamos determinado fenômeno, existe a natural tendência de *generalizarmos* os problemas para resolvê-los por meio de critérios lógicos, metodológicos ou científicos. Esta *interpretação lógica*, embora importante em muitos casos, por estar distanciada da *facticidade* e, assim, desprezar um *a priori* de significâncias, tenta reduzir a complexidade dos fenômenos (para facilitar a compreensão) a partir da criação artificial de significados.

Em outras palavras: o *método científico* busca uma *verdade projetada, fabricada, artificial*, pela simples obediência a um procedimento (ou fórmula de sucesso) que, uma vez cumprido, pretensamente conduzirá o intérprete (ou cientista) à melhor solução. Esta *verdade projetada*, artificial, revela-se como uma *manifestação metafísica*, porque antecipa o sentido da ação humana por meio de *procedimentalismos*.[154] É assim que (utilizando o método) cozinhamos uma sopa ou preparamos um bolo.

A fenomenologia hermenêutica de Heidegger rompe com o *mito da prepotência do método* – o supremo momento da subjetividade –, ao demonstrar que todo discurso carrega consigo uma espécie de *dobra da linguagem*: para além do *nível apofântico*, superficial, concomitante e mais profundamente reside o *nível hermenêutico*, um plano de significâncias que vem (sempre) encoberto, um *lócus filosófico*, capaz de estruturar a compreensão dos sentidos. Em outras palavras, coexistem e se completam na (e pela) linguagem uma *racionalidade lógica* e uma *racionalidade hermenêutica*.

---

[154] "A hermenêutica jurídica praticada no plano da cotidianidade do direito deita raízes na discussão que levou Gadamer a fazer a crítica ao processo interpretativo clássico, que entendia a interpretação como sendo produto de uma operação realizada em partes ('subtilitas intelligendi', 'subtilitas explicandi', 'subtilitas applicandi', isto é, primeiro compreendo, depois interpreto, para só então aplicar). A impossibilidade dessa cisão – tão bem denunciada por Gadamer – implica a impossibilidade de o intérprete 'retirar' do texto 'algo que o texto possui-em-si-mesmo', numa espécie de 'Auslegung', como se fosse possível reproduzir sentidos; ao contrário, para Gadamer, fundado na hermenêutica filosófica, o intérprete sempre atribui sentido ('Sinngebung'). Mais ainda, essa impossibilidade da cisão – que não passa de um dualismo metafísico – afasta qualquer possibilidade de fazer 'ponderações em etapas', circunstância, aliás, que coloca a(s) teoria(s) argumentativa(s) como refém(ns) do paradigma do qual tanto tentam fugir: a filosofia da consciência". STRECK, Lenio Luiz. Aplicar a letra da lei é uma atitude positivista? *Revista NEJ/UNIVALI - Eletrônica*, Itajaí, v. 15, n. 1, p. 158-173, jan./abr. 2010. Disponível em: <http://www6.univali.br/seer/ index.php/nej/ article/view/2308/1623>. Acesso em: 16 set. 2016.

Para Lenio Streck, *entender* não é o mesmo que *compreender*.[155] O *entender* significa dizer que o *nível apofântico* (ou "como" apofântico) é importante vetor de racionalidade lógico-argumentativo para identificar sobre o que está a se tratar, donde o alcance e o limite do *plano sintático* (relação lógica entre signo-signo) ganham relevância. É por esta razão que o texto de lei democraticamente produzida deve ser levado a sério, desde que seja compatível com a Constituição. Logo, o nível apofântico é útil para a compreensão, mas não basta em si mesmo. É possível, assim, fazer epistemologia junto com a hermenêutica.

Já o *compreender* está relacionado ao *nível hermenêutico* (ou "como" hermenêutico), espaço estruturante de significâncias *compartilhado pela intersubjetividade*, onde é possível alçar, para além do *plano sintático*, os *planos semântico* (sentido do signo a partir de sua relação com o objeto) e *pragmático* (a relevância do contexto do uso da linguagem, diante da facticidade). Compreender não é só "modo" de *conhecer* algo ou alguém, mas sim "como" de *ser-no-mundo*.[156]

Portanto, no nível apofântico *interpretamos para mostrar*, ao passo que no nível hermenêutico *mostramos interpretando*. Assim, o sujeito que busca compreender o texto não é um terceiro observador, mas interage com o texto (afinal, o contador faz parte da estória...) e, ao mesmo tempo, está envolvido pelo contexto histórico e pela linguagem, que condicionam o seu horizonte de compreensão.

Para o paradigma da *teoria do conhecimento*, interpretar representa uma espécie de método, um passo-a-passo, um caminho composto por

---

[155] "Minha aposta na pré-compreensão – e, portanto, na hermenêutica filosófica – dá-se em face de esta ser condição de possibilidade (é nela que reside o giro-ontológico-linguístico). Minha cruzada contra discricionariedades e decisionismos se assenta no fato de existirem dois vetores de racionalidade (apofântico e hermenêutico), circunstância que o meu crítico não percebe e não entendeu (veja-se, já aqui, a distinção entre compreender e entender, este de nível lógico-argumentativo e aquele de nível hermenêutico-estruturante). Aliás, discricionariedade não deixa de ser uma forma de relativismo". STRECK, Lenio Luiz. *Jurisdição constitucional e decisão jurídica*. São Paulo: Revista dos Tribunais, 2013, p. 231-232.

[156] "[...] Compreender não é um modo de conhecer, mas um modo de ser. Por isto – e essa circunstância ficará bem explicitada na hermenêutica gadameriana desenvolvida em Wahrheit und Methode – compreender, e, portanto, interpretar (que é explicitar o que se compreendeu) não depende de um método, saltando-se, assim, da epistemologia da interpretação para a ontologia da compreensão. Quando Heidegger identifica um duplo nível na fenomenologia (o nível hermenêutico, de profundidade, que estrutura a compreensão, e o nível apofântico, de caráter lógico, meramente explicitativo, ornamental), abre as possibilidades para a desmi(s)tificação das teorias argumentativas de cariz procedimental. Na verdade, coloca em xeque os modos procedimentais de acesso ao conhecimento, questão que se torna absolutamente relevante para aquilo que tem dominado o pensamento dos juristas: o problema do método, considerado supremo momento da subjetividade e garantia da "correção dos processos interpretativos". STRECK, Lenio Luiz. *Verdade e consenso*: Constituição, hermenêutica e teorias discursivas. 5. ed. São Paulo: Saraiva, 2014, p. 301.

etapas que permite, ao final, atingir a compreensão. Ou seja, primeiro interpreto e só depois compreendo.

De outra monta, a hermenêutica não cinde interpretação e compreensão. *A interpretação é a explicitação da compreensão. Não interpretamos para compreender, sim compreendemos para interpretar.* Interpretação e compreensão andam juntas, de mãos dadas. Por isso é que o *método* sempre chega tarde, atrasado, porquanto para interpretar tenho que, ao mesmo tempo, compreender.[157]

Ao ser desconsiderado o "como hermenêutico", cada sujeito interpreta o "como apofântico" de acordo com a sua própria historicidade, seus valores morais, sua educação, sua capacidade intelectiva. Essa espécie de *olhar para o próprio umbigo* faz parte do humano. Isso causa natural afastamento dos horizontes de compreensão de intérpretes diferentes, já que cada um *assujeita* a verdade de acordo com a sua própria consciência.

Vemos isso todos os dias nas decisões judiciais: ainda que muito bem-intencionados, os juízes se transformam em *justiceiros* na medida em que acham que podem se apropriar da compreensão dos fenômenos jurídicos a partir de seus referenciais pessoais de justo, de bom senso, de equidade, enfim, das qualidades (ou defeitos) que permeiam a sua personalidade.

É assim que o Direito se torna relativo, fruto do assenhoramento psíquico de um certo *narcisismo intelectual* e, destaca-se, ainda que o juiz-intérprete seja bom pai de família, frequentador semanal da igreja, churrasqueiro da patota de futebol e o professor mais premiado da universidade onde leciona.

Por outro lado, quando intérpretes diferentes aceitam sua condição de *finitude* e percebem que tudo o que existe só existente "na" e "pela" relação entre todos os homens, buscam revolver o chão linguístico-histórico, sempre diante da facticidade, para tentar atingir este espaço intersubjetivo compartilhado de significâncias.[158]

---

[157] "[...] A interpretação não é um ato posterior e ocasionalmente complementar à compreensão. Antes, compreender é sempre interpretar, e, por conseguinte, a interpretação é a forma explícita da compreensão; com isso o problema da linguagem que ocupava uma posição ocasional e marginal passa a ocupar o centro da filosofia". GADAMER, Hans-Georg. *Verdade e método*. 13. ed. Petrópolis: Vozes, 2013. v. 1, p. 406.

[158] "Esse deslocar-se não é nem empatia de uma individualidade na outra, nem submissão do outro sob os próprios padrões, mas significa sempre uma ascensão a uma universalidade superior, que rebaixa tanto a particularidade própria como a do outro. O conceito de horizonte se torna aqui interessante, porque expressa essa visão superior mais ampla, que aquele que compreende deve ter. Ganhar um horizonte quer dizer sempre aprender a ver mais além do próximo e do muito próximo, não para apartá-lo da vista, senão que precisamente para vê-lo melhor, integrando-o em um todo maior e em padrões mais

É por meio desse "esforço filosófico" que será possível a diferentes hermeneutas (já não mais apenas intérpretes) abandonar suas subjetividades e aproximar os seus horizontes de compreensão. É nesse *espaço comum*, compartilhado, no "como" hermenêutico, só alcançável a partir de atitude extremamente *crítica-reflexiva* e de *suspensão dos seus próprios preconceitos*, que será possível a compreensão por meio da *fusão de horizontes*.[159]

Mas muita atenção: a busca pela *intersubjetividade* não ocorre em um plano teorético ou retórico. A compreensão só se torna possível diante da facticidade, da realidade, do mundo dos fatos. Por isso, hermeneuticamente é impossível separar a *compreensão* da *aplicação* (*applicatio*). Em outras palavras: a compreensão ocorre simultaneamente à sua aplicação, ou seja, a compreensão só existirá diante do caso em concreto. Logo, *compreender é também aplicar.*[160]

2.5 O combate ao *senso comum teórico*. A alegoria do hermeneuta. Direito não é propaganda de cerveja. Como a hermenêutica pode contribuir com o Direito ao retirar as *falsas camadas de sentido* que encobre o significado dos fenômenos jurídicos

A expressão *senso comum teórico*, tão bem explorada por Luis Alberto Warat, denuncia que a "prática jurídica" tem a tendência de

---

corretos". GADAMER, Hans-Georg. *Verdade e método.*13. ed. Petrópolis: Vozes, 2013. v. 1, p. 403.

[159] "Na verdade, o horizonte do presente está num processo de constante formação, na medida em que estamos obrigados a pôr à prova constantemente todos os nossos preconceitos. Parte dessa prova é o encontro com o passado e a compreensão da tradição da qual nós mesmos procedemos. O horizonte do presente não se forma pois à margem do passado. Nem mesmo existe um horizonte do presente por si mesmo, assim como não existem horizontes históricos a serem ganhos. Antes, compreender é sempre o processo de fusão desses horizontes presumivelmente dados por si mesmos. Nós conhecemos a força dessa fusão sobretudo de tempos mais antigos e de sua relação para consigo mesmos e com suas origens. A fusão se dá constantemente na vigência da tradição, pois nela o velho e o novo crescem sempre juntos para uma validez vital, sem que um e outro cheguem a se destacar explicitamente por si mesmos". *Ibid.*, p. 404-405.

[160] "Uma lei não quer ser entendida historicamente. A interpretação deve concretizá-la em sua validez jurídica. Da mesma forma, o texto de uma mensagem religiosa não quer ser compreendido como mero documento histórico, mas deve ser compreendido como de forma a poder exercer seu efeito redentor. Em ambos os casos isso implica que, se quisermos compreender adequadamente o texto – lei ou mensagem de salvação –, isto é, compreendê-lo de acordo com as pretensões que o mesmo apresenta, devemos compreendê-lo a cada instante, ou seja, compreendê-lo em cada situação concreta de uma maneira nova e distinta. Aqui compreender é sempre também aplicar". *Ibid.*, p. 408.

distorcer ideologicamente os conceitos jurídicos a partir dos hábitos dos juristas ou de interesses de determinadas categorias profissionais que se movimentam no sentido de se apropriar (e, muitas vezes, se aproveitar) do discurso jurídico.[161]

Assim, o senso comum teórico é o substrato, o resultado, o produto de um *processo cíclico*, que tem início em certos *hábitos significativos (doxa)*, seguidos da *falsa apropriação de critérios epistêmicos* para legitimar a distorção de um conceito jurídico de acordo com a ideologia predominante (processo de *purificação* metodológica), e que termina por reincorporá-los novamente à prática jurídica e, assim, criar novos hábitos significativos, em constante repetição.[162]

Trata-se, portanto, do emprego *estratégico* de conceitos que nascem do *dia a dia forense* e que são absorvidos inautenticamente à dogmática jurídica, resultando na criação de *falsas camadas de sentido*, obnubilando, escondendo, e, consequentemente, desviando o intérprete da verdadeira (e original) aplicação de determinado instituto jurídico.

É como na alegoria do hermeneuta que chega a uma ilha e lá constata que as pessoas cortam (desprezam) a cabeça e o rabo dos peixes, mesmo diante da escassez de alimentos. Intrigado, o hermeneuta foi buscar as raízes desse mito. Descobriu, finalmente, que, no início do povoamento

---

[161] "Tal conceito traduz um complexo de saberes acumulados, apresentados pelas práticas jurídicas institucionais, expressando, destarte, um conjunto de representações funcionais provenientes de conhecimentos morais, teológicos, metafísicos, estéticos, políticos, tecnológicos, científicos, epistemológicos, profissionais e familiares, que os juristas aceitam em suas atividades por intermédio da dogmática jurídica". STRECK, Lenio; KÖCHE, Rafael; MÜLLER, Fabiano; FOGAÇA, Lucas. "Hermenêutica Constitucional" e senso comum teórico dos juristas: o exemplo privilegiado de uma aula na TV. *Direitos Fundamentais & Justiça*, Porto Alegre, ano 6, n. 19, p. 237-261, abr./jun. 2012. Disponível em: <http://www.dfj.inf.br/Arquivos/PDF_Livre/19_Dout_Nacional% 209.pdf>. Acesso em: 20 set. 2016.

[162] "Fecha-se, desta forma, um movimento dialético que tem, por primeiro momento certos hábitos significativos (uma doxa); por segundo momento, a espera dos conceitos (uma episteme construída mediante processos lógicos purificadores sobre o primeiro momento); e, por terceiro momento, o senso comum teórico (dado pela reincorporação dos conceitos nos hábitos significativos). Este último momento caracteriza-se pelo emprego da episteme como doxa. E aí recomeça a cena dialética descrita. Temos assim uma primeira caracterização do senso comum teórico dos juristas: o emprego estratégico dos conceitos na práxis jurídica, ou, dito de outra forma, a utilização dos resultados do trabalho epistemológico como uma nova instância da 'doxa'. É esse retorno da 'episteme' à 'doxa', que permite-nos perceber o valor político dos processos de objetivação. E, também é, precisamente, esse retorno que torna ideológico o discurso da episteme, ou seja, um discurso transfigurado em elemento mediador de uma integração, ilusoriamente, não conflitiva, das relações sociais. Por isso, é impossível pensar-se na existência de componentes ideológicos do conhecimento em seu momento epistêmico. Tais componentes surgem no movimento de instrumentalização da episteme em doxa". WARAT, Luis Alberto. Saber crítico e senso comum teórico dos juristas. *Revista Busca Legis*, Florianópolis, n. 5, p. 48-57, jun. 1982.

da ilhota, os peixes eram grandes e abundantes, não cabendo nas frigideiras. Consequentemente, cortavam a cabeça e o rabo... Hoje, mesmo que os peixes sejam menores que as panelas, ainda assim continuam a cortar a cabeça e o rabo. Perguntando a um dos moradores o porquê de assim agirem, ouviu: 'Não sei... mas *as coisas sempre foram assim* por aqui!'. Eis o senso comum.[163] (grifo nosso)

Streck, ainda, alerta sobre os perigos da cultura jurídica *standard*, padronizada e simplificada, disseminada pela ausência do saber crítico-reflexivo, notadamente pela *massificação do ensino do Direito*, voltada principalmente a forjar um pretenso *atalho* para o rápido sucesso nas carreiras jurídicas.[164]

Eis o cerne da questão: a grande maioria dos operadores do Direito, principalmente advogados, promotores e juízes têm em sua formação a mera cultura do *decoreba*, formada em *cursinhos* voltados a concursos públicos, a fim de corrigir as deficiências dogmáticas dos cursos de graduação. E nesse *espaço*, completamente alienado ao *multiverso dos porquês*, não existe ambiente propício para o desenvolvimento do espírito crítico.[165] Formam-se *papagaios*.

---

[163] STRECK, Lenio Luiz. *Lições de crítica hermenêutica do Direito*. Porto Alegre: Livraria do Advogado, 2014, p. 9.

[164] "A dogmática jurídica, entendida como senso comum teórico (um saber não crítico-reflexivo), vem sofrendo novos fluxos decorrentes da massificação do direito. Nessa linha, vem crescendo em importância os setores ligados aos cursinhos de preparação para concursos. É o que se pode denominar de 'neopentescostalismo jurídico', em que juristas, à semelhança de alguns pastores/pregadores que podem ser vistos em congressos, sites e até mesmo na televisão, fazem a apologia da estandartização/simplificação do direito. Essa cultura standard vem acompanhada da indústria que mais cresce: a dos compêndios, resumos e manuais, muito deles já vendidos em supermercados e outras casas do ramo. Aparecem obras de todo o tipo, com 'verdadeiros' 'pronto-socorros jurídicos' (SOS do direito), ao lado de livros que buscam simplificar os mais importantes ramos do direito. Tenho receio que, em seguida, surjam livros denominados, por exemplo, de 'direito penal (já) mastigado', inclusive com o charme do parênteses...! [...]". STRECK, Lenio Luiz. *O que é isto*: decido conforme minha consciência? 4. ed. rev. Porto Alegre: Livraria do Advogado, 2013, p. 81-82.

[165] "Essa (pseudo)pós-modernidade está liquidando com o que resta da cultura (jurídica ou não). Instantaneidade. Eficiência. Efetividades quantitativas. Gestão. ISO 14.001. Procedimentos. Algo como o Hotel Ibis. Não tem nem toalhas de rosto. Quando você enxugar certas partes do corpo, cuidado: há ainda que enxugar o outro lado com a mesma toalha; tem frigobar, mas não tem nem água. Mas é eficiente. E barato. 'Otimizado'. Eis as palavras mágicas. E não esqueçamos de encolher as petições. Nada de erudições. Nada de filosofia. Vivamos a facilitação. Direito Facilitado. Resumido. Plastificado. Resumos de resumos. Direito mastigado. Vendamos ilusões. A malta compra". STRECK, Lenio Luiz. O que é verdade? Ou tudo é relativo? E o que dizer a quem perdeu um olho? *Revista Consultor Jurídico*, São Paulo, 2 out. 2012. Disponível em: <http://www.conjur.com.br/2014-out-02/senso-incomum-verdade-tudo-relativo-dizer-quem-perdeu-olho>. Acesso em: 19 set. 2016.

E a culpa não é só do aluno, porquanto fugir do padrão adotado pelo mercado de ensino implicará o insucesso em sua vida profissional. Evidentemente, essa formação caudatária do senso comum teórico (que faz *nível raso* do Direito) tende a se repetir na prática forense, por intermédio de petições, pareceres e sentenças. Pior: muitos sequer se dão conta disso!

É nesse ponto que *o Direito se transforma em propaganda de cerveja*. Aqui nos referimos a uma propaganda da Cervejaria Schincariol em que, em diversas situações, as pessoas se vêm repetindo atitudes do cotidiano e, ao serem perguntadas do "porquê", respondem apenas "porque sim". No último trecho da propaganda, inclusive, aquele que perguntou o "porquê" leva *um tapinha na cabeça*, propalado pelo companheiro de boteco, em sinal de reprovação ao questionamento infame. Afinal de contas, *quem você pensa que é* para discutir os *santos dogmas* do senso comum teórico?[166] Não está feliz? Mude de boteco!

Na prática jurídica ocorre o mesmo. *Pensar (diferente) ofende o mediano*. Somos constantemente "castrados" pelo *status quo* imposto pelo senso comum teórico pois, quando pensamos criticamente, tentar fugir ao padrão imposto pelo mundo voltado à *produção em série* costuma ser interpretado como uma espécie de *rebeldia* contra os dogmas talhados cuidadosamente pelas instituições jurídicas ao longo do tempo. Ora, vamos bradar três *hurras* à indústria do copia-e-cola!?

Não. Não somos pessimistas. Longe disso. Acreditamos, sim, que a *hermenêutica* pode (e deve) contribuir com o *descascar do fenômeno jurídico* inicialmente imposto pelo senso comum teórico, ao revolver o chão linguístico e retirar-lhe as diversas *camadas de sentido* sobrepostas pela *tradição jurídica inautêntica*.

> Bem resumido: Revolve-se o chão linguístico em que está assentada a tradição, reconstruindo a história institucional do fenômeno. Desse processo – que é como se o fenômeno fosse "descascado aos poucos" – exsurge "o sentido da coisa". Que já não será aquela que o intérprete vislumbrou no início. Veja-se o caso da ilha e dos peixes. O fenômeno exsurgiu "como ele é", por assim dizer.
>
> É nesse contexto que se coloca a Crítica Hermenêutica do Direito, que é uma espécie de cadeira assentada entre o paradigma objetivista clássico e o da filosofia da consciência. Fundamentalmente, a Crítica Hermenêutica do Direito move-se nas águas da fenomenologia hermenêutica, pela qual o horizonte do sentido é dado pela compreensão (Heidegger) e ser que

---

[166] Vale apena conferir o vídeo de propaganda elaborado pela CERVEJARIA SCHINCARIOL. *Schin – porque sim!* [S.l.], 2014. (30seg.). Disponível em: <https://www.youtube.com/watch?v=Bmd GKTfPzOk>. Acesso em: 20 set. 2016.

pode ser compreendido é linguagem (Gadamer), *onde a linguagem não é simplesmente objeto, e sim, horizonte aberto e estruturado e a interpretação faz surgir o sentido.* [...]
A tarefa da Crítica Hermenêutica do Direito – CHD – é a de *desenraizar aquilo que tendencialmente encobrimos* (Heidegger-Stein). Fincada na matriz teórica originária da ontologia fundamental, busca, através de uma análise fenomenológica, o des-velamento (*Unverborgenheit*) daquilo que, no comportamento cotidiano, ocultamos de nós mesmos (Heidegger): o exercício da transcendência, no qual não apenas somos, mas percebemos que somos (Dasein) e somos aquilo que nos tornamos através da tradição (pré-juízos que abarcam a faticidade e historicidade de nosso ser-no-mundo, no interior do qual não se separa o direito da sociedade, isto porque o ser é sempre o ser de um ente, e o ente só é no seu ser, sendo o direito entendido como a sociedade em movimento), e onde o sentido já vem antecipado (círculo hermenêutico). Afinal, conforme ensina Heidegger, *o ente somente pode ser descoberto seja pelo caminho da percepção, seja por qualquer outro caminho de acesso, quando o ser do ente já está revelado*.[167]

Por isso o hermeneuta não é (nem deve ser) subserviente às tradições como lhe são postas à primeira vista. Deve, ao contrário, colocá-las sempre à prova, com espírito crítico – perguntas bem-feitas levam às boas respostas, pois não? – buscando *produzir compreensão* à luz do caso em concreto, para além da mera (re)produção do conhecimento *prêt-à-porter*.[168]

Nesse sentido, o modo de compreensão da verdade para *Matin Heidegger*, em *A questão da técnica*,[169] consiste no desvelamento, na desocultação do ser, correspondente à verdade procurada pelos gregos que corresponde à palavra *alétheia*. Verdade tem o significado de trazer ao lume, revelar, desvendar.

---

[167] STRECK, Lenio Luiz. *Lições de crítica hermenêutica do Direito*. Porto Alegre: Livraria do Advogado, 2014, p. 9-10.
[168] "Os exemplos sob comento nos mostram que toda interpretação jurídica exige aproximação com o caso concreto, isto é, a coisa mesma. E quando falo da coisa mesma ('Sache selbst') já ficou para trás o esquema sujeito-objeto e qualquer possibilidade de subsunção/dedução. A coisa mesma significa a síntese hermenêutica da 'applicatio'. O domínio dos pré-juízos forjados no senso comum teórico, pelo qual a 'realidade social' (o mundo prático) é deixada de lado na análise da regra (não esqueçamos que o positivismo busca construir conceitos prévios para serem aplicados independentemente da 'coisa'), impede o acontecer da singularidade do caso". STRECK, Lenio Luiz. *Verdade e consenso*: Constituição, hermenêutica e teorias discursivas. 5. ed. São Paulo: Saraiva, 2014, p. 322-323.
[169] HEIDEGGER, Martin. A questão da técnica. Palestra proferida em 18.11.1983. *Revista Scientiae Studia*, São Paulo, v. 5, n. 3, p. 375-398, 2007. Disponível em: <http://www.revistas.usp.br/ ss/article/download/11117/12885>. Acesso em: 21 set. 2016.

Uma árvore é cortada e dividida, e as suas partes são dispostas em relações diferentes da anterior e num outro ambiente; nascem assim a mesa, a porta, a cadeira. A natureza da madeira é chamada a aparecer num outro contexto e, por força desse aparecer diverso, a assumir um significado que não possuía quando era só árvore no meio da floresta. Aparece um outro composto que a natureza, antes da intervenção técnica, não deixava transparecer, mas guardava sua latência. O composto será utilizado, mas a essência da *produção* técnica não está na sua instrumentalidade, na utilização de outro produto, mas na condução de algo da latência para a não-latência, na sua *provocação*, que chama o oculto a desvelar-se nesse horizonte do aparecer que o pensamento grego antigo chamava de *alétheia*.[170]

Para exemplificar, recentemente enfrentamos situação bastante interessante e que pode ser utilizada para demonstrar como é possível a realização do *desvelamento* no âmbito do Direito Processo Civil.

O art. 3º da Lei nº 10.259/01 determina que compete aos Juizados Especiais Federais *processar, conciliar e julgar causas de competência da Justiça Federal até o valor de sessenta salários mínimos, bem como executar as suas sentenças*, e o §3º do mesmo dispositivo legal aduz que *no foro onde estiver instalada Vara do Juizado Especial a sua competência é absoluta*.

Assim, diferentemente do que ocorre no âmbito dos Juizados Especiais Cíveis (Estaduais), em que o autor pode "optar" em propor a demanda no local do seu domicílio, do domicílio do réu, onde a obrigação deva ser satisfeita ou do local do ato ou fato para reparação de dano (Lei nº 9.099/95, art. 4º), a petição inicial proposta perante os Juizados Especiais Federais deve ser acompanhada da comprovação recente do seu domicílio (por exemplo, a cópia da fatura de serviços públicos de energia elétrica). Afinal, o desrespeito à competência absoluta é causa de nulidade de todos os atos processuais subsequentes.

Todavia, o art. 1º da Lei nº 7.115/83 determina que *a declaração destinada a fazer prova de vida, residência, pobreza, dependência econômica, homonímia ou bons antecedentes, quando firmada pelo próprio interessado ou por procurador bastante, e sob as penas da Lei, presume-se verdadeira*, desde que não se aplique para fins de prova em processo penal. Aliás, o art. 2º do mesmo diploma legal determina a punição daquele que abusa deste direito e produz falsa declaração, sujeitando-o às sanções civis, administrativas e criminais (*v.g.*, crime de falsidade ideológica).

---

[170] HEIDEGGER, Martin. A questão da técnica. Palestra proferida em 18.11.1983. *Revista Scientiae Studia*, São Paulo, v. 5, n. 3, p. 385, 2007. Disponível em: <http://www.revistas.usp.br/ ss/article/download/11117/12885>. Acesso em: 21 set. 2016.

Ou seja, se existe lei em vigor que autoriza a comprovação de residência de qualquer pessoa por intermédio de *simples declaração*, o autor tem o direito de optar como pretende comprovar seu domicílio. Diante da prática jurídica, contudo, existem magistrados que não aceitam a referida declaração de residência para fins de fixação de competência no âmbito dos Juizados Especiais Federais, ao argumento de que a lei é "temerária", podendo causar "insegurança" ao sistema processual.

Para dizer se a Lei nº 7.115/83 seria ou não compatível com o sistema processual de competências da Lei nº 10.259/01 temos que fazer breve digressão e revolver o chão linguístico (e histórico) para compreender como se estabeleceu o fenômeno jurídico.

Primeira pergunta: *a lei continua vigente e é compatível com a Constituição?* Sim, a lei continua vigente e até que haja declaração expressa de não recepção pela Constituição da República Federativa do Brasil continuará, portanto, a produzir todos os seus efeitos no sistema jurídico nacional.

Segunda pergunta: *a declaração de residência depende de alguma forma especial?* Vejamos o que diz o art. 107 do Código Civil: *A validade da declaração de vontade não dependerá de forma especial, senão quando a lei expressamente a exigir.* No caso em apreço (declaração para fins de fixação de competência dos Juizados Especiais Federais) não existe lei a exigir forma especial. Ao contrário, há lei autorizando a sua utilização.

Terceira pergunta: *por que o legislador se daria ao trabalho de fazer a lei se bastaria a aplicação da presunção de boa-fé enquanto regra geral?* Ora, porque certamente à época do início de sua vigência (ano de 1983) muitos órgãos públicos não aceitavam a mera declaração de residência, resultando daí a necessidade de explicitar este direito do cidadão – para superar mal-entendidos –, com força de observância obrigatória, por meio de uma lei criada só para esta finalidade.

Quarta pergunta: *quais as razões que motivaram o legislador?* Fomos em busca da exposição de motivos da Lei nº 7.115/83 e descobrimos algo bastante interessante, completamente esquecido pela comunidade jurídica em razão do longo decurso do tempo. No Projeto de Lei nº 5, publicado nas páginas 71 a 73 do *Diário Oficial da União* de 3 de março de 1983, consta que a referida lei fazia parte do "programa nacional de desburocratização", motivada por cinco razões: 1. Deve prevalecer a presunção de veracidade (a regra é que as pessoas estão dizendo a verdade); 2. A excessiva exigência de documentos constitui entrave ao exercício de direitos; 3. As despesas com obtenção de documentos oneram e, assim, penalizam as pessoas mais pobres; 4. Em trocada da simplificação processual cumpre se aceitar-se, conscientemente, o risco calculado da confiança, uma vez que os casos de fraude não representam regra, mas exceção; 5. Eventual falsidade será punida, pela quebra da confiança, com o rigor da lei penal, quando constituir-se em crime. Quinta pergunta: *as razões que motivaram a edição da Lei nº 7.115/83 são compatíveis com a Lei nº 10.259/01?* O art. 2º da Lei nº 9.099/95 – legislação aplicada subsidiariamente ao sistema dos Juizados Especiais Federais por força do art. 1º da Lei nº 10.259/01 – determina que *o processo orientar-se-á pelos critérios da oralidade, simplicidade, informalidade, economia processual e celeridade [...]*. Ou seja, os Juizados Especiais nasceram com a missão de "simplificar" o acesso à justiça e ao processo, não o contrário.

Agora, o hermeneuta, diante desse "conjunto de informações" que transcendem a sua inicial compreensão somado às peculiaridades do caso em concreto, torna-se capaz de *compreender* o fenômeno jurídico em seu "como" hermenêutico e daí *interpretar* (ao *aplicar*) apenas uma resposta correta (mais adequada à Constituição): *sim*, deve ser aceita a declaração de residência para fins de fixação de competência nos Juizados Especiais Federais, porque a *simplificação* (razão maior de ser da Lei nº 7.115/83) é perfeitamente compatível e compartilha dos mesmos propósitos da Lei nº 10.259/01 c/c. a Lei nº 9.099/95.

Mas, *onde entra o caso em concreto?* Simples: na verificação se a declaração de residência está rasurada ou se existem outros elementos de ordem objetiva (como, por exemplo, outros documentos acostados aos autos) que indiquem a falsidade ideológica do seu conteúdo.

Que fique claro: não estamos propondo, aqui, sejam seguidas *passo a passo* as referidas perguntas para outros casos similares. Aliás, a hermenêutica repele o *método científico*,[171] por isso mesmo que *as boas perguntas (em busca de boas respostas) devem ser desenvolvidas caso a caso*, diante da facticidade. Mas as perguntas indicam o caminho, o percurso,

---

[171] "Ora, isso significa também que compreender em Heidegger e em Gadamer é um existencial. Logo, não é um método. Não pode ser um método e não pode ser dividido em partes. Compreender não é um modo de conhecer, mas um modo de ser. Por isto – e essa circunstância ficará bem explicitada na hermenêutica gadameriana desenvolvida em 'Wahrheit und Methode' – compreender, e, portanto, interpretar (que é explicitar o que se compreendeu) não depende de um método, saltando-se, assim, da epistemologia da interpretação para a ontologia da compreensão. Quando Heidegger identifica um duplo nível na fenomenologia (o nível hermenêutico, de profundidade, que estrutura a compreensão, e o nível apofântico, de caráter lógico, meramente explicitativo, ornamental), abre as possibilidades para a desmi(s)tificação das teorias argumentativas de cariz procedimental. Na verdade, coloca em xeque os modos procedimentais de acesso ao conhecimento, questão que se torna absolutamente relevante para aquilo que tem dominado o pensamento dos juristas: o problema do método, considerado supremo momento da subjetividade e garantia da 'correção dos processos interpretativos'". STRECK, Lenio Luiz. *Verdade e consenso*: Constituição, hermenêutica e teorias discursivas. 5. ed. São Paulo: Saraiva, 2014, p. 301.

a sugerir (não impor) a *criteriologia* que talvez seja, de algum modo, aproveitável. Isso não se confunde com o método. Ora, *hermenêutica não é receita de bolo*. Afinal, tudo vai depender da investigação em curso e das peculiaridades do caso em concreto.

Por exemplo, caso conste endereço de residência em local diverso no instrumento de procuração atualizado, poderia ser necessária a sexta pergunta: *existem outros documentos ou meios capazes de suplantar a divergência?* Se sim, basta acessar tais meios. Se não, talvez a solução mais adequada seja exigir do autor outra espécie de comprovante de residência além da mera declaração.

Percebe-se que o hermeneuta "deve" suspender seus (pre)conceitos e respeitar os limites do texto de lei democraticamente constitucionalizado durante o empreendimento hermenêutico, buscando as razões históricas que ensejaram o nascimento dos institutos jurídicos sem descurar do contexto presente até o aparecer, o brotar, o desvelar do *fenômeno-aí-em-si-mesmo*.

Nesse instante, alguém poderia se insurgir e afirmar: *ora, mas a questão era tão simples! Bastaria ao juiz aplicar a letra da lei!* Sim, por *mera coincidência*, o resultado seria equivalente àquele atingido pelo hermeneuta. Mas a simples aplicação da lei, por *subsunção*, não passaria de atitude positivista (positivismo exegético ou legalista). O intérprete, nesse caso, demonstraria estar ainda apegado à metafísica clássica (esquema sujeito-objeto), investindo todas as fichas da obtenção da verdade por mera obediência ao texto de lei (objeto).

Ora, *até um relógio (analógico) quebrado acerta duas vezes ao dia!* Coincidências acontecem. Podemos acertar errando, mas, daí, dependeremos da *sorte*. É muito importante perceber, nesse ponto, que *a hermenêutica não é finalística, tampouco consequencialista*. Jamais será pelo *resultado* do processo de interpretação que será possível identificar e diferenciar o empreendedor-hermenêutico do sujeito solipsista ou legalista.

Da mesma forma, no exemplo proposto, também seria um *agir positivista* (principialista) se o magistrado simplesmente refutasse a lei, escolhendo algum princípio como *álibi teórico* para decidir livremente de acordo com a sua própria consciência. O intérprete, assim o fazendo, estaria seguindo a cartilha da metafísica moderna (esquema sujeito--objeto) e a Escola do Direito Livre, ao fazer uso da discricionariedade típica do *sujeito solipsista*.

O que permitirá distinguir o "hermeneuta" do "epistêmico" (intérprete apegado à teoria do conhecimento), em apertada síntese, será sempre a sua *postura filosófica*, onde as perguntas ganham especial importância,[172] o seu comprometimento com a intersubjetividade, o seu esforço em percorrer o trabalhoso (e, às vezes, tortuoso) caminho até chegar à *clareira* (compreensão), que vai da *desconstrução à reconstrução* de sentidos (*círculo hermenêutico*),[173] em busca do desvelamento do fenômeno jurídico. Logo, na hermenêutica não há espaço para preguiça, desleixo, vaidades, escolhas (discricionariedades), dogmas (tradições inautênticas), arbitrariedades ou legalismo.

---

[172] "Se quisermos apreender um enunciado em sua verdade, não podemos levar em conta apenas o conteúdo que ele se apresenta. Todo enunciado tem uma motivação. Todo enunciado tem pressupostos que ele não enuncia. Somente quem pensa também esses pressupostos pode dimensionar realmente a verdade de um enunciado. Ora afirmo que a última forma lógica dessa motivação de todo enunciado é uma 'pergunta'. Não é o juízo, mas a pergunta que tem o primado na lógica, como já testemunham historicamente o diálogo platônico e a origem dialética da lógica grega. O primado da pergunta frente ao enunciado significa, porém, que o enunciado é essencialmente resposta. Não há nenhum enunciado que não seja uma espécie de resposta. Assim, não pode haver compreensão de um enunciado se essa não se pautar unicamente na compreensão da pergunta a que o enunciado responde. Falando assim, isso parece óbvio e todo mundo o sabe a partir de sua própria experiência de vida. Quando alguém faz uma afirmação que não compreendemos, procuramos saber como ele chegou a isto. Qual é a pergunta que ele se fez para poder formular este enunciado como resposta? E se for um enunciado que deva ser verdadeiro, então nós mesmos temos que tentar formular a pergunta em relação à qual o enunciado quer ser uma resposta. Por certo, nem sempre é fácil encontrar 'a' pergunta que o enunciado responde. E não é fácil sobretudo porque a pergunta está longe de ser um primeiro elemento simples para o qual podemos transferir-nos aleatoriamente. Isto porque toda pergunta é ela mesma uma resposta. Esta é a dialética em que nos enredamos aqui. Toda pergunta tem uma motivação. Também o seu sentido jamais pode ser plenamente encontrado nela própria. Aqui encontra-se realmente a raiz dos problemas, acima mencionados, do alexandrinismo que ameaçam nossa cultura científica, quando essa dificulta a originalidade do perguntar. O decisivo, aquilo que na ciência constitui a natureza do investigador é isto: ver as perguntas. Ver as perguntas significa, porém, poder-romper com uma camada, como fechada e impenetrável, de preconceitos herdados, que dominam todo nosso pensamento e conhecimento. O que perfaz a essência do investigador é a capacidade de ruptura que possibilita ver, assim, novas perguntas e encontrar novas respostas. Todo enunciado tem seu horizonte de sentido no fato de ter surgido de uma situação de pergunta". GADAMER, Hans-Georg. *Verdade e método*. 6. ed. Petrópolis: Vozes, 2011. v. 2, p. 67.

[173] "Na medida em que se constrói sobre a interpretação e a hermenêutica, a diferença ontológica só é possível dentro do contexto do círculo hermenêutico (hermeneutische Zirkel), no qual eu me compreendo em meu ser e cuido de mim e me preocupo, e nesse preocupar-me eu tenho o conceito de ser, e, assim, compreendo a mim mesmo". STRECK, Lenio Luiz. *Verdade e consenso*: Constituição, hermenêutica e teorias discursivas. 5. ed. São Paulo: Saraiva, 2014, p. 301.

2.6 A hermenêutica e a superação de *subjetivismos* e *procedimentalismos*. Como assim: *primeiro decido (escolho), depois fundamento?* O direito fundamental à obtenção da (metáfora da) *resposta correta* (mais adequada à Constituição)

A Crítica Hermenêutica do Direito (CHD) é a escola fundada por Lenio Luiz Streck no Sul do Brasil a partir do *triálogo* entre a *filosofia hermenêutica* de Martin Heidegger, a *hermenêutica filosófica* de Hans-Georg Gadamer e os critérios de *integridade e coerência* em Ronald Dworkin, em que se acredita poder alcançar a *resposta correta* (a mais adequada à Constituição).[174]

A partir de Heidegger ocorre a mudança paradigmática no campo da filosofia que, a partir da *linguagem* como *condição de possibilidade* – pois somente quando se encontrou a *palavra* para a coisa, é esta a coisa; porque não falamos sobre o que vemos, sim *vemos o que se fala* sobre a coisa; pois *a palavra é o caminho* e se persistimos nela estaremos num caminho já percorrido –, viabiliza a *superação* do esquema sujeito-objeto, não no sentido de negar a sua existência mas, pela descrição fenomenológica do ser-no-mundo, refundar esta relação a partir do *transcendental histórico*.

Tal superação só foi possível pela *diferença ontológica* (*ontologische Differenz*), no sentido de que a compreensão do Ser-no-mundo só é possível pela dupla estrutura do *algo como algo* (*etwas als etwas*), composta por dois níveis, o *nível hermenêutico* (espaço intersubjetivo compartilhado e limitado pela linguagem, enquanto condição de possibilidade de pré-compreensão dos fenômenos, e pela *facticidade*, a respeitar e reconhecer a finitude e a temporalidade do ser) e o *nível apofântico* (estrutura do enunciado, o texto de lei).

Esta diferenciação, importada e aplicada corretamente ao Direito, implica a *diferença ontológica* entre *texto* (lei) e *norma* (sentido da lei). Mas, atenção: isso não significa sustentar que haja cisão (descolamento) entre eles, porque o desprender completo da *norma* (sentido) em relação

---

[174] "Penso que, a partir da hermenêutica filosófica – que tenho trabalhado como uma crítica hermenêutica do direito –, é possível alcançar aquilo que pode ser denominado 'a resposta hermeneuticamente adequada à Constituição', que, se assim se quiser, também pode ser chamada de 'resposta correta'. Como procuro demonstrar, a interpretação do direito no Estado Democrático de Direito é incompatível com esquemas interpretativo-procedimentais que conduzam a múltiplas respostas, cuja consequência (ou origem) são discricionariedades, arbitrariedades e decisionismos. [...]". STRECK, Lenio Luiz. *Verdade e consenso*: Constituição, hermenêutica e teorias discursivas. 5. ed. São Paulo: Saraiva, 2014, p. 338.

ao seu *texto* (lei) abre frestas para subjetivismos (decidir de acordo com sua consciência). Tampouco texto e norma são a mesma coisa (fusão), pois implicaria o retorno ao *formalismo objetivista* (legalismo rasteiro) em que o Direito se contentava com a mera subsunção à lei, típico do positivismo exegético.[175]

Ao contrário de pretender apostar em um dos polos da ultrapassada relação sujeito-objeto, a diferença ontológica proposta por Heidegger, tão bem incorporada pelos estudos de Gadamer ao Direito, é o elemento fundamental do *modo-de-ser-no-mundo* que, ao mesmo tempo que *nos determina* e que *já-nos-antecede-desde-sempre* – eis o espaço compartilhado pela *intersubjetividade* –, será a garantia contra a *atribuição arbitrária dos sentidos* e a *atribuição dos sentidos arbitrários*.[176] Entenderam o trocadilho? Pois bem.

Ainda, devemos tomar muito cuidado com a famosa representação proposta por Friedrich Müller, quando propõe ser a *norma* a parte encoberta e o *texto* a parte visível do *iceberg* interpretativo. Isso porque o leitor incauto pode chegar à falaciosa conclusão de ser a *norma* o produto da obtenção do *sentido oculto do texto de lei*, assim como se extrai o sumo do limão. Cuidado: a norma não é produto autônomo da interpretação legal.[177]

---

[175] "Daí minha insistência no sentido de que entre texto e sentido do texto (norma) não há uma cisão – o que abriria espaço para o subjetivismo (teorias axiológicas da interpretação) – e tampouco existe, entre texto e norma, uma identificação (colagem) – o que abriria espaço para o formalismo de cunho objetivista. Entre texto e sentido do texto há, portanto, uma diferença. Negar essa diferença implica negar a temporalidade, porque os sentidos são temporais. A diferença (que é ontológica) entre texto e norma (sentido enunciativo do texto, ou seja, o modo como o podemos descrever fenomenologicamente) ocorre na incidência do tempo". STRECK, Lenio Luiz. *Verdade e consenso*: Constituição, hermenêutica e teorias discursivas. 5. ed. São Paulo: Saraiva, 2014, p. 346.

[176] "Isso significa poder afirmar que o texto já traz 'em si' um compromisso – que é a pré-compreensão que antecipa esse 'em si' – e que é o elemento regulador de qualquer enunciado que façamos a partir daquele texto. Esse elemento regulador é o 'als' ('como') hermenêutico que acompanha e precede o 'als' ('como1') apofântico (estrutura do texto ou, se se quiser, enunciado manifestativo). A diferença ontológica só se compreende e faz sentido porque ela é o elemento fundamental do modo de ser -no -mundo (modo prático de ser-no-mundo). Esse modo de ser -no -mundo já é sempre uma dimensão de mundo que nos determina e que trazemos conosco. 'Ser-no-mundo' é uma dimensão que é, ao mesmo tempo, hermenêutica e apofântica. Ou seja, a partir da diferença ontológica é impossível cindir o elemento hermenêutico do elemento apofântico. É nessa diferença que se dá o sentido, donde é possível afirmar que a incindibilidade do 'como hermenêutico' do 'como apofântico' é a garantia contra a atribuição arbitrária de sentidos assim como a atribuição de sentidos arbitrários". *Ibid*., p. 348.

[177] "Deixo claro – e isto tenho feito também em outros trabalhos – que a distinção entre texto e norma, embora deite raízes na tese de Friedrich Müller (retrabalhada principalmente por Eros Grau) e com ela tenha várias identificações, possui uma série de particularidades que tendem a afastar do original. A distinção texto-norma por mim adotada está baseada na fenomenologia hermenêutica e nos seus teoremas fundamentais, mormente naquele

O texto de lei só será compreendido na sua norma, e a norma só será compreendida a partir de seu texto. Em outras palavras: texto e norma, embora diferentes, vivem juntos, namoram e andam de mãos dadas, deixando de exercer qualquer sentido hermenêutico quando uma (norma) se afasta do outro (texto).

Só há vida se tenho, unidos, o *corpo* e a *alma*. E aqui já nos adiantamos, para evitar *murmurinhos*: este (nosso) exemplo não implica retorno ao (ou aposta no) dualismo metafísico sujeito-objeto. Definitivamente não. Serve apenas para *ilustrar* que não acreditamos em *textos-zombies* (pedimos vênia aos fãs de *walking dead*), tampouco em *princípios-almas* a vagar pelo limbo (respeitando, evidentemente, a todas as religiões).[178]

É apenas a partir da junção *corpo* (texto) e *alma* (norma), cada qual cumprindo o seu papel, logo diferentes (embora imbricados), que será possível, em um mundo (facticidade) que *desde-sempre-foi-mundo* e que, por isso mesmo, impõe toda uma carga prévia de historicidade (transcendência histórica), dentro dos limites impostos pela linguagem (pré-compreensão), atingir a sua compreensão.

Aliás, o *texto de lei* (assim como o corpo) é *evento*, é *fato*, possui existência no mundo jurídico.[179] E, assim sendo, é natural ao texto conter

---

que sustenta a revolução copernicana produzida pela fenomenologia hermenêutica ao introduzir o mundo prático para a compreensão: a diferença ontológica ('ontologische Differenz'). Portanto, quando trabalho a diferença entre texto e norma, não estou me referindo a um texto (enunciado linguístico-assertórico) ao qual o intérprete atribui uma norma (baseada na 'realidade'), ou um ato de subjetividade do intérprete dando sentido a um texto (texto de lei etc.). Nos pressupostos aqui tratados, texto e norma não são coisas separadas (cindidas estruturalmente). Texto e norma não podem ser vistos/compreendidos isoladamente um do outro. E não é tarefa do intérprete 'extrair um sentido oculto do texto', como defendem algumas posturas axiológicas. Não! Definitivamente, não! Texto e norma são diferentes em face da diferença ontológica – e esta é talvez a diferença fundamental entre o que sustento e outras concepções hermenêuticas –, porque o texto só será compreendido na sua norma, e a norma só será compreendida a partir do seu texto. E não há textos 'sem coisas'". STRECK, Lenio Luiz. *Verdade e consenso*: Constituição, hermenêutica e teorias discursivas. 5. ed. São Paulo: Saraiva, 2014, p. 346-347.

[178] "É essa inovação, pois, que procuro trazer para a discussão da 'dicotomia' texto-norma, desde os meus primeiros textos, em especial, Hermenêutica jurídica e(m)crise. Dito de outro modo, negar essa diferença é acreditar no caráter fetichista da lei, que arrasta o direito em direção ao positivismo exegético. Daí a impossibilidade de reprodução de sentidos, como se o sentido fosse algo que pudesse ser arrancado dos textos (da lei etc.). Os sentidos são atribuíveis a partir da facticidade em que está inserido o intérprete e respeitando os conteúdos de base do texto, que devem nos dizer algo. A coisa deve nos dizer (sempre) algo11. Levemos o texto a sério, pois". *Ibid.*, p. 348.

[179] "Repito, pois: o texto é um evento. Texto é fato; fato é texto. Gadamer diz que a interpretação não se limita aos textos e à compreensão histórica que neles se deve alcançar; todas as estruturas de sentido concebidas como textos, desde a natureza passando pela arte, até as motivações conscientes ou inconscientes da ação humana, são suscetíveis de interpretação. E esse texto (que é evento) somente é 'algo' ('etwas als etwas') no seu sentido, na sua enunciação, isto é, na sua norma". *Ibid.*, p. 347.

em si uma *carga latente* (oculta) de sentidos, que só se manifestam, ganham vida, quando alguém se dispõe a lê-lo. O problema é que cada sujeito é produto e produtor de sua própria história. O que nos identifica são as nossas diferenças. Assim, é da natureza humana e da nossa individualidade que a aparição dos sentidos seja também única, fruto da *interação leitor-texto*, e, consequentemente, torne-se subjetiva.

Faça o teste: basta solicitar a diferentes leitores que leiam o mesmo livro e tentem, cada um, em breves linhas, resumi-lo. É possível, inclusive, que surjam novas histórias. O mesmo ocorre quando uma pessoa assiste a um filme em contextos diferentes de sua vida. Em outras palavras, tendemos ao *solipsismo*, à apropriação de sentidos de acordo com as nossas experiências individuais.[180] Assim, a postura hermenêutica exige, consigo, o constante reinventar, redescobrir, estar aberto aos novos desafios que a vida nos impõe.

Daí a necessidade de o hermeneuta – no caso, o juiz – separar a sua *pessoa*, composta por suas individualidades (opiniões sobre religião, futebol, política), da *função* que o transcende e que é exercida dentro do contexto (*res*)publicano. Como bem relembra Streck, exemplo desta distinção pode ser observada na obra *Os dois corpos do rei*, de Ernst Hartwig Kantorowicz,[181] onde o rei possui um *corpo funcional* enquanto monarca (representante divino), e um *corpo natural*, essencialmente igual ao de qualquer pessoa (pai, esposo, amigo). Em síntese: quando o juiz desempenha a sua *função republicana de julgar* deve, necessariamente, se esforçar para suspender seus próprios (pré-)conceitos.

Tal distinção – "pessoa" *versus* "função" – será sempre o ponto de partida para que o magistrado possa atuar com *postura hermenêutica*.

---

[180] É o que chamo carinhosamente de *efeito antena*: quando eu tinha dezesseis anos, ao cursar eletrônica na Escola Técnica Federal (SP), comprei um rádio amador e uma antena com seis metros de altura. Sem perguntar a ninguém, feliz e faceiro apressei-me a instalá-la (sorrateiramente) no telhado. A cada mensagem enviada pelo rádio era um chiado infernal na televisão dos vizinhos (embora não me orgulhe disso). Pois bem. Todos os dias úteis eu percorria o mesmo caminho, de casa para o metrô (com destino à escola) e nunca havia visto uma antena sequer. Qual não foi a minha surpresa, no dia seguinte, ao perceber a imensa quantidade de antenas de radioamadores que saltavam dos telhados. Tinham antenas de todos os gostos e tipos. Umas maiores, outras pequenas, algumas de PX, outras de PY. Tinham antenas até com *pipas* dependuradas. Ora, não foi o poder da minha mente que fez com que antenas brotassem como *chuchu* no muro da minha falecida avó. Não. Foi sim o desvelar, resultante de uma nova pré-compreensão, que, simplesmente, ampliou o tamanho da minha gaiola. Eu já não era, hoje, o mesmo de ontem. Isso demonstra que tendemos a observar aquilo que é do nosso (atual) interesse. Todos tendemos, portanto, ao solipsismo.

[181] E, por favor, não se confunda este autor, em razão do seu sobrenome (infeliz coincidência) com Hermann Kantorowicz (1906, *A Luta pela Ciência do Direito*), o fundador da Escola do Direito Livre, do início do século XX, a defender a plena liberdade do juiz no momento de decidir os litígios, podendo, até mesmo, confrontar o que reza a lei.

Isso exige do intérprete-juiz, acima de tudo, comprometimento com grande esforço de humildade e conscientização, pois o abandono do *egocentrismo* e de suas *vaidades* – tão fomentados pelo *endeusamento* institucional (traços da relíquia autoritária de uma *visão de mundo* ainda distante do paradigma democrático) – será tarefa árdua e constante em busca da *intersubjetividade*.

Caso contrário, o significado "atribuído" pelo intérprete ao Direito será sempre o *subproduto da sua valoração pessoal*. Será a *postura filosófica* que poderá (e deverá) *fazer a diferença*. Ou seja, apostar nos predicados do intérprete reduz o Direito, enquanto ciência, a mero instrumento retórico, onde a palavra final sempre vai depender do *local da fala* do intérprete. É nesse ponto que a norma (sentido) no Direito se distorce e se transforma em manifestação *solipsista* (negação da existência de um mundo fora de si mesmo), um ato autoritário de poder.

Impende ressaltar a atitude de muitos magistrados (que atuam principalmente perante os Juizados Especiais) ao que denominamos de "NCPCfobia": consiste em um distúrbio de *discricionariedade processual aguda* cujo principal sintoma consiste em escolher aplicar apenas os trechos do Código de Processo Civil de 2015 que melhor lhe convém, normalmente invocando o respeito a um "microssistema" ou a discurso (falacioso) pautado na contrariedade a *princípios genéricos*, como a informalidade, a simplicidade e a celeridade. Embora seja a "NCPCfobia" mal de difícil cura, existem estudos indicando sensíveis melhoras a *pacientes solipsistas* que passam por um bom "tratamento de choque" hermenêutico. O primeiro passo será aceitar a realidade.

Importante mencionar, aqui, a emblemática figura do *juiz Bridoye* (descrito por *Rabelais* em 1552), o qual estudava a causa de modo extremamente minudente, analisando em detalhes todas as cartas e documentos para, ao final, simplesmente "lançar os dados" e decidir a favor daquele que "obteve a pontuação maior".[182] Afinal, para ele pouco importava o resultado, já que ao fazer uso de sua excepcional capacidade retórica era capaz, a partir das provas colhidas nos autos, alcançar o resultado que bem pretendesse.

---

[182] "Rabelais era médico, mas evidentemente conhecia bem a justiça de seu tempo, e a ironia com que escreve não esconde uma mensagem muita clara que Bridoye envia a todos os juízes: a decisão é casual, mas o que importa é aquilo que a precede pareça ter surgido de um exame analítico, detalhado e longo, visto que desse modo a decisão poderá parecer aceitável aos olhos do público e ser acatada mais facilmente por quem for derrotado. Em outros termos: se o observador está convencido de que o juiz procede, então aceitará a decisão". TARUFFO, Michele. *Uma simples verdade*: o juiz e a construção dos fatos. Tradução de Vitor de Paula Ramos. São Paulo: Marcial Pons, 2012, p. 123.

A mensagem que o *juiz Bridoye* nos traz (quase quinhentos anos depois) é deveras emblemática: com a insurgência *pop* da *falsa ideia* de que o juiz estava autorizado a *fazer escolhas* quando decide (ao lançar os "dados" da sua própria consciência), desde que produza fundamentação robusta a partir do discurso retórico por meio do uso performático das provas, se quiser ser solipsista, na prática não lhe faltarão argumentos. Tanto é assim que *muitos magistrados primeiro decidem, depois fundamentam*.

Afinal, para o juiz solipsista *é absurdo enfrentar todos os argumentos trazidos pelas partes*, em completo arrepio do Código de Processo Civil de 2015, bastando-lhe "pinçar" uma resposta (das diversas subjetivamente possíveis) e que mais lhe agrade em seu *par ou ímpar mental* para, em seguida, buscar revestir sua decisão com "ares de democracia". Trata-se da fundamentação meramente ornamental, um simulacro para *fazer de conta* obedecer ao inciso IX do art. 93 da Constituição da República de 1988. *Por fora bela viola, por dentro pão bolorento.*

Funciona mais ou menos assim. O juiz determina ao seu assessor que *prepare a minuta indeferindo o pedido*. Daí o assessor lhe pergunta: *sob qual fundamento?* Eis que gentilmente o juiz lhe responde: *procure uma "jurisprudência", aplique um "princípio" ou busque um "modelinho" que dê fundamento à minha decisão*. Pronto. Resolvido.

Mas, como assim? *Será possível atravessar o penhasco para, somente depois, construir a ponte?* Não é possível fazer como *Spock* (personagem de *Star Trek*), apertar um botão e *ativar teletransporte*. Ora, a fundamentação de qualquer decisão exige dever de responsabilidade política (*accountability*). Logo, existe um caminho a ser percorrido: a fundamentação é *pressuposto* (de validade) de qualquer decisão.

Essa prática judicial – *primeiro decido, depois fundamento* – é muito comum, aliás, no *sistema inquisitorial*, onde a produção da prova serve apenas para confirmar a hipótese inicial (*confirmation bias*), em uma espécie de processo de *purificação da decisão* pela utilização de (qualquer) justificação.

E a situação se agrava diante do mundo virtual e das facilidades do *copia-e-cola* do processo eletrônico, onde o *Google* se transforma no grande Oráculo do século XXI. Aliás, nem precisamos procurar muito: basta-nos ir ao *site* do Superior Tribunal de Justiça (ou da *jurisprudência unificada*) que lá encontraremos guarida para qualquer tipo de decisão. Tem de todos os tipos, gostos e tamanhos de fundamentação. É lá que o solipsista se esbalda, deita e rola!

Em suma: apostar no *subjetivismo* só pode nos levar a múltiplas respostas, já que – ainda que sentenças fossem proferidas por gêmeos siameses –, cada um constrói seu próprio caminho de acordo com as suas experiências de vida. Logo, *é impossível ser adepto das teorias da argumentação jurídica (cuja ênfase interpretativa se dá pelo sujeito) e, ao mesmo tempo, defender a obtenção de uma resposta correta*. Aliás, este é o grande entrave – superar o esquema sujeito-objeto – que impede alguns intérpretes, ainda que muito bem-intencionados, de acreditarem na possibilidade (da metáfora) de uma única resposta correta no Direito.

Por outro lado, os que investem suas expectativas em *procedimentalismos (procedural justice)* como a saída para a obtenção de respostas corretas – a exemplo de Habermas e Güinter – também incorrem em grave equívoco. Isso porque acreditam ser possível a resposta correta surgir de processo argumentativo calcado no *procedimento em contraditório* a partir de critérios "prévios" que ditam o agir comunicativo estabelecido entre as partes.[183]

Não nos cabe aqui nos aventurar sobre as teorias do discurso *habermasiano*,[184] revestidas de grande sofisticação e que, por isso mesmo, exigiria aprofundamento sobre as suas premissas. Aliás, Lenio Streck já galgou tal empreendimento com considerável sagacidade em mais de seiscentas páginas de sua obra *Verdade e Consenso* – e que deve ser compreendida como *Verdade contra o Consenso* –, onde aponta que a racionalidade da decisão que se baseia em discurso distinto e anterior (discurso da validade da norma) revela o seu apego à metafísica clássica (por apostar no objeto: *o processo pelo procedimento*).

Concordamos com Streck quando critica com veemência o *procedimentalismo*, já que a hermenêutica pretende resolver o problema do *conteúdo*, a partir da integridade e coerência das decisões judiciais, o que só é possível de se aferir pelo teor de sua *fundamentação*.[185]

---

[183] "Em outros termos, a resposta correta proposta pela teoria do discurso habermasiana decorre da adequação do discurso de aplicação em relação à norma previamente validada (será, pois, um exame contrafático), na expressão de Günther, 'o ideal de uma norma perfeita'. Consequentemente, a 'resposta correta' de Habermas e Günther é, sempre, dependente de regramento externo, porque é procedural. Com efeito, por mais que se diga o contrário, não há, visto sob o ângulo hermenêutico, 'a' resposta correta em Habermas e Günther. Há, sim, a possibilidade de diversas respostas corretas, embora Habermas defenda a existência de uma única, que resulta de um raciocínio contrafático, em que o discurso fundamentador é prévio. Nas palavras de Habermas, a resposta correta, ou melhor, a aceitabilidade da resposta tida como correta, dependerá 'não da qualidade dos argumentos, mas, sim, da estrutura do processo argumentativo'. Consequentemente, alterando a estrutura prévia de validade da norma e o processo argumentativo, a resposta poderá ser outra. Por isso, a possibilidade de várias respostas, por mais que Habermas negue tal fato". STRECK, Lenio Luiz. *Verdade e consenso*: Constituição, hermenêutica e teorias discursivas. 5. ed. São Paulo: Saraiva, 2014, p. 338-339.

[184] Acreditamos que a principal obra em que Jürgen Habermas trata de sua predileção pelo procedimentalismo a partir de um agir comunicativo seja *Verdade e justificação*.

[185] "Não levar em conta a 'conteudística' – entendida como a antítese do que Habermas vai denominar 'forma comunicativa purificada de todos os elementos substanciais' –

A fundamentação é a exteriorização do caminho percorrido pelo intérprete. Logo, é por intermédio da fundamentação que poderemos verificar (e controlar, se necessário) eventuais posturas legalistas ou solipsistas.

O *procedimentalismo constitucionalizado* – o juiz como um mero garantidor de direitos fundamentais – é um *discurso sedutor de justificação* para uma Administração da Justiça em busca de alta produtividade, porquanto o respeito ao *dever de bem fundamentar* (hermeneuticamente) dá trabalho e consome tempo, exige dedicação, e, por isso, é visto pelos *conspurcadores no novo CPC* como um óbice ao rápido andamento do processo.[186]

Niklas Luhmann em sua obra *Legitimation durch Verfahren* (legitimação pelo procedimento), comete o pecado de considerar o *procedimento um valor em si mesmo*, na medida em que o exato respeito ao rito facilita (ou ao menos *conforma*) a aceitação social da decisão. Assim, o procedimento seria capaz de determinar a legitimidade dos resultados que produz.

Em outras palavras: para Luhmann, boas decisões decorrem de bons procedimentos, desde que haja a participação dos sujeitos interessados. Mas, *e o conteúdo da decisão em si considerado, seria justo?* Bom, isso para ele pouco importa, já que a decisão não se legitima pelo seu conteúdo, mas sim em razão da aceitação (e conformação) por parte dos sujeitos processuais dos modelos processuais utilizados.[187]

No mais, nada garante que o mero exercício do contraditório entre as partes seja *método eficiente* para a descoberta da verdade. Isto

---

demonstra exatamente a incompatibilidade da teoria discursiva com a possibilidade de se alcançar a resposta correta. Ao deixar de lado as questões substantivas (substanciais), ocorre a hipostasiação dos elementos procedurais". STRECK, Lenio Luiz. *Verdade e consenso*: Constituição, hermenêutica e teorias discursivas. 5. ed. São Paulo: Saraiva, 2014, p. 342.

[186] "[...] a busca da verdade é contraproducente do ponto de vista da eficiência do procedimento como instrumento utilizado para uma rápida resolução da controvérsia. Substancialmente, a verdade não só não é valor, como é evidentemente um desvalor". TARUFFO, Michele. *Uma simples verdade*: o juiz e a construção dos fatos. Tradução de Vitor de Paula Ramos. São Paulo: Marcial Pons, 2012, p. 133.

[187] "Há, em realidade, um pressuposto implícito (mas claro) na orientação desta questão: justamente que a 'procedural justice' seja, na realidade, tudo (e nada mais do que aquilo) que é necessário para que se tenha uma boa administração da justiça, não sendo necessário (e, de qualquer forma, tampouco interessante), pois, preocupar-se com a qualidade das decisões. Em outros termos: é interpretada como justa, a priori e por definição – resultando, portanto, aceita em maior escala – a decisão que deriva de um procedimento qualificável como justo, com base em critérios procedimentais de valoração. Consequência automática é que, se a justiça da decisão está implícita na justice do procedimento, sua eventual veracidade em termos de correspondência com a realidade dos fatos da controvérsia é totalmente irrelevante". *Ibid.*, p. 125.

porque não faz sentido imaginar que do embate travado entre duas versões antagônicas propostas pelas partes seja possível extrair a "verdade". Afinal, existe a grande probabilidade de *ambas as versões serem falsas* (ainda que em parte), de modo que, ao se *adotar somente uma* delas (por ter uma parte se sobreposta à outra durante a *competição processual*), é bem provável nela esteja contida apenas a *versão falsa* dos fatos.

Logo, a *procedural justice* só evidencia o caráter teatral do processo, criando uma *justiça simbólica*, de perspectiva ritualística, no qual o papel do juiz para "bem julgar" deve se afastar da realidade e se isolar em um "mundo paralelo e fictício", a fim de aparentar ser o julgamento imparcial, o que, *nem de perto*, implica decidir de acordo com a resposta correta.

Pelo todo o exposto, a hermenêutica filosófica acredita na possibilidade de obtenção da verdade por *(des)velamento*, que não está nem na *consciência do sujeito* tampouco na *essência do processo*, mas sim pela *intersubjetividade*. Esta é a razão filosófica que permite ao hermeneuta a obtenção (da metáfora) da resposta correta.

Tal verdade, no sentido hermenêutico, não decorre de um processo metodológico, mas sim pela manifestação do *ser-que-se-compreende-a-si-mesmo*. A verdade hermenêutica é aquela que se *(des)vela*, *(des)oculta*, e permite que o ente enquanto ente se revele. Esta *verdade hermenêutica* não se trata de *verdade por correspondência*, como uma "fotografia" ou "caricatura" de fatos passados. Não.

A verdade hermenêutica trata-se de uma metáfora porque ela não é palpável, não é uma coisa, mas sim um objetivo a ser perseguido, a consequência da compreensão do "como" hermenêutico e do "como" apofântico (diferença ontológica), derivada do *esforço filosófico* de desconstrução e reconstrução dos fenômenos jurídicos (círculo hermenêutico), levando em conta a temporalidade (sempre colocar em xeque a tradição, distinguindo a autêntica da inautêntica) e a finitude do ser (encontra limites em sua própria linguagem).

Todavia, como dito alhures, além da filosofia hermenêutica de Heidegger e da hermenêutica filosófica de Gadamer, Lenio Streck também se apropria dos conceitos de *integridade* e *coerência* em Dworkin para formular sua Crítica Hermenêutica do Direito (CHD).

Para Ronald Dworkin, o Direito enquanto *integridade* consiste na aceitação da comunidade política ser governada por *princípios comuns* (não apenas por regras orientadas por um acordo político), fundada na noção de *fraternidade*: a aceitação coletiva de que os demais cidadãos têm direitos e o seu compromisso de se assumir deveres comuns, o que reforça a autoridade moral e a legitimidade dos princípios aos quais todos se submetem.[188]

Em apertada síntese, Dworkin cobra dos juízes a reponsabilidade política (*accountability*) das decisões judiciais, o que se revela pelo dever de bem fundamentar, o que é possível pela demonstração da *integridade* (respeito ao sistema de princípios historicamente assumido pela comunidade) e da *coerência* (decidir casos semelhantes da mesma maneira) na fundamentação das decisões judiciais.[189]

E, assim como em um *romance em cadeia* (e, aqui, temos de levar em conta que o contexto vivido por Dworkin é o decorrente da *common law*), a responsabilidade política das decisões vai exigir que o magistrado *não parta de um grau zero de sentido*, pois integridade e coerência vão exigir de si a restrição de suas convicções pessoais a partir do respeito aos princípios e à continuidade da história política da sua comunidade.[190]

---

[188] "Os membros de uma sociedade de princípio admitem que seus direitos e deveres políticos não se esgotam nas decisões particulares tomadas por suas instituições políticas, mas dependem, em termos mais gerais, do sistema de princípios que essas decisões pressupõem e endossam. Assim, cada membro aceita que os outros têm direitos, e que ele tem deveres que decorrem desse sistema, ainda que esses nunca tenham sido formalmente identificados ou declarados. Também não presume que esses outros direitos e deveres estejam condicionados à sua aprovação integral e sincera de tal sistema; essas obrigações decorrem do fato histórico de sua comunidade ter adotado esse sistema, que é tão especial para ela, e não da presunção de que ele o teria escolhido se a opção tivesse sido inteiramente sua. Em resumo, cada um aceita a integridade política como um ideal político distinto, e trata a aceitação geral desse ideal, mesmo entre pessoas que de outra forma estariam em desacordo sobre a moral política, como um dos componentes da comunidade política". DWORKIN, Ronald. *O império do Direito*. São Paulo: Martins Fontes, 2014, p. 286.

[189] "O direito como integridade [...] pede ao juiz que se considere como um autor na cadeia do direito consuetudinário. Ele sabe que outros juízes decidiram casos que, apesar de não exatamente iguais ao seu, tratam de problemas afins; deve considerar as decisões deles como parte de uma longa história que ele tem de interpretar e continuar, de acordo com suas opiniões sobre o melhor andamento a ser dado à história em questão. [...] O veredito do juiz – suas conclusões pós-interpretativas – deve ser extraído de uma interpretação que ao mesmo tempo se adapte aos fatos anteriores e os justifique, até onde isso seja possível". *Ibid.*, p. 286.

[190] "Cada juiz, então, é como um romancista na corrente. Ele deve ler tudo o que outros juízes escreveram no passado, não apenas para descobrir o que disseram, mas para chegar a uma opinião sobre o que esses juízes 'fizeram' coletivamente, da maneira como cada um de nossos romancistas formou uma opinião sobre o romance coletivo escrito até então. Qualquer juiz obrigado a decidir uma demanda descobrirá, se olhar nos livros adequados, registros de muitos casos perfeitamente similares, decididos há décadas ou mesmo séculos por muitos outros juízes, de estilos e filosofias judiciais e políticas diferentes. Ao decidir o novo caso, cada juiz deve considerar-se como parceiro de um complexo empreendimento em cadeia, do qual essas inúmeras decisões, estruturas, convenções e práticas são a história; é seu trabalho continuar essa história no futuro por meio do que ele faz agora. Ele 'deve' interpretar o que aconteceu antes porque tem a responsabilidade de levar adiante a incumbência que tem em mãos e não partir em alguma nova direção.

Para Streck, a Constituição Federal não é apenas *lei hierarquicamente superior*, a pousar no ápice do nosso sistema normativo (lei fundamental). Afinal, este seria exatamente o conceito de Constituição (*Grundnorm*) típico do *positivismo normativista* do *projeto kelsiano*. Aqui muita atenção: a hermenêutica já superou (e muito) o paradigma positivista do *esquema sujeito-objeto*.

Assim sendo, para compreendermos a potencialidade de obtenção de respostas corretas no Direito, antes é preciso darmos um passo atrás e *olharmos o novo com os olhos do novo*. Devemos encarar a Constituição, portanto, a partir da *diferença ontológica*. Significa dizer que é muito relevante o *teor do texto constitucional* ("como" apofântico) – e, portanto, devemos levá-lo a sério e deixar que antes ele nos diga algo, sempre. Mas também significa que para a compreensão da Constituição ("como hermenêutico") será indispensável a busca pelo seu sentido a partir da sua *aplicação*, o que só é possível por meio da *facticidade* e da *intersubjetividade*.[191]

A Constituição "como" Constituição da República Federativa do Brasil de 1988 tem significado diferente, pois é oriunda de um processo constituinte, *legitimada democraticamente* a partir de um *grande pacto social* de caráter fundamental e institucional. A Constituição congrega em si, na forma de texto, a *co-originalidade entre o Direito e a moral*, resultante de conteúdo ético em busca do resgate das promessas ainda não cumpridas pela modernidade, em especial os direitos fundamentais de *segunda* (direitos sociais) e *terceira* (direitos da fraternidade) dimensões.[192] Ou seja, o Direito em nosso sistema constitucional já nasce ético, dispensando *puxadinhos* epistemológicos valorativos.

Portanto, deve determinar, segundo seu próprio julgamento, o motivo das decisões anteriores, qual realmente é tomado como um todo, o propósito ou o tema da prática até então". DWORKIN, Ronald. *Uma questão de princípio*. São Paulo: Martins Fontes, 2000, p. 238.

[191] "Há uma relação clara e insofismável entre 'a incindibilidade da interpretação, da compreensão e da aplicação e a tese hermenêutica (filosófica)' de que texto e norma são apenas diferentes [...] Assim, o texto da Constituição só pode ser entendido a partir de sua aplicação. 'Entender sem aplicação não é um entender'. A 'applicatio' é a norma(tização) do texto constitucional. A Constituição será, assim, o resultado de sua interpretação (portanto, de sua compreensão como Constituição), que tem no seu acontecimento ('Ereignis') no ato aplicativo, concreto, produto da intersubjetividade dos juristas, que emerge da complexidade das relações sociais". STRECK, Lenio Luiz. *Verdade e consenso*: Constituição, hermenêutica e teorias discursivas. 5. ed. São Paulo: Saraiva, 2014, p. 351.

[192] "Estando o intérprete inserido em uma tradição autêntica (legítima) do direito, em que os juristas reintroduzem no mundo jurídico o mundo prático sequestrado pela regra (para utilizar apenas estes componentes que poderiam fazer parte da situação hermenêutica do intérprete), a resposta correta advirá dessa nova fusão de horizontes, envolvendo a principiologia constitucional". STRECK, Lenio Luiz. *Lições de crítica hermenêutica do Direito*. Porto Alegre: Livraria do Advogado, 2014, p. 84.

Logo, é a Constituição (formal e material) o parâmetro de aferição da *integridade* da comunidade política brasileira, da qual fala Dworkin. É a partir do texto da Constituição Federal que se torna possível vislumbrar os princípios comuns que dão dimensão moral e caráter corretivo ao sistema jurídico brasileiro.[193]

Ainda, a *coerência* será atingida se o magistrado olhar para além de si mesmo e tentar alcançar a significação que seus pares (outros magistrados), os tribunais e a comunidade jurídica (doutrina e demais operadores do Direito) dão às questões jurídicas. Mas que não pairem dúvidas: a coerência não implica observância *cega* ou *indiferente* aos costumes. Ao contrário, deve ser fruto de uma compreensão crítica-filosófica, onde *os porquês* se revelam fundamentais.

E o referencial de filtragem para separar o joio do trigo, a *tradição (jurídica) autêntica* da *tradição inautêntica*, será o respeito à integridade. Logo, entre um eventual conflito entre coerência e integridade, *a integridade deverá sempre prevalecer*. É por esta razão que o risco da implantação do (pseudo)sistema de precedentes judiciais no Brasil na produção de eventual tradição inidônea a ser praticada pelos tribunais poderá ser controlado: pela filtragem a ser realizada pela jurisdição constitucional, tendo como parâmetro de integridade a nossa Constituição.[194]

---

[193] "Vê-se, assim, que toda resposta correta é necessariamente uma resposta adequada a Constituição. Uma norma – que é sempre o produto da interpretação de um texto (que, por sua vez, é sempre evento) – somente é válida se estiver de acordo com a Constituição. Portanto, o intérprete deve, antes de tudo, compatibilizar a norma com a Constituição, conferindo-lhe a totalidade eficacial. Para tanto, tem a sua disposição um universo de possibilidades para compatibilizar a norma com a Constituição, a partir das diversas sentenças interpretativas, que vão desde a interpretação conforme ('verfassungskonforme Auslegung') até a nulidade parcial sem redução de texto ('Teilnichtigerklärung ohne Normtextreduzierung'), passando pelo apelo ao legislador ('Appelentscheidung'); enfim, os diversos recursos hermenêuticos que a tradição nos legou. Por isso, todo ato interpretativo (portanto, aplicativo) é ato de jurisdição constitucional. Mesmo quando o problema parece estar resolvido mediante a aplicação da regra, deve o intérprete verificar se o princípio que subjaz à regra não aponta em outra direção". STRECK, Lenio Luiz. *Lições de crítica hermenêutica do Direito*. Porto Alegre: Livraria do Advogado, 2014, p. 87.

[194] "Correta, pois, a advertência de Dworkin, ao lembrar que devemos evitar a armadilha em que têm caído tantos professores de direito: a opinião falaciosa de que, como não existe nenhuma fórmula mecânica para distinguir as boas decisões das más e como os juristas e juízes irão por certo divergir em um caso complexo ou difícil, nenhum argumento é melhor do que o outro e de que o raciocínio jurídico é uma perda de tempo. Devemos insistir, em vez disso, em um princípio geral de genuíno poder: a ideia inerente ao conceito de direito em si de que, quaisquer que sejam seus pontos de vista sobre a justiça e a equidade, os juízes também devem aceitar uma restrição independente e superior, que decorre da integridade, nas decisões que tomam". STRECK, Lenio Luiz. *Hermenêutica jurídica e(m) crise*: uma exploração hermenêutica da construção do Direito. 11. ed. Porto Alegre: Livraria do Advogado, 2013, p. 168.

Pelo todo exposto, mormente porque *a hermenêutica é antirrelativista* (como já expusemos a miúde), acreditamos ser perfeitamente possível aplicarmos a *filosofia hermenêutica*, a *hermenêutica filosófica* e os critérios de *integridade* e *coerência* – consoante a Crítica Hermenêutica do Direito –, para a obtenção da (metáfora da) resposta correta (mais adequada à Constituição).

3 HERMENÊUTICA E PRINCÍPIOS DO DIREITO PROCESSUAL CIVIL

Neste capítulo, repensaremos a função, o conteúdo e a finalidade dos princípios, a partir do viés hermenêutico (antirrelativista), de modo a criticar alguns dos (ultrapassados) princípios do Direito Processo Civil e a identificar o papel dos novos (ou *oxigenados*) postulados diante dos novos paradigmas instituídos a partir do Código de Processo Civil de 2015.

3.1 O que é isto – hermenêutica constitucional? O problema do *milkshake* entre os variados *métodos hermenêuticos*. Os *princípios* de interpretação constitucional

Consoante José Joaquim Gomes Canotilho, interpretar uma norma constitucional é atribuir um significado a um ou vários símbolos linguísticos escritos na Constituição com o fim de se obter uma decisão de problemas práticos, normativo-constitucionalmente fundada.[195]

Assim, o arauto português destaca três dimensões importantes para fins de interpretação da Constituição: primeiro, consiste em procurar o direito contido nas normas constitucionais; segundo, implica atividade complexa de busca por um significado ao enunciado linguístico; terceiro, obtém-se o produto da interpretação de acordo com o significado atribuído.

---

[195] CANOTILHO, J. J. Gomes. *Direito Constitucional*. 6. ed. Coimbra: Almedina, 1995, p. 202.

Para tal desiderato, Canotilho sustenta existirem métodos de interpretação constitucional,[196] ou seja, técnicas para obtenção do "verdadeiro significado" das normas constitucionais (será?):

a) *método hermenêutico clássico* (Ernest Forsthoff): a Constituição é lei; logo, pode ser interpretada pela aplicação simultânea de regras tradicionais de hermenêutica, por meio de elementos interpretativos: (i) elemento filológico (interpretação literal, gramatical, textual); (ii) elemento lógico (interpretação sistemática); (iii) elemento histórico (busca os motivos e as discussões durante o projeto de lei); (iv) elemento teleológico (interpretação finalística) e (v) elemento genético (investiga as origens dos conceitos utilizados pelo legislador);

b) *método tópico-problemático* (Theodor Viehweg): a Constituição é um sistema aberto de regras e princípios; assim, admite mais de uma resposta correta; logo, utiliza-se da tópica (técnica para o desenvolvimento do pensamento problemático), como estrutura aberta de argumentação capaz de adaptar ou selecionar a resposta mais adequada em face do caso em concreto;

c) *método hermenêutico-concretizador* (Konrad Hesse): a leitura de qualquer texto tem início pela pré-compreensão do fenômeno a partir do intérprete, desvelando o significado da norma a partir de sua significação histórica e da relação travada entre texto e contexto, para que a solução emerja à luz da Constituição e não segundo critérios pessoais de justiça;[197]

d) *método científico-espiritual* (Rudolf Smend): a interpretação deve levar em conta a Constituição como sistema de valores (captação espiritual do conteúdo axiológico da Constituição) de modo a compreender o seu sentido e realidade no seio da comunidade, por uma perspectiva política e sociológica (processo de integração). A Constituição é a ordenação jurídica

---

[196] Ibid., p. 213-215.
[197] Lenio Streck, em sua obra *Verdade e consenso: Constituição, hermenêutica e teorias discursivas* (p. 351), critica Inocêncio Martins Coelho por confundir a hermenêutica filosófica com o método hermenêutico-concretizador, ao fazer referência expressa em sua obra a Gadamer (MENDES, Gilmar Ferreira, COELHO, Inocêncio Mártires, BRANCO, Paulo Gustavo Gonet. *Curso de Direito Constitucional*. São Paulo: Saraiva, 2007, p. 103-104). Embora Canotilho faça menção ao círculo hermenêutico – verdade seja dita e, talvez, daí tenha resultado a aludida confusão (CANOTILHO, J. J. Gomes. *Direito Constitucional*. 6. ed. Coimbra: Almedina, 1995, p. 214) –, em momento algum Canotilho cita Gadamer, limitando-se a remeter a autoria do método hermenêutico-concretizador à fusão entre as ideias de Konrad Hesse e Friedrich Müller.

do Estado ou da dinâmica vital em que se desenvolve a vida estatal;

e) *método normativo-estruturante* (Friedrich Müller): não é o teor literal do texto que deve regular o caso em concreto, mas sim aplicação empírica do texto, a partir da resolução de problemas práticos, sob as premissas da tradição e a incorporação da realidade, gerando normatividade; nesse sentido, o texto do preceito jurídico é apenas a parte descoberta do *iceberg* normativo.

Embora Canotilho reconheça (textualmente) que tais métodos foram forjados sob premissas filosóficas ou epistemológicas diferentes (e até antagônicas entre si), acaba por optar em não enfrentar este problema de frente e a relegá-lo a um segundo plano – é o que denomina ironicamente de "querelas metodológicas" –, já que a sua preocupação maior é a de se limitar a fornecer instrumentos interpretativos que permitam a máxima realização das normas constitucionais.[198]

Ao nosso ver, assim como Kelsen cindiu "ato de conhecimento" de "ato de vontade", pouco se importando com o problema da aplicação do Direito (embora reconhecendo a sua existência), Canotilho de certo modo incorre na mesma maldição: enquanto reúne um arcabouço metodológico variado, munindo o intérprete de meios para dar concretude ao projeto constitucional, infelizmente dá as costas ao problema central e que reside precisamente na banalização do controle da subjetividade.

Ora, será que misturar métodos que partem de premissas teóricas tão diferentes realmente não passa de meras "querelas"? E, no frigir dos ovos, ficamos mais ou menos assim: pouco importa se existiu algum critério no ato de seleção do método mais justo (ou não), o importante é que se interprete a Constituição! Canotilho, portanto, *joga a toalha* e cede a uma espécie de *fatalismo hermenêutico*. Consequência do engodo: devido à forte influência (aliás, muito meritosa) pelo maestro português no plano acadêmico constitucional nacional, tal mixagem teórica causou (graves) consequências na construção da nossa hermenêutica constitucional.

---

[198] "A questão do 'método justo' em direito constitucional é um dos problemas mais controvertidos e difíceis da moderna doutrina juspublicista. No momento actual, poder-se-á dizer que a interpretação das normas constitucionais é um 'conjunto de métodos', desenvolvidos pela doutrina e pela jurisprudência com base em critérios ou premissas (filosóficas, metodológicas, epistemológicas) diferentes mas, em geral, reciprocamente complementares. Não interessando tanto a este curso a problemática geral das 'querelas metodológicas' da interpretação como fornecimento de instrumentos práticos e específicos da concretização de normas constitucionais, limitar-nos-emos a simples indicações teorético-metodológicas para melhor inteligibilidade da matéria." CANOTILHO, J. J. Gomes. *Direito Constitucional*. 6. ed. Coimbra: Almedina, 1995, p. 212-213.

Foi assim que constitucionalistas brasileiros, como Mendes, Coelho e Branco – depositando suas expectativas nas lições de Canotilho – acreditam que a interpretação das normas constitucionais consiste em um conjunto de métodos e princípios calcado em premissas filosóficas, metodológicas e epistemológicas das mais variadas, reciprocamente complementares, e que confirmam o caráter unitário da atividade interpretativa.[199]

Todavia, os referidos autores também reconhecem que a junção desordenada da variada gama de métodos à disposição cria, de pronto, um grande problema para o intérprete: a ausência de um critério definidor de identificação de qual seria o mais adequado dentre eles diante de conflitos entre si, em face da complexidade imposta pelo caso em concreto, das normas manejadas ou dos objetivos a serem perseguidos.[200]

Por esta razão, Mendes, Coelho e Branco preferem apostar na ideia de complementação e restrição recíproca entre um método de interpretação constitucional e outro, pautados pelo vetor justiça (embora omitam o seu significado). Aliás, assim o fazendo, reconhecem uma lacuna inexplicável, já que o método não é capaz de explicar a própria eleição do método. Voltamos, portanto, à estaca "zero".

---

[199] MENDES, Gilmar Ferreira; COELHO, Inocêncio Mártires; BRANCO, Paulo Gustavo Gonet. *Curso de Direito Constitucional*. São Paulo: Saraiva, 2007, p. 90.

[200] "Em razão dessa variedade de meios hermenêuticos e do modo, até certo ponto desordenado, como eles são utilizados pelos seus operadores, o primeiro e grande problema com que se defrontam os intérpretes/aplicadores da Constituição parece residir, de um lado, e paradoxalmente, na riqueza desse repertório de possibilidades e, de outro, na inexistência de critérios que possam validar a escolha dos seus instrumentos de trabalho, nem resolver os eventuais conflitos entre tais instrumentos, seja em função dos 'casos' a decidir, das 'normas' a manejar ou, até mesmo, dos 'objetivos' que pretendam alcançar em dada situação hermenêutica, o que, tudo somado, aponta para a necessidade de complementações e restrições recíprocas, de um ir e vir ou balançar de olhos entre objeto e método, tendo como eixo o valor 'justiça', em permanente configuração. Não por acaso, Gustavo Zagrebelsky afirma que não existe na literatura, nem na jurisprudência, uma teoria dos métodos interpretativos da Constituição, que nos esclareça se é possível e mesmo necessário adotar um método previamente estabelecido ou uma ordem metodológica concreta, um dado de realidade que, se não configura lacuna inexplicável, por certo reflete a consciência de que não tem maior significado nos aproximarmos da interpretação através dos seus métodos, ainda que a palavra 'método', como todos sabem, signifique, precisamente, o caminho a ser percorrido para se alcançar a verdade. Em suma, desprovidos de uma teoria que lhes dê sustentação e consistência na seleção dos métodos e princípios que organizem o seu acesso à Constituição – um panorama 'desolador', no dizer de Raúl Canosa Usera –, os intérpretes/aplicadores acabam escolhendo esses instrumentos ao sabor de sentimentos e instituições, critérios que talvez lhes pacifiquem a consciência, mas certamente nada nos dirão sobre a racionalidade dessas opções. É que, resume Giuseppe Zaccaria, o 'método' não pode explicar 'a eleição do método'". MENDES, Gilmar Ferreira; COELHO, Inocêncio Mártires; BRANCO, Paulo Gustavo Gonet. *Curso de Direito Constitucional*. São Paulo: Saraiva, 2007, p. 90-91.

Com isso, a interpretação constitucional (para o senso comum teórico brasileiro) se transforma em *"milkshake"* metodológico e, assim, acaba se tornando ato de escolha do próprio intérprete que, simplesmente, seleciona ou "pinça" o método de interpretação constitucional que avalia ser o mais relevante ou oportuno para decidir uma dada questão. E, assim, novamente retroalimentamos os problemas do subjetivismo, da discricionariedade e do solipsismo judicial.

Nesse ponto, impende ressaltar as críticas trazidas por Virgílio Afonso da Silva (embora não concordemos com muitas das demais abordagens teóricas utilizadas pelo autor) no tocante à maneira como a doutrina brasileira se apropriou dos métodos de interpretação constitucional. O autor denuncia o que denomina de sincretismo metodológico para criticar a possibilidade de complementação entre métodos construídos separadamente, sem qualquer demonstração de como esta convivência seria possível na prática. Ao contrário, os métodos interpretativos constitucionais utilizados costumam ser entre si conflitantes.[201]

Também Lenio Streck denuncia o que denomina de mixagem teórica, resultante da junção de vários modelos jusfilosóficos (teorias voluntaristas, axiológicas e semânticas), com forte arraigamento ao ultrapassado esquema sujeito-objeto.[202]

---

[201] "Assim, não é de se estranhar que em trabalhos sobre métodos e princípios de interpretação constitucional 'não costumam ser utilizados exemplos concretos de sua possível aplicação prática'. Não se costuma examinar, por exemplo, quando se fala desse ou daquele método, como seria uma aplicação prática de cada um deles. As análises costumam limitar-se a expor a ideia teórica central de cada método. Isso é, obviamente, insuficiente, pois 'métodos não são um fim em sim mesmos', mas existem para serem aplicados. Por que, então, não se encontram análises jurisprudenciais concretas com base nesse ou naquele método – isto é, por que não são utilizados 'exemplos concretos' da jurisprudência do STF, ou de outros tribunais, para que seja exposto como tais casos teriam sido decididos se tivesse sido usado esse, aquele ou um conjunto de métodos? Talvez porque essa demonstração seja impossível. Exemplos de que isso é assim existem em grande número. Limitar-me-ei, contudo, a alguns poucos deles: (1) Como harmonizar a idéia [sic] de unidade da constituição com a existência de colisão entre direitos fundamentais? (2) Como conciliar método estruturante com a idéia [sic] de sopesamento? (3) Como compatibilizar o método clássico – que, na versão de Forsthoff, tem cariz marcadamente positivista – com o método estruturante, explicitamente pós-positivista? (4) Como articular, por fim, um catálogo tópico de princípios de interpretação com métodos que não tratam princípios como 'topoi'? Todas estas perguntas são meramente retóricas, e a resposta fica clara pelo simples fato de elas terem sido formuladas". SILVA, Virgílio Afonso da. Interpretação constitucional e sincretismo metodológico. In: SILVA, Virgílio Afonso da. *Interpretação constitucional*. 1. ed. São Paulo: Malheiros, 2010, p. 135-136.

[202] "Em tempos de enfrentamento entre Constitucionalismo (Contemporâneo) e positivismo (e os vários positivismos) e tudo o que isso representa para uma sociedade díspar e carente de realização de direitos como a brasileira, é de fundamental importância discutir o problema metodológico representado pela tríplice questão que movimenta a teoria jurídica contemporânea em tempos de pós-positivismo: como se interpreta, como se aplica e se é possível alcançar condições interpretativas capazes de garantir uma resposta

Além da utilização de métodos de interpretação constitucional, a doutrina constitucionalista elenca um rol de princípios estruturantes de interpretação constitucional – mormente porque qualquer interpretação do processo civil, doravante, só é possível a partir da releitura à luz da Constituição Federal –, para reduzir a eventual tensão estabelecida entre outros princípios gerais e especiais constitucionais:

a) Princípio da unidade da Constituição

As normas constitucionais não devem ser interpretadas isoladamente, mas sim como preceitos integrados a um sistema que compõe um todo. Só a partir da unidade do sistema é que se interpretam as normas, estabelecendo a relação de interdependência entre si.

Decorre do princípio da unidade a mesma hierarquia normativa entre as normas constitucionais, não existindo escalonamento interno da Constituição, implicando coexistência de normas que, à luz do caso em concreto, possam aparentar certa antagonia. Logo, não existem normas constitucionais inconstitucionais, com exceção daquelas decorrentes de poder constituinte derivado que violarem formalmente o procedimento da Emenda à Constituição ou materialmente as cláusulas pétreas.[203]

b) Princípio da concordância prática ou harmonização

Consiste no mandamento destinado ao aplicador da norma constitucional para que procure otimizar e harmonizar a relação entre

---

correta (constitucionalmente adequada), diante da (in)determinabilidade do direito e da crise de efetividade da Constituição, problemática que assume relevância ímpar em países de modernidade tardia como o Brasil, em face da profunda crise de paradigmas que atravessa o direito, a partir de uma dogmática jurídica refém dos positivismos exegético, fático e normativista, cujo resultado final é uma mixagem de vários modelos jusfilosóficos, como as teorias voluntaristas, intencionalistas, axiológicas e semânticas, para citar apenas algumas, as quais guardam um traço comum: o arraigamento ao esquema sujeito-objeto". STRECK, Lenio Luiz. *Verdade e consenso*: Constituição, hermenêutica e teorias discursivas. 5. ed. São Paulo: Saraiva, 2014, p. 68.

[203] "A consideração da constituição como um sistema aberto de regras e princípios deixa ainda um sentido útil ao princípio da unidade da constituição: o de 'unidade hierárquico-normativa'. O princípio da unidade hierárquico normativa significa que todas as normas contidas numa constituição formal têm igual dignidade (não há normas só formais, nem hierarquia de supra-infra-ordenação dentro da lei constitucional). Como se irá ver em sede de interpretação, o princípio da unidade normativa conduz à rejeição de duas teses, ainda hoje muito correntes na doutrina do direito constitucional: (1) a tese das 'antinomias normativas'; (2) a tese das 'normas constitucionais inconstitucionais'. O princípio da unidade da constituição é, assim, expressão da própria 'positividade normativo-constitucional' e um importante elemento de interpretação. Compreendido desta forma, o princípio da unidade da constituição é uma exigência da 'coerência narrativa' do sistema jurídico. O princípio da unidade, como princípio de decisão, dirige-se aos juízes e a todas as autoridades encarregadas de aplicar as regras e princípios jurídicos, no sentido de as 'lerem' e 'compreenderem', na medida do possível, como se fossem obras de um só autor, exprimindo uma concepção correta do direito e da justiça (Dworkin)". CANOTILHO, J. J. Gomes. *Direito Constitucional*. 6. ed. Coimbra: Almedina, 1995, p. 191-192.

todos os valores constitucionalmente protegidos acaso se depare com aparentes conflitos, de modo a não acarretar negação a nenhum.

Assim, a depender das peculiaridades impostas pela situação posta à baila, cabe ao intérprete a tarefa conciliadora de manter a concordância entre todos os axiomas que emergem da Constituição. Todavia, a referida concordância ou harmonização, na verdade, possui natureza meramente principiológica, porquanto na prática sempre haverá parte vencedora e outra vencida. Ora, ninguém gosta de perder.

Logo, a preservação da harmonia está relacionada com a preservação da unidade da Constituição – em outras palavras, preocupa-se com a harmonização do sistema normativo, não dos conflitos sociais –, a fim de que restem intactos dentro da ordem jurídica os valores constitucionais que mereçam ser relativizados à luz do caso em concreto.[204]

c) Princípio da correção funcional

Tem por finalidade orientar os intérpretes no sentido de não perturbarem a ordem organizacional, dentro de um sistema coerente de repartição de competências. Em momentos de crise, é indispensável que as relações entre o Executivo, o Legislativo e o Judiciário sejam pautadas pela harmonia institucional e respeito mútuo, com a observância do princípio da separação de poderes, consoante a estrutura enunciada pela Constituição.[205]

---

[204] "Intimamente ligado ao princípio da unidade da Constituição, que nele se concretiza, o princípio da 'harmonização' ou da 'concordância prática' consiste, essencialmente, numa recomendação para que o aplicador das normas constitucionais, em se deparando com situações de concorrência entre bens constitucionalmente protegidos, adote a solução que otimize a realização de todos eles, mas ao mesmo tempo não acarrete a negação de nenhum. Como a consistência dessa recomendação não se avalia 'a priori', o cânone interpretativo em referência é conhecido também como princípio da concordância 'prática', o que significa dizer que é somente no momento da aplicação do texto, e no contexto dessa aplicação, que se pode coordenar, ponderar e, afinal, conciliar os bens ou valores constitucionais em 'conflito', dando a cada um o que for seu. Essa 'conciliação', no entanto, é puramente formal ou principiológica, pois nas demandas reais só um dos contendores terá acolhida, por inteiro ou em grande parte, a sua pretensão, restando ao outro conformar-se com a decisão que lhe for adversa, porque esse é o desfecho de qualquer disputa em que os desavindos não conseguem construir soluções negociadas, como nas demandas que admitem transação". MENDES, Gilmar Ferreira; COELHO, Inocêncio Mártires; BRANCO, Paulo Gustavo Gonet. *Curso de Direito Constitucional*. São Paulo: Saraiva, 2007, p. 107-108.

[205] "A aplicação deste princípio tem particular relevo no controle da constitucionalidade das leis e nas relações que, em torno dele, se estabelecem entre a legislatura e as cortes constitucionais. Com efeito, tendo em vista, de um lado, a legitimação democrática do legislador e, de outro, a posição institucional desses tribunais como intérpretes supremos da Constituição, existe uma tendência, que até certo ponto se pode considerar natural, ao surgimento de conflitos de interesse entre esses agentes políticos para saber quem, afinal, melhor interpreta o texto constitucional e, consequentemente, aos olhos da comunidade, merece densificar seus poderes, obviamente sem agredir a Constituição". *Ibid.*, p. 109.

d) Princípio da eficácia integradora

A interpretação da Constituição deve privilegiar a adoção de critérios que favoreçam maior coesão política e social, visando ao reforço da unidade política. Conforme ensina Canotilho, este axioma "[...] arranca da conflitualidade constitucionalmente racionalizada para conduzir a soluções pluralisticamente integradoras".[206]

Como bem lembra Streck, a integridade está umbilicalmente ligada à democracia, exigindo que os juízes construam seus argumentos de forma integrada ao conjunto do direito. Trata-se, pois, de "consistência articulada".[207]

e) Princípio da força normativa da Constituição

A Constituição é a norma hipotética fundamental (*Grundnorm*), de onde as leis primárias buscam seu fundamento de validade e, por isso, dispõe de força normativa para estabelecer seus preceitos. Se por um lado o escalonamento de normas traduz maior complexidade ao ordenamento jurídico, por outro é possível visualizar de forma mais clara, no vértice de tal sistema, os valores fundamentais que o orientam, dando a ele unidade jurídico-axiológica, de observância obrigatória.[208]

f) Princípio da proporcionalidade

A maioria da doutrina constitucional brasileira encara a proporcionalidade como sinônimo de razoabilidade. Tratam da proporcionalidade como um meta-princípio, capaz de conciliar e justificar a opção de um dentre vários "valores" constitucionais em aparente conflito, sempre à luz do caso em concreto.

Embora voltemos nossas críticas mais contundentes a este milagre jurídico nas páginas seguintes, não podemos nos furtar em denunciar desde já a importação indevida da proporcionalidade pelos constitucionalistas brasileiros – já que não se trata originalmente de um

---

[206] CANOTILHO, J. J. Gomes. *Direito Constitucional*. 6. ed. Coimbra: Almedina, 1995, p. 227.

[207] STRECK, Lenio Luiz. *Jurisdição constitucional e decisão jurídica*. São Paulo: Revista dos Tribunais, 2013, p. 336.

[208] "[...] A relação entre a norma que regula a produção de uma outra e a norma assim regularmente reproduzida pode ser figurada pela imagem espacial da supra-infra-ordenação. A norma que regula a produção é a norma superior, a norma produzida segundo as determinações daquela é a norma inferior. A ordem jurídica não é um sistema de normas jurídicas ordenadas no mesmo plano, situadas umas ao lado das outras, mas é uma construção escalonada de direitos de diferentes camadas ou níveis de normas jurídicas. A sua unidade é produto da conexão de dependência que resulta do fato de a validade de uma norma, que foi produzida de acordo com outra norma, se apoiar sobre essa outra norma, cuja produção, por sua vez, é determinada por outra; e assim por diante, até abicar finalmente na norma fundamental – pressuposta. A norma fundamental – a hipotética, nestes termos – a é, portanto, o fundamento de validade último que constitui a unidade desta interconexão criadora". KELSEN, Hans. *Teoria pura do Direito*. 6. ed. São Paulo: Martins Fontes, 1998.

princípio, mas sim de uma técnica que visa sopesar outros princípios em aparente conflito para, diante da solução de um caso específico, que seja criada uma nova regra específica de aplicação.

Infelizmente, o jurista brasileiro importou indevidamente a "técnica da proporcionalidade" e o transformou em um mantra interpretativo, um "superprincípio instrumental", simbolizada por uma espécie de balança que sopesa "valores" constitucionais em aparente conflito, para justificar qualquer solução jurídica diante de *hard cases*.[209]

Existem aqueles que preferem distinguir proporcionalidade de razoabilidade, ao argumento de que a razoabilidade seria mais ampla. Nesse sentido, Canotilho destaca que o princípio da proibição do excesso (*Übermassverbot*), enquanto sinônimo de proporcionalidade ampla, desdobra-se em outros três postulados:

(i) *princípio da conformidade ou adequação de meios (Geeignetheit)*: a medida adotada para a satisfação do interesse público deve ser adequada, ou seja, o meio escolhido deve ser capaz de produzir os fins almejados, dispensados os meios inúteis. Trata-se, pois, de controlar a relação de adequação medida-fim;

---

[209] "Há uma diferença fundamental e fundante entre a hermenêutica (na concepção aqui trabalhada, que imbrica a hermenêutica filosófica e a teoria dworkiana) e a teoria da argumentação jurídica, mormente a defendida por Alexy. Enquanto esta compreende os princípios (apenas) como mandados de otimização, circunstância que chama à colação a subjetividade do intérprete, aquela parte da tese de que os princípios introduzem o mundo prático no direito, 'fechando' a interpretação, isto é, diminuindo – ao invés de aumentar – o espaço da discricionariedade do intérprete; além disso, o círculo hermenêutico e a diferença ontológica colocam-se como blindagem contra relativismos. Claro que, para tanto, a hermenêutica salta na frente para dizer que, primeiro, são incindíveis os atos de interpretação e aplicação (com o que se supera o método) e, segundo, não há diferença estrutural entre 'hard cases' e 'easy cases'. É nesse contexto que deve ser analisado o emprego do princípio da proporcionalidade pela teoria da argumentação. Com efeito, a proporcionalidade é a 'chave' para resolver a ponderação, a partir das quatro características de todos conhecidas. Ou seja, na medida em que proporcionalidade só 'é chamada à colação' quando necessário um juízo ponderativo para os casos difíceis – uma vez que para os casos simples 'basta' a dedução/subsunção – caberá ao intérprete a tarefa de 'hierarquizar' e 'decidir' qual o princípio aplicável no caso do conflito/colisão. Ora, se, ao fim e ao cabo, cabe ao intérprete hierarquizar (e escolher) o princípio aplicável, a pergunta inexorável é: qual é a diferença entre o 'intérprete ponderador' e o 'intérprete do positivismo', que, discricionariamente escolhe qual a 'melhor' interpretação? Claro que a Teoria da Argumentação Jurídica – mormente a de Alexy, que é a mais sofisticada e complexa – responderá que há um conjunto de critérios que deverão sempre balizar a escolha. Mas, pergunto, qual é a diferença desses critérios (ou fórmulas) dos velhos métodos de interpretação, cujo calcanhar de Aquiles – na feliz expressão de Eros Grau e Friedrich Müller – é(ra) exatamente não ter um critério para difundir qual o melhor critério, que venho denominando de 'ausência/impossibilidade' de um 'Grundmethode'?" STRECK, Lenio Luiz. *Lições de crítica hermenêutica do Direito*. Porto Alegre: Livraria do Advogado, 2014, p. 54.

(ii) *princípio da exigibilidade ou da necessidade (Erforderlichkeit)*: consubstancia-se na ideia de que a medida adotada tem que trazer ao cidadão a menor desvantagem possível no tocante à limitação de direitos fundamentais. Procura-se, portanto, evitar excessos da Administração.

(iii) *princípio da proporcionalidade em sentido estrito (Verhältnismässigkeit)*: após concluir o intérprete qual seria o meio mais adequado e necessário para o atingimento de um determinado fim, meios e fins são colocados em juízo de ponderação – como se sopesados em uma balança – a fim de verificar se entre eles existe desproporção. Trata-se do juízo de prós e contras: elencam-se as vantagens dos fins em confronto com as desvantagens dos meios.

Como bem nos lembra Lenio Streck, ao contrário da panaceia (a cura para todos os males) criada pela doutrina constitucional brasileira, o *standard* da proporcionalidade deve ser compreendido apenas como um modo de simbolizar que cada interpretação – para além do sujeito solipsista – deve ser razoável, ou seja, permitir a reconstrução integrativa do Direito, dos quais se desdobram o princípio da proibição do excesso (*Übermassverbot*) e o princípio da proibição de proteção insuficiente (*Untermassverbot*).

Em outras palavras, a ideia de proporcionalidade deve nos remeter à noção de equilíbrio – não referente a uma balança hipotética, onde um dos pratos sopesa à luz do caso em concreto –, mas sim no sentido de que devem ser afastados eventuais excessos, assim como omissões, que inviabilizem o exercício e a concretização de direitos e garantias fundamentais. Este é o verdadeiro significado de proporcionalidade, encoberto pela (tradição inautêntica da) doutrina constitucional brasileira.[210]

---

[210] "De todo modo, não se pode tirar o valor da discussão e tampouco negar o avanço da discussão acerca do princípio da proporcionalidade no âmbito do Estado Democrático de Direito. Assim, é possível afirmar, com base em doutrina que vem se firmando nos últimos anos, que a estrutura do princípio da proporcionalidade não aponta apenas para a perspectiva de um garantismo negativo (proteção contra os excessos do Estado), e, sim, também para uma espécie de garantismo positivo, momento em que a preocupação do sistema jurídico será com o fato de o Estado não proteger suficientemente determinado direito fundamental, caso em que estar-se-á em face do que se passou a denominar, a partir da doutrina alemã, de 'proibição de proteção deficiente' ('Untermassverbot'). A proibição de proteção deficiente, explica Bernal Pulido, pode ser definida como um critério estrutural para a determinação dos direitos fundamentais, com cuja aplicação se pode determinar se um ato estatal – por antonomásia, uma omissão – viola um direito fundamental de proteção. Ter-se-ia, então, uma espécie de dupla face de proteção dos direitos fundamentais: a proteção positiva e a proteção contra omissões estatais. Ou seja, a inconstitucionalidade pode ser decorrente de excesso do Estado, como também

Impende ressaltar que a maioria dos juristas nacionais acreditam que o princípio da proporcionalidade (ou da razoabilidade) – embora não expressamente enunciado na Carta Constitucional –, traduz o ideal de justiça, bom senso (bom senso para quem?), prudência e moderação, investindo todas as suas expectativas na discricionariedade, no ativismo judicial e na jurisprudência dos valores.

3.2 Diferença e relação entre *norma*, *princípio* e *regra*. Os princípios para o *senso comum teórico*: um modo de abertura interpretativa para a moralização do Direito. A vulgata da (técnica de) *ponderação de valores* como *álibi teórico* para justificar qualquer decisão

Várias teorias foram construídas buscando estudar a normatividade no Direito e a relação estabelecida entre as *regras* e os *princípios*. E, após mais de meio século da chamada *era dos princípios* como forma de suplantar um sistema de Direito falido e que não foi capaz de evitar a segunda grande guerra, o *conceito de princípio* (e o seu papel perante o Direito) tem sido objeto de grandes indagações.[211]

---

de deficiência na proteção. Assim, por exemplo, a inconstitucionalidade pode advir de proteção insuficiente de um direito fundamental (nas suas diversas dimensões), como ocorre quando o Estado abre mão do uso de determinadas sanções penais ou administrativas para proteger determinados bens jurídicos. Esta (nova) forma de entender a proporcionalidade decorre da necessária vinculação de todos os atos estatais à materialidade da Constituição, que tem como consequência a sensível diminuição da discricionariedade (liberdade de conformação) do legislador". STRECK, Lenio Luiz. *Jurisdição constitucional e decisão jurídica*. São Paulo: Revista dos Tribunais, 2013, p. 653.

[211] "'Princípio': um conceito tão elementar e tão auto-evidente que chega a tornar duvidosa a necessidade de se perguntar por ele. Mas sus elementariedade e auto-evidência olhadas mais de perto, não passam de uma espécie de aparência encobridora que se torna problemática no momento em que tentamos dar uma resposta à questão: o que é princípio? Mas não se trata de uma pergunta pelo conceito de princípios em geral, mas do uso que deles fazem aqueles que lidam com o Direito. Portanto, a questão pode ser melhor colocada da seguinte forma: o que são 'princípios jurídicos'? De plano, a resposta não se apresenta. Parecemos saber o que sejam princípios jurídicos, mas não conseguimos dizê-lo. A dificuldade da resposta serve de indício para aquilo que, neste estudo, estamos preparando, ou seja, a necessidade de se colocar, filosoficamente, a pergunta pelos princípios jurídicos. É evidente que todos aqueles que se ocupam do Direito – seja no campo acadêmico, seja no âmbito da operacionalidade – possuem uma compreensão vaga do que significa um princípio jurídico. Mas no momento em que se veem diante da tarefa de explicitar tal compreensão, o sentido compreendido parece se esvair, desaparecer e a pergunta, 'o que são princípios jurídicos?', permanece sem uma resposta adequada". OLIVEIRA, Rafael Tomaz de. *Decisão judicial e o conceito de princípio*: a hermenêutica e a (in)determinação do direito. Porto Alegre: Livraria do Advogado, 2008, p. 45.

No âmbito internacional, muitos autores se destacam. Vamos nos limitar a trazer as premissas de alguns autores imersos nesse embate, principalmente pela simbologia dos extremos que representam: Friedrich Müller, Robert Alexy e Ronald Dworkin.

Em sua *Teoria Estruturante do Direito*, Friedrich Müller distingue o texto e a norma. A norma surge da interpretação do texto, gerando *normatividade*. O Direito se faz presente, sob o aspecto de sua validade, por meio do texto. Todavia, este é apenas o ponto de partida, a parte exposta do *iceberg* interpretativo, por meio do qual a vivência empírica permite extrair a norma por detrás do texto (a parte submersa da cognição). Nesse sentido, o Direito pode ser visto como processo de compreensão, concretizando-se no momento da sua aplicação.[212]

Para Müller, a racionalidade e a possibilidade da interpretação verdadeira encontram lastro por intermédio da árdua análise e delimitação no âmbito de cada norma. Após a investigação do alcance da norma, simplesmente não há espaço para colisões, simplesmente porque se descarta a norma não aplicável diante do caso em concreto.[213]

Robert Alexy, por sua vez, em sua *teoria dos princípios*, buscou distinguir claramente normas, princípios e regras. *Norma* deve ser entendida no sentido de *enunciado normativo*, ou seja, a maneira como as normas são linguisticamente expressadas. Logo, os enunciados normativos podem ser *normas-princípios* ou *normas-regras*. Como se verá, a diferença entre estas não é quantitativa, mas sim qualitativa.[214]

---

[212] MÜLLER, Friedrich. *Teoria estruturante do Direito*. São Paulo: RT, 2008, *passim*.

[213] "Logo, sem colisão não há razão para o sopesamento. A concretização da norma, seguindo os procedimentos da teoria estruturante, restringe o conteúdo de dever-ser de cada direito fundamental, porque delimita de antemão seu âmbito normativo. Assim, se alguém escreve um livro considerado ofensivo à honra ou à privacidade de alguém e, por essa razão, o livro é pro*ibido* por decisão judicial, não haveria que se falar em colisão entre honra e privacidade, de um lado, e liberdade de expressão, de outro. Isso porque a publicação de um livro ofensivo à honra e à privacidade não faz parte do suporte fático da liberdade de expressão. O suporte fático de cada direito é bastante restrito". SILVA, Virgílio Afonso da. Interpretação constitucional e sincretismo metodológico. In: SILVA, Virgílio Afonso da. *Interpretação constitucional*. 1. ed. São Paulo: Malheiros, 2010, p. 137-138.

[214] "A distinção teórico-normativa entre regras e princípios constitui a base de ambas as construções. Regras são normas que comandam, proíbem ou permitem algo de forma definitiva. Nesse sentido são 'comandos definitivos'. A forma de sua aplicação é a subsunção. Quando uma regra é válida é comandado fazer exatamente aquilo que ela exige. Se isso é feito, a regra é cumprida; se isso não é feito, a regra não é cumprida. Assim, regras são normas que somente podem ser cumpridas ou descumpridas. Por outro lado, princípios são normas que comandam que algo seja realizado na maior medida possível em relação às possibilidades fáticas e jurídicas. Princípios são portanto 'comandos de otimização'. Enquanto tais eles são caracterizados por poderem ser cumpridos em diferentes graus e pelo fato de a medida comandada de sua realização depender não só das possibilidades fáticas, mas também das possibilidades jurídicas. As possibilidades jurídicas são determinadas por regras e essencialmente por princípios opostos. Princípios

Para Alexy, as *normas-princípios* são verdadeiros *mandados de otimização*, com elevado grau de abstração e generalidade, com diferentes graus de força normativa a depender da análise do caso em concreto. Os conflitos entre princípios são apenas aparentes e se resolvem por meio (da técnica) da *ponderação de valores* (que, para o *senso comum teórico*, consiste na aplicação do princípio da proporcionalidade): *adequação, necessidade* e *proporcionalidade em sentido estrito*. Não existe hierarquia entre princípios, ou seja, não existem abstratamente princípios mais ou menos importantes, porquanto a preponderância de um sobre o outro dependerá da análise fática, circunstancial.

Por outro lado, as *normas-regras* se traduzem, geralmente, nos enunciados legais. Podem ser cumpridas ou não. Por isso, os conflitos entre regras se resolvem no âmbito de *validade*: uma regra exclui a outra. Para que isso ocorra, existem critérios para determinar qual norma se sobrepõe à outra: *critério hierárquico, critério cronológico* e *critério da especialidade*. Nisso não há qualquer novidade desde o século XIX.

Alexy defende que as normas-regras "permitem" veicular, em si, normas-princípios, frutos de um sistema predominantemente legalista, e cuja tendência é a de cada vez mais positivá-los sob a forma de direitos fundamentais (constitucionalização do Direito), a fim de "vitaminá-los" com a máxima carga de efetividade.

Nesse ponto, vale mencionar a interessante observação de Virgílio Afonso da Silva no tocante à *manifesta incompatibilidade entre as teorias de Müller e Alexy*, porquanto partem de pressupostos completamente diferentes. Ressalta que, para Müller, o âmbito de proteção da norma é feito de antemão, por meio dos procedimentos de sua teoria estruturante, distantes do caso em concreto, ao passo que, para Alexy, não há decisões corretas no âmbito dos direitos fundamentais que não sejam produto de anterior *sopesamento*.[215]

---

contêm pois, tomados respectivamente em si, sempre um comando 'prima facie'. A determinação da medida comandada de cumprimento de um princípio em relação às exigências de um princípio oposto é a ponderação. Por esta ponderação é a forma de aplicação específica do princípio. A distinção entre regras e princípios está no centro de uma teoria que pode ser designada 'teoria dos princípios'. A teoria dos princípios é o sistema das implicações dessa distinção. Essas implicações dizem respeito a todas as áreas do direito. No caso de direitos fundamentais – pode-se aqui falar tanto em uma teoria dos princípios dos direitos fundamentais quanto em uma construção de direitos fundamentais em princípios – a disputa sobre a teoria dos princípios é sobretudo uma disputa sobre a ponderação, e uma vez que a ponderação constitui o núcleo do exame da proporcionalidade". ALEXY, Robert. *Teoria discursiva do Direito*. Tradução de Alexandre Travessoni Gomes Trivisonno. Rio de janeiro: Forense, 2013, p. 146.

[215] "[...] As explicações não somente são simplificadas, como também exploram apenas um dos pontos incompatíveis entre as teorias de Müller e de Alexy. Outros poderiam ser citados. O principal deles, por estar na base de ambas as teorias, é o conceito de norma

Já de acordo com Ronald Dworkin, *a diferença entre regras e princípios é de ordem lógica*. As regras seguem a lógica do *tudo ou nada*. De outro lado, os *princípios* entram em conflito e interagem uns com os outros, de maneira que cada princípio relevante para um problema jurídico específico fornece uma razão em favor de uma determinada solução, mas não o condiciona: o juiz deve avaliar todos os princípios da comunidade jurídica, ainda que inicialmente conflitantes e antagônicos, para tomar a sua decisão.[216]

Para Dworkin, os princípios, diferentemente das regras, não pretendem estabelecer condições que tornem a sua aplicação indispensável, mas sim têm a finalidade precípua de conduzirem o argumento do julgador em determinada direção, em face das peculiaridades do caso em particular. Ou seja, somente depois que determinado caso for decidido, poderemos dizer que o princípio ilustrará uma regra.[217]

---

jurídica. Alexy parte de um conceito semântico de 'norma', que para Müller não é mais que o início do procedimento de concretização normativo. Assim, aquilo que para Alexy é a norma, para Müller é apenas o que ele chama de programa da norma. Não há como se aprofundar nessa discussão, aqui; mas é fácil notar que o elemento central na teoria de Müller – o âmbito da norma - não tem espaço na teoria de Alexy". SILVA, Virgílio Afonso da. Interpretação constitucional e sincretismo metodológico. In: SILVA, Virgílio Afonso da. *Interpretação constitucional*. 1. ed. São Paulo: Malheiros, 2010, p. 138-139, nota 75.

[216] "A diferença entre princípios jurídicos e regras jurídicas é de natureza lógica. Os dois conjuntos de padrões apontam para decisões particulares acerca da obrigação jurídica em circunstâncias específicas, mas distinguem-se quanto à natureza da orientação que oferecem. As regras são aplicáveis à maneira do tudo-ou-nada. Dados os fatos que uma regra estipula, então ou a regra é válida, e neste caso a resposta que ela fornece deve ser aceita, ou não é válida, e neste caso em nada contribui para a decisão. [...] Mas não é assim que funcionam os princípios [...] Os princípios possuem uma dimensão que as regras não têm – a dimensão de peso ou importância. Quando os princípios se intercruzam (por exemplo, a política de proteção aos compradores de automóveis se opõe aos princípios de liberdade de contrato), aquele que vai resolver o conflito tem de levar em conta a força relativa de cada um. Esta não pode ser, por certo, uma mensuração exata e o julgamento que determina que um princípio ou uma política particular é mais importante que outra frequentemente será objeto de controvérsia. Não obstante, essa dimensão é uma parte integrante do conceito de um princípio, de modo que faz sentido perguntar que peso ele teimou quão importante ele é". DWORKIN, Ronald. *Levando os direitos a sério*. 3. ed. São Paulo: Martins Fontes, 2010, p. 39-43.

[217] "Um princípio como 'Nenhum homem pode beneficiar-se de seus próprios delitos' não pretende [nem mesmo] estabelecer condições que tornem sua aplicação necessária. Ao contrário, enuncia uma razão que conduz o argumento em uma certa direção mas [ainda assim] necessita uma decisão particular. Se um homem recebeu ou está na iminência de receber alguma coisa como resultado direto de um ato ilícito que tenha praticado para obtê-la, então essa é uma razão que o direito levará em consideração ao decidir se ele deve mantê-la. Pode haver outros princípios ou outras políticas que argumentem em outra direção – por exemplo, uma política que garanta o reconhecimento da validade de escrituras ou um princípio que limite a punição ao que foi estipulado pelo Poder Legislativo. Se assim for, nosso princípio pode não prevalecer, mas isso não significa que não se trata de um princípio de nosso sistema jurídico, pois em outro caso, quando essas considerações em contrário estiverem ausentes ou tiverem menor força, o princípio

De outra banda, o eventual conflito entre regras não comporta a coexistência entre elas, porque só uma dentre as conflitantes poderá ser válida diante do sistema jurídico, a partir dos clássicos critérios de resolução de antinomias, como *hierarquia, especialidade* e *anterioridade*.[218] Em conclusão, para Ronald Dworkin será por meio dos princípios que poderemos conferir *coerência e integridade* ao sistema jurídico. Serão os princípios que proporcionarão ao *juiz Hércules* (figura emblemática, metafórica e reiteradamente utilizada para esboçar o "juiz ideal"), diante dos casos difíceis *(hard cases)*, construir decisões justificáveis do ponto de vista constitucional e legal.

Aliás, Dworkin vai ao ponto central do nosso embate e assim nos pergunta: *o juiz tem permissão para mudar uma regra de direito em vigor?* A resposta é: *depende*. Afinal, não é qualquer princípio que pode ser invocado para justificar a decisão *contra legem*. Se assim fosse, as regras não teriam observância obrigatória e, em última análise, perderiam seu sentido de ser e existir. Para isso, os *juízes não têm a liberdade para escolher* quais princípios querem aplicar ou não, tampouco a "seleção" de tais princípios pode decorrer de *critério* que leve em conta suas *preferências pessoais*.

Assim, qualquer decisão que contrariar norma vigente com esteio em um princípio deve respeitar outros tantos princípios relevantes, frutos de longa tradição jurídica, mormente aqueles de natureza constitucional, sem descurar do sentido histórico e integrativo do Direito, como se estivesse a escrever *não um conto (isolado)*, mas sim um *novo capítulo de uma novela* em curso.[219]

---

poderá ser decisivo. Tudo o que pretendemos dizer, ao afirmarmos que um princípio particular é um princípio do nosso direito, é que ele, se for relevante, deve ser levado em conta pelas autoridades públicas, como [se fosse] uma razão que inclina numa ou noutra direção". DWORKIN, Ronald. *Levando os direitos a sério*. 3. ed. São Paulo: Martins Fontes, 2010, p. 41-42.

[218] "As regras não têm essa dimensão. Podemos dizer que as regras são 'funcionalmente' importantes ou desimportantes [...] uma regra jurídica pode ser mais importante do que outra porque desempenha um papel maior ou mais importante na regulação do comportamento. Mas não podemos dizer que uma regra é mais importante que outra enquanto parte do mesmo sistema de regras, de tal modo que se duas regras estão em conflito, uma suplanta a outra em virtude de sua maior importância. Se duas regras estão em conflito, uma delas não pode ser válida. A decisão de saber qual delas é válida e qual deve ser abandonada ou reformulada, deve ser tomada recorrendo-se a considerações que estão além das próprias regras. Um sistema jurídico pode regular esses conflitos através de outras regras, que dão precedência à regra promulgada mais recentemente, à regra mais específica ou outra coisa desse gênero. Um sistema jurídico também pode preferir a regra que é sustentada pelos princípios mais importantes. [...]". DWORKIN, Ronald. *Levando os direitos a sério*. 3. ed. São Paulo: Martins Fontes, 2010, p. 43.

[219] "Quando, então, um juiz tem permissão para mudar regra de direito em vigor? Os princípios aparecem na resposta de duas maneiras distintas. Na primeira delas, é

Nesse sentido, é possível firmar considerável aproximação (e a necessária complementação) entre o conceito de *intersubjetividade* na busca pela *fusão de horizontes* da hermenêutica filosófica (a partir do círculo hermenêutico) e os conceitos de *coerência* e *integridade* em Dworkin. A doutrina brasileira *neoconstitucional*, por outro lado, talvez tenha em Luís Roberto Barroso e Ana Paula de Barcellos seus representantes mais insurgentes. Defendem os autores que a *nova interpretação constitucional* busca guarida nos *princípios*, entendidos como *cláusulas abertas* aos sabores valorativos mais variados, não se prestando ao sentido unívoco e objetivo que certa tradição exegética lhes pretende impor.[220]

---

necessário, embora não suficiente, que o juiz considere que a mudança favorecerá algum princípio; dessa maneira o princípio justifica a modificação. [...] Porém não é qualquer princípio que pode ser invocado para justificar a mudança; caso contrário, nenhuma regra estaria a salvo. É preciso que existam alguns princípios com importância e outros sem importância e é preciso que existam alguns princípios mais importantes que outros. Esse critério não pode depender das preferências pessoais do juiz, selecionadas em meio a um mar de padrões extrajurídicos respeitáveis, cada um deles podendo ser, em princípio, elegível. Se fosse assim, não poderíamos afirmar a obrigatoriedade de regra alguma. Já que, nesse caso, sempre poderíamos imaginar um juiz cujas preferências, selecionadas entre os padrões extrajurídicos, fossem tais que justificassem uma mudança ou uma reinterpretação radical até mesmo da regra mais arraigada. Na segunda, a maneira de considerar o problema, um juiz que se propõe a modificar uma doutrina existente deve levar em consideração alguns padrões importantes que se opõem ao abandono da doutrina estabelecida; esses padrões são, na sua maior parte, princípios. Esses padrões incluem a doutrina da 'supremacia do Poder Legislativo', um conjunto de princípios que exigem que os tribunais mostrem uma deferência limitada pelos atos do Poder Legislativo. Eles incluem também a doutrina do precedente, outro conjunto de princípios que reflete a equidade e a eficiência que derivam da consistência. As doutrinas da supremacia do Poder Legislativo e do precedente inclinam em favor do status quo, cada uma delas na sua própria maneira, mas não o impõe. Os juízes, no entanto, não têm liberdade para escolher entre os princípios e as políticas que constituem essas doutrinas – também neste caso, se eles fossem livres, nenhuma regra poderia ser considerada obrigatória". DWORKIN, Ronald. *Levando os direitos a sério*. 3. ed. São Paulo: Martins Fontes, 2010, p. 59-60.

[220] "[...] A grande virada na interpretação constitucional deu-se a partir da difusão de uma constatação que, além de singela, sequer era original: não é verdadeira a crença de que as normas jurídicas em geral – e as normas constitucionais em particular – tragam sempre em si um sentido único, objetivo, válido para todas as situações sobre as quais incidem. E que assim, caberia ao intérprete uma atividade de mera revelação do conteúdo preexistente na norma, sem desempenhar qualquer papel criativo na sua concretização. A nova interpretação constitucional assenta-se no exato oposto de tal proposição: as cláusulas constitucionais, por seu conteúdo aberto, principiológico e extremamente dependente da realidade subjacente, não se prestam ao sentido unívoco e objetivo que uma certa tradição exegética lhes pretende dar. O relato da norma, muitas vezes, demarca apenas uma moldura dentro da qual se desenham diferentes possibilidades interpretativas. À vista dos elementos do caso concreto, dos princípios a serem preservados e dos fins a serem realizados é que será determinado o sentido da norma, com vistas à produção da solução constitucionalmente adequada para o problema a ser resolvido". BARROSO, Luís Roberto; BARCELLOS, Ana Paula de. O começo da história: a nova interpretação constitucional e o papel dos princípios no Direito brasileiro. In: SILVA, Virgílio Afonso do. *Interpretação constitucional*. 1. ed. São Paulo: Malheiros, 2010, p. 275.

Assim, Barroso e Barcellos *distinguem princípios e regras*, e o fazem por intermédio de três critérios.[221] Primeiro, *quanto ao conteúdo*: os princípios identificam valores a serem preservados (isonomia, moralidade, eficiência etc.) ou fins a serem alcançados (justiça social, desenvolvimento nacional, redução das desigualdades regionais etc.); as regras, por sua vez, se limitam a traçar condutas: os valores ou fins já foram delimitados pelo legislador, não cabendo tal escolha ao intérprete.

Segundo, *quanto à estrutura*: a regra especifica os atos que devem ser praticados, de onde decorre o seu caráter abstrato e geral; os princípios, por outro lado, não conseguem abarcar todas as hipóteses da sua aplicação, ocupando um espaço de indeterminação, no qual a demarcação de seu conteúdo estará sujeita à opção filosófica ou ideológica do intérprete.

Terceiro, *quanto ao modo de aplicação*: as regras são proposições normativas que funcionam sob a forma do *tudo-ou-nada*; já os princípios, por indicarem maior carga valorativa, podem estar em rota de colisão: os antagonismos são inevitáveis e fazem parte da lógica do sistema; nesse caso, o intérprete deve fazer "escolhas", por meio da *ponderação de valores*.[222]

---

[221] "Nos últimos anos, todavia, ganhou curso generalizado uma distinção qualitativa ou estrutural entre 'regra' e 'princípio', que veio a se tornar um dos pilares da moderna dogmática constitucional, indispensável para a superação do positivismo legalista, onde as normas se cingiam a regras jurídicas. A constituição passa a ser encarada como um sistema aberto de princípios e regras, permeável a valores jurídicos suprapositivos, no qual as ideias de justiça e de realização dos direitos fundamentais desempenham um papel central. [...]". BARROSO, Luís Roberto; BARCELLOS, Ana Paula de. O começo da história: a nova interpretação constitucional e o papel dos princípios no Direito brasileiro. In: SILVA, Virgílio Afonso da. *Interpretação constitucional*. 1. ed. São Paulo: Malheiros, 2010, p. 280.

[222] "'Regras' são, normalmente, relatos objetivos, descritivos de determinadas condutas e aplicáveis a um conjunto delimitado de situações. Ocorrendo a hipótese prevista no seu relato, a regra deve incidir, pelo mecanismo tradicional da 'subsunção': enquadram-se os fatos na previsão abstrata e se produz uma conclusão. A aplicação de uma regra opera-se na modalidade 'tudo-ou-nada': ou ela regula a matéria em sua inteireza, ou é descumprida. Na hipótese do conflito entre duas regras, só uma será válida e irá prevalecer. 'Princípios', por sua vez, contêm relatos com maior grau de abstração, não especificam a conduta a ser seguida e se aplicam a um conjunto amplo, por vezes indeterminado, de situações. Em uma ordem democrática, os princípios frequentemente entram em tensão dialética, apontando direções diversas. Por essa razão, sua aplicação deverá se dar mediante 'ponderação': à vista do caso concreto, o intérprete irá aferir o peso que cada princípio deverá desempenhar na hipótese, mediante concessões recíprocas, e preservando o máximo de cada um, na medida do possível. Sua aplicação, portanto, não será no esquema do 'tudo-ou-nada', mas graduada à vista das circunstâncias representadas por outras normas ou por situações de fato". *Ibid.*, p. 280-281.

Os referidos autores enfatizam que a *ponderação* consiste em *técnica de decisão judicial aplicável a casos difíceis*, consistindo de três etapas: a) *primeira etapa*: cabe ao intérprete detectar no sistema as normas relevantes para a solução do caso, identificando se há conflito entre elas; b) *segunda etapa*: examinam-se os fatos, as circunstâncias do caso em concreto e a sua interação com os elementos normativos; c) *terceira etapa*: analisando as normas aplicáveis em conjunto com as circunstâncias fáticas, o intérprete deve atribuir pesos aos elementos em disputa, fazendo emergir um grupo de normas que se preponderam sobre as demais.

Ainda, reconhecem que a *ponderação* envolve avaliações de caráter subjetivo, que podem variar em razão das *circunstâncias pessoais do intérprete*, dando lugar à ampla *discricionariedade judicial*. Todavia, entendem que o risco desta disfunção não desmerece a ponderação enquanto técnica de decisão e que a discricionariedade restará limitada às hipóteses em que o sistema jurídico não seja capaz de prover a solução em tese.[223]

Por fim, Barroso e Barcellos aduzem que o controle de legitimidade das decisões obtidas ocorre em face de densa *argumentação jurídica*, não existindo apenas uma solução correta, mas sim a *opção* por aquela capaz de apresentar a fundamentação racional mais consistente. *Como verificar que uma argumentação é melhor que a outra?*[224]

Para isso, defendem que a argumentação jurídica pode ser sistematizada por *três parâmetros de controle*: a) devem ser *apresentados fundamentos normativos* que apoiem a decisão tomada, não bastando o sentimento de justiça pessoal e o bom senso, por meio da demonstração lógica e adequada do raciocínio que a sustenta; b) verificar a *possibilidade de universalização dos critérios utilizados* para a tomada de decisão: espera-se que os critérios empregados para a solução de determinado caso em concreto possam ser transformados em regras gerais

---

[223] "O risco de tal disfunção, todavia, não a desmerece como técnica de decisão, nem priva a doutrina da possibilidade de buscar parâmetros melhor definidos para sua aplicação. No estágio atual, a ponderação ainda não atingiu o padrão desejável de objetividade, dando lugar a ampla discricionariedade judicial. Tal discricionariedade, no entanto, como regra, deverá ficar limitada às hipóteses em que o sistema jurídico não tenha sido capaz de oferecer a solução em tese, elegendo um valor ou interesse que deva prevalecer. [...]". BARROSO, Luís Roberto; BARCELLOS, Ana Paula de. O começo da história: a nova interpretação constitucional e o papel dos princípios no Direito brasileiro. In: SILVA, Virgílio Afonso da. *Interpretação constitucional*. 1. ed. São Paulo: Malheiros, 2010, p. 291.
[224] "[...] A existência de ponderação não é um convite para o exercício indiscriminado de ativismo judicial. O controle de legitimidade das decisões obtidas mediante ponderação tem sido feito através do exame da argumentação desenvolvida. Seu objetivo, de forma bastante simples, é verificar a correção dos argumentos apresentados em suporte de uma determinada conclusão ou, ao menos, a racionalidade do raciocínio desenvolvido em cada caso, especialmente quando se trate do emprego da ponderação. [...]". *Ibid.*, p. 291.

para situações semelhantes; c) diante das várias soluções plausíveis, deverá constatar *se o caminho percorrido está de acordo com os princípios de interpretação constitucional*. É aqui que emerge com tudo o *(pseudo) princípio da proporcionalidade*.

Humberto Ávila, por sua vez, tenta demonstrar a proximidade da estrutura normativa dos princípios e das regras, de modo que considera ser possível a *ponderação de "regras"* à luz do caso em concreto. Assinala que a *técnica da ponderação* pode ser utilizada quando regras – inicialmente válidas e compatíveis no plano abstrato – passam a entrar em conflito diante da situação em particular.

Assim, embora reconheça que no *plano abstrato* resolve-se o choque entre regras incompatíveis por meio da validade, uma regra excluindo a outra, assevera ser possível que à luz do caso em concreto as regras entrem em conflito sem que percam a sua validade, de modo que este conflito real só poderá ser solucionado atribuindo-se peso maior a uma delas.[225]

Felizmente ou não, somos obrigados a discordar de Humberto Ávila, nesse tocante. E o faremos essencialmente por duas razões. Primeiro, porque *princípios e regras andam juntos*, de mãos dadas, de modo que a não observância de uma regra, necessariamente, importará em prejuízo a um princípio. Logo, falar de conflitos somente entre regras implicaria *descolá-las* dos princípios que as orientam.

---

[225] "Primeiro exemplo: uma regra do Código de Ética Médica determina que o médico deve dizer para seu paciente toda a verdade sobre sua doença, e outra estabelece que o médico deve utilizar todos os meios possíveis para curar seu paciente. Mas como deliberar o que fazer no caso em que dizer a verdade ao paciente sobre a sua doença irá diminuir as chances de cura, em razão do abalo emocional daí decorrente? O médico deve dizer ou omitir a verdade? Casos hipotéticos como esse não só demonstram que o conflito entre regras não é necessariamente estabelecido em nível abstrato, mas pode surgir no plano concreto, como ocorre normalmente com os princípios. Esses casos também indicam que a decisão envolve uma atividade de sopesamento entre razões. Segundo exemplo: uma regra proíbe a concessão de liminar contra a Fazenda Pública que esgote o objeto litigioso (art. 1º da Lei 9.494/97). Essa regra proíbe ao juiz determinar, por medida liminar, o fornecimento de remédios pelo sistema de saúde a quem deles necessitar para viver. Outra regra, porém, determina que o Estado deve fornecer, de forma gratuita, medicamentos excepcionais para pessoas que não puderem prover as despesas com os referidos medicamentos (art. 1º da Lei 9.908/1993 do Estado do Rio Grande de Sul) [...] O que ocorre é um conflito concreto entre as regras, de tal sorte que o julgador deverá atribuir um peso maior a uma das duas, em razão da finalidade que cada uma delas visa a preservar: ou prevalece a finalidade de preservar a vida do cidadão, ou se sobrepõe a finalidade de garantir a intangibilidade da destinação já dada pelo Poder público às suas receitas. Independentemente da solução a ser dada – cuja análise é ora impertinente -, trata-se de um conflito concreto entre regras, cuja solução, sobre não estar no nível da validade, e sim no plano da aplicação, depende de uma ponderação entre as finalidades que estão em jogo". ÁVILA, Humberto. *Teoria dos princípios*: da definição à aplicação dos princípios jurídicos. 12. ed. São Paulo: Malheiros, 2011, p. 58-59.

Segundo, por consequência, como *regras e princípios são co-originários*, como veremos adiante, quando Humberto Ávila propõe exemplos de conflitos entre regras está a comprovar, na verdade, o aparente conflito entre princípios, cujo resultado implicará – necessariamente – a preponderância de um princípio em detrimento de outro.

Em outras palavras, o doutrinador sulino, ao pretender inovar em sua tese, comete o deslize de *reinventar conceitos* a partir da *inversão dos significados* dos elementos que os compõem. É como provar que uma *roda* bem desempenha a sua função com o *aro em volta do pneu*, chamando o *pneu de aro* e o *aro de pneu*... Ora, existem limites semânticos, impostos pela linguagem, para o que entendemos serem princípios e regras, pois não?

Já Virgílio Afonso da Silva defende que o principal traço distintivo entre regras e princípios é a estrutura dos direitos que essas normas garantem. No caso das regras, garantem-se direitos (ou impõem-se deveres) definitivos, ao passo que, no caso dos princípios, são garantidos direitos (ou são impostos deveres) *prima facie*. Por esta razão, o autor admite a possibilidade de ponderação entre princípios em aparente conflito não só na relação Estado-cidadão, mas também nas relações travadas entre os particulares, o que denomina de *eficácia horizontal dos direitos fundamentais*.[226]

3.3 A função dos princípios para a Crítica Hermenêutica do Direito: os princípios são co-originários com as regras, são deontológicos e fecham a interpretação

Lenio Streck afirma existirem duas maneiras de lidar com a questão dos princípios nesta quadra da história.

---

[226] "Isso significa que, se um direito é garantido por uma norma que tenha a estrutura de uma regra, esse direito é definitivo e deverá ser realizado totalmente, caso a regra seja aplicável ao caso em concreto. É claro que regras podem ter – e quase sempre têm – exceções. Isso não altera o raciocínio, já que as exceções a uma regra devem ser tomadas como se fossem parte da própria regra excepcionada. Assim, a regra que proíbe a retroação da lei penal tem uma conhecida exceção: a lei deve retroagir quando beneficiar o réu (art. 5º, XL, da Constituição). A norma (regra) deve, nesse caso, ser compreendida como 'é *proibida* a retroação de leis penais, a não ser que sejam mais benéficas para o réu do que a lei anterior; nesses casos, deve haver retroação'. No caso dos princípios, não se pode falar em realização sempre total daquilo que a norma exige. Ao contrário: em geral, essa realização é apenas parcial. Isso, porque, no caso dos princípios, há uma diferença entre aquilo que é garantido (ou imposto) "prima facie" e aquilo que é garantido (ou imposto) definitivamente. [...]". SILVA, Virgílio Afonso da. O conteúdo essencial dos direitos fundamentais e a eficácia das normas constitucionais. *Revista de Direito do Estado*, [S.l.], n. 4, p. 5-6, 2006.

A primeira maneira adota a *tese da continuidade*, em que os princípios são entendidos como *forma sofisticada de princípios gerais do Direito*, agora recheados de predicados morais. Trata-se de enxergar nos princípios a *porta aberta* para a *importação de valores no Direito*, como se fossem *salvo-condutos axiológicos* à liberdade e à criatividade do intérprete em sua atividade cognitiva, levando à discricionariedade, ativismo e solipsismo judiciais. Para os (neo)positivistas, os princípios, embora não possuam em si força normativa, podem exercer *caráter performático* – como "capas de sentido" – na resolução de casos difíceis.[227]

A segunda maneira (adotada por Streck) para lidar com os princípios, relaciona-se à *tese da descontinuidade*, no sentido de que os princípios constitucionais *introduzem o mundo prático no Direito*, na medida em que produzem o *fechamento interpretativo*. Afinal, os princípios são vivenciados pela comunidade política e espelham a tradição jurídica de uma dada sociedade. Daí decorre sua *natureza deontológica*, no sentido de *normas de forte apelo moral e de observância obrigatória*.[228]

---

[227] "Evidentemente, essa tese é problemática, uma vez que funda o problema das vaguezas as ambiguidades em uma razão prática ainda prisioneira do solipsismo do sujeito epistemológico da modernidade. Essa problemática é facilmente identificável na teoria da argumentação jurídica que entende que os princípios são mandados de otimização. No fundo, isso implica afirmar uma continuidade (ou sobrevida) dos velhos princípios gerais, agora acrescentados/recheados com predicados morais, tanto é que, em determinados momentos e circunstâncias, a moral ainda se sobrepõe ao direito (pensemos na fórmula Radbruch, apoiada por autores do porte e da importância de Alexy). Veja-se que, ainda hoje – mesmo no campo da assim denominada 'crítica do direito' –, há setores que acreditam na tese de que 'é com os princípios que o juiz deixa de ser a boca da lei', como se os princípios fossem esse componente 'libertário' da interpretação do direito (e da decisão dos juízes). Ademais, a tese da 'continuidade' trata de forma equivocada o problema do 'non liquet', ao colocar o dever do pronunciamento judicial como uma 'autorização para o juiz decidir como melhor lhe aprouver' (despiciendo lembrar o decisionismo kelseniano e a discricionariedade de Hart)". STRECK, Lenio Luiz. *Verdade e consenso*: Constituição, hermenêutica e teorias discursivas. 5. ed. São Paulo: Saraiva, 2014, p. 66.

[228] "Como contraponto, proponho a 'tese da descontinuidade' – que penso ser a mais adequada –, pela qual se entende que os princípios constitucionais instituem o mundo prático no direito. Essa institucionalização representa um ganho qualitativo para o direito, na medida em que, a partir dessa revolução paradigmática, o juiz tem o dever ('have a duty to', como diz Dworkin) de decidir de forma correta. Trata-se do dever de resposta correta, correlato ao direito fundamental de resposta correta que venho defendendo. Isso é assim porque, em Dworkin, a normatividade assumida pelos princípios possibilita um 'fechamento interpretativo' próprio da blindagem hermenêutica contra discricionarismos judiciais. Essa normatividade não é oriunda de uma operação semântica ficcional, como se dá com a teoria dos princípios de Alexy. Ao contrário, ela retira seu conteúdo normativo de uma convivência intersubjetiva que emana dos vínculos existentes na moralidade política da comunidade. Os princípios, nessa perspectiva, são vivenciados ('faticizados') por aqueles que participam da comunidade política e que determinam a formação comum de uma sociedade. É exatamente por esse motivo que tais princípios são elevados ao status da constitucionalidade. Por isso, os princípios são deontológicos". *Ibid.*, p. 67.

Consoante o aludido autor, *atrás de cada regra há sempre princípios que a norteiam*, que a orientam, de modo que não é possível a colisão entre regras e princípios, pela simples razão de que exercem funções diferentes e que jamais uma regra poderá prevalecer em face de um princípio. Afinal, admitir o contrário (que a regra possa prevalecer sobre um princípio) equivaleria em retorno ao *positivismo exegético*. Melhor dizendo: princípios e regras andam colados, de mãos dadas, mas são os princípios que indicam quando e como as regras devem ser aplicadas.[229]

Aliás, são os princípios que potencializam a compreensão do significado das regras. O *princípio* – como já indica a sua própria expressão – é o elemento que "existencializa" a regra. Logo, o princípio é a *razão de ser e existir* de uma regra. Mas para além da sua simples motivação, o princípio é o fio condutor entre a regra e a sua historicidade, permitindo a sua pré-compreensão. Por esta razão, os princípios não são visíveis, porquanto estarão sempre (e naturalmente) encobertos pelas regras.[230]

Ainda, para a Crítica Hermenêutica do Direito (CHD), como já dito alhures, a compreensão, aplicação e interpretação ocorrem concomitantemente, por intermédio da antecipação de sentidos. Disso resulta ser impossível cindir a regra do seu princípio instituidor.[231]

---

[229] "É neste contexto que deve ser compreendida a diferença entre regra e princípio, o que não implica dizer que o princípio seja a norma da regra ou que as regra sejam um 'ente disperso no mundo jurídico, ainda sem sentido'. A diferença é que sempre há uma ligação hermenêutica entre regra e princípio. Não fosse assim e não se poderia afirmar que atrás de cada regra há um princípio instituidor. Esse princípio, que denomino de 'instituidor', na verdade, constitui o sentido da regra na situação hermenêutica gestada no Estado Democrático de Direito. Essa é a especificidade; não é um princípio geral do direito, um princípio bíblico, um princípio (meramente) político. No fundo, quando se diz que entre regra e princípio há (apenas) uma diferença (ontológica, no sentido da fenomenologia hermenêutica), é porque regra e princípio se dão, isto é, acontecem no interior do círculo hermenêutico. O sentido depende do outro, a partir desse engendramento significativo". STRECK, Lenio Luiz. *Lições de crítica hermenêutica do Direito*. Porto Alegre: Livraria do Advogado, 2014, p. 78-79.

[230] "Ora, a diferença entre a regra (positivista) e o princípio é que este está contido naquela, atravessando-a, resgatando o mundo prático. Na medida em que o mundo prático não pode ser dito no todo – porque sempre sobra algo –, o princípio traz à tona o sentido que resulta desse ponto de encontro entre o texto e realidade, em que um não subsiste sem o outro (aqui, o antidualismo entra como condição de possibilidade para compreensão do fenômeno)". STRECK, Lenio Luiz. *Verdade e consenso*: Constituição, hermenêutica e teorias discursivas. 5. ed. São Paulo: Saraiva, 2014, p. 444.

[231] "Em outras palavras, a percepção do princípio faz com que este seja o elemento que termina se desvelando, ocultando-se ao mesmo tempo na regra. Isto é, ele (sempre) está na regra. O princípio é elemento instituidor, o elemento que existencializa a regra que ele instituiu. Só que está encoberto. Insistindo: hermeneuticamente, pela impossibilidade de cindir interpretação e aplicação e pela antecipação de sentido que sempre é condição de possibilidade para que se compreenda, torna-se impossível 'isolar' a regra do princípio, isto é, é impossível interpretar uma regra sem levar em conta o seu princípio instituidor. A regra não está despojada do princípio. Ela encobre o princípio pela propositura de uma

Logo, os princípios podem (e devem) proporcionar uma espécie de *blindagem* à discricionariedade judicial, porquanto têm a finalidade de *impedir múltiplas respostas*. Por isso, Streck aduz ser *falaciosa* a afirmação de que os princípios sejam *mandados de otimização* (cláusulas abertas) ao passo que as regras se limitam a traduzir especificidades, pois estaríamos dando *cheque assinado com valor em branco* nas mãos dos juízes, permitindo a atuação de sua livre subjetividade (o que, entre nós, não se afigura nada democrático).[232]

Mais que isso, os princípios constitucionais possuem profundo enraizamento fenomenológico, porquanto têm a aptidão de atribuir à regra o alcance do seu real significado. É por meio dos princípios que se torna possível obter respostas mais adequadas, ligadas ao mundo da compreensão e não da mera argumentação-fundamentação.[233]

Os princípios representam a tentativa de resgate do mundo prático alienado pelo positivismo. As regras, por sua vez, correspondem a uma técnica para concretização dos direitos. As regras são o meio jurídico por onde trafegam os princípios para a realização dos direitos.[234]

---

explicação dedutiva. Esse encobrimento ocorre em dois níveis: em um nível, ele se dá pela explicação causal; noutro, pela má compreensão de princípio, isto é, compreende-se mal o princípio porque se acredita que o princípio também se dá pela relação explicativa, quando ali já se deu, pela pré-compreensão, o processo compreensivo". STRECK, *op. cit.*, p. 79.

[232] "Por mais paradoxal que possa parecer, os princípios têm a finalidade de impedir 'múltiplas respostas'. Portanto, os princípios 'fecham' a interpretação e não a 'abrem', como sustentam, em especial, os adeptos das teorias da argumentação, por entenderem que, tanto na distinção fraca como na distinção forte entre regras e princípios, existe um grau menor ou maior de subjetividade do intérprete. A partir disso é possível dizer que é equivocada a tese de que os princípios são mandados de otimização e de que as regras traduzem especificidades (em caso de colisão, uma afastaria a outra, na base do 'tudo ou nada'), pois dá a ideia de que os 'princípios' seriam 'cláusulas abertas', espaço reservado à 'livre atuação da subjetividade do juiz', na linha, aliás, da defesa que alguns civilistas fazem das cláusulas gerais do novo Código Civil, que, nesta parte, seria o 'Código do juiz'." STRECK, *op. cit.*

[233] "Assim, a 'era dos princípios' não é – de modo algum – um 'plus' axiológico-interpretativo que veio para transformar o juiz (ou qualquer intérprete) em superjuiz que vai descobrir os 'valores ocultos' no texto, agora 'auxiliado/liberado' pelos princípios. Nesse sentido, é importante referir que alguns defensores das teorias discursivas não se dão conta dessa problemática relacionada à 'abertura' proporcionada pelos princípios e sua consequência no plano da hermenêutica jurídica [...]". STRECK, Lenio Luiz. *Verdade e consenso*: Constituição, hermenêutica e teorias discursivas. 5. ed. São Paulo: Saraiva, 2014, p. 528.

[234] "Com efeito, ao contrário do que se diz na tese da distinção enunciativa sobre a 'abertura semântica dos princípios', é a regra que 'abre a interpretação', exatamente em razão de sua perspectiva universalizante (pretende abarcar todos os casos e, na verdade, não abrange nenhum, sem a cobertura densificatória fornecida pelo mundo prático da singularidade principiológica). A regra jurídica (preceito) não trata de uma situação concreta, uma vez que diz respeito a inúmeras possibilidades. A regra 'matar alguém' não diz respeito a um homicídio, mas, sim, de como devem ser tratados os casos em que alguém tira a vida de outrem. É nesse sentido que o princípio individualiza a 'applicatio'. O direito não cabe

Assim sendo, como não há separação entre Direito e moral, pois se presume que *todo direito deva ser necessariamente moral* – mormente porque vivemos em um contexto de *produção democrática do Direito* –, é nos princípios que a moral se institucionaliza, tornando-se normativa. Nesta perspectiva, é por intermédio dos princípios que *a moral deixa de ser autônoma-corretiva, para se tornar co-originária ao (e com o) Direito*.[235]

Por consequência, para a Crítica Hermenêutica do Direito (CHD), o *princípio da proporcionalidade* não se trata de um *metaprincípio*, representado por uma *balança* na qual são sopesados princípios ou regras em (aparente) colisão. Nesse contexto, mais grave que admitir a possibilidade de ponderação de princípios seria imaginar a possibilidade de ponderação entre regras, ou, ainda, entre regras e princípios.[236]

---

na regra, assim como as inúmeras hipóteses de aplicação do art. 97 da CF não cabem na súmula vinculante nº 10; tampouco os casos do uso abusivo de algemas cabem na súmula vinculante nº 11. Do mesmo modo, as inúmeras hipóteses de legítima defesa não cabem no enunciado jurisprudencial 'legítima defesa não se mede milimetricamente'. Somente a reconstrução da situação concreta de um determinado caso dará significatividade (Bedeutsamkeit) ao precedente ou à regra. Em síntese, é esse o papel dos princípios". STRECK, Lenio Luiz. *Verdade e consenso*: Constituição, hermenêutica e teorias discursivas. 5. ed. São Paulo: Saraiva, 2014, p. 123.

[235] "Além do texto constitucional que representou – e representa – um plus normativo (e qualitativo, em face da legitimidade que se torna condição de possibilidade) em relação às 'etapas' anteriores do direito (e do Estado), é nos princípios que se institucionalizou a moral, compreendida como o 'ideal de vida boa' da sociedade (demandando, por isso, um Estado que deixa de ser 'inimigo', para ser 'amigo dos direitos fundamentais'). A moral, nesse sentido, é normativa; a ética é que é axiológica (veja-se como essa questão afetará a teoria da argumentação jurídica, na questão dos valores a serem 'sopesados'). Os princípios – ou, se se quiser, a materialidade principiológico-constitucional – passam a compor, dessa maneira, o novo perfil da sociedade contemporânea, como resposta às insuficiências jurídico-políticas decorrentes das 'fases' anteriores do Estado e do direito. Falar de princípios significa: o direito passa a cuidar do mundo prático; a facticidade penetra no território jurídico antes inacessível ante as barreiras opostas pelo positivismo (direito como modelo de regras). Supera-se igualmente a contraposição sociedade-Estado (veja-se, por exemplo, o problema dessa dicotomia no direito administrativo ou no direito tributário, em que parte considerável da doutrina continua a incorrer no 'confronto' Estado mau-cidadão bom; em linha similar, parte considerável do direito penal sustenta, em pleno Estado Democrático de Direito, a existência de apenas 'bens jurídicos de carne e osso'). Bens jurídicos devem ser entendidos, desse modo, como direitos ou como 'violações a um dever', de que exsurge a dupla face na proteção dos direitos fundamentais (Übermassverbot e Untermassverbot). Por isso, o avanço representado por esse importante fenômeno que atravessa o direito da fase do Estado Democrático de Direito: a moral deixa de ser autônoma-corretiva, para se tornar cooriginária ao (e com o) direito. Tem-se, assim, a todo momento, como pano de fundo, a recorrência da discussão acerca da relação 'direito-moral'. Afinal, está-se a tratar de uma questão eminentemente paradigmática". *Ibid.*, p. 236-237.

[236] "[...] enquanto a teoria da argumentação compreende os princípios (apenas) como mandados de otimização, portanto, entendendo-os como abertura interpretativa, o que chama à colação, necessariamente, a subjetividade do intérprete (filosofia da consciência), a hermenêutica – como já referido à sociedade – parte da tese de que os princípios introduzem o mundo prático no direito, "fechando" a interpretação, ou seja, diminuindo, ao revés de aumentar, o espaço da discricionariedade do intérprete". *Ibid.*, p. 245.

Ao contrário, o princípio da proporcionalidade desempenha o papel de uma *metáfora*, um modo de explicar que cada interpretação deve obedecer à *reconstrução integrativa do Direito*, a fim de evitar interpretações discricionárias, arbitrárias e solipsistas. Tão-menos a proporcionalidade pode ser confundida com equidade ou *bom senso*. *Proporcionalidade* será, assim, o nome a ser dado à *necessidade de coerência e integridade* de uma decisão.[237]

Lenio Streck alerta que vivenciamos a *era dos princípios constitucionais*, onde parcela considerável dos juristas optou por considerá-los corolários dos *princípios gerais do direito*. Nesse sentido, o princípio representaria o resgate anacrônico do *jusnaturalismo* (corrente jusfilosófica que predominou até meados do século XIX), mas agora "piorado" com o incremento (da metafísica moderna) do sentido de justo a partir da consciência do intérprete –, o que particularmente nós denominamos de *(jus)consciencialismo*.[238]

Mais interessante ainda é verificar o *iter*, o passo a passo, como normalmente ocorrem os abusos. Imagina-se o intérprete solipsista na presença de um "valor" que queira aplicar no mundo jurídico, por intermédio de decisão judicial, mas se vê diante da ausência de regra jurídica específica. Ou, pior, pelo seu *íntimo conceito de justiça*, conclui que uma regra válida e vigente não deva ser aplicada. Simples: invoca os *poderes de Grayskull* e, seguindo os passos de *Nicolas Flamel*, faz uso da sua *caneta filosofal* para *criar um princípio* ou *dar supernormatividade* a outro princípio qualquer.

Aqui o juiz se transforma em *justiceiro*: pelo *argumento de autoridade* (não pela autoridade do argumento) transmuta-se um *achismo* (metal) em *norma* (ouro). Pronto. Após o processo de *purificação metodológica* (segundo Warat), uma vez principializado o valor, teremos como

---

[237] "Por isso, para a hermenêutica (filosófica), o princípio da proporcionalidade não tem – e não pode ter – o mesmo significado que tem para a teoria da argumentação jurídica. Para a hermenêutica, o princípio da proporcionalidade é como uma metáfora, isto é, um modo de explicar que cada interpretação – que nunca pode ser solipsista – deve obedecer a uma reconstrução integrativa do direito, para evitar interpretações discricionárias/arbitrárias sustentadas em uma espécie de 'grau zero de sentido', que, sob o manto do caso concreto, tenham a estabelecer sentidos para aquém ou para além da Constituição [...]". STRECK, Lenio Luiz. *Verdade e consenso*: Constituição, hermenêutica e teorias discursivas. 5. ed. São Paulo: Saraiva, 2014, p. 250.

[238] "Ocorre que os princípios gerais do direito, mesmo provenientes de uma tradição do direito natural, foram adaptados ao positivismo jurídico, seja como axiologia imanente dos textos legais, ou ideias de justiça que permitiriam ao intérprete maior liberdade para dizer o direito. [...] Como resultado os princípios jurídicos permanecem sendo conceituados como 'positivação de valores' ou como uma 'sofisticação' dos velhos princípios gerais do direito que agora migraram para os textos constitucionais. [...]". STRECK, Lenio Luiz. *Lições de crítica hermenêutica do Direito*. Porto Alegre: Livraria do Advogado, 2014, p. 40-41.

resultado do *embuste interpretativo* uma justificativa (pseudo)jurídica, calcada em fundamentação falaciosa.

É assim que as decisões judiciais vão depositando, após reiterados processos de *decantação institucionalizada*, as *falsas camadas de sentido* impostas pelo *senso comum teórico* na prática forense, camada após camada, decisão após decisão. Nesse sentido, o trabalho do hermeneuta (filosófico) é, de certa forma, *asséptico*: retirar o lodo, o substrato, que impede que os fenômenos jurídicos *manifestem-se-por-si-mesmos*.

Ora, vamos aos exemplos. Primeiro exemplo: [...] *declaro abusivo o contrato de honorários contratuais fixados no patamar de 50% e, com esteio no princípio da proporcionalidade, fixo-os em 30%*. Segundo exemplo: [...] *com esteio no princípio da dignidade humana, defiro a antecipação de tutela e determino o imediato fornecimento de medicamentos*. Terceiro exemplo: [...] *forte no princípio da celeridade, o CPC/2015 não se aplica ao procedimento dos Juizados Especiais*.

Não estamos a defender, aqui, que os advogados "acharquem" os seus clientes, nem que as pessoas venham ao óbito por falta de adequado tratamento de saúde pública, tampouco que o rito dos Juizados Especiais se torne moroso. Longe disso. Pode ser que o resultado da decisão esteja correto (ou não). Afinal, não se trata da natureza do mérito, tampouco de soluções finalísticas *ad hoc*.

O que se combate – veementemente – é que o julgador se limite a invocar *princípios genéricos* (proporcionalidade, dignidade da pessoa humana, celeridade, dentre outros tantos) como se fossem "cartas na manga" para decidir de acordo com seus próprios valores morais, criando *fundamentação nula* (embora muitos tribunais ainda assim não a reconheçam) em razão de seu visível *déficit* hermenêutico pela distanciação da necessária correlação com a facticidade.[239]

---

[239] "Definitivamente o conceito de princípio não se determina pelo grau de abstração ou generalidade. É preciso ter cuidado para não transformar um princípio em cláusula geral. Nem conceber os princípios como 'aberturas axiológicas' do sistema – tal como faz a maioria da doutrina privativista baseada em autores como Canaris – a partir de onde se professa a ideia de que os princípios são o portal de entrada dos valores no direito positivo. Em suma, igualdade não é um princípio porque é mais geral ou abstrato que uma regra; nem tampouco o é porque através dela introduzimos valores no discurso jurídico. Também não podemos aceitar a tese de que os princípios colidem em abstrato por serem 'mandados de otimização' que exigem sua implementação máxima respeitada as condições jurídicas e fáticas. Todas estas teses operam uma espécie de 'sequestro' do mundo prático. Falamos da igualdade porque, em qualquer caso concreto estará em jogo o problema da igualdade, que sempre funcionará como um referencial para determinação das regras que irão construir a regulamentação daquele caso na decisão do juiz. Esta, por sua vez, não poderá ser tomada de forma aleatória, mas sim de acordo com a história institucional (leis, precedentes, Constituição) e pelos princípios morais que ordenam, de modo coerente, a comunidade". OLIVEIRA, Rafael Tomaz de. *Decisão judicial e o conceito de princípio*: a hermenêutica e a (in)determinação do Direito. Porto Alegre: Livraria do Advogado, 2008, p. 222-223.

Afinal, visto como um meio de abertura para *disfarçar valores morais*, tudo parece caber em um "princípio" – como uma espécie de *álibi teórico*, uma *justificativa encapsulada* –, utilizado para fundamentar uma decisão em um sentido (ou em outro) conforme o desejo do intérprete, sem qualquer critério mínimo de racionalidade e operabilidade. Isso é retórica, jamais Direito.

O problema é que esta falsa impressão de "liberdade" para decidir causou a multiplicação de princípios, um atrás do outro – muitos deles simpáticos, até mesmo "fofinhos" –, coroados com *ficta normatividade* e, com isso, servindo de fundamento para *motivação (meramente) performática* do juiz solipsista.

Daí Lenio Streck cunhar a expressão *panprincipiologismo* para identificar a *multiplicação de princípios sem regras*, trazendo ao lume interessantes exemplos: *princípio da felicidade, princípio da simetria constitucional, princípio da não surpresa, princípio da confiança, princípio da afetividade, princípio da humanidade, princípio da paternidade responsável, princípio da recursividade, princípio da cortesia*, dentre outros.[240]

E, por favor, não estamos em uma "cruzada" contra o Poder Judiciário. Não, ao contrário, a solução hermenêutica decorrerá sempre

---

[240] "Percebe-se, assim, uma proliferação de princípios, circunstância que pode acarretar o enfraquecimento da autonomia do direito (e da força normativa da Constituição), na medida em que parcela considerável (desses 'princípios') é transformada em discursos com pretensões de correção e, no limite, como no exemplo da 'afetividade', um álibi para decisões que ultrapassam os próprios limites semânticos do texto constitucional. Assim, está-se diante de um fenômeno que pode ser chamado de 'panprincipiologismo', caminho perigoso para um retorno à 'completude' que caracterizou o velho positivismo novecentista, mas que adentrou ao século XX: na 'ausência' de 'leis apropriadas' (a aferição desse nível de adequação é feita, evidentemente, pelo protagonismo judicial), o intérprete 'deve' lançar mão dessa ampla principiologia, sendo que, na falta de um 'princípio' aplicável, o próprio intérprete pode criá-lo. Em tempos de 'densa principiologia' e 'textura aberta', tudo isso propicia a que se dê um novo 'status' ao velho 'non liquet'. Isto é, os limites do sentido e o sentido dos limites do aplicador já não estão na Constituição, enquanto 'programa normativo-vinculante', mas, sim, em um conjunto de enunciados criados ad hoc (e com funções *ad hoc*), que, travestidos de princípios, constituem uma espécie de 'supraconstitucionalidade'. Agregue-se a tudo isso a relevante circunstância de que muitos dos princípios gerais do direito – que teriam sido 'constitucionalizados' – são incompatíveis com a Constituição. Sem qualquer possibilidade taxonômica acerca da matéria, esses enunciados (assertóricos) cumprem a função de para-regras. Com eles, qualquer resposta pode ser correta. Aliás, sempre haverá um enunciado desse jaez aplicável ao 'caso concreto', que acaba sendo 'construído' a partir de grau zero de significado. Sua multiplicação se deve à errônea compreensão da tese de que os princípios proporcionam uma abertura interpretativa, isto é, pode-se dizer que a tese dworkiniana acerca da diferença entre princípios e regras foi mal entendida, conforme já explicitei alhures nesta obra. Ao lado dessa problemática, pode-se elencar como fator causador o predomínio do paradigma da filosofia da consciência, circunstância também já explicitada à saciedade". STRECK, Lenio Luiz. *Verdade e consenso*: Constituição, hermenêutica e teorias discursivas. 5. ed. São Paulo: Saraiva, 2014, p. 548-549.

de uma postura hermenêutica do magistrado. Em momento algum buscamos *institucionalizar* o problema. Também não queremos catalogar os julgadores em espécimes, distinguindo entre bons e maus juízes. O que existem, sim, são boas ou más decisões. Ocorre que o *ato decisório* não pode representar uma "escolha". Não se escolhem decisões como se escolhe uma roupa, uma namorada, um time de futebol. O ato decisório deve ser encarado como *questão de Estado*, porque envolve a *responsabilidade política* (um dever funcional) do julgador. Por isso, pouco nos importa como um determinado juiz ou tribunal "pensa". Importa-nos que juízes e tribunais revelem, sim, o sentido hermenêutico do Direito em questão, independentemente de subjetividades e valores pessoais.

E o que contribui para o *furdunço interpretativo*, sem dúvida, é que boa parcela dos juristas ainda acredita que a hermenêutica consiste no *conjunto de métodos* e *superprincípios*, conquanto muitos deles sejam manifestamente incompatíveis ou contrários entre si (mixagem teórica).

Nesse contexto de incertezas ou verdades relativas, o Direito se torna cada vez mais frágil diante da multiplicação de princípios sem qualquer normatividade (*panprincipiologismo*). E a técnica da *ponderação de valores*, exatamente por ser imprecisa quando da força do sopesamento, só serve para atear ainda mais lenha na fogueira da subjetividade. A proporcionalidade, mal instrumentalizada, transformou-se no combustível da discricionariedade, em que "heróis de toga" – na maioria das vezes muito bem-intencionados – acabam por incorrer em *injustiças egocentradas*.

Para a Crítica Hermenêutica do Direito (CHD) os princípios são deontológicos (orientam os sentidos das regras) e, exatamente por isso, *fecham a interpretação*. Quando os princípios são *levados a sério* no Direito, exercem o importante papel de reduzir a margem de discricionariedade judicial e, assim, orientar o intérprete na obtenção da (metáfora da) resposta correta (mais adequada à Constituição).[241]

---

[241] "Não há um princípio para cada caso. Nem apenas dois princípios em colisão como quer Alexy. Isso é objetificar. É permanecer dentro da relação sujeito objeto a busca por determinar, previamente, qual princípio se aplica a um determinado caso e em qual caso se aplica um princípio (o problema da cisão estrutural entre 'easy' e 'hard cases'). Em todo caso singular há uma totalidade de princípios que operam juntos na formação da regulamentação pertinente que será lançada na decisão. Por isso a 'distância' entre regras e princípios não é assim tão grande como quer Alexy. Não há casos em que aplicam regras e casos em que se aplicam princípios, mas, pelo contrário, em todo e qualquer caso há compreensão e interpretação de princípios e regras. Por tudo isso, deve-se reconhecer razão à Lenio Streck quando diz que há uma diferença ontológica entre regra e princípio. Isso representa um resgate do mundo prático no âmbito do pensamento jurídico. Nos princípios se manifesta o caráter da transcendentalidade. Em todo caso, compreendido e interpretado já sempre aconteceram os princípios – e não 'o' princípio; toda decisão deve

3.4 Princípios do Direito Processual Civil. Novos paradigmas a partir do Código de Processo Civil de 2015

Doravante, vamos fazer a necessária crítica hermenêutica a alguns dos mais relevantes princípios do Direito Processual Civil. Para isso, propomos fazer a releitura de antigos postulados, agora sob o *viés filosófico*, a fim de desvelar a compreensão de novos princípios, calcados em novos paradigmas, a partir do Código de Processo Civil de 2015.

3.4.1 Princípio da instrumentalidade das formas

O princípio da instrumentalidade das formas já estava previsto, ainda que de modo muito comedido, na redação original do art. 15 do CPC/1939: Quando a lei não prescrever forma determinada, os termos e atos processuais conterão somente o indispensável à realização de sua finalidade [...]. Ou seja, o emprego de formas diversas (ou novos procedimentos) deveria ser admitido apenas de modo excepcional, para preencher as eventuais lacunas da lei processual.

O art. 244 do CPC/1973, já se aproveitando dos influxos da Escola da Instrumentalidade do Processo, mudou radicalmente o modo de operacionalização do princípio da instrumentalidade das formas no sistema processual brasileiro, ao determinar que quando a lei prescrever determinada forma, sem cominação de nulidade, o juiz considerará válido o ato se, realizado de outro modo, alcançar-lhe a finalidade.

Em redação muito parecida, o art. 277 do CPC/2015 enfatiza que quando a lei prescrever determinada forma, o juiz considerará válido o ato se, realizado de outro modo, lhe alcançar a finalidade. Em suma, foi suprimida a expressão "sem cominação de nulidade", situação que pode reforçar alguns dos grandes equívocos cometidos no Direito Processual Civil.

Ocorre que o formalismo sempre foi duramente assediado por aqueles que se julgam vanguardistas da doutrina processual civil, como uma das grandes causas da morosidade processual e, assim, foi sendo aos poucos demonizado. Interessante exemplo da legislação

---

ser sempre justificada na 'comunidade' dos princípios, como nos mostra Dworkin. Não há regras sem princípios, do mesmo modo que não há princípios sem regras. Há entre eles uma diferença, mas seu acontecimento sempre se dá numa unidade que é a antecipação de sentido". OLIVEIRA, Rafael Tomaz de. *Decisão judicial e o conceito de princípio*: a hermenêutica e a (in)determinação do Direito. Porto Alegre: Livraria do Advogado, 2008, p. 222-223.

encontra-se no art. 2º da Lei nº 9.099/95, sob a forma do princípio da informalidade, previsto ao lado de outros princípios que aparentemente lhe dão guarida e repelem o igualmente formalismo, como a oralidade, a simplicidade, a economia processual e a celeridade.

O problema maior é que parcela da doutrina nacional, como fez Cândido Rangel Dinamarco, sustenta que o princípio da instrumentalidade das formas serve como fundamento para a abolição de formas pré-determinadas, desde que o ato processual seja capaz de atingir a sua finalidade.[242] Ou, ainda, José Roberto dos Santos Bedaque, ao afirmar que se reconhece ao julgador a capacidade para, com sensibilidade e bom senso, adequar o mecanismo às especificidades da situação, que não é sempre a mesma.[243] Ora, bom senso para quem? Novamente

---

[242] "A instrumentalidade das formas é um método de pensamento referente aos vícios dos atos processuais. A lei diz que certo ato deve ter determinada forma, pensando no objetivo daquele. Por exemplo, a citação deve ser feita na residência da pessoa, o oficial de justiça deve ir até lá etc. O princípio da instrumentalidade das formas prega que, se o ato tiver atingido o seu objetivo (as formas são instrumentos com vistas a certa finalidade), não importa a inobservância da forma. A coisa mais importante, no entanto, é a citação em si, se não o indivíduo não saberá que tem um processo contra ele. Mas se não foi citado e, mesmo assim, compareceu e contestou, é porque de algum modo sabia do processo. O objetivo foi alcançado. Eis a instrumentalidade das formas. Já a instrumentalidade do processo precisa produzir resultados. Se digo instrumento, estou perguntando: instrumento de quê, a serviço de quê? A minha geração aprendeu – os professores da nossa época ensinavam – que o processo é um instrumento a serviço do direito material, ponto. O processo existe para que o direito material, civil, comercial, administrativo, tributário, seja bem cumprido. Dizia-se – ouvi isso de um professor: 'O juiz tem o dever de cumprir a lei material'. Se o artigo 'x' do Código Civil tem aplicação em um caso, que seja aplicado. Se houver injustiça, que ela seja cobrada do legislador. Quando passamos para essa visão instrumentalista, isso não ocorre. O juiz tem de fazer justiça; ele usará as técnicas do processo e também as normas de direito material para fazer justiça. Em outras palavras, na medida do possível, ele tem de procurar uma maneira de amenizar o rigor da lei material, deverá interpretá-la adequadamente. Isso não significa que o juiz pode virar legislador e mudar tudo; mas quer dizer que, sempre que possível, ele deve dar uma interpretação mais conducente a uma solução justa, segundo o pensamento comum da sociedade, e não dele próprio. Um juiz radical, que faz as coisas segundo a justiça dele, não representa o que a nação espera dele. Por exemplo, a súmula do STJ sobre correção monetária foi editada no tempo da inflação muito alta, em que não existia um artigo de lei dizendo que o valor de dívidas deveria evoluir segundo a inflação, a correção monetária, mas os juízes aplicaram isso porque uma dívida de dez anos, sem correção monetária, viraria pó. O juiz não fazia isso porque tinha gostado da ideia; ele agia assim porque captara o que a sociedade queria dele". DINAMARCO, Cândido Rangel. Entrevista. Cândido Rangel Dinamarco e a instrumentalidade do processo. *Cadernos de Direito da Fundação Getulio Vargas*, Rio de Janeiro, v. 7, n. 4, p. 18, jul. 2010. Disponível em: <http://bibliotecadigital.fgv.br/dspace/bitstream/ handle/10438/7850/Caderno%20Direito%20 GV%20-%2036%20-%20site.pdf?sequence=>. Acesso em: 30 set. 2016.

[243] "Para tanto, deve ser o juiz investido de amplos poderes de direção, possibilitando-lhe adaptar a técnica aos escopos do processo em cada caso concreto, mesmo porque a previsão abstrata de todas as hipóteses é praticamente impossível. A adaptação do processo a seu objeto dá-se, pois, no plano legislativo, mediante elaboração de procedimentos e previsão de formas adequadas às necessidades das hipóteses possíveis. Mas ocorre também

viramos reféns de subjetivismos e discricionariedades! E, assim, precisaremos "rezar" para cair nas mãos do bom juiz...

Concordamos que o exagero do formalismo primitivo, ou seja, a justificação da forma pela forma foi, na seara do Direito Processual Civil, uma das expressões do positivismo exegético e, por isso mesmo, deve ser combatido e superado. Mas isso não significa que a forma não continue a exercer importante papel, da mesma maneira como a lei escrita não perdeu a sua mais valia diante do cenário democrático. Caso contrário, o processo vira um espaço de vale-tudo ou terra-de-ninguém, porquanto qualquer procedimento escolhido pelo juiz poderá ser colocado "na conta" do princípio da informalidade.

Por exemplo, o Código de Processo Civil de 2015 exige que a citação seja feita, pela ordem, via correio (com aviso de recebimento), por oficial de justiça, pelo comparecimento pessoal em cartório ou por edital.[244] E, ainda que se trate de uma Comarca muito pequena, onde o juiz pessoalmente tenha sido informado pelo Zé da Padaria que o réu tenha se debandado, não estará autorizado a inverter a ordem dos meios de citação e determinar, *ab initio*, a citação por edital.[245] Assim como seria nula a citação psicografada, via Facebook, por código morse, utilizando-se de *outdoors* ou por intermédio de sinais de fumaça, simplesmente porque ausente a previsão legal de tais meios de citação. Dito de um modo direto: no Direito Processual Civil nem sempre os fins justificam os meios.

---

no próprio âmbito do processo, com a concessão de poderes ao juiz para, dentro de determinados limites, realizar a adequação de forma concreta". BEDAQUE, José Roberto dos Santos. *Efetividade do processo e técnica processual*. 2. ed. São Paulo: Malheiros, 2007, p. 64-65.

[244] "Art. 246. A citação será feita: I - pelo correio; II - por oficial de justiça; III - pelo escrivão ou chefe de secretaria, se o citando comparecer em cartório; IV - por edital; V - por meio eletrônico, conforme regulado em lei. §1º. Com exceção das microempresas e das empresas de pequeno porte, as empresas públicas e privadas são obrigadas a manter cadastro nos sistemas de processo em autos eletrônicos, para efeito de recebimento de citações e intimações, as quais serão efetuadas preferencialmente por esse meio. §2º. O disposto no §1º. aplica-se à União, aos Estados, ao Distrito Federal, aos Municípios e às entidades da administração indireta. §3º. Na ação de usucapião de imóvel, os confinantes serão citados pessoalmente, exceto quando tiver por objeto unidade autônoma de prédio em condomínio, caso em que tal citação é dispensada". BRASIL. *Lei nº 13.105, de 16 de março de 2015*. Código de Processo Civil. Disponível em: <https://www.planalto.gov.br/ccivil_03/_ato2015-2018/2015/lei/l13105.htm>. Acesso em: 7 set. 2016.

[245] "Art. 247. A citação será feita pelo correio para qualquer comarca do país, exceto: I - nas ações de estado, observado o disposto no art. 695, §3º; II - quando o citando for incapaz; III - quando o citando for pessoa de direito público; IV - quando o citando residir em local não atendido pela entrega domiciliar de correspondência; V - quando o autor, justificadamente, a requerer de outra forma". *Ibid*.

Afinal, o Direito Processual Civil só é existencializado por intermédio de procedimentos. Procedimentos são o caminho, o iter pelo qual deve seguir o processo, são as regras mínimas a garantir isonomia de tratamento às partes e o dever de não surpresas. Os procedimentos fazem parte do processo. É um erro achar que os procedimentos possam ser meramente "descolados", sem que isso possa interferir na estrutura do processo. E é por esta razão que, no mais das vezes, respeitar procedimentos – mormente nesta quadra da história, diante do papel democrático que a lei representa no sistema jurídico – está intimamente atrelado à necessária observância da garantia constitucional do devido processo legal.

Assim, o que deve ser combatido é o *rigorismo procedimental*, ou seja, *elevar a forma a um patamar que a transforme na razão de ser do processo*. O processo é feito para servir o direito material. Disso não há discussão. Mas não se demonstra democrático, tampouco republicano, solapar regras de procedimentos simplesmente porque o magistrado, calcado em seu exclusivo ponto de vista (normalmente exaltando suas qualidades de *bom gestor*), resolve implementar *atalhos* que permitam a resolução mais célere da lide.

Ao contrário, na maioria das vezes em que o julgador se aventura a abreviar procedimentos correrá o grande risco de, também, sob os auspícios dos princípios da informalidade, celeridade e simplicidade, reflexamente incorrer no desrespeito a outras tantas garantias fundamentais que orientam o Direito Processual Civil, como o devido processo legal, o contraditório (substancial) e a ampla defesa.

Dito de outro modo: sob um viés hermenêutico, o respeito às formas (procedimentos) processuais aprovadas democraticamente devem constituir a regra, por questão de *mínima previsibilidade* e *segurança jurídica*, não a exceção. E atenção: isso não significa, sobremaneira, um retorno ao formalismo primitivo. Significa, sim, reconhecer que as formas (procedimentos) exercem importante função no Direito Processual Civil e que, excepcionalmente e desde que muito bem justificado, poderão ser relativizadas, a partir da necessidade de realização de outros tantos princípios processuais (normalmente garantias fundamentais), sempre à luz da facticidade, do caso em concreto, jamais em abstrato.

Ao fim e ao cabo, é leitura equivocada e ideologicamente tendenciosa servir o princípio da instrumentalidade das formas como *fundamento jurídico para a ampla relativização do devido processo legal*, como se fosse uma espécie de "carta em branco" endossada ao magistrado para conspurcar (antecipadamente) procedimentos legais. Ao contrário, o sentido legal (e histórico) da instrumentalidade das formas tem aplicação somente *posterior* aos atos processuais para que, quando não houver prejuízo às partes ou ao juízo, excepcionalmente, se evite o reconhecimento da nulidade.

Em suma: o *senso comum teórico* se assenhorou e distorceu a aplicação do aludido princípio processual, transmutando-o em *álibi teórico* (ou autorização prévia) para viabilizar toda espécie de flexibilização procedimental, ao arrepio das regras procedimentais (que, na sua maioria, são de ordem pública). Incrível: transformou-se a exceção em regra.

Isso explica, em grande parte, porque muitos magistrados que atuam perante os Juizados Especiais ainda *torcem o nariz* quando se trata de aplicar procedimentos ou institutos previstos no novo CPC. Esquecem-se (ou fingem se esquecer, por mero juízo de conveniência) que muitas das exigências (ou formalidades) constantes do CPC/2015 são, na verdade, o mero desvelamento, a explicitação, de muitos significados constitucionais antes já encobertos pelo senso comum teórico (ou jurisprudencial).

O maior dos exemplos é o princípio de bem fundamentar, previsto no art. 93, IX, da CRFB. Outro exemplo é o verdadeiro respeito ao princípio do contraditório. O CPC/2015 não criou tais princípios, apenas os aclarou, revelando uma dimensão que desde sempre lhes foi autêntica.

E, ainda assim, muitos magistrados acham *absurdo* deles se exigir fundamentações bem-feitas, ou alegam ser impossível analisar todas as teses trazidas pelas partes. O argumento (retórico) será sempre o mesmo: *fazer decisões bem fundamentadas emperrará o Judiciário* ou, invocando Rui Barbosa, afirmam que *toda justiça tardia é sinônimo de injustiça qualificada.*

Ora, se o problema é de ordem estrutural, então que enfrentemos o problema de frente, pois! Lutemos por uma melhor estrutura em prol do Poder Judiciário! O que não é republicano, tampouco democrático, é prolatar *sentenças malfeitas* para justificar *quantitativos mínimos* de produtividade. Aliás, o *juiz solipsista* acha que sim, que os números justificam *sentenças meia-boca*, até que a sua mãe ou um conhecido mais próximo também se torne vítima do mesmo *jeitinho-brasileiro-de-julgar-de-qualquer-jeito*. Ora, por um mínimo de decência, não se pode desejar para o outro aquilo que não desejamos sequer para nós mesmos, pois não?

3.4.2 Princípio *pas de nulitté sans grief*

Outro princípio que merece a devida crítica hermenêutica é o *princípio do prejuízo* ou *pas de nullité sans grief*. No CPC/1973, o §1º do art. 249 enfatizava que o ato processual não se repetirá nem se lhe suprirá a falta quando não prejudicar a parte.[246] Por sua vez, redação similar encontra guarida no bojo do CPC/2015.[247]

Vale destacar que o uso indiscriminado desse *(pseudo)princípio*, a exemplo do *princípio da instrumentalidade das formas*, pode atribuir ao intérprete a falsa impressão de que qualquer nulidade, desde que relativa, pode ser suplantada, fazendo tábua rasa da importância de respeito às regras procedimentais.

Além da dificuldade de mensuração da existência relativa ou não de prejuízo – tendo em conta que a mera existência da nulidade já implica sempre prejuízos por violação à garantia fundamental ao devido processo legal –, vale destacar que o *pas de nullité sans grief* é caudatário dos (ultrapassados) *princípios gerais do direito* e, como tal, resquício do sistema adotado pelo *positivismo exegético*, período processual do século XIX que exigia axiomas universalizantes, cuja função era o de proporcionar a *falsa sensação de completude* do sistema jurídico processual.[248]

---

[246] "Art. 249. O juiz, ao pronunciar a nulidade, declarará que atos são atingidos, ordenando as providências necessárias, a fim de que sejam repetidos, ou retificados. §1º. O ato não se repetirá nem se lhe suprirá a falta quando não prejudicar a parte. §2º. Quando puder decidir do mérito a favor da parte a quem aproveite a declaração da nulidade, o juiz não a pronunciará nem mandará repetir o ato, ou suprir-lhe a falta". BRASIL. *Lei nº 5.869, de 11 de janeiro de 1973*. Institui o Código de Processo Civil. Disponível em: <http://www.planalto.gov.br/ccivil_03/leis/L5869.htm>. Acesso em: 7 set. 2016.

[247] "Art. 282. Ao pronunciar a nulidade, o juiz declarará que atos são atingidos e ordenará as providências necessárias a fim de que sejam repetidos ou retificados. §1º. O ato não será repetido nem sua falta será suprida quando não prejudicar a parte. §2º. Quando puder decidir o mérito a favor da parte a quem aproveite a decretação da nulidade, o juiz não a pronunciará nem mandará repetir o ato ou suprir-lhe a falta". BRASIL. *Lei nº 13.105, de 16 de março de 2015*. Código de Processo Civil. Disponível em: <https://www.planalto.gov.br/ccivil_03/_ato2015-2018/2015/lei/l13105.htm>. Acesso em: 7 set. 2016

[248] "Os princípios gerais do direito, porque pertencentes ao modelo liberal-individualista de direito e com função discricionário-positivista de 'fechamento autopoiético do sistema jurídico', não são compatíveis com a principiologia ínsita ao Estado Democrático de Direito, podendo-se nominar, paradigmaticamente, nesse contexto, o princípio processual penal de que não há nulidade sem prejuízo. Na verdade, os velhos princípios gerais do direito eram (são) axiomas concebidos ao tempo do positivismo exegético e que, por má compreensão da comunidade jurídica, atravessaram incólumes o século XX. Observe-se que determinadas provas podem, pelo princípio dos frutos da árvore envenenada, adotado pelo Supremo Tribunal Federal, contaminar todo o restante da prova. Uma nulidade pode até não causar prejuízo, desde que esta não esteja umbilicalmente ligada a outra, exsurgente de uma violação de um princípio da Constituição. Merece menção também o princípio do 'ne procedat judex ex officio', que deve sofrer uma mitigação, mormente quando a matéria é de índole constitucional". STRECK, Lenio Luiz. *Verdade e consenso*: Constituição, hermenêutica e teorias discursivas. 5. ed. São Paulo: Saraiva, 2014, p. 650.

3.4.3 Princípio da flexibilização procedimental

Por consequência ao princípio da instrumentalidade das formas, mormente após a década de 1990, aos poucos ganharam vozes no Brasil os defensores de uma maior flexibilização do procedimento, dentre os quais podemos citar Fernando da Fonseca Gajardoni que, em sua tese de doutorado, aponta para previsões legislativas ou posicionamentos jurisprudenciais a reconhecer e compor a existência do *princípio da flexibilização procedimental* no cenário nacional, a exemplos do art. 153 do Estatuto da Criança e do Adolescente e do art. 21 da Lei de Arbitragem.[249]

O Código de Processo Civil de 2015 inova em relação ao *princípio da flexibilização procedimental*, mormente em relação a quatro importantes aspectos: o *negócio jurídico processual*, o *calendário processual*, a *dilação de prazos processuais* e o *ônus dinâmico da produção de provas*.

Em relação ao *negócio jurídico processual*, o art. 190 do Código de Processo Civil de 2015 determina que *é lícito às partes plenamente capazes estipular mudanças no procedimento para ajustá-lo às especificidades da causa e convencionar sobre os seus ônus, poderes, faculdades e deveres processuais, antes ou durante o processo*.[250]

---

[249] "Paradoxalmente, nosso sistema permite ao juiz brasileiro, com fundamento no art. 131, do Código de Processo Civil (princípio do livre convencimento motivado), que decida livremente, com base na lei, nas provas e na sua convicção pessoal, sobre a pretensão formulada. Mas não lhe permite, também com base naqueles mesmos elementos, no direito material, nas condições especiais ou na autorização das partes, que opte pela prática de tal ou qual ato processual. Ou seja, permite-se ao juiz liberdade no principal, no julgamento da causa, mas não se lhe concede liberdade no 'minus', isto é, na escolha do melhor iter para a condução do processo. Minha preocupação foi majorada quando, ao consultar nossa legislação, percebi que já há situações, pese em casos muito restritos, que admitem a reclamada flexibilização do procedimento, permitindo que o magistrado ou as partes, dentro do processo, elejam o melhor ato processual a dar seguimento à série. O art. 153, do Estatuto da Criança e do Adolescente (Lei n. 8.069/90), por exemplo, permite, na inexistência de previsão legal sobre o procedimento na lei, que o magistrado crie o rito para os feitos afetos à infância e Juventude. E o art. 21 da Lei de Arbitragem (Lei 9.307/96), admite expressamente que o processo arbitral obedecerá ao procedimento estabelecido pelas partes na convenção de arbitragem, que poderá se reportar às regras de um órgão institucional ou entidade especializada, facultada, ainda, a delegação da eleição das regras de rito ao próprio árbitro ou ao tribunal arbitral. [...] Ora, o procedimento não precisa ser tão cartesiano como pinta a lei! A necessária racionalidade jurídica não se apresenta como assepsia lógica, tendo, pois, o direito brasileiro, plenas condições, dentro de sua perspectiva histórica e cultural, de apresentar soluções procedimentais mais adequadas do que os modelos rituais rigidamente previstos em lei". GAJARDONI, Fernando da Fonseca. *Flexibilização procedimental*: um novo enfoque para o estudo do procedimento em matéria processual. 2007. Tese (Doutorado em Direito) – Faculdade de Direito, USP, 2007. Disponível em: <file:///C:/Users/RICARDO/Downloads/FERNANDO_TESE_COMPLETA_PDF.pdf>. Acesso em: 13 out. 2016.

[250] "Art. 190. Versando o processo sobre direitos que admitam autocomposição, é lícito às partes plenamente capazes estipular mudanças no procedimento para ajustá-lo às

Para que hermeneuticamente possamos compreender o negócio jurídico processual, antes é necessário trazer importantes elementos históricos que servirão para forjar nossa pré-compreensão.

Como já ressaltamos anteriormente, a Lei nº 9.307/96 – a conhecida "Lei da Arbitragem" – permite que pessoas capazes e em relação a direitos patrimoniais disponíveis possam se valer do *árbitro* (terceiro estranho ao Poder Judiciário), por intermédio de *cláusula compromissória* (cláusula contratual no qual as partes, previamente, abrem mão da jurisdição estatal) ou por *compromisso arbitral* (um contrato estipulando a arbitragem).

E, a este respeito, em 12.12.2001, o Supremo Tribunal Federal, ao decidir acerca de homologação de sentença estrangeira (SE nº 5.206),[251] declarou a constitucionalidade da Lei de Arbitragem, por maioria de votos, perfilhando a possibilidade de *jurisdição* – o poder de dizer o Direito – *para além do Poder Judiciário*. Isso implica reconhecermos, assim como no processo administrativo (Lei nº 9.784/99), a ampliação do conceito de processo.

Ocorre que desde a Lei de Arbitragem tínhamos em vigor dispositivo legal expresso (art. 21) prevendo a possibilidade de as partes escolherem e pactuarem sobre qual o procedimento que aceitarão se submeter.[252] Todavia, o exercício dessa *faculdade procedimental* não é

---

especificidades da causa e convencionar sobre os seus ônus, poderes, faculdades e deveres processuais, antes ou durante o processo. Parágrafo único. De ofício ou a requerimento, o juiz controlará a validade das convenções previstas neste artigo, recusando-lhes aplicação somente nos casos de nulidade ou de inserção abusiva em contrato de adesão ou em que alguma parte se encontre em manifesta situação de vulnerabilidade". BRASIL. *Lei nº 13.105, de 16 de março de 2015*. Código de Processo Civil. Disponível em: <https://www.planalto.gov.br/ccivil_03/_ato2015-2018/2015/ lei/l13105.htm>. Acesso em: 7 set. 2016.

[251] Segue trecho da ementa do SE nº 5.206 do STF: "[...] Constitucionalidade declarada pelo plenário, considerando o Tribunal, por maioria de votos, que a manifestação de vontade da parte na cláusula compromissória, quando da celebração do contrato, e a permissão legal dada ao juiz para que substitua a vontade da parte recalcitrante em firmar o compromisso não ofendem o artigo 5º, XXXV, da CF. Votos vencidos, em parte - incluído o do relator - que entendiam inconstitucionais a cláusula compromissória - dada a indeterminação de seu objeto - e a possibilidade de a outra parte, havendo resistência quanto à instituição da arbitragem, recorrer ao Poder Judiciário para compelir a parte recalcitrante a firmar o compromisso, e, consequentemente, declaravam a inconstitucionalidade de dispositivos da Lei 9.307/96 (art. 6º, parág. único; 7º e seus parágrafos e, no art. 41, das novas redações atribuídas ao art. 267, VII e art. 301, inciso IX do C. Pr. Civil; e art. 42), por violação da garantia da universalidade da jurisdição do Poder Judiciário. Constitucionalidade - aí por decisão unânime, dos dispositivos da Lei de Arbitragem que prescrevem a irrecorribilidade (art. 18) e os efeitos de decisão judiciária da sentença arbitral (art. 31)". BRASIL. Supremo Tribunal Federal. *SE 5206 AgR / EP - Espanha AG.REG.na sentença estrangeira*. Agravante: M B V Commercial and Export Management Establisment. Agravado: Resil Industria e comercio Ltda. Relator: Min. Sepúlveda Pertence. Brasília, DF, julgamento: 12 de dezembro de 2001. Disponível em: <https://goo.gl/8LFvVb >. Acesso em: 7 set. 2016.

[252] "Art. 21. A arbitragem obedecerá ao procedimento estabelecido pelas partes na convenção de arbitragem, que poderá reportar-se às regras de um órgão arbitral institucional ou

ilimitada, somente sendo possível diante de partes capazes, direitos transacionáveis e a inexistência de uma relação jurídica de direito material (anterior) que revele a existência de hipossuficiência.

Ainda assim, evidentemente, continuará a ser possível o controle jurisdicional visando coibir eventual abusividade de regras procedimentais, mormente em relação à violação das garantias constitucionais do contraditório, a quebra de isonomia de tratamento entre as partes ou identificada a parcialidade do árbitro.[253]

Vale citar que o Código de Processo Civil de 2015 é o primeiro gestado e nascido sob o auspício do regime democrático no Brasil. Nesse Código, como em nenhum outro, houve a ampla discussão dos seus dispositivos à luz da moderna doutrina acadêmica, e por isso certamente pode ser reconhecido como uma das codificações processuais mais avançadas deste início de século XXI.

Nesse diapasão, o novo CPC realoca o papel de cada ator processual em seu devido lugar: *as partes passam a assumir posição de destaque diante do fenômeno processual*, já que são as verdadeiras destinatárias das suas normas, principalmente em relação aos *procedimentos* (antes dotados de intangibilidade, por serem considerados tradicionalmente *normas de ordem pública*). O juiz desempenha um papel tão importante (mas não mais) que as partes. Isso explica e legitima a possibilidade, à luz da Constituição, do negócio jurídico processual.

Isso não significa que as partes possam estabelecer, em juízo, qualquer espécie de procedimento. Assim como na Lei de Arbitragem, o juiz deverá controlar a validade do negócio jurídico processual, a fim de evitar abusos e fazer respeitar as mínimas garantias processuais previstas na Constituição.

---

entidade especializada, facultando-se, ainda, às partes delegar ao próprio árbitro, ou ao tribunal arbitral, regular o procedimento. §1º. Não havendo estipulação acerca do procedimento, caberá ao árbitro ou ao tribunal arbitral discipliná-lo. §2º. Serão, sempre, respeitados no procedimento arbitral os princípios do contraditório, da igualdade das partes, da imparcialidade do árbitro e de seu livre convencimento. [...]". BRASIL. *Lei nº 9.307, de 23 de setembro de 1996*. Dispõe sobre a arbitragem. Disponível em: <http:// www.planalto.gov.br/ccivil_03/leis/L9307.htm>. Acesso em: 7 set. 2016.

[253] "Art. 32. É nula a sentença arbitral se: I - for nula a convenção de arbitragem; II - emanou de quem não podia ser árbitro; III - não contiver os requisitos do art. 26 desta Lei; IV - for proferida fora dos limites da convenção de arbitragem; V - (Revogado pela Lei nº 13.129, de 2015); VI - comprovado que foi proferida por prevaricação, concussão ou corrupção passiva; VII - proferida fora do prazo, respeitado o disposto no art. 12, inciso III, desta Lei; e VIII - forem desrespeitados os princípios de que trata o art. 21, §2º, desta Lei. Art. 33. A parte interessada poderá pleitear ao órgão do Poder Judiciário competente a declaração de nulidade da sentença arbitral, nos casos previstos nesta Lei". BRASIL. *Lei nº 9.307, de 23 de setembro de 1996*. Dispõe sobre a arbitragem. Disponível em: <http:// www.planalto.gov.br/ccivil_03/leis/L9307.htm>. Acesso em: 7 set. 2016.

Por exemplo, serão nulas cláusulas estabelecidas pelas partes em negócio jurídico processual, ainda que maiores e capazes, que vedem a uma das partes não poder produzir um determinado tipo de prova (por avulta à ampla defesa), estipulem prazos diferenciados a uma das partes sem causa justificável (por violação à paridade de tratamento) ou que permitam a apenas uma das partes recorrer da decisão (por solapar o devido processo legal). Este é o sentido hermenêutico dessa primeira dimensão do princípio da flexibilização procedimental.

Idêntico raciocínio pode ser empregado à nova sistemática do *calendário processual*: as partes poderão, de comum acordo, apresentar ao juiz uma sugestão de calendário processual. Isso produz duas visíveis vantagens: as partes podem se programar e assumir outros compromissos sem se preocupar em serem *pegas de surpresa* com a eventual designação da data de audiência, assim como se tornam mais simples os próximos passos do andamento processual, na medida em que todos os atos processuais previamente agendados dispensarão a necessidade de prévia intimação das partes proponentes.[254]

Evidentemente, também existem limites ao calendário processual. Por isso mesmo, deve ser rechaçada pelo magistrado toda tentativa de as partes obterem alguma vantagem em relação aos demais jurisdicionados e, inclusive, à fiel observância das prioridades legais (idosos, portadores de necessidades especiais, infância e juventude, mandados de segurança, *habeas data*, mandados de injunção, dentre outras hipóteses).

Por exemplo, se o primeiro "claro" da pauta de audiência de um determinado juízo está previsto para daqui a seis meses, será nula qualquer estipulação entre as partes que pretenda "furar a fila", buscando realizar a audiência para daqui a apenas dois meses. Em suma: o calendário processual, assim como qualquer outra espécie de negócio jurídico processual, não pode jamais servir de atalho para *passar na frente* dos demais jurisdicionados, sob pena de violação à *coerência*, entendida como o respeito ao *princípio republicano de isonomia de tratamento* entre cidadãos em situações similares.

Outro dispositivo relacionado à flexibilização procedimental diz respeito à permissão legal de o magistrado poder *ampliar prazos*

---

[254] "Art. 191. De comum acordo, o juiz e as partes podem fixar calendário para a prática dos atos processuais, quando for o caso. §1º. O calendário vincula as partes e o juiz, e os prazos nele previstos somente serão modificados em casos excepcionais, devidamente justificados. §2º. Dispensa-se a intimação das partes para a prática de ato processual ou a realização de audiência cujas datas tiverem sido designadas no calendário". BRASIL. *Lei nº 13.105, de 16 de março de 2015*. Código de Processo Civil. Disponível em: <https://www.planalto.gov.br/ccivil_03/_ato2015-2018/2015/lei/l13105.htm>. Acesso em: 7 set. 2016.

processuais e *alterar a ordem de produção dos meios de prova* de acordo com as necessidades e as peculiaridades do litígio.[255] De fato, existem casos esporádicos que podem justificar a aplicação desses institutos. O primeiro exemplo (aliás, um dos mais usados pelos defensores da flexibilização procedimental) seria a impossibilidade jurídica de produção de defesa técnica no prazo da contestação (normalmente de quinze dias) no bojo de uma ação civil pública contendo, entre argumentos e documentação, algo em torno de 1.000 páginas. O problema, aqui, seria definir o que seria então processualmente "razoável" para que houvesse coerência (isonomia) de tratamento em casos similares. Será que a cada 50 páginas acima de 300 páginas mereceria um dia útil a mais de prazo? Pior, será que 10 páginas envolvendo uma análise contábil não exigiria, pela natureza e complexidade do seu conteúdo, mais tempo de análise do que 50 páginas envolvendo argumentos estritamente jurídicos? Ora, isso demonstra que a resposta hermeneuticamente correta jamais poderá ser descolada da facticidade (cada caso é um caso).

O segundo exemplo diz respeito à inversão dos meios de prova. A depender da natureza da demanda – *v.g.*, um processo envolvendo indenização em razão de problemas de engenharia em construção –, seria possível determinar a realização, primeiro, da perícia judicial (a fim de gerar um nível mínimo de pré-compreensão), para, somente depois coletar o depoimento pessoal e a prova testemunhal, a fim de confrontá-los com o resultado da perícia?

Enfim, a ausência de uma *criteriologia* clara e definidora de parâmetros mínimos e máximos aplicáveis a este instituto transformam o inciso VI do art. 139 do CPC/2015 em *cláusula processual aberta*. Basta ver ter sido inserida *topologicamente* como um dos novos "poderes" do magistrado.

Nesse sentido, melhor seria que a possibilidade de ampliação dos prazos processuais, em razão de sua *simbologia*, estivesse prevista dentro do Capítulo III do Livro I (Dos prazos), assim como que a alteração da ordem de produção dos meios de prova encontrasse berço na Seção I (Disposições gerais) do Capítulo XII do Livro I (Das provas), porquanto definitivamente tais hipóteses de flexibilização procedimental não podem ser tratadas como mais um "poder" dos juízes, mas sim de mecanismos processuais que ampliam a importância dos interesses e

---

[255] "Art. 139. O juiz dirigirá o processo conforme as disposições deste Código, incumbindo-lhe: [...] VI - dilatar os prazos processuais e alterar a ordem de produção dos meios de prova, adequando-os às necessidades do conflito de modo a conferir maior efetividade à tutela do direito; [...] Parágrafo único. A dilação de prazos prevista no inciso VI somente pode ser determinada antes de encerrado o prazo regular". *Ibid.*

os papéis que as partes exercem no moderno processo – não mais, nem menos que o magistrado – e que visam preservar o exercício de outras importantes garantias fundamentais como a ampla defesa, a paridade de tratamento e o devido processo legal.

Logo, o "controle hermenêutico" de uma decisão judicial que admita a flexibilização procedimental só será possível a partir da verificação de uma *fundamentação bem fundamentada*, com respeito aos critérios mínimos apresentados pelo §1º do art. 489 do CPC/2015.[256]

Aliás, a previsão – e, muitas vezes, a necessidade – de utilização de *cláusulas processuais abertas* (já que o Direito não é capaz de prever todas as hipóteses presentes na realidade) só reforça a necessidade de aplicação do dever de bem fundamentar previsto no novo Código de Processo Civil também à sistemática dos Juizados Especiais.

Em relação à flexibilização procedimental, por derradeiro, impende ressaltar o mecanismo, agora ampliado, referente à *distribuição dinâmica do ônus da prova*, presente no §1º do art. 373 do CPC/2015, ao prever que diante de peculiaridades de causas relacionadas à impossibilidade ou à excessiva dificuldade de cumprir com o encargo probatório ou à maior facilidade de obtenção da prova do fato contrário, *poderá* o juiz (melhor seria *deverá*...) atribuir o ônus da prova de modo diverso e desde que dê à parte agravada a oportunidade de se desincumbir do ônus que lhe foi atribuído. Por esta razão, será vedado ao magistrado determinar a inversão do ônus na hipótese de *prova diabólica* (de impossível produção).[257]

---

[256] "Art. 489. [...] §1º. Não se considera fundamentada qualquer decisão judicial, seja ela interlocutória, sentença ou acórdão, que: I - se limitar à indicação, à reprodução ou à paráfrase de ato normativo, sem explicar sua relação com a causa ou a questão decidida; II - empregar conceitos jurídicos indeterminados, sem explicar o motivo concreto de sua incidência no caso; III - invocar motivos que se prestariam a justificar qualquer outra decisão; IV - não enfrentar todos os argumentos deduzidos no processo capazes de, em tese, infirmar a conclusão adotada pelo julgador; V - se limitar a invocar precedente ou enunciado de súmula, sem identificar seus fundamentos determinantes nem demonstrar que o caso sob julgamento se ajusta àqueles fundamentos; VI - deixar de seguir enunciado de súmula, jurisprudência ou precedente invocado pela parte, sem demonstrar a existência de distinção no caso em julgamento ou a superação do entendimento. [...]". BRASIL. *Lei nº 13.105, de 16 de março de 2015*. Código de Processo Civil. Disponível em: <https://www.planalto.gov.br/ccivil_03/_ato2015-2018/2015/lei/l13105.htm>. Acesso em: 7 set. 2016.

[257] "Art. 373. O ônus da prova incumbe: I - ao autor, quanto ao fato constitutivo de seu direito; II - ao réu, quanto à existência de fato impeditivo, modificativo ou extintivo do direito do autor. §1º. Nos casos previstos em lei ou diante de peculiaridades da causa relacionadas à impossibilidade ou à excessiva dificuldade de cumprir o encargo nos termos do caput ou à maior facilidade de obtenção da prova do fato contrário, poderá o juiz atribuir o ônus da prova de modo diverso, desde que o faça por decisão fundamentada, caso em que deverá dar à parte a oportunidade de se desincumbir do ônus que lhe foi atribuído. §2º. A decisão prevista no §1º. deste artigo não pode gerar situação em que a desincumbência do encargo pela parte seja impossível ou excessivamente difícil. [...]". *Ibid*.

Mas o legislador foi além: inclusive, a distribuição dinâmica do ônus da prova também é possível de figurar como objeto de negócio jurídico processual, desde que respeitado um mínimo de paridade de tratamento entre as partes, tampouco impeça o exercício da ampla defesa.[258]

Vale lembrar que a técnica de inversão do ônus probatório tem origem histórica em situações de manifesta hipossuficiência, como ocorre no Direito do Consumidor, no Direito do Trabalho, no Direito Tributário e até no Direito Penal (com a presunção de não culpabilidade). Logo, trata-se de subproduto da garantia fundamental à isonomia, em sua *dimensão material*, na medida em que cada um deve suportar o ônus probatório em medida proporcional à sua desigualdade processual.

3.4.4 Princípio da verdade real

Para os defensores do *princípio da verdade real*, o juiz não pode se contentar com a mera verdade formal, ou seja, a verdade produzida pelas partes por intermédio do contraditório. Ao contrário, o processo, compreendido como meio de obtenção de justiça social, impõe ao juiz o *dever* de determinar *de ofício* todas as provas necessárias à instrução do processo.[259]

De acordo com a "verdade real", o juiz não é um terceiro expectador, inerte, não restando preso aos grilhões das provas produzidas somente pelas partes, ao argumento de não se tornar mero observador (e homologador) de injustiças. Esse *plus cognitivo* busca proporcionar novos contornos ao brocardo *da mihi factum, dabo tibi ius*, autorizando o magistrado a perseguir provas em nome de uma pretensa obtenção de justiça.

Todavia, a adoção do princípio da verdade real pode implicar a livre disposição do juiz em se utilizar de todos os meios legais ou moralmente legítimos com a finalidade de provar, por si só, a *verdade dos*

---

[258] "Art. 373. [...] §3º. A distribuição diversa do ônus da prova também pode ocorrer por convenção das partes, salvo quando: I - recair sobre direito indisponível da parte; II - tornar excessivamente difícil a uma parte o exercício do direito. §4º. A convenção de que trata o §3º. pode ser celebrada antes ou durante o processo". BRASIL. *Lei nº 13.105, de 16 de março de 2015*. Código de Processo Civil. Disponível em: <https://www.planalto.gov.br/ccivil_03/_ato2015-2018/2015/lei/l13105.htm>. Acesso em: 7 set. 2016.

[259] "Art. 371. O juiz apreciará a prova constante dos autos, independentemente do sujeito que a tiver promovido, e indicará na decisão as razões da formação de seu convencimento". Ibid.

fatos.²⁶⁰ Do mesmo modo, o referido postulado autoriza o juiz a decidir em sentido oposto à conclusão de uma prova técnica, desde que se utilize de outros elementos na formação de sua convicção. Corre-se o risco de o juiz se tornar um inquisidor, de modo a buscar os elementos de prova necessários que sirvam para apenas para confirmar (e, assim, conformar) a sua decisão (*confirmation bias*).²⁶¹

Em apertada síntese, enquanto a *verdade formal* se contenta com a máxima *o que não está nos autos não está no mundo*, a *verdade real* (ou *material*), por outro lado, passa a exigir atuação *proativa* do magistrado, muito em razão de forte tendência de *publicização* do Direito Processual Civil, deslocando a função do processo de meio de resolução de conflitos entre as partes para *instrumento de justiça social*. Logo, o princípio da verdade real é um dos maiores cânones instrumentais da postura ativista dos magistrados, a fomentar o que os procedimentalistas criticamente designam de *socialismo processual*.

A dificuldade que hermeneuticamente verificamos tanto na adoção de um conceito de *verdade formal*, quanto na sua transformação em *verdade real* pela publicização do processo é o mesmo: o forte apego ao *esquema sujeito-objeto*. Enfim, o próprio *dualismo* "formal" *versus* "real" já denuncia a sua concepção metafísica, como se a verdade pudesse ser cindida (ou encapsulada) em facetas distintas.²⁶²

Mas o problema não acaba por aí. Enquanto a *verdade formal* se contenta com as provas trazidas pelas partes no processo (objeto), pouco importando a sua qualidade ou a incongruência do conjunto

---

²⁶⁰ "Art. 369. As partes têm o direito de empregar todos os meios legais, bem como os moralmente legítimos, ainda que não especificados neste Código, para provar a verdade dos fatos em que se funda o pedido ou a defesa e influir eficazmente na convicção do juiz". *Ibid*.

²⁶¹ "Art. 479. O juiz apreciará a prova pericial de acordo com o disposto no art. 371, indicando na sentença os motivos que o levaram a considerar ou a deixar de considerar as conclusões do laudo, levando em conta o método utilizado pelo perito". BRASIL. *Lei nº 13.105, de 16 de março de 2015*. Código de Processo Civil. Disponível em: <https://www.planalto.gov.br/ccivil_03/_ato2015-2018/2015/lei/l13105.htm>. Acesso em: 7 set. 2016.

²⁶² "Veja-se a força que ainda tem o vetusto 'princípio da verdade real'. A sua remanescência e quotidiana citação pelos juízes e tribunais por si sós já demonstram o atraso filosófico da teoria do direito. Isso tudo é sustentado por um senso comum teórico, que se constitui em um 'habitus'. Nesse universo, ocorrem coisas interessantes. Por exemplo, para o senso comum teórico, se não tiver coisas no mundo, as palavras ficam sem significado (sic). Desse modo, os juristas inventam, criam o 'mundo jurídico', a partir de algo que se pode denominar de 'uso reificante da linguagem', isso porque a crença nas palavras mantém a ilusão de que estas são parte integrante das coisas a conhecer ou, pelo menos, com isso podem postular a 'adequação' dos conceitos ao real; por outro lado, com a ajuda dos recursos linguísticos de que o intérprete dispõe, o máximo que pode fazer é proceder a decomposições arbitrárias ou à assimilação de realidades que, em sua estrutura interna, são muito dessemelhantes". STRECK, Lenio Luiz. *Jurisdição constitucional e decisão jurídica*. São Paulo: Revista dos Tribunais, 2013, p. 69.

probatório, apostando apenas no contraditório entre as partes como meio de produção de justiça, a *verdade real* transfere a questão da verdade do processo (objeto) para o juiz (sujeito), que passa a ter poderes de ir para além das partes e, assim, determinar qualquer prova que acredite necessária para formar o seu convencimento.

Em outras palavras, na verdade real o juiz se *assenhora* da verdade na medida em que a extensão cognitiva, o que se dá por meio das provas, deriva de ato de sua própria consciência.[263]

Ocorre que *a verdade não está nos autos* – verdade como *essência dos fatos* (metafísica clássica) –, tampouco *está na cabeça do juiz* – verdade como *sinônimo de verdadeiro*, produto de um método, relacionado à filosofia da consciência (metafísica moderna). Ora, as *provas não falam per si* – o *mito do dado* –, assim como *não é possível reconstruir a verdade* por meio das provas. Este tipo de "verdade por correspondência", derivada de um juízo de *cara-crachá* entre "fatos" e "teses" conduz o intérprete a uma *verdade projetada*, ou seja, um mero *simulacro da verdade*.

Mas atenção. O fato de a verdade não poder estar contida nas provas (procedimentalismos), tampouco na consciência do intérprete (subjetivismos), não significa que ela (a verdade) não exista, ou que não possa ser alcançada. Pior que perseguir uma *verdade real* é afirmar ser a *verdade relativa*. Afinal, se existem "múltiplas verdades" é porque

---

[263] "Vê-se (e ouve-se) de tudo. Com efeito. Ao mesmo tempo em que 'existiria' a verdade como um 'dado' real, haveria também o 'livre convencimento...' (ou livre apreciação da prova), tudo isso independentemente dos problemas que as próprias concepções clássicas ou modernas da filosofia revelem. Mas, então, permito-me indagar: de que modo ela — a verdade — seria, então, um dado 'real'? 'Real' em que sentido? O real é o verdadeiro 'em si' ou algo verdadeiro dito sobre o real? Qual é a diferença entre a verdade e o verdadeiro? Outra pergunta: independente da correlação com uma ou outra concepção filosófica sobre o conceito de 'verdade', de que modo seria possível compatibilizar essas 'teses'? Ao exame de parcela considerável da doutrina processual penal brasileira (embora esse problema esteja nos demais ramos do direito também), confesso que não foi possível encontrar uma resposta satisfatória a esse dilema. Dessa maneira, do que lê por aí, tem-se que: de um lado, há uma verdade real 'nos fatos', onde o intérprete 'busca' a verdade nas essências das coisas/dos fatos e que são verdades irrefutáveis, indiscutíveis e, portanto, não há convencimento, uma vez que sequer há sujeito – chamemos a isso de metafísica clássica (ou de objetivismo ou, talvez, de uma vulgata construída assistematicamente); de outro, há um livre convencimento, no qual é possível se deduzir, autônoma e racionalmente, através do método construído pela subjetividade, aquilo que é verdadeiro ou não (chamemos a isso, de forma bem generosa, de filosofia da consciência). No mais, o que mais preocupa é que tais teses ignoram o fato de que as teorias da verdade estão sempre relacionando alguma coisa (normalmente o 'logos') ao invés de serem 'qualidades' de um determinado 'locus'. Ainda que o 'locus' seja 'a coisa', os gregos já sabiam que não poderiam ter acesso 'tátil' a essa coisa. O problema é que determinados processualistas acham que isso é possível depois de 2.500 anos de filosofia. Incrível. [...]". STRECK, Lenio Luiz. O cego de Paris II: o que é "a verdade" no Direito? *Revista Consultor Jurídico*, São Paulo, 17 out. 2013. Disponível em: <http://www.conjur.com.br/2013-out-17/senso-incomum-cego-paris-ii-verdade-direito>. Acesso em: 14 out. 2016.

"a" verdade não existe. É o que chamamos de *ceticismo processual* (ou *verofóbicos de plantão*).
E, se a verdade não existe, então, o que me resta do processo? O processo seria apenas "um jogo", com regras previamente definidas? E isso quando os adeptos da instrumentalidade das formas não buscam relativizar também os procedimentos... Vencerá quem jogar melhor? Não acreditamos que o processo seja um jogo. Longe disso.
A verdade existe, sim. O que ocorre é que a verdade não "está" (nem nas provas, nem na cabeça do intérprete); a verdade simplesmente "é" (ou "foi", se me refiro a uma situação passada). A verdade é existencial, portanto. Está no mundo. Essa conclusão só pode ser obtida a partir de um *novo paradigma filosófico* que supere o antigo *esquema sujeito-objeto*, já que tanto a *metafísica clássica* (objetivação da verdade, o que leva à defesa de *procedimentalismos*), quanto a *metafísica moderna* (assujeitamento da verdade, o que leva a *subjetivismos*) não foram capazes de *dar conta do recado* (da verdade).[264]

3.4.5 Princípio do livre convencimento motivado

Outro postulado que merece sérios reparos é o *princípio do livre convencimento motivado*. Impressiona constatar que a expressão "livre convencimento motivado" consegue contemplar, ao mesmo tempo, *dois vícios de linguagem*.

O *primeiro vício* é um *oximoro*, porque a expressão contém grave incongruência de significados. Ora, se o convencimento é "livre",

---

[264] "O fator talvez mais inusitado que se projeta a partir de todo esse quadro é que, em nenhum aspecto, os argumentos da dogmática processual se aproximam das discussões contemporâneas sobre o conceito de verdade. Continuamos a discutir as questões a partir do modo como eram levadas a cabo no final do século XIX e início do século XX. Esse relativismo 'démodé', bem como essa profissão de fé em um caráter unitário da verdade, não atinge o ponto de estofo da questão que, no contexto atual, se situa no campo da linguagem. Como afirma Lorenz Puntel, um dos grandes filósofos contemporâneos, verdade quer dizer a revelação da coisa mesma ('Sache selbst') que se articula na dimensão de uma pretensão de validade justificável discursivamente. Isto só para iniciar a discussão, é claro. Para ser mais incisivo: a história da Filosofia e, do seu modo peculiar, a dogmática jurídica sempre trabalharam a verdade como a relação entre um juízo ideal construído pelo sujeito sobre algo real, posto no mundo. Assim, ao centralizar na subjetividade (que é também um subsistente, como os objetos sobre os quais se fazem juízos, como bem expõe Heidegger nos volumes sobre Nietzsche), acaba-se limitando as possibilidades da verdade. Partindo desse paradigma, estamos sempre limitados a falar a verdade (fazer juízo é um exemplo) sobre representações ou conteúdos da consciência, ignorando a realidade na qual sempre estivemos inseridos. [...]". STRECK, Lenio Luiz. O cego de Paris II: o que é "a verdade" no Direito? *Revista Consultor Jurídico*, São Paulo, 17 out. 2013. Disponível em: <http://www.conjur.com.br/2013-out-17/senso-incomum-cego-paris-ii-verdade-direito>. Acesso em: 14 out. 2016.

realmente, então por qual razão deverá haver "motivação"? Ou, será que a *motivação do convencimento* já não seria um mecanismo de limitação da liberdade do juiz? Em outras palavras: *liberdade não combina com motivação*, já que uma motivação bem elaborada (fundamentação) é o meio pelo qual as partes e a sociedade em geral poderão controlar excessos ou decisionismos judiciais.

O *segundo vício* (que nos aparenta ser tautológico) surge quando tentamos salvar o princípio ao eliminar o primeiro vício de linguagem, riscando do mapa a expressão "livre". Sobraria, assim, o princípio do ~~livre~~ convencimento motivado. Será possível produzir *convencimento sem motivação*? Afinal, convencer é sinônimo de persuadir (ainda que se limite a si mesmo) por meio de razões ou argumentos bem fundados. Logo, todo convencimento, para ser convincente, exige a prévia ou concomitante motivação! Em conclusão, como a *linguagem*, para a hermenêutica, é condição de possibilidade – e, por isso mesmo, deve ser respeitada –, retirando-se os dois vícios de linguagem referidos, tecnicamente, só seria possível afirmar a existência do *princípio da motivação*.

O CPC/1939, em seu artigo 118, já estabelecia que

> [...] na apreciação da prova, o juiz formará livremente o seu convencimento, atendendo aos fatos e circunstâncias constantes dos autos, ainda que não alegados pela parte, e em seu parágrafo único fazia a seguinte ressalva: [...] o juiz indicará na sentença ou despacho os fatos e circunstâncias que motivaram o seu convencimento.[265]

O art. 131 do CPC/1973, por sua vez, em sua redação original, determinava "que o juiz apreciará livremente a prova, atendendo aos fatos e circunstâncias constantes dos autos, ainda que não alegados pelas partes; mas deverá indicar, na decisão, os motivos que lhe formaram o convencimento".

A Lei nº 5.925/73, antes do início da vigência do CPC/1973, alterou com bastante sutileza a redação do referido artigo, substituindo a expressão "decisão" por "sentença".[266] Qual a dimensão desta aparente

---

[265] "Art. 118. Na apreciação da prova, o juiz formará livremente o seu convencimento, atendendo aos fatos e circunstâncias constantes dos autos, ainda que não alegados pela parte. Mas, quando a lei considerar determinada forma como da substância do ato, o juiz não lhe admitirá a prova por outro meio. Parágrafo único. O juiz indicará na sentença ou despacho os fatos e circunstâncias que motivaram o seu convencimento". BRASIL. *Decreto-lei nº 1.608, de 18 de setembro de 1939*. Código de Processo Civil. Disponível em: <https://www.planalto.gov.br/ccivil_03/decreto-lei/1937-1946/Del1608.htm>. Acesso em: 7 set. 2016.

[266] "Art. 131. O juiz apreciará livremente a prova, atendendo aos fatos e circunstâncias constantes dos autos, ainda que não alegados pelas partes; mas deverá indicar, na sentença, os motivos que lhe formaram o convencimento". BRASIL. *Lei nº 5.869, de 11 de*

"pequena" mudança ou, em outras palavras, por qual razão o legislador se daria a tal trabalho? Ora, foi o modo encontrado para dispensar a necessidade de motivação do magistrado quando da determinação da realização de provas de ofício (decisão interlocutória), a fim de *deslocar a necessidade de motivação para a sentença* caso a prova produzida venha a ser utilizada pelo magistrado para firmar seu convencimento de mérito.

O novo CPC introduz importantes mudanças legislativas no (pseudo)princípio do *livre convencimento motivado* e acaba por colocar *cada pingo no seu "i"*, transmutando-o no *princípio da fundamentação*.

Devemos hermeneuticamente deixar, primeiro, que *o novo texto nos diga algo*. No lugar da anterior redação do art. 131 do CPC/1973, o Código de Processo Civil de 2015, em seu art. 371,[267] promove duas importantes alterações: primeiro, expunge a palavra "liberdade" da redação do artigo; segundo, retoma a palavra "decisão" no lugar de "sentença". Isso traz duas importantes implicações.

O legislador assumiu, expressamente, que a apreciação da prova não é ato jurisdicional discricionário, de simples escolha. Para o hermeneuta, isso é óbvio. Para o solipsista, *dói na carne*... O juiz não tem (nem nunca teve, a partir da Constituição Federal de 1988) a liberdade de apreciar a prova como melhor lhe convier. Decidir não é ato de intimidade, de consciência ou de vontade. Decidir é ato jurídico-político, é uma *prestação de contas* voltada à sociedade. Ainda, significa que o magistrado, ao apreciar a prova constante dos autos, caso venha a determinar a produção de prova por intermédio de decisão interlocutória, deverá demonstrar as (verdadeiras) razões que determinam a sua indispensabilidade.

E o *fechamento hermenêutico* que conduz a esta compreensão ocorre, exatamente, por força do §1º do art. 489 do CPC/2015, ao exigir do magistrado decisões bem fundamentadas.[268] Desse modo, podemos

---

janeiro de 1973. Institui o Código de Processo Civil. Disponível em: <http://www.planalto.gov.br/ccivil_03/leis/L5869.htm>. Acesso em: 7 set. 2016.

[267] "Art. 371. O juiz apreciará a prova constante dos autos, independentemente do sujeito que a tiver promovido, e indicará na decisão as razões da formação de seu convencimento". BRASIL. *Lei nº 13.105, de 16 de março de 2015*. Código de Processo Civil. Disponível em: <https://www. planalto.gov.br/ccivil_03/_ato2015-2018/2015/lei/l13105.htm>. Acesso em: 7 set. 2016.

[268] "Art. 489. São elementos essenciais da sentença: I - o relatório, que conterá os nomes das partes, a identificação do caso, com a suma do pedido e da contestação, e o registro das principais ocorrências havidas no andamento do processo; II - os fundamentos, em que o juiz analisará as questões de fato e de direito; III - o dispositivo, em que o juiz resolverá as questões principais que as partes lhe submeterem. §1º. Não se considera fundamentada qualquer decisão judicial, seja ela interlocutória, sentença ou acórdão, que: I - se limitar à indicação, à reprodução ou à paráfrase de ato normativo, sem explicar sua relação com a causa ou a questão decidida; II - empregar conceitos jurídicos indeterminados,

concluir que o *princípio da fundamentação* é muito mais técnico e específico que o *princípio da motivação*, já que incorpora em seu significado histórico o dever de *accountability* (responsabilidade política) do magistrado, porquanto toda decisão, doravante, não mais poderá comportar "qualquer" motivação, tampouco escolhas ou liberalidades.

3.4.6 Princípio da boa-fé processual

Um dos princípios que permeou toda a elaboração do novo Código de Processo Civil foi a boa-fé processual: *todo aquele que de qualquer forma participa do processo deve comportar-se de acordo com a boa-fé* (CPC/2015, art. 5º). A boa-fé implica o dever de *lealdade, eticidade e responsabilidade*.

A boa-fé processual deve ser levada em conta desde a *interpretação do pedido*[269] até a *interpretação da decisão judicial*.[270] Em outras palavras, a boa-fé deverá ser *presumida* a princípio, pois se espera que todos aqueles que venham a participar de algum modo do processo ajam de acordo com as suas premissas. Consequentemente, a má-fé dependerá sempre de comprovação.

O respeito à boa-fé não é uma novidade em nosso sistema processual. O Código de Processo Civil de 2015 busca melhor potencializar a preservação da boa-fé por meio de institutos que apliquem *penas processuais mais severas* (se comparadas ao código processual anterior) aos que se comportem com má-fé. A seguir vamos trazer à baila algumas das novas regras para exemplificar o maior rigor na fixação de um *patamar mínimo* de ética processual.

Embora as causas enumeradas para a configuração da *litigância de má-fé* tenham permanecido as mesmas, o valor da multa correspondente foi majorado (de até 1%) para de 1% a 10% sobre o valor *corrigido* da

---

sem explicar o motivo concreto de sua incidência no caso; III - invocar motivos que se prestariam a justificar qualquer outra decisão; IV - não enfrentar todos os argumentos deduzidos no processo capazes de, em tese, infirmar a conclusão adotada pelo julgador; V - se limitar a invocar precedente ou enunciado de súmula, sem identificar seus fundamentos determinantes nem demonstrar que o caso sob julgamento se ajusta àqueles fundamentos; VI - deixar de seguir enunciado de súmula, jurisprudência ou precedente invocado pela parte, sem demonstrar a existência de distinção no caso em julgamento ou a superação do entendimento. [...]". BRASIL. *Lei nº 13.105, de 16 de março de 2015*. Código de Processo Civil. Disponível em: <https://www.planalto.gov.br/ccivil_03/_ato2015-2018/2015/lei/l13105.htm>. Acesso em: 7 set. 2016.

[269] "Art. 322. [...] §2º. A interpretação do pedido considerará o conjunto da postulação e observará o princípio da boa-fé". *Ibid*.

[270] "Art. 489. [...] §3º. A decisão judicial deve ser interpretada a partir da conjugação de todos os seus elementos e em conformidade com o princípio da boa-fé". *Ibid*.

causa.[271] E, quando a causa for de valor inestimável (não for possível a sua liquidação) ou irrisório, o montante da multa poderá ser fixada em até 10 (dez) vezes o valor do salário mínimo, a fim de evitar condenações abusivas, de um lado, ou que menoscabem a importância da boa-fé, de outro.[272]

Quando o beneficiário da *gratuidade judiciária* falsear sua condição, buscando se furtar do pagamento de custas e eventual condenação em despesas processuais, deverá responder pelo *décuplo da condenação* dessas despesas,[273] seguindo orientação similar àquela prevista pelo revogado §1º do art. 4º da Lei nº 1.060/50 (antiga Lei da Assistência Judiciária).

Todavia, a eventual concessão da gratuidade judiciária – que, por consequência, tem o condão de suspender a exigibilidade da cobrança das custas e outras despesas processuais pelo prazo de cinco anos – não poderá servir de "salvo conduto" para a prática indiscriminada de atos processuais irresponsáveis que atentem contra a boa-fé. Por essa razão, *ainda que concedida a gratuidade, permanecerá o beneficiário no dever de pagar as multas processuais,* independentemente da sua situação econômica. Ou seja, beneficiário da gratuidade da justiça ou não, todo aquele que for condenado por uma pena processual poderá ser cobrado (executado) pela multa correspondente.[274]

Caso as partes simulem a existência de um processo com a intenção preordenada de, por meio dele, atingir um objetivo ilegal – prática denominada *colusão* –, além de configurar em hipótese de ação rescisória, doravante há *regra específica* a determinar a condenação de ambas as partes nas penalidades correspondentes à litigância de má-fé.[275]

---

[271] "Art. 80. Considera-se litigante de má-fé aquele que: I - deduzir pretensão ou defesa contra texto expresso de lei ou fato incontroverso; II - alterar a verdade dos fatos; III - usar do processo para conseguir objetivo ilegal; IV - opuser resistência injustificada ao andamento do processo; V - proceder de modo temerário em qualquer incidente ou ato do processo; VI - provocar incidente manifestamente infundado; VII - interpuser recurso com intuito manifestamente protelatório. [...]". BRASIL. *Lei nº 13.105, de 16 de março de 2015.* Código de Processo Civil. Disponível em: <https://www. planalto.gov.br/ccivil_03/_ato2015-2018/2015/lei/l13105.htm>. Acesso em: 7 set. 2016.

[272] "Art. 81. [...]. §2º. Quando o valor da causa for irrisório ou inestimável, a multa poderá ser fixada em até dez vezes o valor do salário mínimo. §3º. O valor da indenização será fixado pelo juiz, ou, caso não seja possível mensurá-la, liquidado por arbitramento ou pelo procedimento comum, nos próprios autos". *Ibid.*

[273] "Art. 100. [...] Parágrafo único. Revogado o benefício, a parte arcará com as despesas processuais que tiver deixado de adiantar e pagará, em caso de má-fé, até o décuplo de seu valor a título de multa, que será revertida em benefício da Fazenda Pública estadual ou federal e poderá ser inscrita em dívida ativa". *Ibid.*

[274] "Art. 98. [...] §4º. A concessão da gratuidade não afasta o dever de o beneficiário pagar, ao final, as multas processuais que lhe sejam impostas". *Ibid.*

[275] "Art. 142. Convencendo-se, pelas circunstâncias da causa, de que autor e réu se serviram do processo para praticar ato simulado ou conseguir fim vedado por lei, o juiz proferirá

Ainda, o novo CPC também determina que a violação ao descumprimento injustificado de ordem judicial em execução de obrigação de fazer ou não fazer – a intitulada *tutela específica* –, importará na concomitância de condenação nas penas pecuniárias específicas determinadas pelo magistrado (*v.g.*, a multa cominatória, a arcar com as despesas pelo desfazimento de obras, suportar os custos de conservação de um bem, dentre outras medidas), mais a multa correspondente à litigância de má-fé. Afinal, nada mais justo: desrespeitos processuais com diferentes causas merecem a aplicação de penas processuais autônomas e, por isso, se cumulam.[276]

Podemos elencar outras relevantes mudanças no tocante ao maior rigor do legislador em relação à litigância de má-fé:

a) na hipótese daquele que propõe ação monitória ou do que contra esta opuser embargos (defesa) imbuído de má-fé – ou seja, tenha consciência da falsidade ou simulação da prova escrita –, haverá condenação em multa de até 10% sobre o valor da causa;[277]

b) ao que tiver acesso aos autos do processo e inserir observações pessoais entre as linhas ou à margem de uma peça ou documento processual, além da determinação de que tais observações sejam riscadas e não levadas em consideração, implicará a condenação em multa no valor de meio salário mínimo;[278]

c) ao advogado público ou particular que não devolver os autos em até três dias da intimação judicial para esta finalidade, sem prejuízo da apuração da falta disciplinar, haverá condenação em meio salário mínimo;[279]

---

decisão que impeça os objetivos das partes, aplicando, de ofício, as penalidades da litigância de má-fé". *Ibid.*

[276] "Art. 536. [...] §4º. O executado incidirá nas penas de litigância de má-fé quando injustificadamente descumprir a ordem judicial, sem prejuízo de sua responsabilização por crime de desobediência". BRASIL. *Lei nº 13.105, de 16 de março de 2015. Código de Processo Civil.* Disponível em: <https://www.planalto.gov.br/ccivil_03/_ato2015-2018/2015/lei/l13105.htm>. Acesso em: 7 set. 2016.

[277] "Art. 702. [...] §10. O juiz condenará o autor de ação monitória proposta indevidamente e de má-fé ao pagamento, em favor do réu, de multa de até dez por cento sobre o valor da causa. §11. O juiz condenará o réu que, de má-fé, opuser embargos à ação monitória ao pagamento de multa de até dez por cento sobre o valor atribuído à causa, em favor do autor". *Ibid.*

[278] "Art. 202. É vedado lançar nos autos cotas marginais ou interlineares, as quais o juiz mandará riscar, impondo a quem as escrever multa correspondente à metade do salário mínimo". *Ibid.*

[279] "Art. 234. [...] §2º. Se, intimado, o advogado não devolver os autos no prazo de três dias, perderá o direito à vista fora de cartório e incorrerá em multa correspondente à metade do salário mínimo". *Ibid.*

d) quando a parte autora conhecer do local da residência do réu e, ainda assim, requerer a citação por edital[280] (pretendendo se beneficiar dos efeitos da revelia), será condenada em multa de cinco salários mínimos;[281]
e) ao perito, especialista de confiança nomeado pelo juízo, que deixar de cumprir com seu múnus no prazo determinado, deverá ser aplicada multa por litigância de má-fé;[282]
f) caso o inventariante não cumprir com suas obrigações legais no processo de inventário,[283] deverá ser aberto um incidente de remoção e, caso seja removido, deverá entregar imediatamente ao inventariante substituto todos os bens (e documentos) referentes ao espólio. Não havendo a entrega imediata por circunstâncias que dependam da sua vontade, será aplicada multa de até 3% sobre o valor dos bens inventariados, sem prejuízo de eventual indenização;[284]
g) quando houver a interposição do recurso de agravo interno manifestamente inadmissível (cabível contra decisões interlocutórias do relator), ou seja, o recorrente que age meramente com intuito protelatório e consciente de que o recurso é

---

[280] "Art. 256. A citação por edital será feita: I - quando desconhecido ou incerto o citando; II - quando ignorado, incerto ou inacessível o lugar em que se encontrar; III - nos casos expressos em lei. [...]". BRASIL. Lei nº 13.105, de 16 de março de 2015. Código de Processo Civil. Disponível em: <https://www.planalto.gov.br/ ccivil_03/_ato2015-2018/2015/lei/l13105.htm>. Acesso em: 7 set. 2016.

[281] "Art. 258. A parte que requerer a citação por edital, alegando dolosamente a ocorrência das circunstâncias autorizadoras para sua realização, incorrerá em multa de cinco vezes o salário mínimo. Parágrafo único. A multa reverterá em benefício do citando". Ibid.

[282] "Art. 468. O perito pode ser substituído quando: [...] II - sem motivo legítimo, deixar de cumprir o encargo no prazo que lhe foi assinado. §1º. No caso previsto no inciso II, o juiz comunicará a ocorrência à corporação profissional respectiva, podendo, ainda, impor multa ao perito, fixada tendo em vista o valor da causa e o possível prejuízo decorrente do atraso no processo. [...]". Ibid.

[283] "Art. 622. O inventariante será removido de ofício ou a requerimento: I - se não prestar, no prazo legal, as primeiras ou as últimas declarações; II - se não der ao inventário andamento regular, suscitar dúvidas infundadas ou praticar atos meramente protelatórios; III - se, por culpa sua, se deteriorarem, forem dilapidados ou sofrerem dano bens do espólio; IV - se não defender o espólio nas ações em que for citado, deixar de cobrar dívidas ativas ou não promover as medidas necessárias para evitar o perecimento de direitos; V - se não prestar contas ou as que prestar não forem julgadas boas; VI - se sonegar, ocultar ou desviar bens do espólio. [...]". Ibid.

[284] "Art. 625. O inventariante removido entregará imediatamente ao substituto os bens do espólio; deixando de fazê-lo, será compelido mediante mandado de busca e apreensão ou de imissão na posse, conforme se tratar de bem móvel ou imóvel, sem prejuízo da multa a ser fixada pelo juiz em montante não superior a três por cento do valor dos bens inventariados". Ibid.

destituído de fundamento, será condenado em multa de 1% a 5% sobre o valor atualizado da causa;[285]
h) em caso de embargos de declaração manifestamente protelatórios, o recorrente será condenado em multa de até 2%, elevando-a para até 10% em caso de reiteração.[286]

Além do *litigar de má-fé* – em que, via de regra, pressupõe-se a *intenção deliberada de prejudicar a parte contrária* e, por isso, o valor da multa é a esta revertida –, o novo CPC repudia com veemência todos os atos atentatórios à dignidade da justiça.[287]

Vamos a seguir arrolar as principais hipóteses de ato atentatório à dignidade da justiça previstas no Código de Processo Civil de 2015:
a) quando qualquer um que participe do processo (inclusive quem não for parte ou interessado) deixar de cumprir com exatidão as decisões mandamentais ou criar embaraços à sua efetivação (*v.g.*, quando uma empresa particular, sem que seja

---

[285] "Art. 1021. [...] §4º. Quando o agravo interno for declarado manifestamente inadmissível ou improcedente em votação unânime, o órgão colegiado, em decisão fundamentada, condenará o agravante a pagar ao agravado multa fixada entre um e cinco por cento do valor da causa atualizado. §5º. A interposição de qualquer outro recurso está condicionada ao depósito prévio do valor da multa prevista no §4º, à exceção do beneficiário de gratuidade da justiça e da Fazenda Pública, que farão o pagamento ao final". *Ibid.*

[286] "Art. 1026. [...] §2º. Quando manifestamente protelatórios os embargos de declaração, o juiz ou o tribunal, em decisão fundamentada, condenará o embargante a pagar ao embargado multa não excedente a dois por cento sobre o valor atualizado da causa. §3º. Na reiteração de embargos de declaração manifestamente protelatórios, a multa será elevada a até dez por cento sobre o valor atualizado da causa e a interposição de qualquer recurso ficará condicionada ao depósito prévio do valor da multa, à exceção do beneficiário de gratuidade da justiça e da Fazenda Pública, que a recolherão ao final". BRASIL. *Lei nº 13.105, de 16 de março de 2015*. Código de Processo Civil. Disponível em: <https://www.planalto.gov.br/ccivil_03/_ato2015-2018/ 2015/lei/l13105.htm>. Acesso em: 7 set. 2016.

[287] "Art. 77. Além de outros previstos neste Código, são deveres das partes, de seus procuradores e de todos aqueles que de qualquer forma participem do processo: [...] IV - cumprir com exatidão as decisões jurisdicionais, de natureza antecipada ou final, e não criar embaraços a sua efetivação; [...] VI - não praticar inovação ilegal no estado de fato de bem ou direito litigioso. [...] §2º. A violação ao disposto nos incisos IV e VI constitui ato atentatório à dignidade da justiça, devendo o juiz, sem prejuízo das sanções criminais, civis e processuais cabíveis, aplicar ao responsável multa de até vinte por cento do valor da causa, de acordo com a gravidade da conduta. §3º. Não sendo paga no prazo a ser fixado pelo juiz, a multa prevista no §2º será inscrita como dívida ativa da União ou do Estado após o trânsito em julgado da decisão que a fixou, e sua execução observará o procedimento da execução fiscal, revertendo-se ao fundo previsto no art. 97. §4º. A multa prevista no §2º poderá ser fixada independentemente da incidência das previstas nos arts. 520, §1º, e 533. §5º. Quando o valor da causa for irrisório ou inestimável, a multa prevista no §2º poderá ser fixada em até dez vezes o valor do salário mínimo. §6º. Aos advogados públicos ou privados e aos membros da Defensoria Pública e do Ministério Público não se aplica o disposto nos §§2º a 5º, devendo eventual responsabilidade disciplinar ser apurada pelo respectivo órgão de classe ou corregedoria, ao qual o juiz oficiará. [...]". *Ibid.*

parte, deixa de cumprir um ofício do juízo requisitando-lhe um documento), responderá por multa de até 20% sobre o valor da causa;[288]
b) idêntica punição será aplicada a quem inovar ilegalmente no estado de fato de bem ou direito litigioso (*v.g.*, aquele que se desfaz rapidamente do bem ao saber que será demandado), como no caso do *depositário infiel*;[289]
c) caso, no processo de execução,[290] o executado aja com fraude, oposição maliciosa, dificulta, resiste às ordens judiciais ou não indica os bens à penhora, arcará com a multa de até 20% do valor atualizado da execução;[291]
d) pelo não comparecimento injustificado de autor ou réu à audiência de conciliação e julgamento, será aplicada a multa de até 2% sobre o valor da causa;[292]
e) contra aquele que suscitar vício infundado com o objetivo de ensejar a desistência do arrematante, suportará multa processual de até 20% do valor atualizado do bem arrematado;[293]

---

[288] "Art. 139. O juiz dirigirá o processo conforme as disposições deste Código, incumbindo-lhe: [...] III - prevenir ou reprimir qualquer ato contrário à dignidade da justiça e indeferir postulações meramente protelatórias; [...]". *Ibid.*

[289] "Art. 161. [...] Parágrafo único. O depositário infiel responde civilmente pelos prejuízos causados, sem prejuízo de sua responsabilidade penal e da imposição de sanção por ato atentatório à dignidade da justiça". BRASIL. *Lei nº 13.105, de 16 de março de 2015*. Código de Processo Civil. Disponível em: <https://www.planalto.gov.br/ccivil_03/_ato2015-2018/2015/lei/l13105.htm>. Acesso em: 7 set. 2016.

[290] "Art. 770. O juiz pode, em qualquer momento do processo: [...] II - advertir o executado de que seu procedimento constitui ato atentatório à dignidade da justiça; [...]". *Ibid.*

[291] "Art. 774. Considera-se atentatória à dignidade da justiça a conduta comissiva ou omissiva do executado que: I - frauda a execução; II - se opõe maliciosamente à execução, empregando ardis e meios artificiosos; III - dificulta ou embaraça a realização da penhora; IV - resiste injustificadamente às ordens judiciais; V - intimado, não indica ao juiz quais são e onde estão os bens sujeitos à penhora e seus respectivos valores, não exibe prova de sua propriedade e, se for o caso, certidão negativa de ônus. Parágrafo único. Nos casos previstos neste artigo, o juiz fixará multa ao executado em montante não superior a vinte por cento do valor atualizado do débito em execução, a qual será revertida em proveito do exequente, exigível na própria execução, sem prejuízo de outras sanções de natureza processual ou material". *Ibid.*

[292] "Art. 334. [...] §8º. O não comparecimento injustificado do autor ou do réu à audiência de conciliação é considerado ato atentatório à dignidade da justiça e será sancionado com multa de até dois por cento da vantagem econômica pretendida ou do valor da causa, revertida em favor da União ou do Estado". *Ibid.*

[293] "Art. 903. [...] §6º. Considera-se ato atentatório à dignidade da justiça a suscitação infundada de vício com o objetivo de ensejar a desistência do arrematante, devendo o suscitante ser condenado, sem prejuízo da responsabilidade por perdas e danos, ao pagamento de multa, a ser fixada pelo juiz e devida ao exequente, em montante não superior a vinte por cento do valor atualizado do bem". *Ibid.*

f) por fim, quando houver o oferecimento de embargos à execução meramente protelatórios, ou seja, desprovidos de qualquer fundamento.[294]

A aplicação da pena processual não se trata de uma mera faculdade, mas sim a sua aplicação consiste em um dever expresso para prevenir e reprimir qualquer abuso, razão porque o valor da pena por *ato atentatório à dignidade da jurisdição* pertencerá sempre ao Estado (Justiça Estadual) ou à União (Justiça Federal, do Trabalho, Militar ou Eleitoral).

Por isso, (assim como no CPC/1973), a cobrança da aludida multa dependerá do procedimento de *execução fiscal* – o que, na prática, não raras as vezes, *inviabiliza o interesse na cobrança judicial* em razão de um patamar econômico mínimo fixado pela Fazenda Pública –, salvo quando aplicada no bojo de processo de execução em curso.[295] Isso resulta no mais das vezes em *impunidade ao faltoso processual*, o que pode estimular a inobservância de um mínimo de respeito e dignidade ao sistema de justiça como um todo.

Interessante alternativa encontrada pela Fazenda Pública para a cobrança das penas processuais, normalmente em relação aos *valores de pequena monta*, consiste no *protesto extrajudicial*, cuja finalidade é a de constranger publicamente o mal pagador em listas relacionadas a serviços de proteção de crédito. A Lei nº 12.767/12 promoveu alteração na redação do parágrafo único do art. 1º da Lei nº 9.492/97, qualificando a *certidão da dívida ativa (CDA)* da União, Estados, Municípios e Distrito Federal, bem como de autarquias e fundações públicas, como título sujeito a protesto extrajudicial.[296]

Embora parcela da doutrina – na sua maioria tributaristas – tenham promovido certo descontentamento e rotulado a referida previsão legal como *prática abusiva* (alegam ser um *bis in idem*, já que o meio adequado seria a execução fiscal), pergunto: se o Fulano comprar um

---

[294] "Art. 918. O juiz rejeitará liminarmente os embargos: [...] III - manifestamente protelatórios. Parágrafo único. Considera-se conduta atentatória à dignidade da justiça o oferecimento de embargos manifestamente protelatórios". *Ibid.*

[295] "Art. 775. A cobrança de multa ou de indenizações decorrentes de litigância de má-fé ou de prática de ato atentatório à dignidade da justiça será promovida no próprio processo de execução". *Ibid.*

[296] "Art. 1º. Protesto é o ato formal e solene pelo qual se prova a inadimplência e o descumprimento de obrigação originada em títulos e outros documentos de dívida. Parágrafo único. Incluem-se entre os títulos sujeitos a protesto as certidões de dívida ativa da União, dos Estados, do Distrito Federal, dos Municípios e das respectivas autarquias e fundações públicas". BRASIL. *Lei nº 9.492, de 10 de setembro de 1997*. Define competência, regulamenta os serviços concernentes ao protesto de títulos e outros documentos de dívida e dá outras providências. Disponível em: <https:// www.planalto.gov.br/ccivil_03/leis/L9492.htm>. Acesso em: 7 set. 2016.

liquidificador nas Casas Bahia e não o pagar, estará sujeito ao protesto extrajudicial. Por qual razão as Casas Bahia poderiam dispor de um instrumento mais efetivo de constrangimento para cobrança de pequenos valores (protesto) do que a própria Fazenda Pública? Impende ressaltar que o *protesto indevido*, consoante entendimento firmado pelo Superior Tribunal de Justiça, gera dano moral presumido.[297] Logo, sempre haverá um dever mínimo de cuidado da Fazenda Pública, sob pena de responder por eventuais abusos.

Ora, não há excesso, há apenas uma via opcional para coagir o devedor. Qual o problema de dispor de mais de um meio de constrangimento (lícito) de pagamento daquele que foi desleal e agiu com má-fé processual? Vamos prestigiar o *picareta* e deixar que a viúva (o Estado) pague sempre o *pato*? Aliás, as Casas Bahia precisarão fazer o protesto, antes, como condição para promover a execução. *Bis in idem* seria, na verdade, cobrar o valor devido por duas vezes. Não é o caso.

Assim, muito respeitosamente, concluímos ser o protesto extrajudicial meio lícito para constranger o devedor a pagar por valores de menor monta decorrentes de *penas processuais*, sob pena de subtrair qualquer eficácia prática punitiva das medidas que tutelam a dignidade da justiça.

3.4.7 Princípio da cooperação processual

De acordo com o art. 6º do novo CPC, *todos os sujeitos do processo devem cooperar entre si para que se obtenha, em tempo razoável, decisão de mérito justa e efetiva*.[298] Ademais, o referido dispositivo deve ser somado

---

[297] Neste sentido, decisão do Superior Tribunal de Justiça, no AREsp nº 346.089 (03.09.2013): "AGRAVO REGIMENTAL NO AGRAVO EM RECUSO ESPECIAL. INSCRIÇÃO/MANUTENÇÃO INDEVIDA EM CADASTRO DE INADIMPLENTE. DANO MORAL PRESUMIDO. "IN RE IPSA". INDENIZAÇÃO POR DANO MORAL. VALOR RAZOÁVEL. SÚMULA 7/STJ. JUROS DE MORA. TERMO INICIAL A PARTIR DO EVENTO DANOSO. SÚMULA 54/STJ. RECURSO NÃO PROVIDO. 1. A jurisprudência desta Corte Superior possui entendimento uniforme no sentido de que a inscrição/manutenção indevida do nome do devedor no cadastro de inadimplente enseja o dano moral 'in re ipsa', ou seja, dano vinculado a própria existência do ato ilícito, cujos resultados são presumidos. 2. A quantia de R$15.000,00 (quinze mil reais) não se mostra exorbitante, o que afasta a necessidade de intervenção desta Corte Superior. Incidência da Súmula 7/STJ. 3. Os juros de mora são devidos a partir do evento danoso, conforme enunciado da Súmula 54/STJ. 4. Agravo não provido". BRASIL. Superior Tribunal de Justiça. *Agravo regimental no agravo em recurso especial AgRg no AREsp 346089 PR 2013/0154007-5 (STJ)*. Agravante: TNL PCS S/A. Agravado: Vânia Carrasco Falavinha Souza. Relator: Ministro Luis Felipe Salomão. Brasília, data de julgamento: 27 de agosto de 2013. Disponível em: <https://ww2.stj.jus.br/processo/pesquisa/?src=1.1.3&aplicacao=processos.ea&tipoPesquisa=tipoPesquisaGenerica&num_registro=201301540075>. Acesso em: 7 set. 2016.

[298] "Art. 6º. Todos os sujeitos do processo devem cooperar entre si para que se obtenha, em tempo razoável, decisão de mérito justa e efetiva". BRASIL. *Lei nº 13.105, de 16 de março de*

ao art. 378 do mesmo diploma legal, o qual aduz que *ninguém se exime do dever de colaborar com o Poder Judiciário para o descobrimento da verdade*. Trata-se, portanto, do *princípio da cooperação processual*.

Antes de nos posicionarmos acerca do tema, é sagaz necessário que tragamos à baila o embate entre diferentes correntes opostas e os argumentos que fundam suas pretensões.

De um lado, Daniel Mitidiero, em sua obra *Colaboração no Processo Civil* – produto de sua tese de Doutorado, defendida em 2007 –,[299] utiliza como marco teórico o *formalismo-valorativo* de seu Orientador (Carlos Alberto Alvaro de Oliveira) para estabelecer suas premissas.

Aqui, vale lembrar que a base teórica do formalismo-valorativo defende um *Direito Processual mais flexível*, de modo a relativizar a segurança em busca de efetividade, a utilização de princípios no sentido de *valores*, a defesa de utilização de *conceitos jurídicos indeterminados* e a aposta na *equidade* como a "justiça do caso concreto", com a finalidade de recuperar o "diálogo judicial" por intermédio da *mútua colaboração* entre magistrados e partes.[300]

Ocorre que Daniel Mitidiero defende que a cooperação (ou colaboração) processual pressupõe a necessidade de constante diálogo entre o juiz e as partes, de modo que *o juiz "converte-se" em um dos sujeitos processuais, inclusive em termos de participação ativa, trazendo novos argumentos, determinando provas "ex officio" e comparticipando do debate*, imbuído nos deveres de *esclarecimento* (sanar dúvidas das partes), *prevenção* (advertir as partes dos "perigos" dos seus pedidos), *consulta* (ouvir previamente as partes antes de tomar qualquer decisão relevante) e de *auxílio* (contribuir para que as partes superem dificuldades em matéria probatória, comprimento de ônus ou deveres processuais).[301]

2015. Código de Processo Civil. Disponível em: <https://www.planalto.gov.br/ccivil_03/_ato2015-2018/2015/ lei/l13105.htm>. Acesso em: 7 set. 2016.

[299] MITIDIERO, Daniel Francisco. *Bases para construção de um processo civil cooperativo*: o Direito Processual Civil no marco teórico do formalismo-valorativo. 2007. Tese (Doutorado em Direito) – UFRGS, Porto Alegre, 2007. Disponível em: <http://www.lume.ufrgs.br/handle/10183/13221>. Acesso em: 20 out. 2016.

[300] OLIVEIRA, Carlos Alberto Alvaro. O formalismo-valorativo no confronto com o formalismo excessivo. *Revista de Processo*, São Paulo, n. 137, 2006, *passim*.

[301] "[...] O juiz do processo cooperativo é um juiz isonômico na condução do processo e assimétrico quando da decisão das questões processuais e materiais da causa. Desempenha duplo papel, pois, ocupa dupla posição: paritário no diálogo, assimétrico na decisão. Visa-se alcançar, com isso, um 'ponto de equilíbrio' na organização do formalismo processual, conformando-o como uma verdadeira 'comunidade de trabalho' entre as pessoas do juízo. A cooperação converte-se em prioridade no processo. A isonomia está em que, embora dirija processual e materialmente o processo, agindo ativamente, fá-lo de maneira dialogal, colhendo a impressão das partes a respeito dos eventuais rumos a serem tomados no processo, possibilitando que essas dele participem, influenciando-o a respeito

De outra banda, Lenio Streck, Lúcio Delfino, Rafael Dalla Barba e Ziel Lopes, em artigo intitulado *A cooperação processual do novo CPC é incompatível com a Constituição*, defendem que *a cooperação processual não é um princípio*, aduzindo poder vir a ser utilizada como um *álibi normativo* para que o juiz avance sobre os limites do contraditório substancial e se torne um verdadeiro contraditor – deitando e rolando no processo –, o que pode conduzir a um *(neo)protagonismo judicial* e, assim, desaguar na justificativa para mais discricionariedades e voluntarismos do magistrado. Mais que isso, propõem que seja dada interpretação conforme ao art. 6º do CPC/2015 no sentido de que *o juiz deve cooperar com as partes para que se obtenha, em tempo razoável, decisão de mérito justa e efetiva*.[302]

Parcela da doutrina tem criticado o princípio da cooperação ao argumento de que as partes, em juízo, estão naturalmente em lados contrários. Eis o problema: como exigir cooperação entre litigantes? O problema é definir no que consistirá esta tal *cooperação* e seus limites. Ademais, mesmo que haja o dever de cooperar de uma parte para com a outra, qual seria a sanção para o seu descumprimento? A lei é silente a este respeito.[303]

---

de suas possíveis decisões (de modo que o 'iudicium' acabe sendo efetivamente um ato 'trium personarum', como se entendeu ao longo de toda praxe do direito comum). Toda a condução do processo dá-se com a observância, inclusive com relação ao próprio juiz, do contraditório. [...] A colaboração e seu principal instrumento – o diálogo – acabam por figurar como importante fator de legitimação do processo civil no Estado Constitucional. Nessa quadra, coloca-se o órgão jurisdicional como um dos participantes do processo, igualmente gravado pela necessidade de observar o contraditório ao longo de todo o procedimento. O juiz converte-se em um dos seus sujeitos. Por força do contraditório, vê-se obrigado ao debate, ao diálogo judiciário. Vê-se na contingência, pois, de dirigir o processo isonomicamente, cooperando com as partes, estando gravado por deveres de esclarecimento, prevenção, consulta e auxílio para com os litigantes". MITIDIERO, Daniel. *Colaboração no processo civil*: pressupostos sociais, lógicos e éticos. 2. ed. São Paulo: Revista dos Tribunais, 2011.

[302] "Não estamos de implicância. Preocupam-nos as palavras, que não valem como signos 'em si', mas por toda rede simbólica que entretém e que não fica esquecida: a tradição vem à fala. Eis a tarefa hercúlea de lidar com a 'consciência dos efeitos da história', tentando ler o Direito sempre 'sob a melhor luz'. Aqui não vai qualquer metodologização para abrir a interpretação, senão o reconhecimento de que os princípios a fecham, acabando com discricionariedades do juiz e também do legislador. Assim, para não expungir o artigo 6º. do novo CPC e salvá-lo, a única solução parece ser uma interpretação conforme, em algo como: 'Todos os sujeitos do processo [leia-se: o juiz] devem cooperar entre si [leia-se: com as partes] para que se obtenha, em tempo razoável, decisão de mérito justa e efetiva' (tachado, grifo e interpolação nossas)". STRECK, Lenio et al. A cooperação processual do novo CPC é incompatível com a Constituição. *Revista Consultor Jurídico*, São Paulo, 6 dez. 2012. Disponível em: <http://www.conjur.com.br/2014-dez-23/cooperacao-processual-cpc-incompati vel-constituicao#_ftn3>. Acesso em: 20 out. 2016.

[303] "Não é crível (nem constitucional), enfim, atribuir aos contraditores o dever de colaborarem entre si a fim de perseguirem uma 'verdade superior', mesmo que contrária aquilo que acreditam e postulam em juízo, sob pena de privá-los da sua necessária liberdade para litigar, transformando-os, eles mesmos e seus advogados, em meros instrumentos a

Obviamente, o art. 6º do Código de Processo Civil de 2015 não pode ser lido de maneira isolada, desprezando-se todo um conjunto de garantias fundamentais. Por esta razão, é evidente que cooperação não se traduz no sentido de que uma parte tenha o dever de auxiliar a outra com provas, sob pena de violação reflexa à garantia fundamental da ampla defesa. Tanto é assim que a primeira parte do *caput* do art. 379 do novo CPC *preserva o direito da parte em não produzir prova contra si mesma*.[304]

Embora exista o risco de o princípio da cooperação *simbolizar* uma pretensa autorização para que o juiz possa dialogar com as partes de *modo amplo* (determinando as provas que bem entender ou levantando argumentos outros não deduzidos pelas partes) – dimensão esta defendida por Mitidiero com a qual não concordamos, evidentemente –, também não somos tão pessimistas a ponto de afirmar que não exista um princípio da cooperação. Isso porque creditamos que o significado de *cooperação* em Daniel Mitidiero é produto de uma *concepção inautêntica do Direito*, construída diante de um contexto processual ultrapassado e a partir de um referencial teórico diferente do nosso, razão por que não podemos por ela nos condicionar.

Entendemos que o *princípio da cooperação* – para que seja de alguma valia hermenêutica – deve ser compreendido com os *olhos do novo*. E, para isso, temos que levar em consideração uma série de dispositivos outros que permeiam o Código de Processo Civil de 2015 e permitem uma compreensão mais íntegra e coerente do seu verdadeiro alcance.

Para começar, não podemos "fatiar" o texto do art. 6º do novo CPC, pinçando a "cooperação" e deixando para trás a parte final: "[...] para que se obtenha, em tempo razoável, decisão de mérito justa e efetiva". Ou seja, quem coopera, coopera sim para uma determinada finalidade: obter, em tempo razoável, uma decisão de mérito justa e efetiva.

---

serviço do juiz na busca da tão almejada 'justiça'. Inexiste um tal espírito filantrópico que enlace as partes no âmbito processual, pois o que cada uma delas ambiciona é resolver a questão da melhor forma possível, desde que isso signifique favorecimento em prejuízo do adversário. Aliás, quando contrato um advogado, é para que ele lute por mim, por minha causa. Não quero que ele abra mão de nada. Os direitos são meus e meu advogado deles não dispõe. Se meu advogado for obrigado a cooperar com a outra ou com o juiz, meu direito constitucional de acesso à justiça estará sendo violado". *Ibid.*

[304] "Art. 379. Preservado o direito de não produzir prova contra si própria, incumbe à parte: I - comparecer em juízo, respondendo ao que lhe for interrogado; II - colaborar com o juízo na realização de inspeção judicial que for considerada necessária; III - praticar o ato que lhe for determinado". BRASIL. *Lei nº 13.105, de 16 de março de 2015.* Código de Processo Civil. Disponível em: <https://www.planalto.gov.br/ccivil_03/_ato2015-2018/2015/lei/l13105.htm>. Acesso em: 7 set. 2016.

Afinal, hermeneuticamente, antes de chegarmos a uma conclusão peremptória, precisamos deixar que o texto (que é evento) nos diga algo. E o meio filosófico adequado é fazermos perguntas a partir do próprio texto. Afinal, boas perguntas nos levarão a boas respostas, pois não? Logo, a pergunta que nos aparenta como fundamental é: *para que se possa obter uma decisão de mérito justa e efetiva, em tempo razoável, como alguém (quem quer que seja) deve cooperar no (e com o) processo?*

Ora, a verdade é que *todos aqueles que participam do processo* desempenham um *papel relevante*, na exata *medida da sua missão (função)*. Evidentemente, o significado dessa "função" vai decorrer da premissa teórica adotada: se *subjetivista*, o juiz coopera quando exerce sua função na busca da verdade real; se *procedimentalista*, a função do magistrado será de mero garantidor de direitos fundamentais, ou seja, o "bom juiz" é aquele que não atrapalha e deixa o processo correr ao sabor do contraditório.

Para a hermenêutica, todavia, a função do magistrado e dos demais atores processuais, decorrerá de outros tantos textos de lei (e, portanto, de outros princípios com estes co-originários) e que servirão, por fim, para *fechar* a interpretação e dar sentido ao seu verdadeiro significado.[305]

O art. 6º do CPC/2015, ao contrário do que os grandes debatedores do tema nos fazem crer, *não se limita apenas à relação travada entre o magistrado e as partes*.[306] Isso porque a expressão "todos" envolve o ministério público,[307] a advocacia pública,[308] a defensoria pública,[309] os

---

[305] "Art. 77. Além de outros previstos neste Código, são deveres das partes, de seus procuradores e de todos aqueles que de qualquer forma participem do processo: I - expor os fatos em juízo conforme a verdade; II - não formular pretensão ou de apresentar defesa quando cientes de que são destituídas de fundamento; III - não produzir provas e não praticar atos inúteis ou desnecessários à declaração ou à defesa do direito; IV - cumprir com exatidão as decisões jurisdicionais, de natureza provisória ou final, e não criar embaraços à sua efetivação; V - declinar, no primeiro momento que lhes couber falar nos autos, o endereço residencial ou profissional onde receberão intimações, atualizando essa informação sempre que ocorrer qualquer modificação temporária ou definitiva; VI - não praticar inovação ilegal no estado de fato de bem ou direito litigioso. [...]". BRASIL. *Lei nº 13.105, de 16 de março de 2015.* Código de Processo Civil. Disponível em: <https://www.planalto.gov.br/ccivil_03/_ato2015-2018/2015/lei/l13105.htm>. Acesso em: 7 set. 2016.
[306] "Art. 79. Responde por perdas e danos aquele que litigar de má-fé como autor, réu ou interveniente". *Ibid.*
[307] "Art. 181. O membro do Ministério Público será civil e regressivamente responsável quando agir com dolo ou fraude no exercício de suas funções". *Ibid.*
[308] "Art. 184. O membro da Advocacia Pública será civil e regressivamente responsável quando agir com dolo ou fraude no exercício de suas funções". *Ibid.*
[309] "Art. 187. O membro da Defensoria Pública será civil e regressivamente responsável quando agir com dolo ou fraude no exercício de suas funções". *Ibid.*

advogados (enquanto representantes das partes),[310] os serventuários,[311] o perito,[312] o depositário ou administrador,[313] o intérprete ou tradutor,[314] o conciliador ou mediador,[315] o interveniente em qualquer de suas modalidades (*v.g.*, o *amicus curiae*), o terceiro (estranho à lide)[316] em posse de um documento probatório ou que se nega a cumprir uma decisão judicial, dentre outros.[317]

---

[310] "Art. 77. [...] §6º. Aos advogados públicos ou privados e aos membros da Defensoria Pública e do Ministério Público não se aplica o disposto nos §§2º a 5º, devendo eventual responsabilidade disciplinar ser apurada pelo respectivo órgão de classe ou corregedoria, ao qual o juiz oficiará". *Ibid.*

[311] "Art. 155. O escrivão, o chefe de secretaria e o oficial de justiça são responsáveis, civil e regressivamente, quando: I - sem justo motivo, se recusarem a cumprir no prazo os atos impostos pela lei ou pelo juiz a que estão subordinados; II - praticarem ato nulo com dolo ou culpa". BRASIL. *Lei nº 13.105, de 16 de março de 2015*. Código de Processo Civil. Disponível em: <https://www.planalto.gov.br/ccivil_03/_ato2015-2018/2015/lei/l13105.htm>. Acesso em: 7 set. 2016.

[312] "Art. 158. O perito que, por dolo ou culpa, prestar informações inverídicas responderá pelos prejuízos que causar à parte e ficará inabilitado para atuar em outras perícias no prazo de 2 (dois) a 5 (cinco) anos, independentemente das demais sanções previstas em lei, devendo o juiz comunicar o fato ao respectivo órgão de classe para adoção das medidas que entender cabíveis". *Ibid.*

[313] "Art. 161. O depositário ou o administrador responde pelos prejuízos que, por dolo ou culpa, causar à parte, perdendo a remuneração que lhe foi arbitrada, mas tem o direito a haver o que legitimamente despendeu no exercício do encargo. Parágrafo único. O depositário infiel responde civilmente pelos prejuízos causados, sem prejuízo de sua responsabilidade penal e da imposição de sanção por ato atentatório à dignidade da justiça". *Ibid.*

[314] "Art. 164. O intérprete ou tradutor, oficial ou não, é obrigado a desempenhar seu ofício, aplicando-se-lhe o disposto nos arts. 157 e 158". *Ibid.*

[315] "Art. 173. Será excluído do cadastro de conciliadores e mediadores aquele que: I - agir com dolo ou culpa na condução da conciliação ou da mediação sob sua responsabilidade ou violar qualquer dos deveres decorrentes do art. 166, §§1º e 2º; II - atuar em procedimento de mediação ou conciliação, apesar de impedido ou suspeito. §1º. Os casos previstos neste artigo serão apurados em processo administrativo. §2º. O juiz do processo ou o juiz coordenador do centro de conciliação e mediação, se houver, verificando atuação inadequada do mediador ou conciliador, poderá afastá-lo de suas atividades por até 180 (cento e oitenta) dias, por decisão fundamentada, informando o fato imediatamente ao tribunal para instauração do respectivo processo administrativo". *Ibid.*

[316] "Art. 380. Incumbe ao terceiro, em relação a qualquer causa: I - informar ao juiz os fatos e as circunstâncias de que tenha conhecimento; II - exibir coisa ou documento que esteja em seu poder. Parágrafo único. Poderá o juiz, em caso de descumprimento, determinar, além da imposição de multa, outras medidas indutivas, coercitivas, mandamentais ou sub-rogatórias". *Ibid.*

[317] "Art. 78. É vedado às partes, a seus procuradores, aos juízes, aos membros do Ministério Público e da Defensoria Pública e a qualquer pessoa que participe do processo empregar expressões ofensivas nos escritos apresentados. §1º. Quando expressões ou condutas ofensivas forem manifestadas oral ou presencialmente, o juiz advertirá o ofensor de que não as deve usar ou repetir, sob pena de lhe ser cassada a palavra. §2º. De ofício ou a requerimento do ofendido, o juiz determinará que as expressões ofensivas sejam riscadas e, a requerimento do ofendido, determinará a expedição de certidão com inteiro teor das expressões ofensivas e a colocará à disposição da parte interessada". *Ibid.*

Logo, entendemos que o *princípio da cooperação* existe sim e está relacionado com a observância do *dever de responsabilidade funcional* de cada um que venha a participar do processo. Ou seja, é uma norma *dirigente*, que deve permitir o fechamento da compreensão à luz de outras tantas normas que determinam "como" cada sujeito deve bem exercer a sua *função* (missão ou papel), o que só será aferível diante das peculiaridades ditadas pela facticidade. Simples assim.

O juiz só estará cooperando processualmente quando bem fundamentar (hermeneuticamente) as suas decisões e, assim, respeitar os critérios insculpidos no §1º do art. 489 do CPC/2015.[318] Por outro lado, o magistrado não coopera quando agir com dolo ou fraude, ou recusar, omitir ou retardar necessária medida judicial, sob pena de incorrer em falta funcional e responder por perdas e danos,[319] ou deixa de reconhecer o seu impedimento[320] ou suspeição diante das hipóteses legais.[321]

---

[318] "Art. 489. São elementos essenciais da sentença: [...] §1º. Não se considera fundamentada qualquer decisão judicial, seja ela interlocutória, sentença ou acórdão, que: I - se limitar à indicação, à reprodução ou à paráfrase de ato normativo, sem explicar sua relação com a causa ou a questão decidida; II - empregar conceitos jurídicos indeterminados, sem explicar o motivo concreto de sua incidência no caso; III - invocar motivos que se prestariam a justificar qualquer outra decisão; IV - não enfrentar todos os argumentos deduzidos no processo capazes de, em tese, infirmar a conclusão adotada pelo julgador; V - se limitar a invocar precedente ou enunciado de súmula, sem identificar seus fundamentos determinantes nem demonstrar que o caso sob julgamento se ajusta àqueles fundamentos; VI - deixar de seguir enunciado de súmula, jurisprudência ou precedente invocado pela parte, sem demonstrar a existência de distinção no caso em julgamento ou a superação do entendimento". BRASIL. *Lei nº 13.105, de 16 de março de 2015. Código de Processo Civil*. Disponível em: <https://www.planalto.gov.br/ccivil_03/_ato2015-2018/2015/lei/l13105.htm>. Acesso em: 7 set. 2016.

[319] "Art. 143. O juiz responderá, civil e regressivamente, por perdas e danos quando: I - no exercício de suas funções, proceder com dolo ou fraude; II - recusar, omitir ou retardar, sem justo motivo, providência que deva ordenar de ofício ou a requerimento da parte. Parágrafo único. As hipóteses previstas no inciso II somente serão verificadas depois que a parte requerer ao juiz que determine a providência e o requerimento não for apreciado no prazo de 10 (dez) dias". *Ibid*.

[320] "Art. 144. Há impedimento do juiz, sendo-lhe vedado exercer suas funções no processo: I - em que interveio como mandatário da parte, oficiou como perito, funcionou como membro do Ministério Público ou prestou depoimento como testemunha; II - de que conheceu em outro grau de jurisdição, tendo proferido decisão; III - quando nele estiver postulando, como defensor público, advogado ou membro do Ministério Público, seu cônjuge ou companheiro, ou qualquer parente, consanguíneo ou afim, em linha reta ou colateral, até o terceiro grau, inclusive; IV - quando for parte no processo ele próprio, seu cônjuge ou companheiro, ou parente, consanguíneo ou afim, em linha reta ou colateral, até o terceiro grau, inclusive; V - quando for sócio ou membro de direção ou de administração de pessoa jurídica parte no processo; VI - quando for herdeiro presuntivo, donatário ou empregador de qualquer das partes; VII - em que figure como parte instituição de ensino com a qual tenha relação de emprego ou decorrente de contrato de prestação de serviços; VIII - em que figure como parte cliente do escritório de advocacia de seu cônjuge, companheiro ou parente, consanguíneo ou afim, em linha reta ou colateral, até o terceiro grau, inclusive, mesmo que patrocinado por advogado de outro escritório; IX - quando promover ação

As partes, por sua vez, estarão cooperando quando não litigam de má-fé. O *amicus curiae* estará cooperando quando auxiliar o magistrado e as partes ao trazer informações relevantes para o processo envolvendo alta especialidade acerca de um tema. O perito judicial estará cooperando quando bem responder aos quesitos do juiz e das partes. Uma empresa estará cooperando quando responde a tempo um ofício do magistrado.

Alguém, nesse momento, pode se insurgir e afirmar: *ora, mas pela abrangência da expressão "cooperação" algum solipsista poderia dela fazer uso dela para solapar o Direito, utilizando-a como um álibi teórico!* E respondemos: *sim*, assim como poderia invocar quinhentos outros tantos álibis teóricos, como a celeridade processual, a razoável do processo, a dignidade da pessoa humana etc., ou inventar um novo princípio qualquer para justificar sua *empreitada egocêntrica*.

Logo, *o problema não está propriamente no princípio da cooperação* – pois como demonstramos é possível que seja compreendido como um *dever de responsabilidade* de todo aquele que venha a exercer uma *função* no processo –, mas muito mais pela ausência de uma *postura hermenêutica (filosófica)*, capaz de *blindar* o intérprete de um agir solipsista.

Em suma: coopera aquele que não tumultua; e tumultua (não coopera) aquele que tenta se apropriar ou exercer as funções desempenhadas pelos demais atores processuais. Logo, coopera quem bem desempenha o seu papel, à luz do Código de Processo Civil de 2015 e aos olhos da Constituição Federal. O juiz que vai além do seu dever e se torna um *contraditor (levanta novas teses)* acha que pode exercer a função de "parte" e, por isso, tumultua, atrapalha, quebra com seu dever funcional. A parte que falta com a verdade tumultua e, por isso, deve

---

contra a parte ou seu advogado. §1º. Na hipótese do inciso III, o impedimento só se verifica quando o defensor público, o advogado ou o membro do Ministério Público já integrava o processo antes do início da atividade judicante do juiz. §2º. É vedada a criação de fato superveniente a fim de caracterizar impedimento do juiz. §3º. O impedimento previsto no inciso III também se verifica no caso de mandato conferido a membro de escritório de advocacia que tenha em seus quadros advogado que individualmente ostente a condição nele prevista, mesmo que não intervenha diretamente no processo". *Ibid.*

[321] "Art. 145. Há suspeição do juiz: I - amigo íntimo ou inimigo de qualquer das partes ou de seus advogados; II - que receber presentes de pessoas que tiverem interesse na causa antes ou depois de iniciado o processo, que aconselhar alguma das partes acerca do objeto da causa ou que subministrar meios para atender às despesas do litígio; III - quando qualquer das partes for sua credora ou devedora, de seu cônjuge ou companheiro ou de parentes destes, em linha reta até o terceiro grau, inclusive; IV - interessado no julgamento do processo em favor de qualquer das partes. §1º. Poderá o juiz declarar-se suspeito por motivo de foro íntimo, sem necessidade de declarar suas razões. §2º. Será ilegítima a alegação de suspeição quando: I - houver sido provocada por quem a alega; II - a parte que a alega houver praticado ato que signifique manifesta aceitação do arguido". *Ibid.*

ser condenada por litigância de má-fé. O terceiro que não fornece os documentos requisitados ou descumpre a ordem judicial (legítima) de obrigação de fazer ou não fazer tumultua e, portanto, poderá ser compelido a arcar com uma ou mais penas processuais (*v.g.*, as *astreintes*). Por outro lado, o princípio da cooperação processual – visto como um *dever de bem desempenhar a sua função no processo* – pode ser de relevante valia para fins de fechamento hermenêutico, porquanto o juiz não poderá desempenhar o papel dos demais atores processuais. Não pode o juiz trazer para os autos, ainda que sob o crivo do contraditório, novas causas de pedir que não sejam de ordem pública (para se evitar uma nulidade), ou utilizar de sua expertise em matemática para se valer da função de um perito.

Por fim, entendemos que o princípio da cooperação processual não se confunde com o princípio da boa-fé processual (em razão de sua especificidade), embora reconheçamos existir íntima relação entre ambos, já que na grande maioria das vezes (não em todos casos) em que se configurar o "desvio funcional", consequentemente serão aplicadas as penas processuais decorrentes da má-fé.

3.4.8 Princípio da razoável duração do processo

Vamos tratar, agora, do princípio da razoável duração do processo. O art. 4º do CPC/2015 determina que as partes têm o direito de obter em prazo razoável a solução integral do mérito, incluída a atividade satisfativa. De pronto, observamos que dois elementos compõem a duração razoável do processo: primeiro, uma solução que resolva definitivamente a demanda; segundo, a indispensável irradiação dos efeitos dessa decisão para o plano concreto.

Ou seja, podemos concluir que na maioria dos casos o prestígio ao vetor "celeridade" não implicará a razoável duração do processo. Tempo razoável será aquele necessário a alcançar a efetividade do processo. Processo efetivo é aquele apto a prestar tutela jurisdicional de qualidade (não de quantidade). E, normalmente, maior qualidade exige maior segurança. Daí o problema de uma flexibilização desordenada de regras processuais. Afinal, no mais das vezes, fazer um processo "andar rapidinho" vai implicar o desrespeito a um sistema de garantias fundamentais.[322]

---

[322] Para maior aprofundamento desta temática qualidade *versus* celeridade vide o artigo: HERZL, Ricardo A.; ENGELMANN, Wilson. Processualismo tecnocrático *versus* processualismo tecnológico: da eficiência quantitativa à efetividade qualitativa no Direito Processual Civil. *Empório do Direito*, [S.l.], 22 maio 2015. Disponível em <http://

Será que é possível medir, de modo objetivo, qual o tempo ideal do tramitar processual? Evidentemente que não. Não existem fórmulas mágicas. Cada processo terá o seu tempo natural de amadurecimento, em razão das peculiaridades advindas da facticidade. Dito de outro modo: será razoável a duração de um processo que produza, acima de tudo, uma sentença bem fundamentada. Para isso, indispensável que tenham sido respeitadas todas as garantias processuais, como a boa-fé, a cooperação, o contraditório (substancial), a ampla defesa (ou ataque), dentre outras.

Queremos afirmar, com isso, que o princípio da razoável duração do processo exerce papel relevante para o fechamento na compreensão do fenômeno processual, desde que se revele como o *tempo mínimo (necessário) à obtenção da resposta correta (mais adequada à Constituição).*

Assim, não existem atalhos. Não existe teletransporte (ainda). Todas as provas relevantes devem ser colhidas, quando hermeneuticamente necessárias e relacionadas com as teses levantadas pelas partes. Caso contrário, não teremos processo efetivo; ao contrário, quando muito, apenas um processo numericamente eficiente.

Tampouco o fim almejado (o mérito, obtido com a celeridade) poderá justificar a utilização de meios processuais que passem por cima de garantias fundamentais ou de formalidades mínimas exigidas pela legislação. Reiteramos, portanto: *nem sempre os fins (na verdade, na maioria dos casos não) justificam os meios.*

Logo, a razoável duração do processo diz respeito ao *tempo necessário* (nem mais, nem menos) para que se extraia o *máximo de qualidade*, o que exigirá também uma série de *decisões interlocutórias bem fundamentadas* acerca dos pedidos de gratuidade da justiça, de produção de meios de provas, de concessão ou de indeferimento de tutelas provisórias, dentre outras.

Impende ressaltar que é ilusório, falacioso, o discurso de que o Código de Processo Civil de 2015 pauta-se pela busca da celeridade. Depende. De um lado, finca suas estacas na promessa do fim do congestionamento das demandas de massa a partir dos provimentos vinculantes. Haverá, sim, maior celeridade dos processos que envolvem "teses" jurídicas (vamos criticar no momento oportuno a aparente cisão entre *questão de fato* e *questão de direito*).

Todavia, em relação aos outros tipos de demandas – aquelas que envolvam dilação probatória e que, por isso, não podem ser resolvidas

---

emporiododireito.com.br/processualismo-tecnocratico-versus-processualismo-tecnologico-da-eficiencia-quantitativa-e-efetividade-qualitativa-no-direito-processual-civil-por-ricardo-augusto-herzl-e-wilson-engelmann/>. Acesso em: 20 out. 2016.

em uma única "tacada" – o Código de Processo Civil de 2015 é claro no sentido de exigir maior esforço do sistema de justiça que, doravante, deverá prolatar decisões bem melhor fundamentadas. Ora, é evidente que para fazer as coisas bem-feitas exige-se maior cuidado, o que demanda mais trabalho, e, por isso, é natural que as demandas que não se enquadrarem nos precedentes judiciais exigirão maior tempo de duração.

A fim de *mitigar os efeitos do ônus do tempo* razoável de duração do processo, ainda, o novo CPC acrescentou a *tutela da evidência*. Trata-se de uma técnica *provisória* de aceleração do mérito da demanda, sem a necessidade da caracterização do requisito urgência. Aqui, muito cuidado: a tutela da evidência, portanto, é espécie de tutela provisória, ao lado das tutelas de urgência.

Para a concessão da tutela da evidência, trabalha-se com a seguinte premissa: um fardo necessário que todo processo contém é o seu necessário *tempo de tramitação*. Até os processos mais simples exigem o mínimo decurso temporal para o seu tramitar. *Processo não é macarrão instantâneo*. Não se coloca o processo no micro-ondas e se obtém uma decisão em três minutos. Assim, o que a tutela da evidência faz é *inverter o ônus do tempo de duração do processo* para que este fardo – *a demora* – seja carregado por aquele que tem a menor probabilidade de estar com a razão.[323]

Em conclusão, a razoável duração do processo diz respeito ao tempo mínimo (necessário) para que dele se extraia o *máximo de qualidade hermenêutica*, ou seja, consiste no tempo suficiente (nem mais, nem menos) que permita a obtenção da (metáfora da) resposta correta (mais adequada à Constituição).

---

[323] "Art. 311. A tutela da evidência será concedida, independentemente da demonstração de perigo de dano ou de risco ao resultado útil do processo, quando: I - ficar caracterizado o abuso do direito de defesa ou o manifesto propósito protelatório da parte; II - as alegações de fato puderem ser comprovadas apenas documentalmente e houver tese firmada em julgamento de casos repetitivos ou em súmula vinculante; III - se tratar de pedido reipersecutório fundado em prova documental adequada do contrato de depósito, caso em que será decretada a ordem de entrega do objeto custodiado, sob cominação de multa; IV - a petição inicial for instruída com prova documental suficiente dos fatos constitutivos do direito do autor, a que o réu não oponha prova capaz de gerar dúvida razoável. Parágrafo único. Nas hipóteses dos incisos II e III, o juiz poderá decidir liminarmente". BRASIL. *Lei nº 13.105, de 16 de março de 2015*. Código de Processo Civil. Disponível em: <https://www.planalto.gov.br/ccivil_03/_ato2015-2018/2015/lei/l13105.htm>. Acesso em: 7 set. 2016.

3.4.9 Princípio do contraditório

Uma das maiores conquistas do Código de Processo Civil de 2015 foi, sem dúvida, elevar o *princípio do contraditório* ao seu grau máximo, o que parcela da doutrina afirma significar a transformação do atual *contraditório formal* para o intitulado *contraditório substancial* (ou *princípio do efetivo contraditório*).

Na verdade, o contraditório nunca mudou, sempre foi o mesmo. Ocorre que o seu real alcance foi sendo, aos poucos, encoberto pelo *senso comum teórico* quando, por exemplo, criou-se o *mito* (e o *dogma*) entre os operadores do Direito (reforçado pela *tradição inautêntica* dos tribunais) de que uma decisão estaria (bem) fundamentada sem a necessária análise de todas teses levantadas pelas partes.

Quem nunca se deparou com uma sentença em embargos de declaração em que o magistrado (ou relator, no tribunal) não conhece do aludido recurso ao argumento de que *o julgador não está obrigado a responder a todas as teses*, porquanto bastaria apenas que a sentença fosse (de alguma forma) fundamentada?

Logo, o Código de Processo Civil de 2015 *não inventa um novo princípio do contraditório*, mas apenas aclara, traz ao lume, desvela, desoculta, revela o seu *verdadeiro alcance*, removendo as *falsas camadas de sentido* sedimentadas pela prática forense e que as encobriam enquanto fenômeno jurídico. Nesse sentido, podemos identificar, a partir do novo CPC, que o princípio do contraditório é composto por quatro importantes dimensões.

Primeira dimensão: o contraditório deve assegurar a *paridade de tratamento entre as partes*, em seus mais variados aspectos, relacionados a direitos e faculdades processuais, a meios de defesa, a ônus processuais, bem como a deveres e a sanções processuais.[324] Tanto é assim que é dever do magistrado (CPC/2015, art. 139) *assegurar às partes igualdade de tratamento* (inciso I) e *dilatar os prazos processuais e alterar a ordem de produção dos meios de prova, adequando-os às necessidades do conflito de modo a conferir maior efetividade à tutela do direito* (inciso VI).

Essa (re)leitura constitucional da isonomia vai, portanto, para muito além da simples *paridade de armas*. Não se trata de uma espécie de isonomia limitada a aspectos meramente formais. Longe disso. Em situações muito excepcionais, constatada a *impossibilidade ou* a *excessiva*

---

[324] "Art. 7º. É assegurada às partes paridade de tratamento em relação ao exercício de direitos e faculdades processuais, aos meios de defesa, aos ônus, aos deveres e à aplicação de sanções processuais, competindo ao juiz zelar pelo efetivo contraditório". BRASIL. *Lei nº 13.105, de 16 de março de 2015*. Código de Processo Civil. Disponível em: <https://www.planalto.gov.br/ccivil_03/_ ato2015-2018/2015/lei/ l13105.htm>. Acesso em: 7 set. 2016.

dificuldade da parte em ter reais possibilidades de comprovação do seu direito – o que decorre, no mais das vezes, de uma *manifesta situação de hipossuficiência* que emerge da relação jurídica de direito material – o julgador (hermeneuta) deverá (não se trata, portanto, de uma "opção"), por intermédio de uma decisão interlocutória muito bem fundamentada (respeitando a integridade e a coerência, sempre de acordo com a facticidade), determinar a inversão do ônus da prova. Trata-se da *distribuição dinâmica do ônus da prova*.[325]

Segunda dimensão: consiste no *dever processual de não surpresa*. As partes têm o direito de serem *previamente ouvidas*, sempre, antes de atingidas pelos efeitos de uma decisão judicial. Significa dizer que o *juiz não é mágico*: não pode tirar uma decisão, como se fosse um *coelho*, da *manga* ou da *cartola*. Assim sendo, na prática, antes de prolatar qualquer espécie de ato decisório, a fim de se evitar a configuração de nulidade, passa a ser obrigatório que o magistrado intime as partes ou todo aquele que, posteriormente, suportará os ônus da decisão.[326]

Somente em situações muito excepcionais (previstas em lei) é que o julgador estará autorizado a decidir sem ouvir a parte contrária – a denominada decisão *inaudita altera pars* –, mormente quando existir o risco do objeto ou do bem jurídico perecer diante do prévio conhecimento.

Terceira dimensão: as partes têm o direito de (potencialmente) *influenciar no resultado das decisões judiciais*. Se o magistrado perceber que vai se utilizar de um fundamento do qual as partes ainda não tiveram a expressa oportunidade de se manifestar no bojo do processo, deverá – antes de prolatar a decisão – baixar os autos em diligência e intimar as partes.[327]

---

[325] "Art. 357. Não ocorrendo nenhuma das hipóteses deste Capítulo, deverá o juiz, em decisão de saneamento e de organização do processo: [...] III - definir a distribuição do ônus da prova, observado o art. 373; [...] Art. 373. O ônus da prova incumbe: I - ao autor, quanto ao fato constitutivo de seu direito; II - ao réu, quanto à existência de fato impeditivo, modificativo ou extintivo do direito do autor. §1º. Nos casos previstos em lei ou diante de peculiaridades da causa relacionadas à impossibilidade ou à excessiva dificuldade de cumprir o encargo nos termos do caput ou à maior facilidade de obtenção da prova do fato contrário, poderá o juiz atribuir o ônus da prova de modo diverso, desde que o faça por decisão fundamentada, caso em que deverá dar à parte a oportunidade de se desincumbir do ônus que lhe foi atribuído. §2º. A decisão prevista no §1º. deste artigo não pode gerar situação em que a desincumbência do encargo pela parte seja impossível ou excessivamente difícil. [...]". BRASIL. *Lei nº 13.105, de 16 de março de 2015. Código de Processo Civil*. Disponível em: <https://www.planalto.gov.br/ccivil_03/_ato2015-2018/2015/lei/l13105.htm>. Acesso em: 7 set. 2016.

[326] "Art. 9º. Não se proferirá decisão contra uma das partes sem que esta seja previamente ouvida. Parágrafo único. O disposto no caput não se aplica: I - à tutela provisória de urgência; II - às hipóteses de tutela da evidência revistas no art. 309, incisos II e III; III - à decisão prevista no art. 699". *Ibid.*

[327] "Art. 10. O juiz não pode decidir, em grau algum de jurisdição, com base em fundamento a respeito do qual não se tenha dado às partes oportunidade de se manifestar, ainda que se trate de matéria sobre a qual deva decidir de ofício". *Ibid.*

Assim o fazendo, o pretenso fundamento a ser utilizado necessariamente passará pelo filtro constitucional do contraditório entre as partes, que poderão trazer à discussão outros argumentos ainda não imaginados pelo julgador. Pelo correto manejo de tal expediente – desde que o juiz se dê ao trabalho de efetivamente verificar as teses levantadas e, assim, não transforme o "direito de influência" em uma mera formalidade, um *faz de conta* para se evitar eventuais nulidades –, será provável alcançar a tomada de decisões mais maduras e, portanto, qualitativamente melhores.

Esse *dever-de-o-magistrado-se-permitir-ser-influenciado* abarca todas as matérias, inclusive aquelas atinentes à *ordem pública* e que o juiz deveria (de acordo com a sistemática anterior) conhecê-las sem a necessidade de prévia provocação das partes. Assim sendo, doravante, se o juiz se sentir compelido a determinar a *produção hermenêutica de provas*, antes de fazê-lo por meio de decisão interlocutória muito bem fundamentada deverá, também, submeter a questão ao crivo do contraditório. O mesmo ocorre em relação a decisões definitivas de mérito envolvendo a decadência e a prescrição.

Nesse sentido, o Código de Processo Civil de 2015 destaca que as partes terão o direito de empregar todos os meios (legais ou moralmente legítimos), para provar a verdade dos fatos em que se funda o pedido ou a defesa, com a finalidade de *influir eficazmente na convicção do juiz*,[328] bem como poderão se utilizar de prova produzida em outro processo (*prova emprestada*), desde que observado o contraditório.[329]

Impende ressaltar que em relação à técnica *de improcedência liminar do pedido* (ou *julgamento liminar de improcedência*) – ainda que o juiz entenda que a demanda seja contrária a enunciado de súmula (do Tribunal local, STJ ou STF), a acórdão em julgamento de recursos repetitivos ou a incidente de resolução de mandas repetitivas –, entendemos que a parte autora só terá respeitada a garantia fundamental ao contraditório se for, antes da sentença antecipada de mérito, intimada a se manifestar.[330]

---

[328] "Art. 369. As partes têm o direito de empregar todos os meios legais, bem como os moralmente legítimos, ainda que não especificados neste Código, para provar a verdade dos fatos em que se funda o pedido ou a defesa e influir eficazmente na convicção do juiz". BRASIL. *Lei nº 13.105, de 16 de março de 2015*. Código de Processo Civil. Disponível em: <https://www.planalto.gov.br/ccivil_03/_ato2015-2018/2015/lei/l13105.htm>. Acesso em: 7 set. 2016.

[329] "Art. 372. O juiz poderá admitir a utilização de prova produzida em outro processo, atribuindo-lhe o valor que considerar adequado, observado o contraditório". *Ibid*.

[330] "Art. 332. Nas causas que dispensem a fase instrutória, o juiz, independentemente da citação do réu, julgará liminarmente improcedente o pedido que contrariar: I - enunciado de súmula do Supremo Tribunal Federal ou do Superior Tribunal de Justiça; II - acórdão

Vale lembrar que a parte autora, embora não possa em tais hipóteses pretender alterar o mérito já decidido pelos tribunais, tecnicamente ainda terá condições de demonstrar que a demanda não se enquadra na *ratio decidendi* do precedente judicial invocado (*distinguishing*). A razão nos apresenta como óbvia: *o desrespeito ao contraditório implica nulidade da sentença*. E, ainda que subsista o direito excepcional à retratação do magistrado pelo prazo de cinco dias após a interposição da apelação (também conhecido pela doutrina como *efeito regressivo*), é temerário admitir a possibilidade que uma sentença nula produza efeitos para depois ser "remendada".

Idêntico raciocínio deve ser empregado no tocante aos poderes do relator, no tocante à negativa de provimento que for contrário a enunciado de súmula do Tribunal (local), STJ ou STF, a acórdão em julgamento de recursos repetitivos ou a incidente de resolução demandas repetitivas.[331] Afinal, não podemos jamais "relativizar" a aplicação do contraditório (garantia constitucional), pouco importando o grau ou a instância, sob pena de solapar o texto (e o princípio) expresso da Constituição Federal (art. 5º, LV).

Quarta dimensão: o magistrado tem o *dever de analisar todas as teses (relevantes) deduzidas pelas partes*. Tese relevante é aquela capaz de alterar o mérito da decisão. Logo, a identificação de tese relevante é de natureza objetiva, pouco importando qual o juízo de relevância que o magistrado tem (para si) acerca da tese invocada. Senão exsurge um novo abuso: seleciono apenas os argumentos que prefiro enfrentar e, assim, faço pouco caso dos argumentos que não são convenientes à fundamentação da minha íntima convicção, rotulando-os de "irrelevantes". Ora, não foi para isso que a norma foi criada.

---

proferido pelo Supremo Tribunal Federal ou pelo Superior Tribunal de Justiça em julgamento de recursos repetitivos; III - entendimento firmado em incidente de resolução de demandas repetitivas ou de assunção de competência; IV - enunciado de súmula de tribunal de justiça sobre direito local. §1º. O juiz também poderá julgar liminarmente improcedente o pedido se verificar, desde logo, a ocorrência de decadência ou de prescrição. §2º. Não interposta a apelação, o réu será intimado do trânsito em julgado da sentença, nos termos do art. 241. §3º. Interposta a apelação, o juiz poderá retratar-se em 5 (cinco) dias. §4º. Se houver retratação, o juiz determinará o prosseguimento do processo, com a citação do réu, e, se não houver retratação, determinará a citação do réu para apresentar contrarrazões, no prazo de 15 (quinze) dias". BRASIL. *Lei nº 13.105, de 16 de março de 2015*. Código de Processo Civil. Disponível em: <https://www.planalto.gov.br/ccivil_03/_ato2015-2018/2015/lei/l13105.htm>. Acesso em: 7 set. 2016.

[331] "Art. 932. Incumbe ao relator: [...] IV - negar provimento a recurso que for contrário a: a) súmula do Supremo Tribunal Federal, do Superior Tribunal de Justiça ou do próprio tribunal; b) acórdão proferido pelo Supremo Tribunal Federal ou Superior Tribunal de Justiça em julgamento de recursos repetitivos; c) entendimento firmado em incidente de resolução de demandas repetitivas ou de assunção de competência; [...]". *Ibid.*

Ocorre que art. 93, IX, da Constituição Federal, determina que *todos os julgamentos dos órgãos do Poder Judiciário serão públicos, e fundamentadas todas as decisões, sob pena de nulidade*. Idêntica redação consta do art. 11 do Código de Processo Civil de 2015.[332] E, em complementação, este mesmo diploma legal determina doravante que não será considerada fundamentada a decisão (interlocutória, sentença ou acórdão) que *não enfrentar todos os argumentos deduzidos no processo capazes de, em tese, infirmar a conclusão adotada pelo julgador*.[333]

A ideia, aqui, é muito simples. Antes do Código de Processo Civil de 2015 o contraditório sempre foi *estória da carochinha* no Brasil. Falemos a verdade, sem medo! Como era entendido o contraditório? Ora, o contraditório era *oco, sem conteúdo*. Confundia-se com o simples procedimento de dar vista às partes. No mais das vezes a decisão já estava pronta e assinada (pendia apenas de publicação), e os autos eram baixados em diligência para a intimação das partes (ou do MP) com o único objetivo de *cumprir tabela* e, assim, evitar uma nulidade.

Assim, sem dúvida alguma, das quatro dimensões do contraditório aqui apresentadas a mais importante (conquanto todas sejam indispensáveis) é o dever de análise, pelo juiz, de todos os argumentos (relevantes) levantados pelas partes. E por quê? Simples. Se o julgador não se dá sequer ao trabalho de enfrentar as teses relevantes das partes – e, aqui, *não se confunda fundamentação com relatório*, já que a mera narrativa da tese não implica sua real análise –, como fiscalizar que de fato, de verdade, as partes foram ouvidas?

Em outras palavras: *não basta à mulher de César ser honesta, tem também que "parecer" ser honesta*. Assim, o único modo de demonstrar que as teses das partes foram "levadas a sério" pelo magistrado é se exigir que conste o seu enfrentamento, uma a uma, quando da fundamentação. Dá mais trabalho? Certamente. Mas desde quando arregaçar as mangas e pôr-se a (bem) trabalhar tornou-se inconstitucional?

Por derradeiro, dentro da nossa *postura crítica-hermenêutica*, se demonstra indispensável revelar como o senso comum teórico opera em *terrae brasilis*. Como dito alhures, o Código de Processo Civil de 2015

---

[332] "Art. 11. Todos os julgamentos dos órgãos do Poder Judiciário serão públicos, e fundamentadas todas as decisões, sob pena de nulidade. Parágrafo único. Nos casos de segredo de justiça, pode ser autorizada a presença somente das partes, de seus advogados, de defensores públicos ou do Ministério Público". BRASIL. *Lei nº 13.105, de 16 de março de 2015*. Código de Processo Civil. Disponível em: <https://www.planalto.gov.br/ccivil_03/_ato2015-2018/2015/lei/l13105.htm>. Acesso em: 7 set. 2016.

[333] "Art. 489. [...] §1º. Não se considera fundamentada qualquer decisão judicial, seja ela interlocutória, sentença ou acórdão, que: [...] IV - não enfrentar todos os argumentos deduzidos no processo capazes de, em tese, infirmar a conclusão adotada pelo julgador; [...]". *Ibid*.

veio apenas a desnudar a abrangência do princípio do contraditório, a fim de evidenciar seu real alcance, após ser encoberto por diversas camadas inautênticas de sentido.

Pois é. E não é que os operadores (em especial, os magistrados) novamente contra-atacam! Impressionante é o teor dos 62 (*sessenta e dois*) *enunciados da ENFAM (Escola Nacional de Formação e Aperfeiçoamento de Magistrados)*,[334] instituição ligada ao Superior Tribunal de Justiça, resultado de textos aprovados pela participação de aproximadamente 500 magistrados, reunidos em convenção, no período de 26 e 28 de agosto de 2015.

Vamos comentar apenas um (como exemplo), já que a essa *altura do campeonato* (da democracia) no Brasil todos sabemos como funciona a leitura corporativista do Direito (*se a farinha é pouca o meu pirão primeiro...*). Trata-se do *Enunciado 1* (ENFAM), *in verbis*: Entende-se por "fundamento" referido no art. 10 do CPC/2015 o substrato fático que orienta o pedido, e não o enquadramento jurídico atribuído pelas partes.

Primeira crítica: já *pirimpulam*, aos montes, sentenças e acórdãos que deixam de apreciar os argumentos (teses relevantes) das partes, calcadas apenas na análise dos fatos, utilizando como "fundamento" enunciados da ENFAM. Quer dizer que *relegamos a um segundo plano o texto expresso do Código de Processo Civil de 2015* (discutido democraticamente, após tramitar por cinco anos em todas as comissões e plenários das casas legislativas, e com ampla participação da doutrina, outras instituições e órgãos de classe) *por um texto nitidamente corporativista*, aprovado exclusivamente por 2/3 dos juízes presentes à convenção, em três dias, gerado em oficinas de debate, dirigidas por um relator que teve 15 (quinze) minutos para expor as razões do seu enunciado? Isso não é Direito. *Como, juridicamente, é possível negar vigência à lei federal com base em enunciado da ENFAM?*

E, por favor, sem radicalismos: não estamos criticando a importância da discussão (segmentada) do alcance e da aplicação do novo CPC. Os juízes, os advogados, os promotores, os servidores, os auxiliares da justiça, enfim, todos os operadores do Direito, sem exceção, devem discutir e estudar. Isso é bom. Oxigena. O que não dá é para aceitar que o resumo de um estudo perfunctório (três dias...) e nitidamente limitado (seja por ausência de critérios de representatividade dos próprios magistrados, seja pelo isolamento de apenas uma parcela

---

[334] ESCOLA NACIONAL DE FORMAÇÃO E APERFEIÇOAMENTO DE MAGISTRADOS (ENFAM). *Enunciados aprovados*. Apresentados no Seminário "O Poder Judiciário e o novo CPC", ago. 2015. Disponível em: <http://www.enfam.jus.br/wp-co.ntent/uploads/2015/09/ENUNCIADOS-VERS% C3%83O-DEFINITIVA-.pdf>. Acesso em: 21 out. 2016.

funcional dos juristas) tenha tamanha força para revogar ou restringir a literalidade clara de um texto de lei. É o caos! Concordam?

Segunda crítica: o malfadado *Enunciado 1* (ENFAM) não deriva de mera interpretação, simplesmente porque hermeneuticamente a *linguagem é condição de possibilidade* para qualquer espécie de compreensão. Dito de outro modo: não é possível interpretar um "sim" onde está escrito um "não". Existem *limites semânticos mínimos que devem ser respeitados*. Vivemos ou não sob o império da lei? Ou a lei vale só quando convém? Pois então.

Qual a exata redação do inciso IV do §1º do art. 489 do CPC/2015? Vejamos, *in verbis*: "Art. 489. [...] §1º Não se considera fundamentada qualquer decisão judicial, seja ela interlocutória, sentença ou acórdão, que: [...] IV - não enfrentar todos os argumentos deduzidos no processo capazes de, em tese, infirmar a conclusão adotada pelo julgador; [...]." Desde quando "argumentos deduzidos no processo" podem ser compreendidos como "substrato fático"? Ocorre que as "coisas" não nascem de um grau zero de sentido. A nossa tradição jurídica processual sempre fez a distinção entre a *causa de pedir próxima* (argumentos jurídicos ou teses relevantes) e a *causa de pedir remota* (fatos narrados pelas partes). Logo, a persistir o entendimento da ENFAM, vamos promover um novo encobrimento da verdadeira compreensão do princípio do contraditório.

Terceira crítica: o papel dos argumentos trazidos pelas partes sob o embate do contraditório serve para que se obtenha uma decisão de *maior qualidade*. Eis a razão do dispositivo legal. Não se trata de um modo de penalizar o juiz com mais trabalho. Não. Da forma como a fundamentação foi proposta pela ENFAM, retornamos ao século XIX, onde prevaleciam princípios gerais do Direito como *narra mihi factum narro tibi ius* e *iura novit curiae*. Perguntamos: do que vale o *dever de não surpresa* e o *direito das partes de influenciar as decisões*, se o juiz deve se contentar apenas com os fatos narrados?

Quarta crítica: como controlar a "constitucionalidade" desse tipo de decisão (por via direta ou difusa), se um enunciado da ENFAM sequer é espécie de "ato normativo"? Por favor, *não queremos pegar no pé* da ENFAM. Ela é só um exemplo dentre muitos outros: FONAJE, FONAJEF, Reunião do Conselho Federal da OAB, Conglomerado de Promotores à beira-mar ou qualquer outra reunião classista ou segmentária. Por tudo isso, insistimos: qualquer posicionamento que não encontre guarida na lei ou na Constituição, pela forma como foi construído o nosso sistema jurídico (*civil law*), não pode ser utilizado como argumento idôneo de qualquer fundamentação judicial.

Quinta crítica: se o §1º do art. 489 do CPC/2015, em seu inciso I, considera como não fundamentada a decisão que *se limitar à indicação, à reprodução ou à paráfrase de ato normativo, sem explicar sua relação com a causa ou a questão decidida*, o que dizer da utilização pura e simples de um enunciado da ENFAM? Em outros termos: como *não aplicar* dispositivos do novo CPC, apenas citando enunciados da ENFAM em "tese", ou seja, sem explicar sua relação com a causa ou a questão decidida?

Em conclusão, acreditamos ter elucidado que a compreensão jurídica (hermenêutica) do princípio do contraditório só estará albergada diante do necessário respeito a quatro dimensões, sob pena de ser impossível a obtenção de uma resposta verdadeira (mais adequada à Constituição), a saber: a *paridade de tratamento*, o *dever de não surpresa*, a *potencialidade de as partes influenciarem nas decisões judiciais* e a obrigatória *análise de todos os argumentos (relevantes) pelo magistrado*.

3.4.10 Princípio da ordem cronológica das decisões

O art. 12 do Código de Processo Civil de 2015, em sua redação original, determinava que tanto juízes quanto tribunais deveriam obedecer (obrigatoriamente) à ordem cronológica de conclusão para proferirem *sentenças* ou *acórdãos*.

Significa dizer: o julgador não mais poderia "escolher" qual a ordem dos processos pretenderia julgar. E a razão é muito simples: todos têm o *mesmo direito* a uma resposta de qualidade do Poder Judiciário. Por isso, concordamos com José Miguel Medina quando aduz se tratar, aqui, de uma manifestação legislativa de respeito, para além da isonomia, do *princípio da impessoalidade*.[335]

E nada mais republicano: a fiscalização da observância da ordem cronológica de julgamento ficará a cargo dos advogados e da sociedade, pelo acesso permanente à consulta pública por meio de uma lista, disponível tanto em cartório como por intermédio da rede mundial de computadores.

Evidentemente, a depender da matéria (v.g., processos criminais), da urgência advinda da facticidade, e, até mesmo para cumprir com as metas estabelecidas pelo Conselho Nacional de Justiça, *será possível excepcionar a ordem cronológica de conclusão*. O rol de exceções é taxativo e consta do §2º do art. 12 do novo CPC. Da mesma forma,

---

[335] MEDINA, José Garcia. Novo CPC, a ordem cronológica de julgamentos não é inflexível. *Revista Consultor Jurídico*, São Paulo, 9 fev. 2015. Disponível em: <http://www.conjur.com.br/2015-fev-09/processo-cpc-ordem-cronologica-julgamentos-nao-inflexivel. Acesso em: 27 out. 2016.

as demais preferências legais deverão ser respeitadas (mandados de segurança, *habeas data*, processos de idosos e etc.). Todavia, dentre os processos com a *mesma preferência* deverá, também, ser obedecida a ordem cronológica de conclusão.

E se um advogado peticionar, por exemplo, postulando pela antecipação dos efeitos da tutela ou requerer a tutela da evidência? Irá para o final da fila? A resposta é negativa, porque o mero pedido da parte não terá o condão de alterar a ordem de análise do mérito, salvo se houver a necessidade de se baixar os autos em diligências ou determinar a reabertura da instrução.

Da mesma forma, o art. 153 do novo CPC determinava ao escrivão a obediência obrigatória à ordem cronológica de recebimento e efetivação dos pronunciamentos judiciais. Por exemplo, quando um processo vir do gabinete do juiz com destino à Secretaria da Vara para o cumprimento de uma decisão, a inversão da ordem só será possível diante de prévia e expressa autorização do magistrado.

Assim que os magistrados e tribunais se deram conta das sérias implicações de "ordem prática" que a real observância do art. 12 do CPC/2015 poderia implicar, seja pela perda do "poder de pautar", seja pela interferência na "otimização do trabalho" em razão da dificuldade em distribuí-lo aos assessores que, normalmente, produzem minutas diante da *especialização de assuntos*, houve reação quase que imediata do Poder Judiciário.

E, lembremos aqui, de algumas das "técnicas espúrias" utilizadas por alguns poucos (e péssimos) julgadores para *engavetar processos* (por serem processos mais complicados para decidir ou porque o advogado é meu desafeto direto) ou, não menos pior, *passar os processos de baixo para cima da "pilha"* (após o telefonema de um conhecido ou para decidir primeiro os processos mais simples e, assim, atingir as metas do CNJ).

Ou, prezado leitor, você nunca ouviu falar de um determinado Tribunal Constitucional de um país da América Latina onde, *a torto e a direito*, se costuma "pedir vista" para se *evitar* (ou, ao menos, *deixar "baixar a poeira"*) acerca de assuntos polêmicos (na mídia) ou com grande impacto econômico sobre as decisões judiciais? Aliás, é ali que *o pessoal* se esbaldada nas lições de Richard Posner (conhecido autor que propõe a *análise econômica do Direito*) quando as decisões judiciais implicam em dar (in)concretude a políticas públicas ou (des)ampliar o alcance de determinados direitos sociais (*v.g.*, a *desaposentação*). *Ferro na choldra!* Quem mandou nascer *pobre* e em um país de *terceiro mundo*!? Duplo azar!

Na verdade, como em muitos outros assuntos envolvendo o novo CPC, o Poder Judiciário só se deu conta de algumas importantes alterações após a sua sanção. E, *quando a ficha caiu* (se é que de fato a *ficha tenha caído*...), houve rápida e forte mobilização dos Tribunais Superiores para alterar parte do texto processual enquanto pendia o período de *vacatio legis* de um ano de duração. Este é o cenário histórico-político para a primeira alteração do Código de Processo Civil de 2015: em 5 de fevereiro de 2016, pouco mais de um mês antes do início da vigência do novo diploma processual (o que ocorreu em 18.03.2016), a Lei nº 13.256/16 promoveu algumas relevantes mudanças. Graças à fiscalização da doutrina e à pressão da OAB e da academia, não conseguiram (embora tenham tentado) expungir o dever republicano de bem fundamentar (§1º, art. 489, do CPC/2015). Por outro lado, a nova lei promoveu *sutil alteração* e acrescentou (entre vírgulas), no *caput* dos artigos 12[336] e 153[337] do novo CPC a expressão "preferencialmente".

---

[336] "Art. 12. Os juízes e os tribunais atenderão, preferencialmente, à ordem cronológica de conclusão para proferir sentença ou acórdão. §1º. A lista de processos aptos a julgamento deverá estar permanentemente à disposição para consulta pública em cartório e na rede mundial de computadores. §2º. Estão excluídos da regra do "caput": I - as sentenças proferidas em audiência, homologatórias de acordo ou de improcedência liminar do pedido; II - o julgamento de processos em bloco para aplicação de tese jurídica firmada em julgamento de casos repetitivos; III - o julgamento de recursos repetitivos ou de incidente de resolução de demandas repetitivas; IV - as decisões proferidas com base nos arts. 485 e 932; V - o julgamento de embargos de declaração; VI - o julgamento de agravo interno; VII - as preferências legais e as metas estabelecidas pelo Conselho Nacional de Justiça; VIII - os processos criminais, nos órgãos jurisdicionais que tenham competência penal; IX - a causa que exija urgência no julgamento, assim reconhecida por decisão fundamentada. §3º. Após elaboração de lista própria, respeitar-se-á a ordem cronológica das conclusões entre as preferências legais. §4º. Após a inclusão do processo na lista de que trata o §1º, o requerimento formulado pela parte não altera a ordem cronológica para a decisão, exceto quando implicar a reabertura da instrução ou a conversão do julgamento em diligência. §5º. Decidido o requerimento previsto no §4º, o processo retornará à mesma posição em que anteriormente se encontrava na lista. §6º. Ocupará o primeiro lugar na lista prevista no §1º ou, conforme o caso, no §3º, o processo que: I - tiver sua sentença ou acórdão anulado, salvo quando houver necessidade de realização de diligência ou de complementação da instrução; II - se enquadrar na hipótese do art. 1.040, inciso II". BRASIL. *Lei nº 13.105, de 16 de março de 2015*. Código de Processo Civil. Disponível em: <https://www.planalto.gov.br/ccivil_03/_ato2015-2018/2015/lei/l13105.htm>. Acesso em: 7 set. 2016.

[337] "Art. 153. O escrivão ou o chefe de secretaria atenderá, preferencialmente, à ordem cronológica de recebimento para publicação e efetivação dos pronunciamentos judiciais. §1º. A lista de processos recebidos deverá ser disponibilizada, de forma permanente, para consulta pública. §2º. Estão excluídos da regra do 'caput': I - os atos urgentes, assim reconhecidos pelo juiz no pronunciamento judicial a ser efetivado; II - as preferências legais. §3º. Após elaboração de lista própria, respeitar-se-ão a ordem cronológica de recebimento entre os atos urgentes e as preferências legais. §4º. A parte que se considerar preterida na ordem cronológica poderá reclamar, nos próprios autos, ao juiz do processo, que requisitará informações ao servidor, a serem prestadas no prazo de 2 (dois) dias. §5º. Constatada a preterição, o juiz determinará o imediato cumprimento do ato e a instauração de processo administrativo disciplinar contra o servidor". *Ibid.*

Qual a consequência dessa alteração legislativa? Criou-se uma *fresta*, uma *válvula de escape*, uma *brecha na lei*, uma *desculpa* a ser depositada possivelmente *na conta do* excessivo volume de trabalho, a fim de justificar a desobediência à ordem cronológica diante da eventual insurgência de uma parte preterida. Esta é a verdade, embora *indigesta* (e à prova de *sonrisal*). Vale ressaltar que um direito só é direito (e, aqui um dos traços distintivos em relação à moral) porque o seu descumprimento implica em sanção. Dito de outra forma: o Direito desprovido de sanção se torna inexequível (no plano da realidade).

De todo modo, ainda que o teor dos artigos 12 e 153 se transformem, na prática, em *norma processual de eficácia dirigente* (se é que é possível tal classificação...), o respeito, ainda que "preferencial", à ordem cronológica das decisões judiciais serviu para, acima de tudo, alimentar o debate (crítico) promovido pela sociedade civil organizada e pelas entidades de classe que representam os operadores do Direito, em especial a Ordem dos Advogados do Brasil, e, assim, *desnudar* o problema, elevando a discussão a um patamar mais democrático e republicano.

Mas nem tudo está perdido! Somos otimistas. Restou intacta, ainda, a obrigatoriedade de manutenção de duas listas: a *primeira*, em relação aos processos conclusos, daquilo que vai endereçada ao magistrado ou ao tribunal para julgamento, que deve estar disponível em cartório e na rede mundial de computadores; e a *segunda*, daquilo que foi assinado pelo juiz e volta ao Cartório, para fins de cumprimento das decisões judiciais.

Ao menos, agora, existe uma regra processual – que, na verdade, corporifica um princípio de relevante fechamento hermenêutico – a permitir a *exposição pública* da ordem dos processos enfrentados pelo Poder Judiciário e que, de certa forma, vai proporcionar a realização da *comparação objetiva* em relação a outros processos, a fim de permitir os necessários constrangimentos epistemológicos, tanto pela doutrina, quanto pelo acesso melhor fundamentado aos órgãos responsáveis pela reprimenda de abusos (Corregedorias e Conselho Nacional de Justiça).

3.4.11 Princípio da proporcionalidade

Já revelamos nas páginas anteriores que o "princípio da proporcionalidade" – ao menos da forma como é compreendido pela maioria da doutrina nacional –, em verdade, não se trata de um princípio, mas de uma "técnica" elaborada proposta por Robert Alexy e que visa à construção de uma "regra de aplicação" (*zugeordnete Grundrechtnorm*) em face das peculiaridades de um determinado caso em concreto (*hard case*) para a resolução de decisões (geralmente imprecisas e destituídas de parâmetros mínimos que garantam segurança e racionalidade jurídicas) diante do aparente choque entre princípios constitucionais. Vale ressaltar que também tecemos pesadas críticas à (vulgata da) "técnica de ponderação de valores" e denunciamos que a esdrúxula (e indevida) recepção do *(pseudo)princípio da proporcionalidade* pelo Poder Judiciário Brasileiro, tem sido utilizado como um grande *mantra*, um *álibi teórico*, para justificar qualquer espécie de fundamentação (meramente performática) nas decisões judiciais.[338]

Ocorre que o Código de Processo Civil de 2015, influenciado pela *doutrina pop brasileira*, acabou por incorporar em seu bojo uma regra de difícil compreensão e que acaba por distorcer ainda mais o significado (e o alcance) da proporcionalidade, provocando-nos (novamente) alguns *espasmos filosóficos*.

Eis a redação do §2º do art. 489 do novo CPC: "No caso de colisão entre normas, o juiz deve justificar o objeto e os critérios gerais da ponderação efetuada, enunciando as razões que autorizam a interferência na norma afastada e as premissas fáticas que fundamentam a conclusão."

A par de todas as nossas críticas, a expressão "normas" contempla "regras" e "princípios". Eis o novo problema. Isso permite concluir a possibilidade de "ponderação" não apenas entre princípios aparentemente contrapostos (princípio 1 x princípio 2), mas também *entre regras* (regra 1 x regra 2) e, pior, *entre regras e princípios* (regra x princípio).

Ocorre que regras e princípios desempenham funções completamente diferentes no Direito. Por isso mesmo, o eventual conflito entre regras não se resolve por ponderação, mas por mera exclusão de uma em relação à outra quando da sua aplicação ao caso em concreto, normalmente por critérios de hierarquia, cronologia ou especialidade.

---

[338] "De há muito crítico o modo como a ponderação foi recepcionada no Brasil, transformada em 'pedra filosofal da interpretação'. O problema é que, embora Alexy seja um dos autores mais referenciados, há inúmeros equívocos sobre o tema, tais como: a. Chamar a ponderação de princípio (quando a ponderação faz parte de um procedimento lógico interpretativo criado por Alexy); b. Aplicar a ponderação na colisão de normas; e c. Desconsiderar que o resultado da ponderação é uma regra, a ser aplicada por subsunção. Por outro lado, não é possível encontrar tribunal que tenha aplicado as fórmulas criadas por Alexy, o que revela sua tentativa de criar um 'processo decisório rígido' fracassou diante do uso desse procedimento como mero 'método de ocultação' da discricionariedade. Podemos até dizer, depois que o tribunal decidiu, que ali teria havido uma ponderação quando, em vez do princípio X, o juiz aplicou y (mas isso está equivocado, porque não é assim que funciona a ponderação). Não esqueçamos, ademais, que Alexy admite a discricionariedade interpretativa do Judiciário para chegar ao resultado". STRECK, Lenio Luiz. Técnica de ponderação no Novo CPC. Debate com o Prof. Lenio Streck. *Jornal Carta Forense*, São Paulo, fev. 2016. Disponível em: <http://flaviotartuce.jusbrasil.com.br/artigos/302533403/tecnica-de-ponderacao-no-novo-cpc-debate-com-o-professor-lenio-streck>. Acesso em: 27 out. 2016.

É óbvio que a regra não aplicada continuará vigente (até que seja revogada ou declarada a sua inconstitucionalidade ou não recepção). E, no mais das vezes, quando autores como Humberto Ávila propõem a possibilidade entre ponderação entre regras (citando exemplos) é porque haverá, na verdade, *a ponderação entre os princípios que orientam as regras em conflito*. O que impede esta percepção do fenômeno "princípio" é a falsa ideia de achar que princípios e regras possam trafegar livremente pelo mundo do Direito de maneira independente. Como já demonstrado, isso não é verdade, já que por detrás (ou para além) de toda regra existe um ou mais princípios que com ela (a regra) são co-originários, com função deontológica (comportam consigo elevada carga moral) e que, por isso, permitem o fechamento da interpretação (compreensão).

Ainda, vale ressaltar que princípios e regras não se ponderam, jamais, pela simples razão de que um princípio sempre irá prevalecer sobre uma regra. Se assim não fosse, voltaríamos ao positivismo exegético, onde prevalecia a obediência cega à lei.

Assim sendo, a redação do §2º do art. 489 do CPC/2015 demonstra que o legislador (e a doutrina que o inspirou) não domina ou ignora a diferença de *ordem estrutural* entre regras e princípios. Desse modo, a única maneira de tentar compatibilizar o texto legal com a *teoria alexyana* seria lermos, no lugar da expressão "norma", a palavra "princípio".

Todavia, entendemos que o novo Código de Processo Civil, em razão de outros relevantes princípios, dentre os quais destacamos a *cooperação* (no sentido de bem desempenhar uma "função") e o *contraditório* (a paridade de tratamento, o dever de não surpresa, a potencialidade de as partes influenciarem nas decisões judiciais e a obrigatória análise de todos os argumentos juridicamente relevantes pelo magistrado), a desaguar na necessidade de decisões que comportem *fundamentações bem fundamentadas*, impedem a sobrevivência do "princípio da proporcionalidade" – nos moldes idealizados pelo §2º do art. 489 do CPC/2015 – e o tornam incompatível com o restante do novo sistema processual.

E a razão nos é muito clara: pela tamanha imprecisão e subjetividade com a qual "decide-se" por *ponderação* – cada um sopesa o *prato da balança* de acordo com seus próprios valores morais, resultando em diferentes respostas de acordo com o intérprete – *é impossível a compatibilidade de tamanho relativismo* (da verdade) com o forte viés hermenêutico introduzido pelos artigos 6º, 7º, 9º, 10, 11 e 489 do Código de Processo Civil de 2015, diante da necessidade de obtenção da (metáfora da) resposta correta (mais adequada à Constituição).

Mas não é tudo. O art. 8º do novo CPC faz menção expressa à observância da "proporcionalidade". A que *espécie de proporcionalidade* estaria, então, a se referir o Código de Processo Civil de 2015? Como já dito alhures, o "princípio da proporcionalidade" deverá desempenhar o papel de uma *metáfora*, um modo de explicar que cada interpretação deve obedecer à *reconstrução integrativa do Direito*, a fim de evitar interpretações discricionárias, arbitrárias e solipsistas. Tãomenos a proporcionalidade pode ser confundida com *equidade* ou *bom senso*. Proporcionalidade será, assim, o nome a ser dado à *necessidade de coerência e integridade* de uma decisão.[339]

---

[339] "Por isso, para a hermenêutica (filosófica), o princípio da proporcionalidade não tem – e não pode ter – o mesmo significado que tem para a teoria da argumentação jurídica. Para a hermenêutica, o princípio da proporcionalidade é como uma metáfora, isto é, um modo de explicar que cada interpretação – que nunca pode ser solipsista – deve obedecer a uma reconstrução integrativa do direito, para evitar interpretações discricionárias/arbitrárias sustentadas em uma espécie de 'grau zero de sentido', que, sob o manto do caso concreto, tenham a estabelecer sentidos para aquém ou para além da Constituição [...]". STRECK, Lenio Luiz. *Verdade e consenso*: Constituição, hermenêutica e teorias discursivas. 5. ed. São Paulo: Saraiva, 2014, p. 250.

4 HERMENÊUTICA, PROCESSO CIVIL E EFETIVIDADE

Doravante, trataremos de diversos assuntos relacionados à efetividade (hermenêutica) do processo. Verificaremos o dever republicano de o magistrado prolatar decisões bem fundamentadas (*accountability*), demonstrar que o agir hermenêutico do magistrado no processo civil não implica em ativismo judicial, denunciar o *processualismo tecnocrático* e a indústria do *copia-e-cola*, examinar a possibilidade (ou não) de decisões hermenêuticas de produção de provas, constatar os reflexos da justiça lotérica e a criação do *(pseudo)sistema de precedentes judiciais*, dentre outras relevantes questões, para, ao fim e a cabo, identificar a Crítica Hermenêutica do Direito Processual Civil (CHDPC) como um *locus* filosófico de *superação* do atual paradigma processual.

4.1 A sentença e o dever republicano de *accountability* do Magistrado. O Código de Processo Civil de 2015 e o desvelar do *dever de fundamentação*. Críticas à *técnica de suspensão de acórdãos não unânimes*. Os Juizados Especiais e o problema do "voto CPF" (confirma a sentença pelos seus próprios fundamentos)

Desde a Constituição Federal de 1988, o inciso IX do art. 93 já dispõe que todos os julgamentos dos órgãos do Poder Judiciário serão públicos, e fundamentadas todas as decisões, sob pena de nulidade.

Aliás, reforçam a indispensabilidade da fundamentação outros tantos direitos fundamentais (CRFB, art. 5º) como o de receber dos órgãos públicos informações de seu interesse particular, ou de interesse coletivo ou geral, que serão prestadas no prazo da lei, sob pena de responsabilidade (XXXIII), a lei não excluirá da apreciação do Poder Judiciário lesão ou ameaça a direito (XXXV), ninguém será processado nem sentenciado senão pela autoridade competente (LIII), e aos litigantes, em processo judicial ou administrativo, e aos acusados em geral são assegurados o contraditório e ampla defesa, com os meios e recursos a ela inerentes (LV).

Ainda, impende ressaltar que as normas definidoras dos direitos e garantias fundamentais têm aplicação imediata (CRFB, art. 5º, §1º), bem como se atentar para o fato de que a garantia fundamental à fundamentação é, também, cláusula pétrea, já que o rol de direitos e garantias fundamentais está para muito além do limitado rol do art. 5º da Constituição Federal, como já se manifestou o Supremo Tribunal Federal por reiteradas vezes. Logo, sequer por meio de Emenda à Constituição poderia ser o direito à (efetiva) fundamentação cerceada ou restringida.

E, se de um lado, o direito (ou a garantia) fundamental à fundamentação é uma conquista do cidadão brasileiro – não qualquer fundamentação, mas "a" fundamentação –, por outro lado, é um dever de responsabilidade política (*accountability*) imposto ao Estado, representado no processo por intermédio do magistrado.[340] É somente pela fundamentação – a explicação "do porquê" de uma decisão – que se torna possível fiscalizar eventuais abusos que atentem contra a legalidade, a impessoalidade, a moralidade, a publicidade e a eficiência (CRFB, art. 37, *caput*).

---

[340] "Há que se levar em conta, ademais, que justificar quer dizer fundamentar. E que isso vai muito além do 'motivar'. Posso ter vários motivos para fazer algo; mas talvez nenhum deles seja justificado. De todo o exposto, tem-se que o dever fundamental de justificar as decisões assume especial relevância no plano da transparência do processo democrático de aplicação das leis. Destarte, as possibilidades de controlar democraticamente as decisões dos juízes (que transitam no terreno do contramajoritarismo) residem precisamente na necessidade da motivação/ justificação do que foi dito. E esse dever de fundamentar as decisões não é meramente teleológico – é, também e fundamentalmente, um dever de esclarecimento acerca do estado da arte do processo sob apreciação; é uma 'accountability' permanente. Trata-se, pois, de um direito fundamental do cidadão, como, aliás, é posição assumida pelo Tribunal Europeu de Direitos Humanos. Afinal, se o Estado Democrático de Direito representa a conquista da supremacia da produção democrática e do acentuado grau de autonomia do direito, a detalhada fundamentação das decisões proporciona uma espécie de 'accountability'. O estrito cumprimento do dever de fundamentar as decisões proporciona, também, a superação de quaisquer resquícios próprios dos paradigmas jurídicos do passado, como a prática da subsunção ou do silogismo-dedutivista. A necessidade da fundamentação impede que as decisões se resumam à citação de enunciados assertóricos, anti-hermenêuticos na origem, por obnubilarem a singularidade dos casos. Este princípio – que é um dever fundamental – vem a ser complementado por outro igualmente fundamental: o do direito de obter uma resposta constitucionalmente adequada à Constituição, isto é, o do direito a obter uma resposta baseada em pretensões juridicamente tuteladas. Isso quer dizer que fica afastada a possibilidade de se dizer que o juiz primeiro decide para só depois fundamentar (ou 'motivar')". STRECK, Lenio Luiz. *Jurisdição constitucional e decisão jurídica*. São Paulo: Revista dos Tribunais, 2013, p. 341-342.

Em poucas palavras: a fundamentação consiste em um dever republicano do Poder Judiciário. É a coisa (res) pública que eleva a fundamentação como importante instrumento de controle para que todos sejam tratados com isonomia (e imparcialidade) quando da prolação de uma decisão judicial. O dever de "bem" fundamentar – *accountability* –, portanto, não é uma faculdade (tampouco uma qualidade), é sim uma obrigação mínima de prestação de contas, derivada da responsabilidade política que todo juiz ou tribunal tem perante a sociedade.[341]

E, já que não basta qualquer fundamentação, a ausência de fundamentação ou a fundamentação meia-boca, deficiente, será nula, porquanto contrária a todo um sistema de garantias fundamentais. Afinal, o artigo 11 do Código de Processo Civil de 2015 dispõe que todos os julgamentos dos órgãos do Poder Judiciário serão públicos, e fundamentadas todas as decisões, sob pena de nulidade.

Ocorre que o real (verdadeiro) alcance da expressão "fundamentação" foi sendo, aos poucos, encoberto pelo senso comum teórico. Por exemplo, criou-se o "mito" entre os operadores do Direito (reforçado pela tradição inautêntica dos tribunais) de que uma decisão estaria (bem) fundamentada sem a análise das teses levantadas pelas partes.

---

[341] "Numa palavra: quando eu sustento o dever de 'accountability', não estou simplesmente dizendo que a fundamentação 'resolve' o problema decorrente, por exemplo, do livre convencimento, da livre apreciação da prova ou da admissão lato sensu da discricionariedade. Por favor, não é isso que estou dizendo. 'Accountability', nos moldes em que a proponho, quer dizer fundamentação da fundamentação. Isso quer dizer que nem de longe o problema da exigência de fundamentação se resolve no nível apofântico. Ora, com tudo o que já escrevi, eu não seria ingênuo em pensar que o 'dever de fundamentar as decisões' resolve(ria) o problema da decisão...! Um vetor de racionalidade de segundo nível – lógico-argumentativo – não pode se substituir ao vetor de racionalidade de primeiro nível, que é a compreensão. Nela, na compreensão, reside a 'razão hermenêutica', para usar a expressão de Ernst Schnädelbach. Afinal, por que razão Gadamer diria que 'interpretar é explicitar o compreendido'? Note-se: explicitar o compreendido não é colocar uma capa de sentido ao compreendido. Esse é o espaço da epistemologia na hermenêutica. Não esqueçamos, aqui, do dilema das teorias cognitivistas-teleológicas: não é possível atravessar o abismo do conhecimento – que 'separa' o homem das coisas – construindo uma ponte pela qual ele já passou. Não se pode fazer uma leitura rasa do art. 93, IX, da CF. A exigência de fundamentação não se resolve com 'capas argumentativas'. Ou seja, o juiz não deve 'explicar' aquilo que o 'convenceu'... Deve, sim, explicitar os motivos de sua compreensão, oferecendo uma justificação (fundamentação) de sua interpretação, na perspectiva de demonstrar como a interpretação oferecida por ele é a melhor para aquele caso (mais adequada à Constituição ou, em termos 'dworkinianos', correta), num contexto de unidade, integridade e coerência com relação ao Direito da Comunidade Política. Quem não consegue suspender seus pré-juízos, acaba produzindo um prejuízo ao direito. Como bem diz Dworkin: não importa o que os juízes pensam sobre o direito, mas, sim, o ajuste ('fit') e a justificação ('justification') da interpretação que eles oferecem das práticas jurídicas em relação ao Direito da comunidade política". STRECK, Lenio Luiz. *Hermenêutica jurídica e(m) crise*: uma exploração hermenêutica da construção do Direito. 11. ed. Porto Alegre: Livraria do Advogado, 2013, p. 431-432.

Afinal, quem nunca se deparou com uma sentença em embargos de declaração em que o magistrado (ou o relator, no tribunal) não conhece do recurso ao argumento de que o julgador não está obrigado a responder a todas as teses, porquanto basta apenas que a sentença contenha uma (qualquer) fundamentação? Ora, será que ainda estamos atrelados ao século XIX, onde prevalecia o brocardo *da mihi factum dabo tibi ius*? Não. Definitivamente não.

Por esta razão – o "encobrimento" do verdadeiro significado da "fundamentação" – é que a academia brasileira, reforçada pela participação dos operadores do Direito (principalmente dos advogados), utilizou-se da "técnica" de listar quais principais problemas eram encontrados em sentenças e acórdãos para, em seguida, repudiar tais práticas por intermédio do Código de Processo Civil de 2015. Ou seja, já que a obrigação de bem fundamentar não estava sendo devidamente respeitada, então se procurou demonstrar, por meio da legislação, o que não pode ser considerado como (boa) fundamentação.

Tanto é assim que o art. 489 do novo CPC traz primeiro quais os elementos essenciais da sentença (relatório, fundamentação e dispositivo) para, no §1º, elencar quais as hipóteses em que uma "decisão judicial" não se considera fundamentada. Percebe-se que o §1º do art. 489 vai além do caput, ao exigir não apenas da sentença, mas também de qualquer manifestação judicial com conteúdo decisório – decisão interlocutória, sentenças e acórdãos – uma fundamentação bem fundamentada.[342]

Esta preocupação de "bem fundamentar", ainda que suficientemente clara e enfática a redação dos artigos 11 e 489 do novo CPC, encontra-se presente em outros tantos dispositivos do Código de Processo Civil de 2015. Por exemplo, reitera-se a necessidade da decisão (bem) fundamentada da causa que exija urgência no julgamento para fins de exceção à ordem cronológica de conclusão,[343] de afastamento

---

[342] "Art. 489. [...] §1º. Não se considera fundamentada qualquer decisão judicial, seja ela interlocutória, sentença ou acórdão, que: I - se limitar à indicação, à reprodução ou à paráfrase de ato normativo, sem explicar sua relação com a causa ou a questão decidida; II - empregar conceitos jurídicos indeterminados, sem explicar o motivo concreto de sua incidência no caso; III - invocar motivos que se prestariam a justificar qualquer outra decisão; IV - não enfrentar todos os argumentos deduzidos no processo capazes de, em tese, infirmar a conclusão adotada pelo julgador; V - se limitar a invocar precedente ou enunciado de súmula, sem identificar seus fundamentos determinantes nem demonstrar que o caso sob julgamento se ajusta àqueles fundamentos; VI - deixar de seguir enunciado de súmula, jurisprudência ou precedente invocado pela parte, sem demonstrar a existência de distinção no caso em julgamento ou a superação do entendimento". BRASIL. *Lei nº 13.105, de 16 de março de 2015*. Código de Processo Civil. Disponível em: <https://www.planalto.gov.br/ccivil_03/_ato2015-2018/ 2015/lei/l13105.htm>. Acesso em: 7 set. 2016.

[343] "Art. 12. Os juízes e os tribunais atenderão, preferencialmente, à ordem cronológica de conclusão para proferir sentença ou acórdão. [...] §2º. Estão excluídos da regra do

do mediador ou conciliador,[344] da tutela provisória de urgência ou evidência,[345] de indeferimento de diligências inúteis ou meramente protelatórias,[346] de atribuição do ônus dinâmico de produção de provas,[347] que atribua fé a documento que contendo entrelinha, emenda, borrão ou cancelamento,[348] do deferimento antecipado a qualquer dos herdeiros de usar ou fruir de um bem em inventário,[349] de modificação dos efeitos dos embargos à execução,[350] que modifique enunciado de súmula, de jurisprudência pacificada ou de tese adotada em casos repetitivos,[351] do relator quando determine a excepcional suspensão de processos parados há mais de um ano e que aguardam decisão definitiva em incidente de resolução de demandas repetitivas,[352] de o órgão

---

'caput': [...] IX - a causa que exija urgência no julgamento, assim reconhecida por decisão fundamentada". *Ibid.*

[344] "Art. 173. Será excluído do cadastro de conciliadores e mediadores aquele que: [...] §2º. O juiz do processo ou o juiz coordenador do centro de conciliação e mediação, se houver, verificando atuação inadequada do mediador ou conciliador, poderá afastá-lo de suas atividades por até 180 (cento e oitenta) dias, por decisão fundamentada, informando o fato imediatamente ao tribunal para instauração do respectivo processo administrativo". *Ibid.*

[345] "Art. 294. A tutela provisória pode fundamentar-se em urgência ou evidência. [...]". *Ibid.*

[346] "Art. 370. [...] Parágrafo único. O juiz indeferirá, em decisão fundamentada, as diligências inúteis ou meramente protelatórias". *Ibid.*

[347] "Art. 373. [...] §1º. Nos casos previstos em lei ou diante de peculiaridades da causa relacionadas à impossibilidade ou à excessiva dificuldade de cumprir o encargo nos termos do caput ou à maior facilidade de obtenção da prova do fato contrário, poderá o juiz atribuir o ônus da prova de modo diverso, desde que o faça por decisão fundamentada, caso em que deverá dar à parte a oportunidade de se desincumbir do ônus que lhe foi atribuído. [...]". *Ibid.*

[348] "Art. 426. O juiz apreciará fundamentadamente a fé que deva merecer o documento, quando em ponto substancial e sem ressalva contiver entrelinha, emenda, borrão ou cancelamento". BRASIL. *Lei nº 13.105, de 16 de março de 2015. Código de Processo Civil.* Disponível em: <https://www.planalto.gov.br/ccivil_03/_ato2015-2018/2015/lei/l13105.htm>. Acesso em: 7 set. 2016.

[349] "Art. 647. [...] Parágrafo único. O juiz poderá, em decisão fundamentada, deferir antecipadamente a qualquer dos herdeiros o exercício dos direitos de usar e de fruir de determinado bem, com a condição de que, ao término do inventário, tal bem integre a cota desse herdeiro, cabendo a este, desde o deferimento, todos os ônus e bônus decorrentes do exercício daqueles direitos". *Ibid.*

[350] "Art. 919. Os embargos à execução não terão efeito suspensivo. [...] §2º. Cessando as circunstâncias que a motivaram, a decisão relativa aos efeitos dos embargos poderá, a requerimento da parte, ser modificada ou revogada a qualquer tempo, em decisão fundamentada". *Ibid.*

[351] "Art. 927. [...] §4º. A modificação de enunciado de súmula, de jurisprudência pacificada ou de tese adotada em julgamento de casos repetitivos observará a necessidade de fundamentação adequada e específica, considerando os princípios da segurança jurídica, da proteção da confiança e da isonomia. [...]". *Ibid.*

[352] "Art. 980. O incidente será julgado no prazo de 1 (um) ano e terá preferência sobre os demais feitos, ressalvados os que envolvam réu preso e os pedidos de 'habeas corpus'. Parágrafo único. Superado o prazo previsto no caput, cessa a suspensão dos processos prevista no art. 982, salvo decisão fundamentada do relator em sentido contrário". *Ibid.*

colegiado condenar o agravante em multa, quando o agravo interno for manifestamente inadmissível ou improcedente em votação unânime,[353] e de o juiz ou tribunal condenar o embargante em multa, quando os embargos de declaração forem manifestamente protelatórios.[354]

Pergunta-se: por que tanta insistência de o novo CPC *chover no molhado*? Afinal, o magistrado pode fundamentar menos ou mais em determinados casos? Não é disso que se trata. Na verdade, isso é uma clara indicação de que as fundamentações judiciais, no Brasil, não costumam ser levadas a sério. O problema de bem fundamentar é, "pasmem", de ordem cultural. Assim, o legislador sente-se na obrigação de, a todo instante, reafirmar a obrigação de (bem) fundamentar as decisões judiciais.

Vamos, doravante, desvelar o significado (e o alcance) das seis hipóteses que o Código de Processo Civil de 2015 reputa como ausência ou deficiência de fundamentação.

Primeira causa de nulidade de uma decisão: a limitação à indicação, reprodução ou paráfrase de um ato normativo, sem explicar sua relação com a causa ou a questão decidida. Ora, são nulas fundamentações como "defiro a antecipação dos efeitos da tutela porquanto presentes os requisitos previstos no art. 300 do novo CPC" ou "indefiro a tutela de evidência porque a petição inicial não foi instruída com provas suficientes dos fatos constitutivos do direito". No primeiro exemplo, o magistrado deveria demonstrar se o caso em análise preenchia ou não os requisitos probabilidade do direito e perigo de dano ou risco ao resultado útil do processo. No segundo exemplo, o juiz deveria especificar as provas até então produzidas e esclarecer quais provas (mínimas) faltantes seriam suficientes para a concessão da tutela de evidência.

Tanto em um caso, quanto noutro, o que se busca é verificar o comprometimento qualitativo de o juiz analisar "a sério", de verdade, as provas constantes dos autos. Sim Excelência! Fundamentar dá trabalho! E, ainda que o juiz tenha assim agido, terá sempre o dever de responsabilidade política de manifestar sua empreitada – afinal, como já dissemos alhures, não basta que a mulher de César seja honesta, deverá parecer ser honesta –, já que será sobre a forma como o juiz prestou suas contas aos jurisdicionados que, por derradeiro, será franqueado

---

[353] "Art. 1021. [...] §4º. Quando o agravo interno for declarado manifestamente inadmissível ou improcedente em votação unânime, o órgão colegiado, em decisão fundamentada, condenará o agravante a pagar ao agravado multa fixada entre um e cinco por cento do valor atualizado da causa. [...]". *Ibid*.

[354] "Art. 1026. [...] §2º. Quando manifestamente protelatórios os embargos de declaração, o juiz ou o tribunal, em decisão fundamentada, condenará o embargante a pagar ao embargado multa não excedente a dois por cento sobre o valor atualizado da causa". *Ibid*.

(ou não) às partes a potencialidade da utilização de todos os instrumentos que lhe garantam a ampla defesa (ou o amplo ataque). Pois, como as partes poderão recorrer de decisões genéricas? Com recursos genéricos? Certamente não.

Logo, concluímos que "decisões genéricas" são nulas porque, em princípio, serão sempre parciais, já que impossibilitam a defesa (ampla) daqueles que pretendem discutir seus termos. Impossível rebater ou discutir argumentos se sequer são trazidos, à baila, pelo magistrado.

Segunda causa de nulidade de uma decisão: empregar conceitos jurídicos indeterminados, sem explicar o motivo concreto de sua incidência no caso. Por exemplo, "indefiro o pedido de produção de prova testemunhal porque atenta contra a razoável duração do processo". Como assim? O que significa razoável duração do processo? Só celeridade? Em que medida, diante do caso em concreto, a produção da prova testemunhal seria irrelevante para o processo. Ora, se o magistrado compreende que determinado pedido de produção de prova não será relevante para a demanda, então que explique "o porquê" disso: porque a prova constante de um determinado documento já serviu a esse propósito ou porque, diante das demais provas coligidas, tornou-se irrelevante. Aliás, conceitos jurídicos indeterminados só ganham juridicidade diante das peculiaridades do caso em concreto. Dito de outro modo: a indeterminação dos conceitos impede que produzam efeitos por si sós, pois a complementação factual será essencial para a produção da norma jurídica.

Afinal, se existe alguma centelha de relevância na prova a ser produzida, o magistrado não pode jamais tolhê-la.[355] Afinal, quem o juiz acha que é (Deus?) para solapar a garantia fundamental (constitucional) à ampla defesa das partes?

Terceira causa de nulidade de uma decisão: invocar motivos que se prestariam a justificar qualquer outra decisão. São decisões do tipo "defiro o pedido X porquanto presentes os requisitos da lei" ou "por ausência de proporcionalidade e razoabilidade indefiro o pedido Y". Ora, quais os requisitos da lei que não foram atendidos? Proporcional ou razoável em relação a quê (quais os critérios objetivos que permitam a aferição da decisão)?

---

[355] "Art. 369. As partes têm o direito de empregar todos os meios legais, bem como os moralmente legítimos, ainda que não especificados neste Código, para provar a verdade dos fatos em que se funda o pedido ou a defesa e influir eficazmente na convicção do juiz". BRASIL. *Lei nº 13.105, de 16 de março de 2015.* Código de Processo Civil. Disponível em: <https://www.planalto.gov.br/ccivil_03/ _ato2015-2018/2015/lei/l13105.htm>. Acesso em: 7 set. 2016.

Esse tipo de fundamentação estandardizada (padrão) é mais comum do que se imagina em tempos "cabeludos" de copia-e-cola. É aqui que os "modelinhos" correm livres e soltos! Afinal, como é fácil ter uma resposta "prontinha" para atender a todos os casos similares... Aliás, essa é a realização do grande sonho metafísico do Direito: achar que, abstratamente, poderemos conter toda a complexidade decorrente da realidade. Impossível, pois.

Outro exemplo relevante é o de sempre "indeferir os efeitos da tutela provisória" em hipóteses que demandam prova pericial, escorando-se o juiz na ausência de probabilidade do direito. Ora, será que uma análise séria (bem-feita, com boa vontade) dos documentos juntados aos autos já não seria suficiente a constatar a referida "probabilidade"? Afinal, se a lei exige apenas probabilidade é porque não se confunde com efetiva comprovação!

Quarta causa de nulidade de uma decisão: não enfrentar todos os argumentos deduzidos no processo capazes de, em tese, infirmar a conclusão adotada pelo julgador. A esse respeito já nos debruçamos de maneira bastante incisiva quando apreciamos o que denominamos de quarta dimensão do princípio do contraditório. Em apertada síntese: não basta, simplesmente, dar prévia "vista" às partes ou cumprir tabela para se evitar uma nulidade. Entrementes, se o julgador não se dá sequer ao trabalho de enfrentar as teses relevantes das partes – e, aqui, não se confunda fundamentação com relatório, já que a mera narrativa da tese não implica em sua real análise –, como fiscalizar que de fato as partes foram ouvidas?

Quinta causa de nulidade de uma decisão: se limitar a invocar precedente ou enunciado de súmula, sem identificar seus fundamentos determinantes nem demonstrar que o caso sob julgamento se ajusta àqueles fundamentos. A essa hipótese aplicam-se todas as críticas que já tecemos em relação à limitação de indicação, reprodução ou paráfrase a um ato normativo. Dito de outro modo: uma fundamentação bem-feita jamais dispensará a análise das provas e das peculiaridades correspondentes ao caso em concreto. Trata-se da valoração da facticidade – em termos hermenêuticos – como condição (mínima) de possibilidade à obtenção da (metáfora da) resposta correta (mais adequada à Constituição), porquanto a metafísica, embora tenha tentado, não conseguiu encapsular a realidade em pílulas jurídicas.

Sexta causa de nulidade de uma decisão: deixar de seguir enunciado de súmula, jurisprudência ou precedente invocado pela parte, sem demonstrar a existência de distinção no caso em julgamento ou a superação do entendimento. Uma das técnicas relacionadas aos precedentes judiciais denomina-se *distinguishing*: consiste na verificação de correspondência (ou não), do caso posto à baila, para fins de enquadramento em um determinado precedente judicial.

Assim sendo, tendo em conta que juízes e tribunais "devem" observar e, assim, "atrelar" sua decisão, obrigatoriamente, a algumas espécies de decisões judiciais[356] – é o que chamamos de eficácia vinculante –, torna-se indispensável que o magistrado, calcado sempre nas peculiaridades do caso em cotejo, demonstre se a causa de pedir não se enquadra em um determinado precedente.

Isso visa, exatamente, combater a denominada "justiça lotérica", na medida em que se exige um mínimo de "coerência" do Poder Judiciário para que "situações similares" sejam tratadas de maneira isonômica. Por isso mesmo o §1º do art. 927 do novo CPC (que trata dos precedentes judiciais) determina que juízes e os tribunais observarão o disposto no art. 10 e no art. 489, §1º.

Logo, a finalidade do §1º do art. 489 do Código de Processo Civil de 2015 é o de combater (e, assim, impedir a ocorrência de) cinco dos maiores vícios que maculam democraticamente qualquer fundamentação: o legalismo (a mera indicação de texto de lei), o generalismo (utilizar motivos que se encaixam em qualquer situação), a abstração (a falta de relação com o caso em concreto), a superficialidade (não enfrentar todos os argumentos levantados) e a incoerência (destoar de provimentos vinculantes).

Assunto conexo à importância de se "levar a sério" o dever de fundamentação das decisões judiciais trata-se da (crítica à) nova técnica de julgamento de suspensão de acórdãos não unânimes, introduzida no lugar dos "finados" embargos infringentes. A este respeito, inclusive, tivemos a satisfação de publicar em coautoria com Lenio Streck artigo intitulado *O que isto: os novos embargos infringentes? Uma mão dá e a outra...*[357]

---

[356] "Art. 927. Os juízes e os tribunais observarão: I - as decisões do Supremo Tribunal Federal em controle concentrado de constitucionalidade; II - os enunciados de súmula vinculante; III - os acórdãos em incidente de assunção de competência ou de resolução de demandas repetitivas e em julgamento de recursos extraordinário e especial repetitivos; IV - os enunciados das súmulas do Supremo Tribunal Federal em matéria constitucional e do Superior Tribunal de Justiça em matéria infraconstitucional; V - a orientação do plenário ou do órgão especial aos quais estiverem vinculados. [...]". BRASIL. *Lei nº 13.105, de 16 de março de 2015*. Código de Processo Civil. Disponível em: <https://www.planalto.gov.br/ccivil_03/_ato2015-2018/2015/lei/l13105.htm>. Acesso em: 7 set. 2016.

[357] HERZL, Ricardo A. STRECK, Lenio Luiz. O que isto: os novos embargos infringentes? Uma mão dá e a outra... *Revista Consultor Jurídico*, São Paulo, 13 jan. 2015. Disponível em: <http://www.conjur.com.br/2015-jan-13/isto-novos-embargos-infringentes-mao-outra>. Acesso em: 1 nov. 2016.

Os antigos embargos infringentes vinham há muito sendo duramente criticados pela doutrina processual, em especial por servirem de mais uma etapa recursal, a fim de superar um eventual "empate" quando os votos do acórdão não unânime, somados à sentença reformada, implicassem em um 2 (dois) a 2 (dois). Enfim, os embargos infringentes eram uma espécie de "tira-teima", cuja finalidade era propiciar um debate um pouco mais aprofundado diante de decisões divergentes.[358]

A maneira que se encontrou para a supressão dos embargos infringentes – com a finalidade de simplificação do sistema recursal brasileiro e, por consequência, da redução do tempo de tramitação dos processos – mas, ainda, melhorar em "qualidade" o debate travado nos tribunais, foi passar a exigir com o novo CPC que todos os votos, inclusive o vencido, conste do acórdão da decisão.[359]

Todavia, aos quarenta e sete do segundo tempo, nos últimos instantes da aprovação do Código de Processo Civil de 2015 no Senado Federal, por insistência do então Senador Aloysio Nunes Ferreira e após a aceitação de inclusão da matéria pelo Relator do Projeto, Senador Vital do Rêgo – contando com um provável veto presidencial (o que, depois, não ocorreu) –, foi incluída, no lugar dos embargos infringentes, a técnica processual de suspensão de acórdãos não unânimes.[360]

---

[358] Assim dispunha o art. 530 do Código de Processo Civil de 1973: "Art. 530. Cabem embargos infringentes quando o acórdão não unânime houver reformado, em grau de apelação, a sentença de mérito, ou houver julgado procedente ação rescisória. Se o desacordo for parcial, os embargos serão restritos à matéria objeto da divergência".

[359] "Art. 941. [...] 3º. O voto vencido será necessariamente declarado e considerado parte integrante do acórdão para todos os fins legais, inclusive de pré-questionamento". BRASIL. *Lei nº 13.105, de 16 de março de 2015*. Código de Processo Civil. Disponível em: <https://www.planalto.gov.br/ccivil_03/_ato2015-2018/2015/lei/l13105.htm>. Acesso em: 7 set. 2016.

[360] "Art. 942. Quando o resultado da apelação for não unânime, o julgamento terá prosseguimento em sessão a ser designada com a presença de outros julgadores, que serão convocados nos termos previamente definidos no regimento interno, em número suficiente para garantir a possibilidade de inversão do resultado inicial, assegurado às partes e a eventuais terceiros o direito de sustentar oralmente suas razões perante os novos julgadores. §1º. Sendo possível, o prosseguimento do julgamento dar-se-á na mesma sessão, colhendo-se os votos de outros julgadores que porventura componham o órgão colegiado. §2º. Os julgadores que já tiverem votado poderão rever seus votos por ocasião do prosseguimento do julgamento. §3º. A técnica de julgamento prevista neste artigo aplica-se, igualmente, ao julgamento não unânime proferido em: I - ação rescisória, quando o resultado for a rescisão da sentença, devendo, nesse caso, seu prosseguimento ocorrer em órgão de maior composição previsto no regimento interno; II - agravo de instrumento, quando houver reforma da decisão que julgar parcialmente o mérito. §4º. Não se aplica o disposto neste artigo ao julgamento: I - do incidente de assunção de competência, e ao de resolução de demandas repetitivas; II - da remessa necessária; III - não unânime proferido, nos tribunais, pelo plenário ou pela corte especial". *Ibid.*

Funciona mais ou menos assim: doravante, se a decisão não for unânime o processo deve ser obrigatoriamente suspenso – sob pena de não transitar em julgado, assim como ocorre com as hipóteses de remessa necessária – para convocar outros julgadores (nos termos do regimento interno do tribunal) e, com isso, possibilitar a inversão do resultado em sessão de julgamento posterior (por exemplo, transformar um "dois a um" em um "dois a três"...).

O intérprete menos incauto pode esbravejar e, falaciosamente, sair em defesa da nova espécie de incidente processual como sendo uma técnica capaz de providenciar decisões judiciais mais maduras, ao permitir o "repensar" da colegialidade. Será mesmo?

Primeiro problema: se o objetivo de se expungir os embargos infringentes do rol de recursos era o de promover maior simplificação do sistema recursal e, assim, reduzir o tempo de tramitação dos processos nos tribunais, o referido incidente vai na "contramão" ao produzir retrabalho, na medida em que os votos dos novos julgadores aclamados para decidir, por exigência do §1º do art. 489 do CPC/2015, ainda que vencidos (CPC/2015, art. 941, §3º), também deverão ser "bem" fundamentados. Isso certamente demandará maior tempo médio de tramitação dos recursos.

Segundo problema: o que significa a expressão em número suficiente para garantir a possibilidade de inversão do resultado inicial? O que acontece quando existirem três votos em sentidos diferentes? Atualmente, a solução doutrinária predominante aponta no sentido da adoção do voto intermediário. Nesta hipótese, quantos desembargadores serão necessários? Pelas nossas contas, apenas mais um. Mas, e se a redação do regimento interno do tribunal determinar que o julgamento seja feito pela sessão composta por cinco desembargadores? Matematicamente, seria possível um novo empate: por exemplo, um "dois a dois a um"... Como resolver este dilema? Física quântica?

Terceiro problema: a nova técnica diz respeito a uma obrigação do tribunal. Ou seja, vai muito além da utilização dos antigos embargos infringentes, onde a parte que se sentia prejudicada tinha a faculdade processual de recorrer. Mais que isso: para além das hipóteses de cabimento em acórdãos não unânimes em apelação e ação rescisória, agora também implicará na revisão *ex officio* de acórdãos não unânimes que decidem agravo de instrumento. Assim, não se trocou "seis" por "meia dúzia", mas sim "oito" por "oitenta" (tendo em conta a amplitude de aplicação do instituto), sobrecarregando ainda mais os tribunais.

Quarto problema: a unanimidade, assim como o consenso, não é (nem nunca foi) sinônimo de justiça das decisões. Logo, se a decisão, ainda que por maioria, respeitasse o dever democrático de integridade (respeito às normas jurídicas, em especial à Constituição Federal) e coerência (compreendendo que nenhuma decisão pode partir de um grau zero de compreensão ou meramente da consciência ou moralidade do julgador, mas, sim, deve ser construída a partir de uma tradição jurídica que leve em consideração a doutrina e a jurisprudência), a fundamentação bem fundamentada de dois de três julgadores já seria por si só suficiente, dispensando a necessidade de uma decisão unânime.

Quinto problema: o desembargador vencido, provavelmente, vai sentir "na pele" o *bullying* dos seus colegas de Turma. Mais ou menos assim: para evitar a suspensão do processo e a necessidade de um novo julgamento, quem proferir o voto vencido vai se sentir constrangido a "ressalvar seu próprio entendimento" e acompanhar o voto dos demais. Ou seja, o jeitinho brasileiro tem tudo para produzir um "simulacro de unanimidade" e, assim, dar um belo drible da vaca na lei. Aguardem as cenas dos próximos capítulos...!

Enfim, a justiça (verdade) e (tentativa de obtenção de) consenso são pretensões bem diferentes e a segunda não é nem de perto "receita de bolo" para a obtenção da primeira. Assim, ao invés de buscar (ou forçar) a unanimidade (ou o senso comum jurisprudencial), é imprescindível que haja responsabilidade política (democrática) no ato de julgar, por meio de fundamentações (muito bem) fundamentadas.

Por derradeiro, não poderíamos deixar de denunciar uma enorme "atrocidade" contra a garantia fundamental a uma fundamentação bem-feita que, infelizmente, tem-se perpetuado cotidianamente na prática dos Juizados Especiais.

Ocorre que o art. 46 da Lei nº 9.099/95 aduz que o julgamento em segunda instância constará apenas da ata, com a indicação suficiente do processo, fundamentação sucinta e parte dispositiva. Se a sentença for confirmada pelos próprios fundamentos, a súmula do julgamento servirá de acórdão. É o que denominamos de "voto CPF": quando o juiz-relator pega emprestado os fundamentos do magistrado (primeiro grau) e, simplesmente, "confirma a sentença pelos seus próprios fundamentos [...]".

Imaginemos uma senhora com oitenta anos de idade que, após ter convivido por dez anos com seu companheiro (agora falecido), se vê impelida a pugnar por pensão por morte, em juízo, diante da negativa do INSS. Pior que isso: a sentença de primeiro grau foi malfeita, não respeitou critérios de integridade e coerência, solapando diversas provas que demonstravam o convívio entre ambos e julgou pela improcedência.

Pois bem. Nessa hipótese, caso seja observado o procedimento comum, o remédio a ser intentado será o recurso de apelação. E, quando do julgamento da apelação, por imposição legal, tanto o voto do relator quanto o eventual voto vencido deverão ser muito bem fundamentados, o que exigirá a verificação das provas (facticidade) e a análise de todos os argumentos jurídicos (relevantes) trazidos pela recorrente. Ora, se de fato havia a comprovação de união estável do casal, a decisão colegiada – se exarada de forma responsável – terá grande probabilidade de acerto e determinará a revisão da sentença de improcedência.

Nos Juizados Especiais, todavia, o "procedimento" segue por um caminho diferente... A recorrente lá fará uso do recurso inominado e o processo subirá para a (re)análise perante uma Turma Recursal composta por três juízes togados. Vamos ao cerne do problema: se for aplicada a literalidade do art. 46 da Lei nº 9.099/95 e a recorrente der "azar", não caindo nas graças de um "bom" juiz-relator, assim seria o voto, em duas linhas: [...] Conheço do recurso e, no mérito, confirmo a sentença pelos seus próprios fundamentos. E "ponto". Pior, na sequência, seria assim redigido o acórdão: [...] A Turma, por unanimidade, indefere o recurso inominado. Intime-se. Após o trânsito em julgado, arquive-se. Sim, senhores, acreditem! É assim que as Turmas Recursais decidem os recursos inominados no Brasil! E aos montes... Não se trata de uma exceção. Em poucas palavras: o art. 46 da Lei nº 9.099/95 cria uma espécie de "reserva mental" de fundamentação, em completo arrepio ao que dispõe o inciso IX do art. 93 da Constituição Federal. Um absurdo!

Pergunta-se: como será possível fiscalizar a atuação do juiz-relator em seu dever de (bem) fundamentar (*accountability*) se, na verdade, limita-se a fazer um *hiperlink* para a decisão do juiz de primeiro grau? Ou seja, nem se dá ao trabalho do copia-e-cola! É o caos! Pior, como sequer haverá a demonstração da análise dos argumentos (relevantes), quem nos garante que, de fato, ao menos o juiz-relator se deu ao trabalho de "ler" as razões e contrarrazões ao recurso inominado?

E atenção: pode ser que a decisão do juiz-relator e da Turma, como um todo, esteja correta. Conhecemos, aliás, excelentes magistrados que compõem as Turmas Recursais. Tampouco se trata, aqui, de um ataque institucional. Por favor, sem maiores vitimizações... O que nos "angustia" é a completa ausência de respeito a um mínimo dever de prestar contas e que, ainda mais agora, com a redação expressa do §1º do art. 489 do novo CPC – que só "aclarou" o verdadeiro alcance da garantia fundamental à fundamentação, insculpida no inciso IX do art. 93 da Constituição Federal –, a demonstração do caminho percorrido entre as provas constantes dos autos e a decisão judicial continuará sendo sonegada, descaradamente, ao argumento de que deva preponderar o "princípio da especialidade" no âmbito do microssistema dos Juizados Especiais. Como assim? Desde quando a especialidade poderá justificar a evidente inconstitucionalidade!?

Como discernir entre o julgador comprometido, responsável, do julgador acomodado, preguiçoso, que dá uma "lidinha por cima" da sentença e, sem revolver as provas coligidas, simplesmente aplica o voto CPF para se livrar de mais um processo da longa pilha que o assola? Percebam: é impossível distinguir os juízes que fizeram um bom trabalho (hermenêutico) daqueles que, simplesmente, esquecem-se que por detrás de números existem pessoas. "Técnicas procedimentais" desse quilate servem apenas para nivelar os bons aos maus juízes, misturando o trigo ao joio. Ou será que "causas com pequeno valor" merecem repostas de menor qualidade do Estado? Justiça de qualidade para os ricos e, novamente, ferro na choldra?!

Por isso tudo, pensamos que uma boa decisão (de acordo com a Constituição) jamais se mede, tão somente, pelo resultado, pelo "sim" ou pelo "não". Uma decisão de qualidade demandará, acima de tudo, uma fundamentação bem fundamentada, o que exige postura responsável e que respeite ao "mínimo" padrão de qualidade.

Assim, defendemos a "pulsante inconstitucionalidade" do art. 46 da Lei nº 9.099/95, porquanto um acórdão, ainda que em sede de Juizados Especiais, deverá ser sempre (bem) fundamentado, o que revela e reforça o importante papel de responsabilidade política (*accountability*) do magistrado na apreciação dos argumentos jurídicos (relevantes) invocados pelas partes.

4.2 Razões pelas quais nem todo agir do juiz (no Processo Civil) pode ser considerado *ativismo judicial*. É possível a *comissão por omissão judicial*? A *decisão hermenêutica de produção de provas* como condição de possibilidade para a obtenção da (metáfora da) resposta correta

Com a proposta hermenêutica de superação do antigo *esquema sujeito-objeto*, o juiz não é um mero observador (nem o problema) da relação jurídica processual, mas, ao contrário, está imerso no processo (dele faz parte) e, por isso, tem a responsabilidade democrática de (com)participar, ao lado (nem acima, nem abaixo) das partes – fruto de cooperação, entendida como o fiel desempenho à sua função, ao seu *papel processual* –, na busca pela construção da (metáfora da) resposta correta (mais adequada à Constituição).

Acreditamos que a busca pela *intersubjetividade*, o respeito aos *limites semânticos* de legislação democraticamente aprovada, e a *integridade* e a *coerência* no Direito, comporão um *vetor hermenêutico*, um *modus* filosófico de "blindagem" à discricionariedade e ao solipsismo judicial, independentemente da espécie de decisão ou de sua finalidade. O que queremos dizer com isso? Simples. O juiz não deve ter uma postura hermenêutica apenas no ato decisório final, na sentença ou acórdão. Não. O "magistrado hermeneuta" deve buscar pela (metáfora da) resposta correta durante todo o processo, o que envolve (e exige), também, decisões interlocutórias de qualidade.

Em outras palavras: se a hermenêutica acredita que uma *postura filosófica* proporcionará ao julgador a possibilidade de bem fundamentar e, consequentemente, bem decidir ao final, blindando o juiz da tendência de "fazer escolhas" no momento da sentença, por qual razão não seria possível, também, decidir hermeneuticamente durante o transcorrer do processo (*v.g.*, ao analisar a petição inicial, deferir ou não tutelas provisórias, ou na apreciação ou determinação de produção de provas)?

Dito de outro modo: se a hermenêutica é o remédio filosófico para evitar discricionariedades na sentença (ato judicial mais complexo, onde deverão ser analisadas todas as provas e os argumentos jurídicos relevantes), qual o problema de serem aplicadas as *premissas da hermenêutica* às diversas espécies de decisões interlocutórias (ato judicial normalmente mais pontual e de pequena complexidade), blindando-as das "escolhas" do juiz?

Vamos ser mais diretos: o juiz não é "o" problema. Não é neutralizando o juiz, colocando-o de *castigo* no canto da sala, que se resolve o problema do ativismo judicial. A *maneira como normalmente se decide* no Brasil *(irresponsável, discricionária, solipsista)* é que deve ser combatida. Por isso, não faz qualquer sentido defender uma postura hermenêutica do juiz na sentença, e simplesmente "rotular" qualquer iniciativa do magistrado quando profere decisões interlocutórias como sendo uma "postura ativista". E se o juiz for "obrigado" a *agir hermeneuticamente* – não por escolha, mas em respeito ao dever de *accountability*... –, em uma decisão interlocutória, a fim de preservar a possibilidade de obtenção da (metáfora da) resposta correta (mais adequada à Constituição)?

A esta altura do "campeonato" os *garantistas mais apaixonados* (e olha que muitos deles se julgam hermeneutas...) costumam dar saltos da cadeira e ter *espasmos de intolerância*. Calma. Não somos adeptos da *igrejinha da verdade real*. Definitivamente não. Só pedimos um pouco de paciência e de "mente aberta" para que, juntos, possamos discorrer um pouco mais acerca do tema proposto.

Aqui, estamos a tratar de Direito Processual Civil. Certamente, na seara penal, por obediência ao postulado do *in dubio pro reo* e o respeito a todo um sistema de garantias fundamentais que envolvem o *ius libertatis* – conquista histórica do cidadão contra os abusos do

Estado –, o agir do juiz em busca de provas pode transparecer confusão entre *juiz-inquisidor* e *juiz-julgador*. De fato, no âmbito penal, é muito sedutora a proposta de acolhimento do *garantismo* defendido por Ferrajoli.[361] Talvez no Direito Penal (que não é o objeto maior da nossa preocupação nesse momento...) a preservação da "integridade" (constitucional) aproxime o garantismo da hermenêutica, mormente em matéria probatória. Mas cuidado: a *hermenêutica* continuará a não ser sinônimo de *garantismo*, ao menos não em seus pressupostos, e isso resta muito bem demonstrado na obra *Garantismo, hermenêutica e (neo) constitucionalismo: um debate com Luigi Ferrajoli*.[362]

Mas, boas respostas exigem boas perguntas. Vamos além: *será que qualquer "agir" do juiz, no decorrer do processo, pode ser considerado como uma manifestação de ativismo judicial?* Afinal, *o que é ativismo judicial?*

Consoante Clarissa Tassinari, o *ativismo judicial* caracteriza-se por ser um *comportamento*, uma *postura*, um problema de cunho interpretativo, de juízes e tribunais que, por intermédio de um "ato de vontade" – com a utilização de critérios não jurídicos –, extrapolam os limites de sua atuação quando do julgamento das demandas em juízo. Tanto é assim que Tassinari, ao nosso ver muito corretamente, distingue a *judicialização da política* (por ser contingencial, muitas vezes necessária para a implementação das promessas não cumpridas pelo Constituinte de 1988) do *ativismo judicial*.[363]

Primeiro problema: "rotular" todo e qualquer agir do juiz como manifestação de *ativismo judicial* não revelaria, indiretamente, um *forte apego à proposta metafísica*, ao "categorizar" (ou classificar) todo juiz como um "mau juiz"? Será que a hermenêutica deve mirar suas baterias contra a "figura do juiz" ou, ao contrário, combater a forma como (mal) se decide no Brasil? Pensemos nisso. Afinal, queiramos ou não, enquanto os *homens forem homens* (em razão de sua natural iniquidade) alguém sempre terá, entre nós, a missão de decidir e pôr fim ao litígio.

---

[361] FERRAJOLI, Luigi. *Constitucionalismo garantista e neoconstitucionalismo*. Tradução de André Karam Trindade. In: SIMPÓSIO NACIONAL DE DIREITO CONSTITUCIONAL, 9., Curitiba, 2010. *Anais eletrônicos...* Curitiba: Academia Brasileira de Direito Constitucional, 2010, Disponível em: <http://www.abdconst.com.br/revista3/luigiferrajoli.pdf>. Acesso em: 11 nov. 2014.

[362] FERRAJOLI, Luigi; STRECK, Lenio Luiz; TRINDADE, André Karam (Org.). *Garantismo, hermenêutica e (neo)constitucionalismo*: um debate com Luigi Ferrajoli. Porto Alegre: Livraria do Advogado, 2012.

[363] "[...] O modo de compreender a atividade jurisdicional passa por uma importante diferenciação entre judicialização da política e ativismo judicial. Neste sentido, a primeira revela-se como um fenômeno contingencial e inexorável, ao passo que o último consolida-se como uma postura, um comportamento de juízes ou tribunais". TASSINARI, Clarissa. *Jurisdição e ativismo judicial*: limites da atuação do Judiciário. Porto Alegre: Livraria do Advogado, 2013, p. 147.

O Direito faz parte da evolução da nossa humanidade. E, se o mais relevante papel da hermenêutica (filosófica) é o de reconstruir a maneira "como" o juiz chega às suas decisões, não seria *dar um tiro no pé (da própria hermenêutica)* ceder a um certo "fatalismo judicial" e, assim, "jogar a toalha" ao aceitar que toda decisão (interlocutória, sentença ou acórdão) sempre será discricionária, já que *o problema não tem conserto*? Ora, o que sobrará para a hermenêutica, então?

A todo instante, no decorrer do nosso (per)curso, utilizamos da Crítica Hermenêutica do Direito como matriz teórica para a necessária "superação" do antigo *esquema sujeito-objeto* que, no âmbito do Direito Processual Civil, basicamente "oscila" entre *subjetivismos* (investe no *ato de vontade*" do sujeito-juiz) e *procedimentalismos* (aposta no *contraditório exclusivo entre as partes* no processo-objeto). Todavia, ao nosso ver, "castrar" completamente a possibilidade de o juiz *agir hermeneuticamente em decisões interlocutórias* nos aparenta uma distorção que merece reparos: implica em *mixagem teórica* entre o garantismo (durante o processo) e a hermenêutica (na sentença).

Aos hermeneutas mais convictos, pergunto: *se sustentamos a possiblidade da obtenção da resposta correta quando da sentença, qual a dificuldade de, hermeneuticamente, aplicar os critérios de integridade e coerência nas decisões interlocutórias?* Percebam: se a solução é fenomenológica, por que alimentar elevado apego a problemas psicológicos ou epistemológicos? Já superamos isso! Caso contrário, corremos o risco de "ideologizar a hermenêutica", aplicando de critérios hermenêuticos em parte, somente quando melhor nos convier para sustentar o nosso discurso contra o juiz. Sejamos 100% hermenêuticos, portanto! Com todo o respeito (não queremos a ninguém ofender), mas não precisamos de um *"puxadinho" garantista* para servir de bengala à proposta hermenêutica.

Segundo problema: um juiz hermeneuta, na sentença, só poderá obter a (metáfora da) única resposta correta se tiver, à sua disposição, provas suficientes ao desvelamento do Direito. Poderá a hermenêutica se contentar com um mero *simulacro de verdade* (verdade formal)? Seria hermenêutico tolher o juiz da *facticidade*? Afinal, julgar com base apenas em *opiniões* fere um mínimo jurídico. Para julgar dependeremos sempre de provas. Logo, as provas são o *fio condutor* entre os atores processuais e a facticidade. Mais que isso: as provas são a *condição de possibilidade* para a prolação de boas sentenças. Boas sentenças não derivam de "achismos", de provas malfeitas ou produzidas pela metade. Suponhemos que uma prova seja *indispensável ao desvelamento* dos fatos (e consequentemente, do direito, já que não faz mais sentido sustentar tais dualismos). Qual postura deve adotar o juiz hermeneuta? Restar-se inerte? Acreditamos que não.

Terceiro problema: tão grave quanto o *ativismo judicial* é o que denominamos "comissão por omissão judicial". Será que o juiz que se omite, propositalmente, para beneficiar a uma das partes, não estaria incorrendo em "ativismo judicial" às avessas? Dito de outro modo: se defendemos, hermeneuticamente, que a fundamentação das decisões judiciais é um *dever de responsabilidade política* do magistrado (*accountability*), e que existe apenas *uma resposta correta* (mais adequada) à Constituição, o magistrado que se vê diante da necessidade de "provas indispensáveis" ao desvelamento do direito não estaria, de maneira omissiva, violando um dever republicano?

Imaginemos uma ação civil pública em que a verificação do "poluir o rio" dependa (necessariamente) da realização de prova técnica-pericial. Do que nos adiantará a *mais maravilhosa teoria da decisão judicial* se, hermeneuticamente, o juiz não terá condições de decidir de acordo a "facticidade" (exatamente por não ser um *juiz Hermes*, com capacidade sobrenatural de intermediar a verdade entre os deuses e a humanidade)? Será que o magistrado que prolatou a sentença teria coragem de levar seu filho para se banhar no rio (sem saber se haveria poluição ou não)? E, se não, por que os filhos dos demais cidadãos deveriam se submeter a tamanha incerteza? Isto não é decidir por princípios (Dworkin).

Atualmente, muitos que se dizem hermeneutas sustentam que o juiz deve se limitar à decisão final, servindo de mero garantidor do contraditório entre as partes. Ora, não estaríamos resgatando um processo civil do início do século XX, agora com requintes constitucionais (respeito ao contraditório)? Se levado à risca o velho adágio *o que não está nos autos não está no mundo*, por presunção legal, aquela ação civil pública seria julgada improcedente. O processo é um jogo? O prêmio (vitória) pertence a quem joga melhor? O juiz, para exercer um papel democrático, deve servir de mero "fantoche" na construção de uma verdade produzida e legitimada tão somente pelo contraditório entre as partes? Evidentemente que não. Seria um retorno (tardio) ao *procedimentalismo*.

Ora, se o juiz – hermeneuticamente – não é apenas um mero expectador, mas, ao contrário, faz parte da relação (com)participativa com os demais sujeitos processuais, assim como a *verdade* não será encontrada na visão do juiz como um terceiro observador (*metafísica moderna*), também não poderá ser extraída como uma espécie de "essência do contraditório" no processo (*metafísica clássica*).

Quarto problema: a partir do Código de Processo Civil de 2015, o juiz tem o "dever" de analisar todos os argumentos jurídicos (relevantes) trazidos à baila pelas partes, sob pena de *nulidade da decisão*

(interlocutória, sentença ou acórdão), consoante o inciso IV do §1º do art. 489, c/c. art. 11. Assim, se o juiz se restar inerte e não apreciar hermeneuticamente uma das *causas de pedir* (ou *de defender*) estará violando automaticamente o dever republicano de (bem) fundamentar (*accountability*), exigido pelo inciso IX do art. 93 da Constituição Federal de 1988.
Vamos dar um exemplo. Imaginemos uma ação de indenização em razão da colisão entre veículos. O autor narrou os acontecimentos e fundamenta o seu pleito no dever de reparar o dano. O réu, por sua vez, apresentou três argumentos defensivos: primeiro, a *culpa exclusiva* do autor; segundo, a *força maior* decorrente de forte chuva no instante da colisão; terceiro, denunciou à lide o fabricante do veículo, ao argumento de que falharam os freios (*acidente de consumo*) quando acionados oportunamente. Todavia, o réu esqueceu-se de requerer a produção da prova pericial.
Ora, como o magistrado poderá analisar juridicamente o argumento de *falha dos freios* (e, assim, respeitar o "contraditório substancial" e evitar a nulidade da sentença) sem, antes, determinar a produção da prova pericial? No exemplo, o magistrado não está se utilizando da prova pericial para confirmar ou reforçar a sua tese (*confirmation bias*). Aliás, pode ser que a prova pericial seja favorável a qualquer das partes (como saber isso antes?).
Assim, concluímos ser impossível juridicamente apreciar, com qualidade, um dos argumentos trazidos pelo réu sem a prévia determinação (hermenêutica) da prova pericial. Insistimos: o que difere o *juiz hermeneuta* do *juiz solipsista* será sempre a sua *postura filosófica*, tendente a suspender seus valores morais em busca (da metáfora) da resposta correta.
Não nos custa ventilar mais outro exemplo: alguém postula judicialmente o benefício de auxílio-doença, juntando ao bojo dos autos atestados e exames médicos para demonstrar a existência de incapacidade laboral. Ora, e se a parte não postular pela produção de prova pericial? A resposta correta (mais adequada à Constituição) seria julgar pela improcedência por falta de provas? É evidente que não. Aliás, seria "incoerente" tal decisão, tendo em conta que normalmente (em mesmas condições de temperatura e pressão...) processos que envolvem benefícios por incapacidade imprescindem da prova pericial. O juiz que determina a realização da perícia médica não o faz para beneficiar a parte autora, mas sim para verificar se, de fato, está presente a incapacidade laboral ou não. Não se trata de busca da *verdade real*. Ao contrário, sem a prova pericial, é impossível que o fenômeno *incapacidade* – já que o *juiz não é médico* – se revele em si mesmo. Só isso.

E, para que não restem quaisquer mal-entendidos, não acreditamos que a cisão entre *direitos disponíveis* e *direitos indisponíveis* (que, aliás, revela em si uma dicotomia típica da categorização dualística da metafísica) possa servir de critério para revelar quando o magistrado terá a responsabilidade política (ou não) de agir em matéria probatória. Admitir o contrário nos conduzirá a uma situação, no mínimo, inusitada: imaginemos um processo de indenização por danos materiais e morais. Os danos morais são direitos da personalidade e, portanto, indisponíveis. Logo, o juiz poderia produzir provas no tocante aos danos morais, apenas deixando de lado as provas indispensáveis à solução dos danos materiais (por exemplo, uma prova técnica-pericial)? Não. Certamente não.

Ante o exposto, hermeneuticamente, propomos que o julgador "deva" determinar a realização de provas (não se trata de um "poder", portanto) quando indispensáveis ao desvelamento (da metáfora) da resposta correta (mais adequada à Constituição), desde que respeite a uma *criteriologia (mínima)* capaz de "blindar" a *decisão hermenêutica de produção de provas* de discricionariedades, conveniências pessoais ou solipsismos.

Primeiro critério: o magistrado deverá produzir (apenas) as provas indispensáveis, quando essenciais ao desvelar de um dos argumentos jurídicos (relevantes) das partes. Afinal, a ausência de apreciação de todos os argumentos jurídicos (*causas de pedir* e *causas de defender*) inquinará a sentença de nulidade por ausência de fundamentação.

Segundo critério: a necessidade (indispensabilidade) da realização da prova para o desvelar da resposta correta exigirá, sempre, que sejam levadas em conta as peculiaridades do caso em concreto. Afinal, *as provas devem servir como o fio condutor entre a facticidade e a decisão judicial*.

Terceiro critério: o magistrado deverá respeitar a dimensão de *integridade*, tanto na decisão que determina a realização da prova, quanto na decisão que a valore. A integridade abrange o respeito ao sistema de garantias fundamentais presente na Constituição Federal e o modo como a prova será produzida (forma prevista em lei). Por isso não será possível determinar provas (ainda que hermeneuticamente) no processo penal, já que a preservação do *ius libertatis* e a presunção de não culpabilidade são conquistas históricas da humanidade presentes em nossa Magna Carta. Da mesma forma, o magistrado não pode determinar a realização de provas ilícitas ou ilegítimas, originárias ou por derivação. Sempre deverá ser oportunizado às partes a se manifestarem previamente acerca da necessidade, do meio de produção e da finalidade das provas que serão produzidas. Assim, as partes poderão efetivamente (com)participar das *provas hermeneuticamente determinadas* – logo, nunca será um ato isolado do juiz –, para que possam, efetivamente, influenciar o magistrado diante dos resultados produzidos.

Quarto critério: o magistrado deverá respeitar a *dimensão de coerência*, tanto na decisão que determina a realização da prova, quanto na decisão que a valore. A coerência deve ser *interna* (em relação a outros casos similares em que o juiz já tenha determinado a realização de provas) e *externa*. A coerência externa deve ser tanto *horizontal* (como agem seus pares magistrados em relação à produção de prova em situações parecidas) quanto *vertical* (se o tipo de prova a ser produzida costuma ser aceita pelos tribunais). A coerência deve respeitar tanto a *temporalidade* (compreender que o Direito é um fenômeno histórico e está em constante evolução), quanto a *espacialidade* (levar em consideração os costumes locais onde a prova será produzida).

Assim, acreditamos que excepcionalmente, supletivamente, só quando for indispensável *à pré-compreensão* do fenômeno jurídico, o magistrado terá o *dever democrático de agir* e, portanto, de determinar (hermeneuticamente) a realização da prova faltante. Nesse caso, a decisão judicial que determina a realização de prova não se trata de um "poder" (ou de uma escolha), mas sim um "dever": a aplicação dos critérios de integridade e coerência, naturalmente, *blindarão a decisão de discricionariedades*, no *desvelar* da resposta mais adequada à Constituição.

Por esta razão, para deixar bem claro que não defendemos a possibilidade de obtenção da "verdade real" – uma vez que *já superamos a dicotomia sujeito-objeto* –, ao invés de utilizar a expressão "determinação de provas *ex officio*" (cuja nomenclatura está historicamente arraigada a um agir discricionário, solipsista), preferimos defender a eventual "necessidade" de prolação de uma *decisão hermenêutica de produção de provas* como condição de possibilidade para a obtenção da (metáfora da) resposta correta (mais adequada à Constituição).

4.3 Processo e tecnologia. O risco do *processualismo tecnocrático*. *Eficiência* (critério quantitativo) não se confunde com *efetividade* (critério qualitativo). A busca pelo *processualismo tecnológico*

Um grande problema a ser enfrentado pelos processualistas reside na (des)construção após a sedimentação, pelo senso comum teórico, de um *conceito econômico de efetividade do processo*. Trata-se de uma visão equivocada e que reduz e confunde a efetividade do processo com uma perspectiva numérica relacionada à mera *eficiência*. A eficiência do processo busca o máximo de resultados com um mínimo de esforço.[364] Ocorre que a efetividade do processo, sob o viés econômico (ou meramente quantitativo), tende a enfraquecer a qualidade do processo, do julgamento e, por fim, da busca pela pacificação social. Não se defende, aqui, o formalismo processual exagerado e engessado, longe disso. Todavia, a busca por atalhos procedimentais ao sabor do *juiz-herói* pode subverter todo o sistema de garantias processuais.

Assim, vivemos no limiar do choque (aparente) entre duas formas de processualismo: de um lado, o que doravante denominaremos de *processualismo tecnocrático*, a partir do qual o processo se revela como uma técnica de aceleração na resolução das demandas judiciais (sentido quantitativo); e, de outra banda, o *processualismo tecnológico*, que se utiliza do atual estado da técnica – em especial, dos sistemas informatizados – para contribuir com a hermenêutica (filosófica) na concretização da efetividade do processo (sentido qualitativo).

O estado da técnica torna-se um espelho do *grau de evolução da civilização humana*. Trata-se daquilo que o homem toma para si como conquista técnica e, doravante, encara-o como sendo culturalmente natural. Interessante exemplo trata-se da energia elétrica: qualquer perturbação na sua disponibilidade é julgada como antinatural, na medida em que a escuridão ou a paralisação de aparelhos eletrônicos interferem diretamente em nossa realidade. O que nos pareceria (hoje) uma *anormalidade* corresponderia à *normalidade antiga*, quando o homem não dispunha de tal arcabouço técnico.[365]

---

[364] "[...] processo efetivo é aquele que, observado o equilíbrio entre os valores segurança e celeridade, proporciona às partes o resultado desejado pelo direito material. Pretende aprimorar o instrumento estatal destinado a fornecer a tutela jurisdicional. Mas constitui perigosa ilusão pensar que simplesmente conferir-lhe celeridade é suficiente para alcançar a tão almejada efetividade. Não se nega a necessidade de reduzir a demora, mas não se pode fazê-lo em detrimento do mínimo de segurança, valor também essencial ao processo justo". BEDAQUE, José Roberto dos Santos. *Efetividade do processo e técnica processual*. 2. ed. São Paulo: Malheiros, 2007, p. 49-50.

[365] "O desenvolvimento acelerado das forças produtivas impõe, a título de consequência, não apenas o desgaste da admiração motivada por um engenho ou um feito definidos, rapidamente tornados caducos, insensibilizantes, por efeito do que se pode chamar a queda da naturalidade, mas o encurtamento do prazo durante o qual uma realização técnica, por mais engenhosa e repleta de saber que seja, permanece capaz de suscitar pasmo e maravilhamento. Nada documenta melhor esta asserção do que o acontecimento destes dias, quando a humanidade, depois de maravilhar-se com a primeira descida do homem na Lua, somente passados quatro meses dessa façanha, inconcebível para gerações precedentes, manifesta quase total indiferença com a repetição da mesma viagem espacial, embora em condições talvez tecnicamente mais admiráveis. Quatro meses foram suficientes para desgastar nossa capacidade de nos maravilhar com essa surpreendente conquista da ciência e da técnica. É que já agora consideramos natural essa

E o homem, a cada conquista, maravilha-se por suas obras, mas também por um menor prazo de estupefação e em um ritmo cada vez mais acelerado. Imagine-se, hoje, com um telefone celular do tamanho de um *tijolo* ou com o acesso à internet por meio de um *modem com rede discada*? Há vinte anos tratavam-se das grandes novidades que revolucionaram a comunicação global. Desse modo, o mundo passa a se transformar no lugar natural da técnica. Por meio da técnica, o homem se emancipa do natural e do divino.[366]

A expressão *tecnologia*, consoante Vieira Pinto, pode assumir quatro significados principais: a) o modo de produzir alguma coisa; b) o equivalente a alguma técnica ou *know-how*; c) o conjunto de todas as técnicas da qual dispõe uma determinada sociedade; d) a *ideologização da técnica*, o que leva a uma *ciência (epistemologia) da técnica*.[367]

Ainda, Vieira Pinto denuncia a evidente distância entre teoria e *práxis* tecnológica. Os técnicos são especialistas em ramos da atividade fabricadora, o que lhes retira a abstração necessária à percepção da realidade, típica dos filósofos. Por deficiência de uma acurada formação crítica, os técnicos mostram-se incapacitados para apreciar a natureza do trabalho que desenvolvem e qual a importância de sua função em um contexto maior.

Todavia, com a globalização do conhecimento e o desenvolvimento de técnicas cada vez mais complexas, a atitude cognoscitiva do técnico irá se transformando qualitativamente. Por isso, o técnico será forçado a se defrontar e assumir posições críticas. De outra banda, os

---

proeza e somente algo ainda inteiramente novo, que por enquanto nos pareça irrealizável, poderá surpreendê-los". VIEIRA PINTO, Álvaro. *O conceito de tecnologia*. Rio de Janeiro: Contraponto: 2005. v. 1, p. 38.

[366] "[...] Isto é, o homem se adaptava à lei da natureza que ele continuava a proclamar imutável, modificando continuamente a estabilidade da natureza para adaptá-la a si. Esse processo, jamais declarado, mas sempre praticado, levou o homem tão longe das suas origens que o afastou daquele patrimônio de costumes em que se criara e no qual formara a própria mente, quando a natureza era o seu limite, e nesse limite o homem reconhecia o arcabouço das suas certezas. Hoje não é mais assim: a natureza não é mais o horizonte. Céu e Terra não funcionam mais como perímetros, porque as coisas situadas no Céu e na Terra se tornaram flexíveis com os instrumentos da ciência e da técnica, que, nesse ponto, são muito mais fortes do que a necessidade. [...]". GALIMBERTI, Umberto. *Psiche e techne*: o homem na idade da técnica. São Paulo: Paulus, 2006, p. 30.

[367] "[...] Se a técnica configura um dado da realidade objetiva, um produto da percepção humana que retorna ao mundo em forma de ação, materializado em instrumentos e máquinas, e entregue à transmissão cultural, compreende-se tenha obrigatoriamente de haver a ciência que o abrange e explora, dando em resultado um conjunto de formulações teóricas, recheadas de complexo e rico conteúdo epistemológico. Tal ciência deve ser chamada tecnologia, conforme o uso generalizado na composição das denominações científicas". VIEIRA PINTO, Álvaro. *O conceito de tecnologia*. Rio de Janeiro: Contraponto: 2005. v. 1, p. 221.

teóricos terão que se desprender da completa abstração idealista para se moldar às técnicas e objetos artificiais que recobrem a realidade social.[368] Assim, o conceito de tecnologia, enquanto ideologia, descola-se da mera técnica e passa fazer parte de uma constante necessidade humana que dirigem todos os meios de produção à uma corrida evolucionista constante, no mais das vezes utilizada para manter o consumo em massa e a justificar a troca do velho pelo novo.

Se, por um lado, a tecnologia possibilita a obtenção de uma *melhor qualidade de vida*, por outro, torna-nos refém da sua constante utilização. Mas frise-se: a tecnologia não deve ser entendida como um mal. Ao contrário, representa o triunfo do homem sobre a natureza. É um bem. Uma conquista da humanidade. Por meio da tecnologia podemos viver mais e melhor.

O que se pretende criticar, aqui, é a uma espécie de endeusamento da tecnologia ou um *fundamentalismo tecnológico*, quando a tecnologia deixa de ser vista como um "meio" e ganha "feições de sujeito", tornando-se um *fim em si mesmo*. Eis o perigo. Qualquer tentativa de afastar a tecnologia de sua finalidade humanitária a transforma em *instrumento de dominação*. Quando a técnica racional de planejamento tende a se emancipar da reflexão de seus meios e fins, em função de sua base humana, transformando-a em um mero objeto de si própria, torna-se necessário proteger a racionalidade técnica dela mesma e, nesse momento, nossa humanidade deve ser questionada.[369]

A *tecnocracia* pode ser entendida como a *forma de governo* que tem por base o conhecimento técnico-científico. Trata-se da tentativa de emprego dos métodos das ciências físicas e matemáticas para a solução dos problemas sociais. É o *governo dos técnicos*, por meio dos números, das estatísticas e da busca incansável pela máxima da eficiência.

---

[368] "Cria-se assim uma epistemologia da técnica que, em vez de fundá-la na relação do homem com a natureza, definidora do aspecto essencial, variando unicamente segundo as condições determinadas pelo progresso científico, funda-a nas relações dos homens uns com os outros, que são acidentais, enquanto formações históricas sucessivas. Descortina-se nesta observação a inevitável conexão estabelecida, consequentemente, entre o estado de desenvolvimento das técnicas e a elevação delas à categoria de ideologia social [...]". *Ibid.*, p. 225.

[369] "A tecnologia converte-se em teologia da máquina, à qual, imitando casos clássicos de outras formas de alienação, o homem, o técnico ou o operário se aliena, faz votos perpétuos de devoção. Daí em diante desconhecerá ter transferido para ela, a título de valor transcendente, o que era inerente à sua realidade pessoal. Esquece que a máquina não passa de sua obra, produto de suas finalidades interiores, realizado mediante as ideias que adquiriu, e acredita ao contrário dever deixar-se possuir pela tecnologia, porque só assim poderá adquirir um nome e uma essência humana, a de técnico". VIEIRA PINTO, Álvaro. *O conceito de tecnologia*. Rio de Janeiro: Contraponto: 2005. v. 1, p. 291.

Esta tendência de *matematizar o humano* e de *racionalizar a sociedade* acaba por transformar os indivíduos em engrenagens pertencentes a uma grande máquina em movimento. A tecnocracia, portanto, está intimamente ligada à ideia de organismo produtivo. Problemas sociais, morais e jurídicos são tratados como se fossem, também, problemas tecnológicos. Resultado: *coisifica-se o humano*.[370]

No âmbito do Direito Processual Civil, a *busca pela eficiência* (que muitas vezes é confundida com efetividade) torna-se traço distinto, inegável e aclamado, proveniente tanto dos mandamentos legais – fonte primária –, como o resultado da *práxis* construída pelos operadores do Direito. Como reduzir o crescente número de demandas a tramitar pelos tribunais? Como tornar mais céleres os meios de prestação jurisdicional?

Para atingir determinados objetivos, o *processualismo tecnocrático* parte da busca de uma *verdade projetada, fabricada, artificial*. Cria-se o mito da obtenção da justiça pelo procedimento (respeito ao simples contraditório), pela ritualística que, uma vez cumprida, conduzirá à melhor solução. Esta *verdade* se revela como técnica metafísica, porque antecipa o sentido da ação humana para a realização de metas ou de procedimentos que, se cumpridos, aparentam um alto grau de racionalidade e estabilidade.

Esta verdade produzida aproxima-se, em muito, com aquilo que os gregos chamavam de *verdade como eficácia* (*kraínei*) – decorrente da fusão da *verdade procurada* (*alétheia*) com a palavra *justiça* (*díke*) –, verdade que "faz ser", "realiza", e no sentido poético significa "produzir" (*poîein*).[371]

---

[370] "O característico da tecnocracia se acha em que se propugna e trata de realizar desde o governo de um Estado a racionalização quantitativa de todas as atividades, desde o ensino e a informação até às econômicas, trabalhistas e recreativas, partindo de uma concepção ideológica de mundo que admite sua mecanização dirigida centralmente por cérebros capazes de impulsioná-la do modo mais eficaz". GOYTISOLO, Juan Vallet de. *O perigo da desumanização através do predomínio da tecnocracia*. Tradução de Alfredo Augusto Rabello Leite. São Paulo: Mundo Cultural, 1977, p. 159.

[371] "O tema verdade como eficácia – explicitamente declarado pela palavra poética, arbitrária, como diz Píndaro, do éthimos do deus ou do herói, ou seja, do seu verdadeiro significado – funde imediatamente a palavra verdade (*alétheia*) com a palavra justiça (*dikê*), porque onde a palavra é eficaz, no sentido de 'faz ser' ou 'não ser', não se dá verdade que não seja conforme à justiça. [...] Guardião do mito, o poeta canta para descrever aquilo que é antes do tempo, para arrancar as vidas da dissolução do tempo, para reproduzir na terra a ordem que o tempo não arranha. Esses três cantos referem-se respectivamente aos deuses, aos heróis e às regras rituais, que a palavra poética 'faz ser' (*kraínei*) arrancando-os do Esquecimento, que de outra forma os absorveria. Sua missão é transcender o tempo e ganhar o eterno. [...]. Desse modo, a verdade mítica desenvolve, em termos de eficácia, uma dupla função, que consiste em inaugurar um horizonte representativo estável em que todas as coisas já encontraram sua solução, e em des-historicizar o devir histórico, cuja dramaticidade nasce quando não há mais uma meta-história que contém um sentido

Em suma, trata-se do *mito de obtenção do justo* a partir de uma ritualística institucionalizada, por simplesmente decorrer do Poder Judiciário. E, ao perseguir objetivos pré-estabelecidos, de modo quantificável (metas), é muito possível que a mera *legitimação pelo procedimento* leve a um gradativo processo de *desumanização*: aos poucos os processos se tornam números e as pessoas, agora camufladas pelo processo, transformam-se em mera estatística. Coisificam-se as pessoas e os seus interesses.

Ora, os *homens não são coisas*. Se do ponto de vista institucional trata-se de apenas mais um processo, talvez este mesmo processo represente tudo que há de mais importante na vida de alguém ou de sua família. Será que os fins justificam os meios? Pior, será que os fins institucionalizados coincidem com as finalidades dos processos? Acreditamos que não.

Quando se fala em "metas" no âmbito do Poder Judiciário, em princípio, pode-se ter a falsa impressão de uma *atitude positiva* do ponto de vista organizacional, como se as boas práticas do setor privado estivessem a migrar para o setor público.

Todavia, tais metas – embora não se limitem a números –, acabam por sugerir a tentativa de quantificação e de controle do fluxo de trabalho da *inteligência humana* que, por mais das vezes, exige um grau variado de complexidade e que está renegada a *nuances* capazes de tornar impossível a mensuração abstrata do tempo necessário à duração do processamento de cada processo.

Primeiro sonha-se com algo, com elevado grau de abstração. Depois se transforma o sonho em um objetivo, a partir da identificação daquilo que se pretende alcançar. Por fim, é necessário estabelecer quais e como serão os próximos passos, na forma de metas, normalmente mais concretas, tangíveis e quantificáveis, a permitir tal realização. As metas surgem da necessidade de racionalização do agir humano para a busca de determinadas pretensões. Logo, precisamos de metas.

---

ulterior em relação àquele que a irrupção do negativo faz aparecer como sentido último. Como horizonte da crise, a verdade mítica controla a negatividade do negativo evitando que se expanda; como lugar da des-historização do devir a relativiza, permitindo enfrentar as perspectivas incertas como se tudo já estivesse resolvido no plano metafísico, segundo os modelos que o mito expõe e o rito reforça. A eficácia do rito não é verificada a posteriori, com procedimentos de controle, mas é garantida a priori, pela persuasão mítica. Em casos de fracasso ou falta de resultado, a justificação que salvaguarda as regras da eficácia é buscada ou na incorreção do gesto ritual ou na não-idoneidade do executor do gesto, quer pode ser puro ou impuro, digno ou indigno, onde no nível pessoal antecipa-se aquele sistema de duplas que a filosofia, ao despedir o mito, instituirá o nível impessoal na polaridade verdadeiro-falso". GALIMBERTI, Umberto. *Psiche e techne*: o homem na idade da técnica. São Paulo: Paulus, 2006, p. 395-396.

Assim, as *metas* não são um problema em si mesmas, mas podem se tornar a depender de *como são elaboradas e aplicadas*. Nesse ponto, algumas perguntas surgem: quem decide o que deve ou não fazer parte de uma meta do Judiciário? Como as metas são construídas (existe alguma criteriologia)? Até que ponto as metas podem guiar e melhorar o nosso trabalho sem que nos tornemos reféns delas mesmas?

O *sistema de metas* para o Poder Judiciário nasceu no Brasil após o 2º Encontro Nacional do Judiciário, realizado no dia 16 de fevereiro de 2009, em Belo Horizonte. Este evento reuniu os Presidentes de todos os tribunais brasileiros com a finalidade de delinear o *Planejamento Estratégico do Poder Judiciário*, sob a coordenação do Conselho Nacional de Justiça.

Inicialmente, foram estabelecidas dez metas para o ano de 2009.[372] Com exceção da Meta 2, a estabelecer um critério temporal (julgar até o final de 2009 todos os processos distribuídos até 31.12.2005), *as metas nasceram não com a finalidade de impor quantidades*, mas sim como um modo de orientar questões administrativas, gerenciais e estruturais do interesse de todo o Poder Judiciário, a fim de modernizar, informatizar e democratizar o acesso à informação por meio da rede mundial de computadores. Parabéns: busca-se a *qualidade*.

Entretanto, não se pode afirmar o mesmo a partir das metas de 2010,[373] definidas a partir do 3º Encontro Nacional do Judiciário. As metas começaram a traduzir-se em *números*. Por exemplo, a Meta 3:

---

[372] "1. Desenvolver e/ou alinhar planejamento estratégico plurianual (mínimo de 05 anos) aos objetivos estratégicos do Poder Judiciário, com aprovação no Tribunal Pleno ou Órgão Especial. 2. Identificar os processos judiciais mais antigos e adotar medidas concretas para o julgamento de todos os distribuídos até 31.12.2005 (em 1º, 2º grau ou tribunais superiores). 3. Informatizar todas as unidades judiciárias e interligá-las ao respectivo tribunal e à rede mundial de computadores (internet). 4. Informatizar e automatizar a distribuição de todos os processos e recursos. 5. Implantar sistema de gestão eletrônica da execução penal e mecanismo de acompanhamento eletrônico das prisões provisórias. 6. Capacitar o administrador de cada unidade judiciária em gestão de pessoas e de processos de trabalho, para imediata implantação de métodos de gerenciamento de rotinas. 7. Tornar acessíveis as informações processuais nos portais da rede mundial de computadores (internet), com andamento atualizado e conteúdo das decisões de todos os processos, respeitado o segredo de justiça. 8. Cadastrar todos os magistrados como usuários dos sistemas eletrônicos de acesso a informações sobre pessoas e bens e de comunicação de ordens judiciais (Bacenjud, Infojud, Renajud). 9. Implantar núcleo de controle interno. 10. Implantar o processo eletrônico em parcela de suas unidades judiciárias". CONSELHO NACIONAL DE JUSTIÇA (CNJ). *Metas de nivelamento do poder judiciário 2009*: relatório final. Brasília, DF, 2010. Disponível em: <http://www.cnj.jus.br/images/metas_judiciario/2009/relatorio_cnj_formato_ cartilhav2.pdf>. Acesso em: 19 nov. 2014.

[373] Para maiores informações: CONSELHO NACIONAL DE JUSTIÇA (CNJ). *Metas 2010*. Brasília, DF, 2010. Disponível em: <http://www.cnj.jus.br/gestao-e-planejamento/metas/metas-prioritarias-de-2010>. Acesso em: 19 nov. 2014.

reduzir em pelo menos 10% o acervo de processos na fase de cumprimento ou de execução e, em 20%, o acervo de execuções fiscais (referência: acervo em 31 de dezembro de 2009).

Da mesma forma, as metas estabelecidas nos anos seguintes. Observam-se metas que passam a "pressionar" a atuação de juízes e servidores, pouco se importando com a *qualidade* do serviço jurisdicional que será prestado.[374]

Assim, o que aparenta ser o arauto da racionalidade metafísica como sinônimo de técnicas de "boa gestão", talvez contenha em si o que há de mais perverso e ultrajante. Para o jurisdicionado, é evidente que o incremento de produtividade em termos estatísticos se revela como um avanço. Mas o leigo jamais poderá responder – exatamente por não possuir pré-compreensão suficiente acerca da facticidade que se impõe – qual o custo operacional e qualitativo que tal medida *ad hoc* poderá provocar nas decisões judiciais.

Isso porque existem variáveis econômicas, sociais e culturais que podem interferir nos números. Por que as execuções trabalhistas, dentro de um determinado contexto social, não são cumpridas? Por exemplo, a crise do setor têxtil em razão dos produtos importados a um custo reduzido ou o aumento do índice de inadimplência no comércio podem interferir diretamente na quantidade de processos.

Também existem variações de ordem estrutural. Podemos estar diante de um Juízo com o quadro completo ou incompleto de servidores ou, ainda, com acentuada variação de quantidade e qualidade de informatização.

Assim, quando é estipulada uma *meta percentual* sobre a quantidade do trabalho produzido, traduzindo-o em números de processos julgados, simplesmente, estamos colocando as mais variadas realidades *dentro de um mesmo contexto*, na esperança (ingênua) de que tenhamos maravilhosos resultados. Ora, diferentes realidades não cabem, nem se amoldam, dentro de uma mesma meta.

---

[374] Neste sentido, alguns exemplos: "Julgar quantidade igual a de processos de conhecimento distribuídos em 2011 e parcela do estoque, com acompanhamento mensal (Meta 3, CNJ, 2011); Designar 10% a mais de audiências de conciliação do que as designadas no ano anterior (2011) (Meta 10, CNJ, 2012); Julgar, até 31.12.2013, pelo menos, 80% dos processos distribuídos em 2008, no STJ; 70%, em 2010 e 2011, na Justiça Militar da União; 50%, em 2008, na Justiça Federal; 50%, em 2010, nos Juizados Especiais Federais e Turmas Recursais Federais; 80%, em 2009, na Justiça do Trabalho; 90%, em 2010, na Justiça Eleitoral; 90%, em 2011, na Justiça Militar dos Estados; e 90%, em 2008, nas Turmas Recursais Estaduais, e no 2º grau da Justiça Estadual (Meta 2, CNJ, 2013); Justiça Militar Estadual - Julgar 90% dos processos originários e recursos, ambos cíveis e criminais, e dos processos de natureza especial em até 120 dias (Meta 3, CNJ, 2013); Justiça do Trabalho - Aumentar em 15% o quantitativo de execuções encerradas em relação a 2011 (Meta 13, CNJ, 2013)".

Ainda, a imposição de *metas percentuais* parte de duas presunções: primeiro, se servidores e juízes são acomodados e, por isso, trabalham menos do que podem, devemos *apertá-los, pressioná-los*...; ou, segundo, se todos já "produzem" no limite da sua capacidade humana – e aqui já se encontra o paradoxo de tentar *quantificar o inquantificável* –, o aumento numérico importará, necessariamente, em queda na qualidade do trabalho.

No tocante à qualidade, para a hermenêutica, que defenda a obtenção de apenas uma resposta correta (mais adequada à Constituição), não há o que se relativizar ou transigir. Ora, não existem *meias justiças* tampouco *meias verdades*, assim como não existem *meias sentenças*. Não é possível abrir mão da qualidade, jamais, sob pena de a Justiça produzir injustiça (enrustida e qualificada).

E, em relação à quantidade (sem descurar da qualidade), eventual acomodação de juízes e servidores deve ser corrigida por (boas) soluções gerenciais, estudadas a partir das peculiaridades do material humano, da estrutura de trabalho e das variáveis econômicas e sociais de uma dada comunidade. Jamais de forma genérica.

Portanto, a principal característica do *processualismo tecnocrático* reside na racionalização quantitativa de todas as atividades, partindo-se de *uma concepção ideológica de mundo que admite sua mecanização dirigida centralmente por cérebros capazes de impulsioná-la do modo mais eficaz*.[375] Transformam-se os indivíduos em engrenagens pertencentes a uma grande máquina em movimento – onde o Poder Judiciário torna-se *indústria de decisões em série*, sob os auspícios de Taylor, Ford e Fayol – e, ao revés, *perde-se em humanidade*.

De outra monta, a qualidade das decisões (por intermédio do processo) liga-se sempre à obtenção de uma verdade (no sentido de *alétheia*) – que, nos dizeres de Lenio Streck, é uma metáfora, porquanto *não é a única, nem a melhor* –, e que para sua obtenção exige um tempo natural de *amadurecimento*.[376]

---

[375] GOYTISOLO, Juan Vallet de. *O perigo da desumanização através do predomínio da tecnocracia*. Tradução de Alfredo Augusto Rabello Leite. São Paulo: Mundo Cultural, 1977, p. 159.

[376] "[...] Em Dworkin, a garantia contra a arbitrariedade está no acesso a uma moralidade institucional; em Gadamer, essa "blindagem" se dá através da consciência da história efetual, representada pela suspensão de todo o juízo e o questionamento dos próprios pré-juízos por parte do outro e pelo texto. Em Dworkin, há uma única resposta correta; na hermenêutica, a partir dos seus dois teoremas fundamentais (círculo hermenêutico e diferença ontológica) e na leitura que faço de Gadamer, há uma resposta verdadeira, correta; nem a única e nem uma entre várias corretas; apenas 'a' resposta, que se dá na coisa mesma. [...]". STRECK, Lenio Luiz. *Verdade e consenso*: Constituição, hermenêutica e teorias discursivas. 5. ed. São Paulo: Saraiva, 2014, p. 77.

Dito de outro modo, se o tramitar processual for muito célere, sem que os procedimentos legais e as garantias processuais tenham se desenvolvido regularmente (dentro das "regras do jogo", previamente estabelecidas), ou se ausente o ambiente de *comparticipação responsável*, com a supressão da produção de *provas essenciais para o desvelamento*, corre-se o risco de ocorrência de uma dupla injustiça: primeiro, no tocante aos reflexos sobre o direito material; segundo, pelo desrespeito ao Direito Processual, mormente no que diz respeito ao contraditório (substancial) e ao devido processo legal.[377]

Por outro lado, se a estrutura posta à disposição dos atores processuais não for condizente com as técnicas necessárias ao desvelamento (*v.g.*, demora no cumprimento de uma carta precatória, demora na expedição de um ofício, demora na análise autos postos à conclusão decorrente do acúmulo de trabalho e etc.), tal procrastinação só serve para amplificar os sentimentos de injustiça e de ineficácia da atuação estatal.

Afinal, pergunta-se: *será possível mensurar, matematicamente, a razoável duração de um processo?* É evidente que não! Ora, cada processo, em face de suas peculiaridades, demandará seu próprio tempo razoável de duração. Isso porque, para além das peculiaridades do caso em concreto, existem *causas endógenas* (técnicas processuais postas à disposição dos operadores do Direito) e *causas exógenas* (relacionadas com a estrutura humana, administrativa e tecnológica) que condicionam a duração do processo.

Assim, o *tempo de amadurecimento da causa* nunca será imutável ou absoluto. Ao contrário, será extremamente volátil ou relativo, também a depender do grau de evolução do *estado da técnica* e de *como se faz uso* do aparato tecnológico.

Evidentemente, o tempo razoável não está no processo em si, apenas, mas sim nas condições em que ele se dá. O processo não é um fenômeno estático, é dinâmico. Processo é movimento. Antes, redigiam-se sentenças à mão. Depois, por intermédio da máquina de escrever. Hoje, temos os computadores, os *tablets*, os *smartfones*. Portanto, a duração razoável do tempo do processo (no sentido *qualitativo*) e o grau de evolução tecnológica encontram-se, necessariamente, imbricados.

---

[377] Acerca da influência do tempo no direito, vide: OST, François. *O tempo do Direito*. Lisboa: Instituto Piaget, 2001.

Diante do esboço desses elementos, podemos conceituar o *processualismo tecnológico* como aquele capaz de fornecer uma resposta qualitativa (hermenêutica) do processo no menor tempo possível, sem atropelar a boa técnica processual (respeitando as formalidades necessárias e as garantias constitucionais), por meio do uso otimizado e integrado de todos os recursos tecnológicos disponíveis à luz do seu tempo. O *processualismo tecnológico*, portanto, é aquele que respeita a dignidade das partes processuais e, ao mesmo tempo, potencializa institucionalmente a Justiça.

O processo eletrônico proporcionou a revolução institucional na prestação dos serviços jurisdicionais. Muito do *material humano* era dispensado em atividades meramente mecânicas: procurar processos nas prateleiras, furar folhas de papel e juntar petições, carimbar o decurso de prazo. Hoje, os processos eletrônicos são localizados rapidamente com um "click", as petições constam dos autos automaticamente quando da sua anexação pelas partes, os carimbos foram suplantados pelos eventos lançados automaticamente pelo sistema.

Além da relativização temporal, o uso dos mais recentes instrumentos tecnológicos relativiza, também, o espaço. É como se fosse possível atravessar por um *buraco de minhoca* e acessar um processo a quilômetros de distância por meio de um *hiperlink*. Com o processo eletrônico, portanto, *dobramos o plano espaço-tempo do tramitar processual*.

O Código de Processo Civil de 2015 trouxe consigo consideráveis avanços no sentido da construção e da sedimentação de um *processualismo tecnológico*. Todo o vocabulário empregado encontra-se em sintonia com a modernidade. Por exemplo: a expressão "rede mundial de computadores" é empregada por 16 vezes; a palavra "eletrônico" por 81 vezes; e o termo "sistema" por 17 vezes. Logo, a *linguagem* utilizada na elaboração do novo CPC já revela a sua inserção na *era digital*.

A primeira grande mudança diz respeito à *forma de comunicação* dos atos processuais. A citação de entes públicos da Administração Direta (União, Estados e Municípios) e indireta (autarquias e fundações públicas), bem como das empresas em geral (públicas ou privadas), com exceção das empresas de pequeno porte e as microempresas, deverá em regra ser feita por meio eletrônico. Para tal, ficam obrigadas a manter cadastro atualizado junto aos sistemas de processo em autos eletrônicos.[378] E, quando a citação se der por edital, também será necessária a sua divulgação pela *internet*.[379]

As intimações[380] e a expedição de cartas (precatórias e de ordem)[381] passam, preferencialmente, a serem realizadas por meio eletrônico (envio de *e-mail*). E, a depender da finalidade do ato processual a ser praticado, a expedição da carta precatória ou de ordem pode dar lugar à realização de *videoconferência* (transmissão simultânea de voz e imagem à distância).[382]

Alguns dos vários exemplos relacionados ao uso da tecnologia para a comunicação dos atos processuais são: a comunicação entre os conciliadores e o *Centro Judiciário de Solução de Conflitos e Cidadania*,[383] a intimação eletrônica da advocacia pública,[384] e a intimação da parte quanto à adjudicação de bem penhorado quando não tiver procurador constituído nos autos.[385]

---

[378] Art. 246. "A citação será feita: [...] V - por meio eletrônico, conforme regulado em lei. §1º. Com exceção das microempresas e das empresas de pequeno porte, as empresas públicas e privadas ficam obrigadas a manter cadastro junto aos sistemas de processo em autos eletrônicos, para efeito de recebimento de citações e intimações, as quais serão efetuadas preferencialmente por esse meio. §2º. O disposto no §1º aplica-se à União, aos Estados, ao Distrito Federal, aos Municípios e às entidades da administração indireta. [...]". BRASIL. *Lei nº 13.105, de 16 de março de 2015*. Código de Processo Civil. Disponível em: <https://www.planalto.gov.br/ccivil_03/_ato2015-2018/2015/lei/ l13105.htm>. Acesso em: 7 set. 2016.

[379] "Art. 257. São requisitos da citação por edital: [...] II - a publicação do edital na rede mundial de computadores, no sítio do respectivo tribunal e na plataforma de editais do Conselho Nacional de Justiça, que deve ser certificada nos autos. [...]". BRASIL. *Lei nº 13.105, de 16 de março de 2015*. Código de Processo Civil. Disponível em: <https://www.planalto.gov.br/ccivil_03/_ato2015-2018/2015/lei/ l13105.htm>. Acesso em: 7 set. 2016.

[380] "Art. 270. As intimações realizam-se, sempre que possível, por meio eletrônico, na forma da lei. Parágrafo único. Aplica-se ao Ministério Público, à Defensoria Pública e à Advocacia Pública o disposto no §1º do art. 246". *Ibid*.

[381] "Art. 232. Nos atos de comunicação por carta precatória, rogatória ou de ordem, a realização da citação ou intimação será imediatamente informada, por meios eletrônicos, pelo juiz deprecado ao juiz deprecante. [...] Art. 263. As cartas deverão, preferencialmente, ser expedidas por meio eletrônico, caso em que a assinatura do juiz deverá ser eletrônica, na forma da lei". *Ibid*.

[382] "Art. 236. Os atos processuais serão cumpridos por ordem judicial. [...] §3º. Admite-se a prática de atos processuais por meio de videoconferência ou outro recurso tecnológico de transmissão de sons e imagens em tempo real". *Ibid*.

[383] "Art. 171. No caso de impossibilidade temporária do exercício da função, o conciliador ou mediador informará o fato ao centro, preferencialmente por meio eletrônico, para que, durante o período em que perdurar a impossibilidade, não haja novas distribuições". *Ibid*.

[384] "Art. 183. A União, os Estados, o Distrito Federal, os Municípios e suas respectivas autarquias e fundações de direito público gozarão de prazo em dobro para todas as suas manifestações processuais, cuja contagem terá início a partir da intimação pessoal. §1º. A intimação pessoal far-se-á por carga, remessa ou meio eletrônico. [...]". *Ibid*.

[385] "Art. 876. É lícito ao exequente, oferecendo preço não inferior ao da avaliação, requerer lhe sejam adjudicados os bens penhorados. §1º. Requerida a adjudicação, o executado será

4 HERMENÊUTICA, PROCESSO CIVIL E EFETIVIDADE | 245

Para que as citações e intimações eletrônicas se tornem possíveis, tanto na procuração do advogado[386] quanto na petição inicial,[387] deverão constar o endereço eletrônico do representante e do representado judicialmente. Normalmente, para que o advogado obtenha a senha de acesso ao processo eletrônico deve realizar prévio cadastramento, incluindo seu *e-mail*, e assinar termo em que se declara ciente que a comunicação dos atos processuais ocorrerá na forma digital. Mais que isso, a procuração poderá ser assinada, pelo cliente – além da petição inicial, pelo advogado –, por meio de certificação digital.[388]

Outro ponto importante diz respeito à acessibilidade democrática do público e dos advogados ao meio digital. Nesse sentido, as unidades judicantes deverão facilitar o acesso ao processo eletrônico, por meio da disponibilização gratuita de computadores aos interessados (advogados ou não) e com acesso à rede mundial de computadores.[389]

Os tribunais deverão disponibilizar na rede mundial de computadores importantes informações ligadas ao desenvolvimento do processo. Por tal iniciativa, os cidadãos poderão fiscalizar se haverá respeito à ordem cronológica (preferencialmente) de processos levados à conclusão[390] ou em tramitação na Secretaria da Vara,[391] sob pena

---

intimado do pedido: [...] III - por meio eletrônico, quando, sendo caso do §1º do art. 246, não tiver procurador constituído nos autos. [...]". *Ibid.*

[386] "Art. 287. A petição deve vir acompanhada de procuração, que conterá os endereços do advogado, eletrônico e não-eletrônico, para recebimento de intimações. [...]". *Ibid.*

[387] "Art. 319. A petição inicial indicará: [...] II - os nomes, os prenomes, o estado civil, a existência de união estável, a profissão, o número no cadastro de pessoas físicas ou no cadastro nacional de pessoas jurídicas, o endereço eletrônico, o domicílio e a residência do autor e do réu; [...]". *Ibid.*

[388] "Art. 105. [...] §1º. A procuração pode ser assinada digitalmente, na forma da lei. [...]". BRASIL. *Lei nº 13.105, de 16 de março de 2015*. Código de Processo Civil. Disponível em: <https://www.planalto.gov.br/ccivil_03/_ato2015-2018/2015/lei/l13105.htm>. Acesso em: 7 set. 2016.

[389] "Art. 198. As unidades do Poder Judiciário deverão manter gratuitamente, à disposição dos interessados, equipamentos necessários à prática de atos processuais e à consulta e ao acesso ao sistema e aos documentos dele constantes. Parágrafo único. Será admitida a prática de atos por meio não eletrônico no órgão jurisdicional onde não estiverem disponibilizados os equipamentos previstos no 'caput'. Art. 199. As unidades do Poder Judiciário assegurarão às pessoas com deficiência acessibilidade aos seus sítios na rede mundial de computadores, ao meio eletrônico de prática de atos judiciais, à comunicação eletrônica dos atos processuais e à assinatura eletrônica". *Ibid.*

[390] "Art. 12. Os juízes e os tribunais atenderão, preferencialmente, à ordem cronológica de conclusão para proferir sentença ou acórdão. §1º. A lista de processos aptos a julgamento deverá estar permanentemente à disposição para consulta pública em cartório e na rede mundial de computadores. [...]". *Ibid.*

[391] "Art. 153. O escrivão ou o chefe de secretaria atenderá, preferencialmente, à ordem cronológica de recebimento para publicação e efetivação dos pronunciamentos judiciais. §1º. A lista de processos recebidos deverá ser disponibilizada, de forma permanente, para consulta pública. [...]". *Ibid.*

de o servidor ou juiz vir a responder administrativamente (processo administrativo, correição ou reclamação).

Ainda, haverá o acesso público a bancos de precedentes judiciais,[392] o que facilitará o seu conhecimento pelos atores processuais, desde a análise da petição inicial (para fins de improcedência liminar do pedido) até à identificação de existência de repercussão geral ou de incidente de resolução de demandas repetitivas.[393] Também, deverá ser formado um banco de dados, com consulta pública, contendo todos os peritos cadastrados nos tribunais, de acordo com as suas especialidades.[394]

No mais, serão disponibilizados editais na rede mundial de computadores com a finalidade de dar maior publicidade à existência de bens arrecadados na herança jacente,[395] na ausência[396] e na declaração

---

[392] "Art. 927. [...] §5º. Os tribunais darão publicidade a seus precedentes, organizando-os por questão jurídica decidida e divulgando-os, preferencialmente, na rede mundial de computadores". *Ibid.*

[393] "Art. 979. A instauração e o julgamento do incidente serão sucedidos da mais ampla e específica divulgação e publicidade, por meio de registro eletrônico no Conselho Nacional de Justiça. §1º. Os tribunais manterão banco eletrônico de dados atualizados com informações específicas sobre questões de direito submetidas ao incidente, comunicando-o imediatamente ao Conselho Nacional de Justiça para inclusão no cadastro. §2º. Para possibilitar a identificação dos processos abrangidos pela decisão do incidente, o registro eletrônico das teses jurídicas constantes do cadastro conterá, no mínimo, os fundamentos determinantes da decisão e os dispositivos normativos a ela relacionados. §3º. Aplica-se o disposto neste artigo ao julgamento de recursos repetitivos e da repercussão geral em recurso extraordinário". BRASIL. *Lei nº 13.105, de 16 de março de 2015.* Código de Processo Civil. Disponível em: <https://www.planalto. gov.br/ccivil_03/_ato2015-2018/2015/lei/l13105.htm>. Acesso em: 7 set. 2016.

[394] "Art. 156. O juiz será assistido por perito quando o fato depender de conhecimento técnico ou científico. [...] §2º. Para formação do cadastro, os tribunais devem realizar consulta pública, por meio de divulgação na rede mundial de computadores ou em jornais de grande circulação, além de consulta direta a universidades, a conselhos de classe, ao Ministério Público, à Defensoria Pública e à Ordem dos Advogados do Brasil, para a indicação de profissionais ou órgãos técnicos interessados. [...]". *Ibid.*

[395] "Art. 741. Ultimada a arrecadação, o juiz mandará expedir edital, que será publicado na rede mundial de computadores, no sítio do tribunal a que estiver vinculado o juízo e na plataforma de editais do Conselho Nacional de Justiça, onde permanecerá por 3 (três) meses, ou, não havendo sítio, no órgão oficial e na imprensa da comarca, por 3 (três) vezes com intervalos de 1 (um) mês, para que os sucessores do falecido venham a habilitar-se no prazo de 6 (seis) meses contado da primeira publicação. [...]". *Ibid.*

[396] "Art. 745. Feita a arrecadação, o juiz mandará publicar editais na rede mundial de computadores, no sítio do tribunal a que estiver vinculado e na plataforma de editais do Conselho Nacional de Justiça, onde permanecerá por 1 (um) ano, ou, não havendo sítio, no órgão oficial e na imprensa da comarca, durante 1 (um) ano, reproduzida de 2 (dois) em 2 (dois) meses, anunciando a arrecadação e chamando o ausente a entrar na posse de seus bens. [...]". *Ibid.*

de interdição.[397] Todas as informações constantes do sistema de automação processual gozam de presunção de veracidade e confiabilidade.[398] No tocante aos prazos, a prática de atos processuais poderá ocorrer a qualquer momento e será considerado tempestivo aquele praticado até as vinte e quatro horas da data final, de acordo com o fuso-horário do local do juízo onde tramitam os autos.[399] Para tal, as manifestações e petições serão automaticamente juntadas ao processo, sem a necessidade de qualquer interferência de serventuário da Justiça.

No caso de litisconsórcio com diferentes procuradores, já que o acesso aos autos será simultâneo, *não mais se justifica o prazo em dobro* se os autos forem *eletrônicos*,[400] diferentemente de como antes determinava o art. 191 do Código de Processo Civil de 1973.

A autoria do documento eletrônico poderá ser autenticada ou não. Ao documento autenticado haverá presunção (evidentemente relativa) de veracidade das suas informações.[401] Os documentos das repartições públicas poderão ser certificados e disponibilizados com o mesmo valor dos documentos escritos.[402] Os documentos não

---

[397] "Art. 755. [...] §3º. A sentença de interdição será inscrita no registro de pessoas naturais e imediatamente publicada na rede mundial de computadores, no sítio do tribunal a que estiver vinculado o juízo e na plataforma de editais do Conselho Nacional de Justiça, onde permanecerá por 6 (seis) meses, na imprensa local, 1 (uma) vez, e no órgão oficial, por 3 (três) vezes, com intervalo de 10 (dez) dias, constando do edital os nomes do interdito e do curador, a causa da interdição, os limites da curatela e, não sendo total a interdição, os atos que o interdito poderá praticar autonomamente". *Ibid.*

[398] "Art. 197. Os tribunais divulgarão as informações constantes de seu sistema de automação em página própria na rede mundial de computadores, gozando a divulgação de presunção de veracidade e confiabilidade. Parágrafo único. Nos casos de problema técnico do sistema e de erro ou omissão do auxiliar da justiça responsável pelo registro dos andamentos, poderá ser configurada a justa causa prevista no art. 223, 'caput' e §1º." *Ibid.*

[399] "Art. 213. A prática eletrônica de ato processual pode ocorrer em qualquer horário até as 24 (vinte e quatro) horas do último dia do prazo. Parágrafo único. O horário vigente no juízo perante o qual o ato deve ser praticado será considerado para fins de atendimento do prazo". BRASIL. *Lei nº 13.105, de 16 de março de 2015*. Código de Processo Civil. Disponível em: <https://www.planalto. gov.br/ccivil_03/_ato2015-2018/2015/lei/ l13105.htm>. Acesso em: 7 set. 2016.

[400] "Art. 229. Os litisconsortes que tiverem diferentes procuradores, de escritórios de advocacia distintos, terão prazos contados em dobro para todas as suas manifestações, em qualquer juízo ou tribunal, independentemente de requerimento. §1º. Cessa a contagem do prazo em dobro se, havendo apenas 2 (dois) réus, é oferecida defesa por apenas um deles. §2º. Não se aplica o disposto no 'caput' aos processos em autos eletrônicos". *Ibid.*

[401] "Art. 411. Considera-se autêntico o documento quando: [...] II - a autoria estiver identificada por qualquer outro meio legal de certificação, inclusive eletrônico, nos termos da lei; [...]". *Ibid.*

[402] "Art. 438. O juiz requisitará às repartições públicas em qualquer tempo ou grau de jurisdição: [...] §2º. As repartições públicas poderão fornecer todos os documentos em meio eletrônico, conforme disposto em lei, certificando, pelo mesmo meio, que se trata de extrato fiel do que consta em seu banco de dados ou do documento digitalizado". *Ibid.*

autenticados, por sua vez, não possuirão presunção de veracidade, mas seu valor probante será apreciado pelo magistrado à luz do caso em concreto. Logo, a ausência de certificação não desqualificará, em princípio, as informações constantes dos documentos eletrônicos particulares.[403]

A nova lei processual presume, em princípio, a autenticidade das fotografias extraídas da *internet*,[404] dos extratos bancários eletrônicos e dos documentos digitalizados pelos servidores da Justiça, pela promotoria, pela defensoria, pelos procuradores públicos e pelos advogados, devendo o detentor preservar os documentos originais em seus arquivos – caso haja discordância quanto ao seu conteúdo – até o final da marcha processual.[405]

A videoconferência, certamente, será uma das maiores ferramentas da qual fará uso o processo eletrônico. Poderá ser utilizada na colheita do depoimento pessoal quando a parte residir em outra Comarca ou Subseção Judiciária,[406] na colheita de prova testemunhal,[407]

---

[403] "Art. 439. A utilização de documentos eletrônicos no processo convencional dependerá de sua conversão à forma impressa e da verificação de sua autenticidade, na forma da lei. Art. 440. O juiz apreciará o valor probante do documento eletrônico não convertido, assegurado às partes o acesso ao seu teor. Art. 441. Serão admitidos documentos eletrônicos produzidos e conservados com a observância da legislação específica". *Ibid.*

[404] "Art. 422. [...] §1º A fotografia digital e as extraídas da rede mundial de computadores fazem prova das imagens que reproduzem; se impugnadas, deverá ser apresentada a respectiva autenticação eletrônica ou, não sendo possível, realizada perícia. [...]". *Ibid.*

[405] "Art. 425. Fazem a mesma prova que os originais: [...] V - os extratos digitais de bancos de dados públicos e privados, desde que atestado pelo seu emitente, sob as penas da lei, que as informações conferem com o que consta na origem; VI - as reproduções digitalizadas de qualquer documento público ou particular, quando juntadas aos autos pelos órgãos da justiça e seus auxiliares, pelo Ministério Público e seus auxiliares, pela Defensoria Pública e seus auxiliares, pelas procuradorias, pelas repartições públicas em geral e por advogados, ressalvada a alegação motivada e fundamentada de adulteração. §1º. Os originais dos documentos digitalizados mencionados no inciso VI deverão ser preservados pelo seu detentor até o final do prazo para propositura de ação rescisória. §2º. Tratando-se de cópia digital de título executivo extrajudicial ou de documento relevante à instrução do processo, o juiz poderá determinar seu depósito em cartório ou secretaria". BRASIL. *Lei nº 13.105, de 16 de março de 2015*. Código de Processo Civil. Disponível em: <https://www.planalto. gov.br/ccivil_03/_ato2015-2018/2015/lei/ l13105.htm>. Acesso em: 7 set. 2016.

[406] "Art. 385. Cabe à parte requerer o depoimento pessoal da outra, a fim de ser interrogada na audiência de instrução e julgamento, sem prejuízo do poder do juiz de ordená-lo de ofício. [...] §3º. O depoimento pessoal da parte que residir em comarca, seção ou subseção judiciária diversa daquela onde tramita o processo poderá ser colhido por meio de videoconferência ou outro recurso tecnológico de transmissão de sons e imagens em tempo real, o que poderá ocorrer, inclusive, durante a realização da audiência de instrução e julgamento". *Ibid.*

[407] "Art. 453. [...] §1º. A oitiva de testemunha que residir em comarca, seção ou subseção judiciárias diversa daquela onde tramita o processo poderá ser realizada por meio de videoconferência ou outro recurso tecnológico de transmissão de sons e imagens em

na acareação entre testemunhas ou testemunhas e partes,[408] durante a realização de prova pericial[409] e até mesmo quando da entrevista de interdição.[410]

A percepção do gestual, da expressão facial, das reações às perguntas, proporcionadas pela troca de *sons e imagens em tempo real*, mormente no tocante à colheita de prova testemunhal ou depoimento, vão permitir ao julgador maior fidedignidade para a formação do seu julgamento.

As audiências de conciliação[411] ou de instrução serão, na medida do possível, gravadas em imagem e áudio. O advogado poderá gravar a audiência, independentemente de prévia autorização do magistrado, o que poderá auxiliar a inibir ou combater eventuais abusos ou omissões judiciais (*v.g.*, quando o juiz se nega peremptoriamente a fazer constar da ata de audiência importante requerimento da parte).[412] Ainda, com a finalidade de preservação de provas na fase extrajudicial, é permitida a lavratura de *ata notarial* pelo tabelião (ou seu oficial) ao fazer uso de imagem ou som gravados eletronicamente.[413]

---

tempo real, o que poderá ocorrer, inclusive, durante a realização da audiência de instrução e julgamento. §2º. Os juízos deverão manter equipamento para a transmissão e recepção dos sons e imagens a que se refere o §1º." *Ibid.*

[408] "Art. 461. [...] §2º. A acareação pode ser realizada por videoconferência ou outro recurso tecnológico de transmissão de sons e imagens em tempo real". *Ibid.*

[409] "Art. 464. [...] §4º. Durante a arguição, o especialista, que deverá ter formação acadêmica específica na área objeto de seu depoimento, poderá valer-se de qualquer recurso tecnológico de transmissão de sons e imagens com o fim de esclarecer os pontos controvertidos da causa". *Ibid.*

[410] "Art. 751. O interditando será citado para, em dia designado, comparecer perante o juiz, que o entrevistará minuciosamente acerca de sua vida, negócios, bens, vontades, preferências, laços familiares e afetivos, e sobre o que mais lhe parecer necessário para convencimento quanto a sua capacidade para prática de atos da vida civil, devendo ser reduzidas a termo as perguntas e respostas. [...] §3º. Durante a entrevista, é assegurado o emprego de recursos tecnológicos capazes de permitir ou auxiliar o interditando a expressar suas vontades e preferências e a responder às perguntas formuladas. [...]". *Ibid.*

[411] "Art. 334. [...] §7º. A audiência de conciliação ou de mediação pode realizar-se por meio eletrônico, nos termos da lei". BRASIL. *Lei nº 13.105, de 16 de março de 2015. Código de Processo Civil.* Disponível em: <https://www.planalto. gov.br/ccivil_03/_ato2015-2018/2015/lei/ l13105.htm>. Acesso em: 7 set. 2016.

[412] "Art. 367. [...] §5º. A audiência poderá ser integralmente gravada em imagem e em áudio, em meio digital ou analógico, desde que assegure o rápido acesso das partes e dos órgãos julgadores, observada a legislação específica. §6º. A gravação a que se refere o §5º também pode ser realizada diretamente por qualquer das partes, independentemente de autorização judicial". *Ibid.*

[413] "Art. 384. A existência e o modo de existir de algum fato podem ser atestados ou documentados, a requerimento do interessado, mediante ata lavrada por tabelião. Parágrafo único. Dados representados por imagem ou som gravados em arquivos eletrônicos poderão constar da ata notarial". *Ibid.*

Para o cumprimento provisório de sentença sem o trânsito em julgado, ao se tratar de processo eletrônico, não mais será necessária a lavratura de *carta de sentença*, já que o juízo executor terá acesso instantâneo a todas as informações necessárias ao cumprimento da decisão.[414] Podemos elencar, ainda, como importantes aplicações da tecnologia no tramitar da fase de cumprimento de sentença ou da execução, a realização e a fiscalização da penhora *on-line* de valores bancários,[415] o cadastro público de bens móveis e imóveis,[416] a alienação por leilão eletrônico,[417] e a transferência eletrônica de valores depositados em contas judiciais para a satisfação do crédito.[418]

---

[414] "Art. 522. O cumprimento provisório da sentença será requerido por petição dirigida ao juízo competente. Parágrafo único. Não sendo eletrônicos os autos, a petição será acompanhada de cópias das seguintes peças do processo, cuja autenticidade poderá ser certificada pelo próprio advogado, sob sua responsabilidade pessoal: I - decisão exequenda; II - certidão de interposição do recurso não dotado de efeito suspensivo; III - procurações outorgadas pelas partes; IV - decisão de habilitação, se for o caso; V - facultativamente, outras peças processuais consideradas necessárias para demonstrar a existência do crédito". *Ibid.*

[415] "Art. 854. Para possibilitar a penhora de dinheiro em depósito ou em aplicação financeira, o juiz, a requerimento do exequente, sem dar ciência prévia do ato ao executado, determinará às instituições financeiras, por meio de sistema eletrônico gerido pela autoridade supervisora do sistema financeiro nacional, que torne indisponíveis ativos financeiros existentes em nome do executado, limitando-se a indisponibilidade ao valor indicado na execução. §6º. Realizado o pagamento da dívida por outro meio, o juiz determinará, imediatamente, por sistema eletrônico gerido pela autoridade supervisora do sistema financeiro nacional, a notificação da instituição financeira para que, em até 24 (vinte e quatro) horas, cancele a indisponibilidade. §7º. As transmissões das ordens de indisponibilidade, de seu cancelamento e de determinação de penhora previstas neste artigo far-se-ão por meio de sistema eletrônico gerido pela autoridade supervisora do sistema financeiro nacional. [...] §9º. Quando se tratar de execução contra partido político, o juiz, a requerimento do exequente, determinará às instituições financeiras, por meio de sistema eletrônico gerido por autoridade supervisora do sistema bancário, que tornem indisponíveis ativos financeiros somente em nome do órgão partidário que tenha contraído a dívida executada ou que tenha dado causa à violação de direito ou ao dano, ao qual cabe exclusivamente a responsabilidade pelos atos praticados, na forma da lei". BRASIL. *Lei nº 13.105, de 16 de março de 2015.* Código de Processo Civil. Disponível em: <https://www.planalto. gov.br/ccivil_03/_ato2015-2018/2015/lei/ l13105.htm>. Acesso em: 7 set. 2016.

[416] "Art. 837. Obedecidas às normas de segurança instituídas sob critérios uniformes pelo Conselho Nacional de Justiça, a penhora de dinheiro e as averbações de penhoras de bens imóveis e móveis podem ser realizadas por meio eletrônico". *Ibid.*

[417] "Art. 882. Não sendo possível a sua realização por meio eletrônico, o leilão será presencial. §1º. A alienação judicial por meio eletrônico será realizada, observando-se as garantias processuais das partes, de acordo com regulamentação específica do Conselho Nacional de Justiça. §2º. A alienação judicial por meio eletrônico deverá atender aos requisitos de ampla publicidade, autenticidade e segurança, com observância das regras estabelecidas na legislação sobre certificação digital. [...]". *Ibid.*

[418] "Art. 906. Ao receber o mandado de levantamento, o exequente dará ao executado, por termo nos autos, quitação da quantia paga. Parágrafo único. A expedição de mandado de levantamento poderá ser substituída pela transferência eletrônica do valor depositado em conta vinculada ao juízo para outra indicada pelo exequente". *Ibid.*

Os recursos serão distribuídos eletronicamente[419] e os votos e acórdãos serão registrados e assinados por meio digital.[420] A sustentação oral poderá ser realizada por videoconferência, o que democratizará o acesso de advogados do interior do Brasil perante as Cortes, normalmente localizadas nas capitais.[421] E todos os atos de comunicação entre diferentes tribunais deverão ocorrer, preferencialmente, por meio eletrônico.[422]

Embora a redação original do CPC/2015 tenha previsto a possibilidade da sessão de julgamento de recursos poder ocorrer eletronicamente e *sem a necessidade da presença física de juízes e desembargadores*, a Lei nº 13.256/16 revogou expressamente o art. 945, ou seja, o legislador *deu um passo atrás* e optou pela realização pessoal, a fim de prestigiar eventual sustentação oral.

Podemos destacar a dispensabilidade do comprovante de porte e remessa nos autos eletrônicos[423] e a dispensa de necessidade de formação dos autos do agravo – cópia de peças obrigatórias e facultativas –,[424] porquanto com um simples *click* o julgador terá,

---

[419] "Art. 930. Far-se-á a distribuição de acordo com o regimento interno do tribunal, observando-se a alternatividade, o sorteio eletrônico e a publicidade. Parágrafo único. O primeiro recurso protocolado no tribunal tornará prevento o relator para eventual recurso subsequente interposto no mesmo processo ou em processo conexo". *Ibid.*

[420] "Art. 943. Os votos, os acórdãos e os demais atos processuais podem ser registrados em documento eletrônico inviolável e assinados eletronicamente, na forma da lei, devendo ser impressos para juntada aos autos do processo quando este não for eletrônico. [...]". *Ibid.*

[421] "Art. 937. [...] §4º. É permitido ao advogado com domicílio profissional em cidade diversa daquela onde está sediado o tribunal realizar sustentação oral por meio de videoconferência ou outro recurso tecnológico de transmissão de sons e imagens em tempo real, desde que o requeira até o dia anterior ao da sessão". *Ibid.*

[422] "Art. 1.038. O relator poderá: [...] III - requisitar informações aos tribunais inferiores a respeito da controvérsia e, cumprida a diligência, intimará o Ministério Público para manifestar-se. §1º. No caso do inciso III, os prazos respectivos são de 15 (quinze) dias, e os atos serão praticados, sempre que possível, por meio eletrônico. [...]". *Ibid.*

[423] "Art. 1007. [...] §3º. É dispensado o recolhimento do porte de remessa e retorno no processo em autos eletrônicos". BRASIL. *Lei nº 13.105, de 16 de março de 2015. Código de Processo Civil.* Disponível em: <https://www.planalto. gov.br/ccivil_03/_ato2015-2018/2015/lei/l13105.htm>. Acesso em: 7 set. 2016.

[424] "Art. 1.017. A petição de agravo de instrumento será instruída: I - obrigatoriamente, com cópias da petição inicial, da contestação, da petição que ensejou a decisão agravada, da própria decisão agravada, da certidão da respectiva intimação ou outro documento oficial que comprove a tempestividade e das procurações outorgadas aos advogados do agravante e do agravado; II - com declaração de inexistência de qualquer dos documentos referidos no inciso I, feita pelo advogado do agravante, sob pena de sua responsabilidade pessoal; III - facultativamente, com outras peças que o agravante reputar úteis. [...] §5º. Sendo eletrônicos os autos do processo, dispensam-se as peças referidas nos incisos I e II do "caput", facultando-se ao agravante anexar outros documentos que entender úteis para a compreensão da controvérsia". *Ibid.*

no tribunal, acesso a todo o processo (incluindo a vista de seus documentos) nas instâncias inferiores. E, no que tange à demonstração o dissídio jurisprudencial para fins de recurso especial[425] ou de embargos de divergência,[426] bastará a cópia da decisão e a indicação da fonte (*hiperlink*) constante da rede mundial de computadores.

Os valores decorrentes das sanções pecuniárias processuais (*v.g.*, nos casos dos atos atentatórios ao exercício da jurisdição) passarão a compor o *fundo de modernização do Poder Judiciário*.[427] E, nesse processo de gradual informatização, ao lado dos tribunais, o Conselho Nacional de Justiça[428] exercerá importante papel de coordenação e integração dos avanços tecnológicos em busca de uma maior interoperabilidade na tentativa de unificação dos diversos sistemas eletrônicos.[429]

---

[425] "Art. 1.029. [...] §1º. Quando o recurso fundar-se em dissídio jurisprudencial, o recorrente fará a prova da divergência com a certidão, cópia ou citação do repositório de jurisprudência, oficial ou credenciado, inclusive em mídia eletrônica, em que houver sido publicado o acórdão divergente, ou ainda com a reprodução de julgado disponível na rede mundial de computadores, com indicação da respectiva fonte, devendo-se, em qualquer caso, mencionar as circunstâncias que identifiquem ou assemelhem os casos confrontados. [...]". *Ibid*.

[426] "Art. 1043. [...] §4º. O recorrente provará a divergência com certidão, cópia ou citação de repositório oficial ou credenciado de jurisprudência, inclusive em mídia eletrônica, onde foi publicado o acórdão divergente, ou com a reprodução de julgado disponível na rede mundial de computadores, indicando a respectiva fonte, e mencionará as circunstâncias que identificam ou assemelham os casos confrontados". *Ibid*.

[427] "Art. 97. A União e os Estados podem criar fundos de modernização do Poder Judiciário, aos quais serão revertidos os valores das sanções pecuniárias processuais destinadas à União e aos Estados, e outras verbas previstas em lei". *Ibid*.

[428] "Art. 196. Compete ao Conselho Nacional de Justiça e, supletivamente, aos tribunais, regulamentar a prática e a comunicação oficial de atos processuais por meio eletrônico e velar pela compatibilidade dos sistemas, disciplinando a incorporação progressiva de novos avanços tecnológicos e editando, para esse fim, os atos que forem necessários, respeitadas as normas fundamentais deste Código". *Ibid*.

[429] Importante artigo publicado sob o título de "OAB e CNJ lançam projeto para unificar processos virtuais no país" dispõe que: "O Conselho Nacional de Justiça e a Ordem dos Advogados do Brasil lançaram nesta terça-feira (02.12.2014) o projeto Escritório Virtual do Processo Eletrônico. O objetivo é permitir que qualquer pessoa possa acessar os processos virtuais por meio de um único sistema e endereço eletrônico utilizando um software desenvolvido pelo CNJ. A ideia é que o usuário possa acompanhar processos de seu interesse de forma unificada, sem precisar entrar no sistema do Processo Judicial Eletrônico (PJe) ou nos específicos dos tribunais. A OAB e o CNJ querem que as informações de todos os processos estejam reunidas em um único endereço na internet, facilitando a busca e o acompanhamento por advogados, procuradores, defensores públicos, membros do Ministério Público e pela população em geral. O protocolo conjunto foi assinado pelo presidente do CNJ, ministro Ricardo Lewandowski, e pelo presidente da OAB, Marcus Vinícius Furtado Coêlho, durante a realização da 200ª Sessão Ordinária do Conselho. 'O ideal que nós queremos atingir é a unificação de todos os sistemas, pois não achamos correto nem eficiente que cada tribunal tenha o seu próprio sistema', afirmou Lewandowski. A primeira parte do projeto deve ser concluída em março de 2015, quando haverá a possibilidade de comunicação entre os vários sistemas e processos de

De todo o modo, até que a referida *unificação dos sistemas* de processo eletrônico aconteça e todos os atores do processo venham a ter certificação digital, o novo CPC enfatiza nas suas disposições finais e transitórias que ficam convalidados todos os atos processuais anteriormente praticados por meio eletrônico.[430]

Pelo todo o exposto, é possível concluir que a efetividade (hermenêutica) do processo manifesta-se pela *qualidade da prestação da tutela jurisdicional*. Qualidade significa respeito às dimensões democrática, responsável e (com)participativa, em que o juiz não é compreendido apenas como mero observador, um estranho ao processo, mas sim participa (junto e) com as partes na busca e construção da *(metáfora da) resposta correta*, o que se dá pelo *desvelamento*.

E, exatamente por existir apenas "uma" *alétheia*, para que um processo seja considerado *efetivo* jamais poderá prescindir da *qualidade* dos meios processuais e das decisões judiciais, o que só será obtida pelo respeito aos vetores *integridade* (respeito às leis e à Constituição) e *coerência* (respeito à tradição jurídica autêntica da comunidade). Não há, portanto, o que se relativizar ou se transigir em nome de *números*.

A *tecnologia*, nesta quadra da história, aplicada ao processo, pode se tornar a *mocinha* ou o *vilão* da história, a solução ou o problema. Trava-se, hoje, a grande batalha entre duas formas de processualismo: o *processualismo tecnocrático* (sentido quantitativo) e o *processualismo tecnológico* (sentido qualitativo).

---

diferentes tribunais do país, diz o protocolo. O ministro afirmou que o sistema unificado facilitará o acesso de recursos aos tribunais superiores. 'São passos em direção à meta da unificação', acrescentou Lewandowski. Além da participação da advocacia no processo de implantação do Escritório Virtual, Coêlho destacou a agilidade que o software poderá trazer para a comunidade jurídica. 'O diálogo entre os sistemas facilitará a vida dos advogados, dos membros do Ministério Público, da Procuradoria e da Defensoria Pública', pontuou o presidente da OAB. [...] O Escritório Virtual pretende ser de fácil utilização e acessibilidade. Em um primeiro momento, o usuário poderá fazer consultas em todos os tribunais que já operam o PJe. Posteriormente, o projeto será aprimorado para incluir todos os tribunais participantes do Modelo Nacional de Interoperabilidade (MNI), previsto na Resolução Conjunta nº 3/2013. O sistema deverá permitir localização de processos de interesse, a apresentação de qualquer manifestação processual, bem como a entrega de petição inicial." OAB e CNJ lançam projeto para unificar processos virtuais no país. *Revista Consultor Jurídico*, São Paulo, 2 dez. 2014. Disponível em: <http://www.conjur.com.br/2014-dez-02/oab-cnj-lancam-projeto-unificar-processos-virtuais-pais>. Acesso em: 5 nov. 2016.

[430] "Art. 1.053. Os atos processuais praticados por meio eletrônico até a transição definitiva para certificação digital ficam convalidados, ainda que não tenham observado os requisitos mínimos estabelecidos por este Código, desde que tenham atingido sua finalidade e não tenha havido prejuízo à defesa de qualquer das partes". BRASIL. *Lei nº 13.105, de 16 de março de 2015*. Código de Processo Civil. Disponível em: <https://www.planalto.gov.br/ccivil_03/_ato2015-2018/2015/lei/l13105.htm>. Acesso em: 7 set. 2016.

Caberá à doutrina e, em especial à academia, dialogar com – e, se necessário, constranger – o Legislativo e o Judiciário para evitar que o processo não se revele apenas como técnica (econômica) de aceleração na resolução das demandas judiciais, mormente diante de novos riscos advindos com a padronização do Direito, mormente aqueles a serem produzidos pelo conjunto de provimentos vinculantes.

Diante desse contexto, torna-se imprescindível aproximar *humanidade* e *tecnologia*, com a utilização do atual estado da técnica – em especial, dos sistemas informatizados – para contribuir na concretização da *efetividade do (e no) processo*.

4.4 A *justiça lotérica* e (a necessidade de) os *provimentos vinculantes*. Críticas ao (pseudo)sistema brasileiro de precedentes judiciais. O importante papel da hermenêutica diante de uma *metalinguagem de segundo grau*

Ao longo do nosso trabalho, foi possível constatar que a alternativa criada para superação do *juiz boca da lei* e a falência do Direito em face de regimes ditatoriais (nazismo e fascismo), que nos levaram à Segunda Grande Guerra Mundial, foi apostar no excessivo *protagonismo judicial* e na decisão dos magistrados como um *ato de vontade*, uma maneira sofisticada de *rechear a letra fria da lei* com predicativos morais, buscando tornar possível a concretização de direitos fundamentais. Multiplicaram-se as *teorias da argumentação jurídica*, vieram a *proporcionalidade*, a *ponderação* e as *decisões judiciais performáticas* calcadas em princípios enquanto instrumento de abertura para a *moralização do Direito*, a *instrumentalidade* e a *flexibilização procedimental* a todo o custo.

Resultado do engodo: o Direito, no Brasil, tornou-se cada vez mais fragmentado e indeterminado. Transformou-se em certo *fetiche* ou *modismo* tirar sentenças da *cartola* e solapar a Constituição e as leis democraticamente aprovadas, em nome da equidade e do *bom senso* (de quem?). Cada juiz passou a decidir como quer ou melhor lhe convém, ainda que *contra legem*. Não tem lei? Sem problemas: invente um princípio, afinal, cabe tudo dentro dele! Superamos o positivismo exegético, é verdade, mas a qual custo? Viramos reféns das mazelas da *discricionariedade judicial*. Decidir se transformou em um *ato de escolha*. E, diante do "caos jurídico", passamos a depender dos elementos "sorte" ou "azar". Uma nova espécie de *ordália*: oremos, todos, para cairmos nas mãos do "bom juiz"!

Eis a mais pura realidade do Direito Processual no Brasil, pasmem, em pleno século XXI. Daí muitos se utilizarem (com razão) de expressões como *juristocracia, direito lotérico* ou *roleta russa do Judiciário* para tentar designar o alto grau de incerteza e de subjetividade que nos encampa nesta quadra da história! Surge, assim, um novo dilema: *como "acorrentar" o juiz Hércules brasileiro?* Estamos diante da evidente *crise autofágica jurídica* proporcionada pelo protagonismo judicial. O magistrado, a quem se confiou a realização das promessas de salvaguarda dos direitos fundamentais, tornou-se o grande *predador* do Direito.

O Código de Processo Civil de 2015, basicamente, costurou três grandes caminhos para tentar "controlar" os excessos judicializados: *primeiro,* reestruturou toda a sistemática principiológica processual, buscando reequilibrar a relação estabelecida entre o juiz e as partes por intermédio da boa-fé, da efetividade (qualitativa), do contraditório (substancial) e da (com)participação responsável (cada ator processual desempenhando o seu melhor papel); *segundo,* pela exigência de *decisões judiciais bem fundamentadas,* ou seja, procurando incorporar ao Direito Processual Civil Brasileiro uma *teoria da decisão*; e, *terceiro,* pela construção de um conjunto de *provimentos vinculantes* emitidos pelos tribunais superiores, com a finalidade de *reduzir a insegurança* (exigindo decisões parecidas diante de casos similares) para, assim, *gerar previsibilidade* para o sistema processual.

O art. 926 do novo CPC determina que *os tribunais devem uniformizar sua jurisprudência e mantê-la estável, íntegra e coerente.* Estabilidade significa que jurisprudência não se resume a um punhado de decisões em um mesmo sentido, mas sim a consolidação histórica, construída aos poucos, e que revele uma tradição jurídica segura e confiável. *Integridade* está relacionada com o respeito à Constituição e às leis democraticamente aprovadas, bem como a um conjunto de princípios historicamente assumidos pela comunidade jurídica. *Coerência* implica em decidir casos semelhantes da mesma maneira, ou seja, tratar com isonomia situações similares.

O artigo 927 do Diploma Processual Civil elenca um *rol de provimentos vinculantes,* para reduzir as incertezas causadas pela *loteria judicial.* Se antes o denominado "efeito vinculante" estava restrito às hipóteses das decisões em sede de controle concentrado de constitucionalidade, em enunciados de súmula vinculante e na transcendência de efeitos *erga omnes* de algumas decisões emblemáticas do Supremo Tribunal Federal proferidas em controle difuso de constitucionalidade, agora a lista de precedentes judiciais, com força de observância obrigatória, foi bastante ampliada.[431]

Doravante, passam a ser de observância obrigatória também os acórdãos proferidos em *incidente de assunção de competência*,[432] em *incidente de resolução de demandas repetitivas*,[433] e em julgamento de *recursos extraordinário e especial repetitivos*.[434] Também deverão ser observados os

---

[431] "Art. 927. Os juízes e os tribunais observarão: I - as decisões do Supremo Tribunal Federal em controle concentrado de constitucionalidade; II - os enunciados de súmula vinculante; III - os acórdãos em incidente de assunção de competência ou de resolução de demandas repetitivas e em julgamento de recursos extraordinário e especial repetitivos; IV - os enunciados das súmulas do Supremo Tribunal Federal em matéria constitucional e do Superior Tribunal de Justiça em matéria infraconstitucional; V - a orientação do plenário ou do órgão especial aos quais estiverem vinculados. [...]". BRASIL. *Lei nº 13.105, de 16 de março de 2015*. Código de Processo Civil. Disponível em: <https://www.planalto.gov.br/ccivil_03/_ato2015-2018/2015/lei/l13105.htm>. Acesso em: 7 set. 2016.

[432] "Art. 947. É admissível a assunção de competência quando o julgamento de recurso, de remessa necessária ou do processo de competência originária envolver relevante questão de direito, com grande repercussão social, sem repetição em múltiplos processos. §1º. Ocorrendo a hipótese de assunção de competência, o relator proporá, de ofício ou a requerimento da parte, do Ministério Público ou da Defensoria Pública, que seja o recurso, a remessa necessária ou o processo de competência originária julgado pelo órgão colegiado que o regimento indicar. §2º. O órgão colegiado julgará o recurso, a remessa necessária ou o processo de competência originária se reconhecer interesse público na assunção de competência. §3º. O acórdão proferido em assunção de competência vinculará todos os juízes e órgãos fracionários, exceto se houver revisão de tese. §4º. Aplica-se o disposto neste artigo quando ocorrer relevante questão de direito a respeito da qual seja conveniente a prevenção ou a composição de divergência entre câmaras ou turmas do tribunal". *Ibid.*

[433] "Art. 976. É cabível a instauração do incidente de resolução de demandas repetitivas quando houver, simultaneamente: I - efetiva repetição de processos que contenham controvérsia sobre a mesma questão unicamente de direito; II - risco de ofensa à isonomia e à segurança jurídica. [...]". *Ibid.*

[434] "Art. 1.036. Sempre que houver multiplicidade de recursos extraordinários ou especiais com fundamento em idêntica questão de direito, haverá afetação para julgamento de acordo com as disposições desta Subseção, observado o disposto no Regimento Interno do Supremo Tribunal Federal e no do Superior Tribunal de Justiça. §1º. O presidente ou o vice-presidente de tribunal de justiça ou de tribunal regional federal selecionará 2 (dois) ou mais recursos representativos da controvérsia, que serão encaminhados ao Supremo Tribunal Federal ou ao Superior Tribunal de Justiça para fins de afetação, determinando a suspensão do trâmite de todos os processos pendentes, individuais ou coletivos, que tramitem no Estado ou na região, conforme o caso. §2º. O interessado pode requerer, ao presidente ou ao vice-presidente, que exclua da decisão de sobrestamento e inadmita o recurso especial ou o recurso extraordinário que tenha sido interposto intempestivamente, tendo o recorrente o prazo de 5 (cinco) dias para manifestar-se sobre esse requerimento. §3º. Da decisão que indeferir o requerimento referido no §2º caberá apenas agravo interno. §4º. A escolha feita pelo presidente ou vice-presidente do tribunal de justiça ou do tribunal regional federal não vinculará o relator no tribunal superior, que poderá selecionar outros recursos representativos da controvérsia. §5º. O relator em tribunal superior também poderá selecionar 2 (dois) ou mais recursos representativos da controvérsia para julgamento da questão de direito independentemente da iniciativa do presidente ou do vice-presidente do tribunal de origem. §6º. Somente podem ser selecionados recursos

enunciados de súmulas do Supremo Tribunal Federal em matéria constitucional e do Superior Tribunal de Justiça em matéria infraconstitucional, bem como a *orientação do plenário ou do órgão especial* aos quais os juízes e tribunais estiverem vinculados.

Assim, pretende-se "hierarquizar a jurisprudência", de modo que os *andares de baixo* respeitem os *provimentos vinculantes* produzidos pelos *andares de cima*. Isso contribuirá positivamente para a racionalização do processo civil, sim, na medida em que reduzirá a litigiosidade decorrente de *aventuras jurídicas*. Até então, aquele que nada tinha a perder era *estimulado a demandar* (porque poderia se dar bem... vai que cola?!) – mormente diante dos Juizados Especiais, onde há isenção de custas processuais em primeiro grau de jurisdição –, ao passo que aquele que teria razão em buscar seu direito, por correr o risco de suportar o efeito fulminante da coisa julgada, via-se com medo, com receio, de bater às portas do Poder Judiciário diante da ausência de um mínimo de *segurança* e *previsibilidade* jurídica na atuação de magistrados e tribunais.

O respeito à hierarquia pretoriana exigiu a construção de alguns *mecanismos de filtragem*, cuja mais valia é o de evitar que decisões contrárias aos provimentos vinculantes tenham prosseguimento processual. Em suma: o processo, diante de questões jurídicas já sedimentadas e conformadas por uma tradição jurídica autêntica, impede que demandas "natimortas" ocupem e disputem espaço com aquelas que realmente mereçam uma análise mais detida pelo Poder Judiciário. Nesse sentido, podemos destacar algumas técnicas processuais como a *sentença liminar de improcedência*,[435] as *exceções à remessa necessária*,[436]

---

admissíveis que contenham abrangente argumentação e discussão a respeito da questão a ser decidida". BRASIL. *Lei nº 13.105, de 16 de março de 2015*. Código de Processo Civil. Disponível em: <https://www.planalto. gov.br/ccivil_03/_ato2015-2018/2015/lei/ l13105. htm>. Acesso em: 7 set. 2016.

[435] "Art. 332. Nas causas que dispensem a fase instrutória, o juiz, independentemente da citação do réu, julgará liminarmente improcedente o pedido que contrariar: I - enunciado de súmula do Supremo Tribunal Federal ou do Superior Tribunal de Justiça; II - acórdão proferido pelo Supremo Tribunal Federal ou pelo Superior Tribunal de Justiça em julgamento de recursos repetitivos; III - entendimento firmado em incidente de resolução de demandas repetitivas ou de assunção de competência; IV - enunciado de súmula de tribunal de justiça sobre direito local. [...]". *Ibid*.

[436] "Art. 496. Está sujeita ao duplo grau de jurisdição, não produzindo efeito senão depois de confirmada pelo tribunal, a sentença: I - proferida contra a União, os Estados, o Distrito Federal, os Municípios e suas respectivas autarquias e fundações de direito público; II - que julgar procedentes, no todo ou em parte, os embargos à execução fiscal. [...] §4º. Também não se aplica o disposto neste artigo quando a sentença estiver fundada em: I - súmula de tribunal superior; II - acórdão proferido pelo Supremo Tribunal Federal ou pelo Superior Tribunal de Justiça em julgamento de recursos repetitivos; III - entendimento firmado em incidente de resolução de demandas repetitivas ou de assunção de competência; IV - entendimento coincidente com orientação vinculante firmada no

a *negativa* ou o provimento liminar de recurso pelo relator,[437] o julgamento liminar do conflito de competência pelo relator[438] e a reclamação.[439]

Conquanto a inserção de novos provimentos vinculantes no Código de Processo Civil de 2015 possa, até certo ponto, ser vista com "bons olhos", no sentido de buscar reduzir o *caos processual* que se instaurou no Brasil, por outro lado, se os *provimentos vinculantes* forem mal compreendidos quando da sua aplicação, ou recebidos de forma equivocada pela doutrina, poderão causar graves problemas ao sistema processual civil. Logo, torna-se necessário denunciar – em nome da boa hermenêutica – alguns *potenciais mal-entendidos*.

Primeiro problema: os artigos 926 a 928 do novo CPC não criaram um "sistema de precedentes judiciais", ao revés do que a grande maioria dos processualistas têm propalado aos quatro ventos. Concordamos com Streck e Abboud quando aludem que a expressão "sistema" possa revelar a falsa impressão de profunda mudança paradigmática e, com isso, revestir *simbolicamente* os *provimentos vinculantes* de um "discurso performático", como se fossem a *grande panaceia processual* (a cura para todos os males) mas, na verdade, sirvam apenas para justificar as

---

âmbito administrativo do próprio ente público, consolidada em manifestação, parecer ou súmula administrativa". BRASIL. *Lei nº 13.105, de 16 de março de 2015*. Código de Processo Civil. Disponível em: <https://www.planalto. gov.br/ccivil_03/_ato2015-2018/2015/lei/l13105.htm>. Acesso em: 7 set. 2016.

[437] "Art. 932. Incumbe ao relator: [...] IV - negar provimento a recurso que for contrário a: a) súmula do Supremo Tribunal Federal, do Superior Tribunal de Justiça ou do próprio tribunal; b) acórdão proferido pelo Supremo Tribunal Federal ou pelo Superior Tribunal de Justiça em julgamento de recursos repetitivos; c) entendimento firmado em incidente de resolução de demandas repetitivas ou de assunção de competência; V - depois de facultada a apresentação de contrarrazões, dar provimento ao recurso se a decisão recorrida for contrária a: a) súmula do Supremo Tribunal Federal, do Superior Tribunal de Justiça ou do próprio tribunal; b) acórdão proferido pelo Supremo Tribunal Federal ou pelo Superior Tribunal de Justiça em julgamento de recursos repetitivos; c) entendimento firmado em incidente de resolução de demandas repetitivas ou de assunção de competência; [...]". *Ibid*.

[438] "Art. 955. O relator poderá, de ofício ou a requerimento de qualquer das partes, determinar, quando o conflito for positivo, o sobrestamento do processo e, nesse caso, bem como no de conflito negativo, designará um dos juízes para resolver, em caráter provisório, as medidas urgentes. Parágrafo único. O relator poderá julgar de plano o conflito de competência quando sua decisão se fundar em: I - súmula do Supremo Tribunal Federal, do Superior Tribunal de Justiça ou do próprio tribunal; II - tese firmada em julgamento de casos repetitivos ou em incidente de assunção de competência". *Ibid*.

[439] "Art. 988. Caberá reclamação da parte interessada ou do Ministério Público para: I - preservar a competência do tribunal; II - garantir a autoridade das decisões do tribunal; III - garantir a observância de enunciado de súmula vinculante e de decisão do Supremo Tribunal Federal em controle concentrado de constitucionalidade; IV - garantir a observância de acórdão proferido em julgamento de incidente de resolução de demandas repetitivas ou de incidente de assunção de competência. [...]". *Ibid*.

crescentes solapadas à lei e à Constituição por uma nova *forma turbinada* (e, agora, legalizada, embora inconstitucional) de *juristocracia*.[440]
  Segundo problema: existe o risco de uma cisão (artificial) entre *questão de fato* e *questão de direito*, diante da (falsa) ilusão de que o resultado dos precedentes judiciais possa conduzir à criação de *teses jurídicas universalizantes e incontestáveis* (novos *dogmas judiciais*). A *ratio decidendi*, embora seja o sumo da regra jurídica utilizada pelo Poder Judiciário para justificar a decisão do caso, não é uma "lei" (genérica e abstrata); apenas contém princípios que orientam a sua aplicação e que, por isso mesmo, só vai adquirir *normatividade* diante do caso em concreto. Para a hermenêutica, não existe *interpretação abstrata*, já que compreensão, interpretação e aplicação ocorrem simultaneamente, diante da *facticidade*.
  Afinal, como é cediço, toda *questão de direito* também é uma *questão de fato* e vice-versa.[441] Ora, uma *questão de fato* só interessará ao Direito

---

[440] "[...] interessa-nos conferir uma aplicação conforme a Constituição do artigo 927 do CPC e evitar que a afirmação o-ncpc-criou-um-sistema-de-precedentes seja transformado em um enunciado performativo e encubra sérios problemas judiciais contemporâneos. Alguns questionamentos mínimos: O 'sistema de precedentes' passa a ser o paradigma de aplicação do processo civil? O processo penal também sofre essa revolução paradigmática? Processo do trabalho? Administrativo? Tributário? Esses questionamentos se impõem porque: qual seria a justificativa de se imaginar que apenas para o Direito Processual Civil teria havido uma mudança paradigmática? Um 'sistema' regionalizado? Afinal, se estamos falando de um sistema de precedentes, este não pode se limitar a apenas um segmento do ordenamento jurídico. Outra coisa: que "sistema" é esse em que a aplicação do CPC (artigo 15) é subsidiário e complementar para alguns (nem todos) os ramos do direito? Que 'novo sistema' é esse em que o próprio CPC elenca, ao lado dos precedentes, coisas como súmulas vinculantes, súmulas do STJ, etc.? Nossa principal objeção ao uso performático do sistema-de-precedentes é que no Brasil, diversas vezes, sua utilização esconde o ovo da serpente. Parcela do pensamento processual civil entende que é possível resolver o problema de insegurança jurídica [...] mediante a criação de instrumentos de vinculação decisória, o que faz parecer que essa doutrina ignora que a própria Constituição e a legislação que lhe é conforme vinculam efetivamente a atuação do Judiciário antes de tudo. E não o contrário. [...] Há até quem defenda que o CPC-2015 teria proporcionado a mutação constitucional do termo causa previsto nos artigos 102 e 105 da CF. Seria uma interpretação-da-Constituição-a-luz-do-novo-CPC? No afã de implantar o tal 'sistema', suprimimos direitos. E aumentamos o poder do Judiciário. Simples assim. [...]". STRECK, Lenio Luiz; ABBOUD, Georges. O que é isto: o sistema (sic) de precedentes no CPC? *Revista Consultor Jurídico*, São Paulo. 13 out. 2016. Disponível em: <http://www.conjur.com.br/2016-ago-18/senso-incomum-isto-sistema-sic-precedentes-cpc>. Acesso em: 8 nov. 2016.

[441] "E assim temos de concluir, quanto a este último sentido, que o direito não pode prescindir do facto e que o facto não pode prescindir do direito. Na verdade, se por um lado não há validade que não seja validade de algo, e de algo que relativamente a essa intenção fundamentalmente se ofereça na contingência da facticidade, também a validade jurídica não poderá de ter um contingente e material sujeito-objecto a predicar, e no qual se cumpra – o predicado não prescinde do sujeito e terá nele justamente de se afirmar predicado, uma questio juris é sempre a questio facti. Por outro lado, sendo os factos de um problema concreto de direito o objeto intencional da respectiva questão-de-fato,

se for juridicamente relevante, assim como uma *questão de direito* só será posta em juízo se decorrer de um fato juridicamente relevante (ato humano ou fato da natureza). Logo, como *questões de fato* e *questões de direito* sempre estarão imbricadas, estão unidas, andam de mãos dadas no Direito, as expressões legais que incorporem essa *aparente dualidade* devem ser evitadas.

Aliás, leitura mais detida do Código de Processo Civil de 2015 demonstra que *ao editar enunciados de súmula, os tribunais devem ater-se às circunstâncias fáticas dos precedentes que motivaram sua criação* (§2º do art. 926), e que *os juízes e os tribunais observarão o disposto no art. 10 e no art. 489, §1º* (§1º do art. 927), quando decidirem com fundamento nos provimentos vinculantes. O que isso quer dizer? Atenção: os "precedentes judiciais" não são teses jurídicas universalizantes, pois não bastam em si mesmas. Todavia, existe doutrina (irresponsável e de qualidade duvidosa) espalhando por aí que os precedentes têm o condão de "revogar" a letra de lei (e quiçá da Constituição)! Ledo engano. Ao contrário, a força dos precedentes não será jamais abstrata, pois a "vinculação" sempre dependerá do confronto com a *facticidade*, ou seja, a efetiva comparação entre a base fático-jurídica do precedente paradigma e a pretensa causa similar.

Uma decisão que aplicar "cegamente" um precedente judicial, por mera subsunção, será "nula", pois deverá identificar os fundamentos determinantes e demonstrar que o caso sob julgamento se ajusta àqueles fundamentos. Também será nula a decisão que deixar de seguir precedente judicial sem demonstrar a existência de distinção do caso em julgamento (*distinguishing*) ou da superação do entendimento (*overrruling*).[442]

Terceiro problema: no que consiste a expressão "casos semelhantes"? Casos semelhantes são aqueles que possuem identidade de pedido e de causa de pedir jurídica (ou causa próxima). A causa de pedir fática (ou remota), via de regra, não será mesma. Logo, como não há plena

---

e por esta são determinados, não é menos certo que também eles não têm sentido sem referência à questão-de-direito, pois uma quaestio facti é necessariamente a quaestio facti de uma certa quaestio juris". NEVES, A. Castanheira. A distinção entre a questão-de-facto e a questão-de-direito. *Revista Digesta*, Coimbra, v. 1, p. 511, 1995.

[442] "Art. 489. [...] §1º. Não se considera fundamentada qualquer decisão judicial, seja ela interlocutória, sentença ou acórdão, que: [...] V - se limitar a invocar precedente ou enunciado de súmula, sem identificar seus fundamentos determinantes nem demonstrar que o caso sob julgamento se ajusta àqueles fundamentos; VI - deixar de seguir enunciado de súmula, jurisprudência ou precedente invocado pela parte, sem demonstrar a existência de distinção no caso em julgamento ou a superação do entendimento. [...]". BRASIL. *Lei nº 13.105, de 16 de março de 2015*. Código de Processo Civil. Disponível em: <https://www.planalto. gov.br/ccivil_03/_ato2015-2018/2015/lei/l13105.htm>. Acesso em: 7 set. 2016.

correlação entre partes, causa de pedir e pedido – senão tratar-se-ia de idêntica demanda –, utiliza-se a expressão *semelhante* ou *similar*. Como consequência, *não será possível aplicar provimentos vinculantes para a resolução de uma demanda que dependa de instrução processual.* Afinal, quando a instrução processual se tornar necessária é porque aquele caso possui contornos únicos e, por isso, não será possível o seu enquadramento em um precedente judicial por meio do juízo de similaridade. Excepcionalmente, todavia, é possível que outras *questões jurídicas reflexas* que componham preliminarmente uma causa que demande dilação probatória sejam-lhe aplicadas e, eventualmente, até ponham fim ao litígio (*v.g.*, a maneira como deve ser aplicada a decadência ou a prescrição).

Quarto problema: corremos o risco de fomentar uma *nova forma de positivismo*, ao transmutar o antigo *juiz boca da lei* para uma espécie de *juiz boca dos precedentes*, como se o magistrado fosse um mero "replicador" de decisões das instâncias superiores. O positivismo apostou todas suas fichas em uma solução metafísica como forma de reducionismo científico. No Direito, o positivismo (em especial o exegético) tentou se assenhorar dos sentidos, antecipando-os e sistematizando-os, como se a lei tivesse a *plenipotencialidade* de prever todas as soluções hipotéticas dos conflitos postos à baila.[443] Com os "precedentes judiciais" correremos o perigo de transferir o conceito de justo para os novos enunciados elaborados pelos tribunais. Ora, *o direito não é aquilo que os tribunais dizem que é*. Dito de outro modo: *os precedentes judiciais não são respostas prontinhas e acabadas*, sob pena de retorno (tardio) ao *mito do dado*.

Quinto problema: criar uma *metalinguagem de segundo grau* não vai resolver os problemas da interpretação no Direito. Ora, se legislar

---

[443] "Assim, se o positivismo está ligado à discricionariedade, possibilitando, desse modo, múltiplas respostas, e se a dogmática jurídica (predominante no Brasil) continua refratária ao Constitucionalismo Contemporâneo e, de sua aderência paradigmática que alça a intersubjetividade ao lugar de condição de possibilidade, parece razoável afirmar que essa 'delegação em favor do juízo discricionário' (e, consequentemente, em favor das múltiplas respostas) não será contida ou resolvida através de regras e metarregras que, cada vez mais, contenham a 'solução-prévia-das-várias-hipóteses-de-aplicação'. E não será assim pela singela razão de que a discricionariedade (que é um passo para a arbitrariedade, como veremos na sequência) é exatamente produto daquilo que proporcionou a sua institucionalização: o positivismo jurídico e suas diversas facetas, que sempre abstraíram a situação concreta no ato de aplicação. Este é o ponto em que a hermenêutica filosófica leva vantagem sobre as demais teorias que têm na interpretação o seu foco principal: a faticidade, o modo prático de ser-no-mundo inerente ao primeiro salto heideggeriano, superando o caráter epistemo-metodológico da filosofia, mostrando que a filosofia é hermenêutica; em seguida, o salto gadameriano, mostrando que a hermenêutica é filosofia, condição de ser-no-mundo". STRECK, Lenio Luiz. *Verdade e consenso*: Constituição, hermenêutica e teorias discursivas. 5. ed. São Paulo: Saraiva, 2014, p. 79-80.

foi um primeiro ensaio (metafísico) de *encapsulamento da realidade* em dispositivos de lei – obviamente, sem sucesso –, com os precedentes judiciais tenta-se interpretar, delimitar ou aclarar o conteúdo legal – uma forma de "puxadinho epistêmico" –, mas que não eliminará, jamais, a necessidade e a utilidade da hermenêutica (filosófica), pela indispensável análise da facticidade quando do *interpretar-aplicar-compreendendo*. Em poucas palavras: os enunciados dos precedentes judiciais tentam suprir os enunciados da lei. Mas, quem suprirá a compreensão dos precedentes judiciais? Vamos ter que criar novos precedentes judiciais para interpretar os precedentes judiciais anteriores, e assim por diante? Trata-se, portanto, de um processo cíclico, uma *armadilha metafísica* (uma espécie de *quarto dos espelhos,* onde a imagem não tem fim...), o *cachorro correndo atrás do próprio rabo.*

Em outro extremo, como a realidade não cabe dentro do "mapa" do Direito ou das decisões prolatadas pelos tribunais, a solução para eventuais lacunas constantes dos precedentes judiciais acabará por ser novamente depositada no intérprete, o que resultará, em última análise, na *retroalimentação* do decidir como um "ato de vontade", implicando em *novas discricionariedades*. Voltaremos à *estaca zero!* Em suma: *com* ou *sem* precedentes judiciais, torna-se indispensável exigir do julgador uma *postura filosófica* que permita a suspensão de seus próprios pré-juízos em busca da *intersubjetividade.* Eis a solução, pensamos.

Em conclusão, se doravante serão impostos novos limites aos juízes e tribunais do escalão inferior, agora "amarrados" pelos provimentos vinculantes, também é verdade que todos continuaremos a dever obediência às leis e à Constituição, razão porque a *integridade* e a *coerência* do sistema jurídico deverão sempre prevalecer. Acreditar (ingenuamente) que as mazelas da *loteria judicial* serão resolvidas por *discricionariedades de segundo nível* (*Cortes de Vértice*), não resolve (e esconde) o problema da inautêntica tentativa de *reformulação inconstitucional da teoria política* – criando uma espécie de *ditadura do Judiciário* –, em manifesta avulta ao postulado da separação dos poderes. Nada mais.

4.5 A inconstitucionalidade da *conciliação ou mediação judicial pré-processual*. A natureza Jurídica do processo. Existe processo (e jurisdição) para além do Poder Judiciário? Por um *conceito hermenêutico de processo*

Por outro lado, o Poder Judiciário – que, em sua defesa, justifica efetividades meramente *quantitativas* pela ausência de estrutura adequada para enfrentar a grande escalada de trabalho diante de um país em crescente *crise de litigiosidade* – tem se *arvorado para além de sua missão constitucional,* quando busca promover mutirões de *mediação e conciliação pré-processuais.*

A ideia é a seguinte: o Poder Judiciário tem-se antecipado ao litígio judicial, estimulando a negociação extrajudicial entre os "potenciais" contendores. O principal argumento é o de *evitar processos futuros,* o que, na prática, poderia reduzir também a quantidade de trabalho. Será? Em termos de *merchandising* institucional, é certamente uma grande sacada! Afinal, dá *Ibope!* Todavia, seria essa atuação do Poder Judiciário constitucional? Acreditamos que não.

Primeiro, antes de pretender alçar *voos maiores* e colocar o *bedelho* no problema alheio, deveria o Poder Judiciário se preocupar em *arrumar sua própria casa.* É fato notório a existência de pilhas de autos de processos que se acumulam em fóruns e tribunais. Olhemos primeiro, portanto, para o *nosso umbigo!*

Segundo, na prática, infelizmente, muitas "conciliações pré-processuais" acabam servindo apenas como uma *forma sofisticada* de utilização do sistema de justiça (estrutura pública destinada à tutela jurídica de todos os cidadãos) como a extensão do "setor de cobrança" da Fazenda Pública, da Caixa Econômica Federal ou dos Conselhos de Classe.

Imaginemos a cena: um devedor da Caixa Econômica Federal recebe uma intimação, com o timbre da Justiça Federal, para comparecer em dia e hora, na presença de um magistrado (ou servidor conciliador), para tentar promover transação extrajudicial, sob a pena de vir a sofrer os rigores da lei! Intimidativo, não? Pior: muitos sequer estarão assistidos por advogados; afinal, ainda não existe processo...

Ora, certamente a ida do *leigo* ao prédio forense lhe causará certo constrangimento e colaborará com o acordo (forçado). Não somos contra a pacificação social. Queremos que todos vivam bem e felizes. Entrementes, o que deve ser criticado é a utilização da estrutura do sistema de justiça para o benefício de poucos. E se quisermos ser também agraciados com o mesmo privilégio em face dos nossos devedores? Teremos igual direito? Resposta: evidentemente que não.

Logo, a conciliação ou mediação pré-processual patrocinada pelo sistema de justiça é *evidentemente inconstitucional,* antirrepublicana, por atentar aos postulados da isonomia e da impessoalidade. Ora, que venham os processos, aos montes! Assim, todos juntos, a Fazenda Pública, a Caixa Econômica Federal, os Conselhos de Classe, ao lado dos demais cidadãos, percorrem pela mesma *fila processual e* compartilham das mesmas mazelas (principalmente a demora), sem maiores privilégios! É justo, não?

Terceiro, quando deslocamos *servidores* para atuarem em *mutirões pré-processuais*, já que contamos com limitados recursos humanos no Poder Judiciário, estamos a relegar o andamento dos processos já existentes a um segundo plano. Afinal, se a "desculpa" de problemas de ordem estrutural (como a falta de pessoal) é a maior causa pelo atraso na prestação jurisdicional, então em última análise haverá, também, a *inversão da ordem cronológica* dos processos em andamento (CPC/2015, art. 12) em favorecimento daqueles que, talvez, venham a existir. Outro absurdo! Não podemos nos esquecer, ainda, que deixando de analisar os processos que já estão em curso estaremos, consequentemente, desrespeitando reflexamente aqueles que gozam de preferência, por imposição legal, como o mandado de segurança, o *habeas data*, o mandado de injunção, os que envolvem o interesse de menores, idosos e portadores de necessidades especiais, dentre outros.

Por fim, para que a mediação ou conciliação pré-processual seja constitucional, entendemos que deva ser exercida por *órgãos do Poder Executivo* com esta especial finalidade (*v.g.*, os PROCONS) – aliás, nesse sentido, o Código de Processo Civil de 2015 já prevê a criação de câmaras com atribuição para solução consensual no âmbito administrativo –,[444] pelas *serventias extrajudiciais* (protesto de certidões de dívida ativa, realização de mediação e conciliação, inventário[445] e divórcio consensuais,[446]

---

[444] "Art. 174. A União, os Estados, o Distrito Federal e os Municípios criarão câmaras de mediação e conciliação, com atribuições relacionadas à solução consensual de conflitos no âmbito administrativo, tais como: I - dirimir conflitos envolvendo órgãos e entidades da administração pública; II - avaliar a admissibilidade dos pedidos de resolução de conflitos, por meio de conciliação, no âmbito da administração pública; III - promover, quando couber, a celebração de termo de ajustamento de conduta". BRASIL. *Lei nº 13.105, de 16 de março de 2015*. Código de Processo Civil. Disponível em: <https://www.planalto.gov.br/ccivil_03/_ato2015-2018/2015/lei/ l13105.htm>. Acesso em: 7 set. 2016.

[445] "Art. 610. Havendo testamento ou interessado incapaz, proceder-se-á ao inventário judicial. §1º. Se todos forem capazes e concordes, o inventário e a partilha poderão ser feitos por escritura pública, a qual constituirá documento hábil para qualquer ato de registro, bem como para levantamento de importância depositada em instituições financeiras. [...]". BRASIL. *Lei nº 13.105, de 16 de março de 2015*. Código de Processo Civil. Disponível em: <https://www.planalto. gov.br/ccivil_03/_ato2015-2018/2015/lei/ l13105. htm>. Acesso em: 7 set. 2016.

[446] "Art. 731. A homologação do divórcio ou da separação consensuais, observados os requisitos legais, poderá ser requerida em petição assinada por ambos os cônjuges, da qual constarão: I - as disposições relativas à descrição e à partilha dos bens comuns; II - as disposições relativas à pensão alimentícia entre os cônjuges; III - o acordo relativo à guarda dos filhos incapazes e ao regime de visitas; e IV - o valor da contribuição para criar e educar os filhos". *Ibid*.

usucapião extraordinária[447] etc.) ou pela *sociedade civil organizada*, o que atende à tendência de *desjudicialização* (ou *extrajudicialização*). Como vimos, o processo civil foi fruto de sua historicidade. No Direito Romano, o processo civil passa para as mãos do Estado, ao eliminar a figura do árbitro privado e ao concentrar a *jurisdictio* – o poder de dizer o Direito – nas mãos dos *juízes profissionais*. Logo, o processo civil deixou de ser um *contrato* firmado entre as partes, e passa a ser utilizado (por Roma) como instrumento de controle político do Império.

A submissão obrigatória das partes à justiça estatal fez com que *Arnault de Guényveau*, em sua obra *Du quasi-contrat judiciaire*, buscasse justificar a natureza do processo, durante as fases *extraordinaria cognitio* e o *praxismo*, como um *quase-contrato*, por não se enquadrar como contrato, nem delito ou quase-delito.[448]

---

[447] O art. 1.071 do novo CPC acrescentou o art. 216-A à Lei nº 6.015/73 (Lei de Registros Públicos): "Art. 216-A. Sem prejuízo da via jurisdicional, é admitido o pedido de reconhecimento extrajudicial de usucapião, que será processado diretamente perante o cartório do registro de imóveis da comarca em que estiver situado o imóvel usucapiendo, a requerimento do interessado, representado por advogado, instruído com: I - ata notarial lavrada pelo tabelião, atestando o tempo de posse do requerente e seus antecessores, conforme o caso e suas circunstâncias; II - planta e memorial descritivo assinado por profissional legalmente habilitado, com prova de anotação de responsabilidade técnica no respectivo conselho de fiscalização profissional, e pelos titulares de direitos reais e de outros direitos registrados ou averbados na matrícula do imóvel usucapiendo e na matrícula dos imóveis confinantes; III - certidões negativas dos distribuidores da comarca da situação do imóvel e do domicílio do requerente; IV - justo título ou quaisquer outros documentos que demonstrem a origem, a continuidade, a natureza e o tempo da posse, tais como o pagamento dos impostos e das taxas que incidirem sobre o imóvel". Ibid.

[448] "Em um raro livro francês de meados do século passado (sic), é possível encontrar o estranho fundamento dessa concepção. Ali vem resumida, depois de longos desenvolvimentos, a tese de que é preciso ver na 'litis contestatio', ato bilateral na forma, o fato gerador de uma obrigação, por sua vez, bilateral. Como esta não apresenta nem o caráter de um contrato, posto que o consentimento das partes não é inteiramente livre, nem o de um delito ou de um quase-delito, posto que o litigante nada mais faz do que usar de um direito seu, longe de violar os de outros, os autores alemães, valendo-se do texto da lei 3ª frag. de Pecúlio, atribuem-lhe o caráter de um quase-contrato: 'in judicio quase contrahimus'. Ao tempo do processo formulário, continua o autor, este quase-contrato era necessário para instaurar a instância e possibilitar a decisão do juiz. Igualmente, produzia-se no antigo 'ordo judiciorum' um sistema de medidas destinadas a assegurar o comparecimento dos litigantes à presença do magistrado. A 'vocatio in jus' violenta, as 'vadimonia', a 'missio in possessionem bonorum' tendem ao mesmo fim, que não obstante é impossível de alcançar completamente, porquanto todos aqueles rigores se vêm quebrar de encontro à inércia do réu. A 'litis contestatio' exige, com efeito, por sua parte, uma manifestação exterior e sensível da vontade, à qual ninguém pode ser constrangido; de sorte que não existe sob o império das fórmulas, meio algum para entabolar o debate contra a vontade do réu, nenhuma via para se chegar, contra o seu desejo, à formação do contrato judicial. O próprio processo por contumácia (julgamento à revelia) supõe a 'litis contestatio', sem a qual não poderia haver instância nem processo: 'Ante litem contstatam, nom dicitur lis nota nec dicitut quis agere, seda gere voluisse'. Em resumo, a concepção do juízo como um quase-contrato procede por eliminação, partindo da base de que o juízo não é

Como bem demonstramos, os processualistas da metade do século XIX se assenhoraram da teoria da relação jurídica obrigacional (credor-devedor-objeto) para justificar a autonomia científica do Direito Processual e, assim, construir um arcabouço teórico em torno da natureza jurídica do processo enquanto *relação jurídica processual*, estabelecida sob a forma do *actum trium personarum*, estabelecida entre autor, juiz e réu (Oskar Bülow).[449]

No decorrer do século XX, surgiram outras teorias que buscaram explicar a natureza jurídica do processo. Para James Goldschmidt, o processo consiste em uma *situação jurídica*, desenvolvida em torno de expectativas, possibilidades e ônus processuais.[450] Outro posicionamento respeitável, mas que também não superou a doutrina da relação jurídica processual, foi a perspectiva do *processo como instituição*, como uma família ou uma associação. Nesse tocante, Jaime Guasp concebe o processo como um complexo de relações (vínculos de aproximação) estabelecidas entre os litigantes, o juiz, o Estado e os terceiros, dirigidas

---

contrato, nem delito, nem quase-delito. Como se vê, analisadas as fontes das obrigações, aceita-se, por descarte, a menos imperfeita. Entretanto, a tese não resiste à observação muito simples de que as fontes das obrigações, mesmo na doutrina clássica, não são quatro, mas cinco: a tese não leva em conta a lei. E, neste caso, a fonte de obrigações, que a doutrina em questão esquece, é justamente a que dá a verdadeira solução: o processo é uma relação jurídica típica regida pela lei". COUTURE, Eduardo. *Introdução ao estudo do processo civil*. Tradução de Hiltomar Martins Oliveira. Belo Horizonte: Líder, 2008, p. 67-68.

[449] Goldschmidt nos lembra que existiram *diferentes modelos* de relação jurídica processual, além daquele aceito predominantemente, normalmente representado por um "triângulo" (Bülow): para Hellwig, a relação jurídica processual se estabelecia apenas entre os demandantes e o tribunal, não entre si (representado por um "vértice" invertido), enquanto que para Kohler, a relação processual era travada apenas entre os litigantes (representado por uma linha). A este respeito: GOLDSCHMIDT, James. *Direito Processual Civil*. Campinas: Bookseller, 2003. t. 1, p. 20.

[450] "[...] Os vínculos jurídicos que nascem entre as partes não são propriamente 'relações jurídicas' (consideração 'estática' do Direito), isto é, não são faculdades nem deveres no sentido de poderes sobre imperativos ou mandamentos, senão 'situações jurídicas' (consideração 'dinâmica' do direito), quer dizer, situações de expectativa, esperanças da conduta judicial que há de produzir-se e, em última análise, da decisão judicial futura; numa palavra: expectativas, possibilidades e ônus. [...] O conceito de situação jurídica diferencia-se do de relação processual, no qual este não se encontra em relação alguma com o direito material, que constitui objeto do processo, enquanto aquele designa a situação em que a parte se encontra com respeito ao seu direito material, quando o faz valer processualmente. É errôneo crer, por isso, que o conceito de 'situação jurídica' não é diferente do de relação processual, e por isso é impossível admitir que esta se desenvolva até chegar a uma 'situação jurídica'; esta não é uma mera situação da relação processual, para assegurar a unidade do processo, uma vez que tal unidade vem predeterminada pelo direito material, objeto de referência das 'situações jurídicas' que surgem no processo. [...]". *Ibid.*, p. 21-22.

à obtenção de um fim comum: a satisfação de interesses coletivos ou individuais (pretensões).[451]

Ocorre que o *excesso de cientificidade do Direito Processual* – calcada pela necessidade de constante autoafirmação da sua autonomia – a acabou por criar um *aparente abismo* em relação ao direito material, legitimando o aparecer de um procedimento extremamente formal e engessado, construído em torno de si mesmo como única razão de ser e existir. Foi nesse *vácuo jurídico* que a instrumentalidade do processo ganhou asas e propôs o enfoque do processo na realização dos seus escopos (social, político e jurídico), o que influenciou a aplicação e a formulação de novas técnicas processuais voltadas a uma postura mais teleológica. Logo, *os fins passaram a justificar os meios* e, assim, experimentamos toda espécie de relativização dos procedimentos em nome de uma *pretensa efetividade*.

A Escola Instrumentalista propôs a *reaproximação entre o Direito Processual e o direito material*, todavia centrando suas expectativas no desenvolvimento científico da *jurisdição*. O problema é que a figura do magistrado se tornou cada vez mais pujante. Eis o berço do protagonismo judicial. E conhecemos bem os efeitos da instrumentalidade: decisão como um "ato de vontade", discricionariedades e solipsismos. Em suma: chegamos a um juiz completamente independente (à lei e à Constituição) e sem qualquer controle, a ponto de o Código de Processo Civil de 2015 ter que criar uma série de *provimentos vinculantes* sob o auspício de reduzir o *caos* processual (*direito lotérico*). Para fins de identificação da *natureza* do processo, contudo, a instrumentalidade apenas a ratificou como sinônimo de relação jurídica processual; mas, desta vez, com um vértice muito mais acentuado na jurisdição, relegando às partes um papel secundário.

Elio Fazzalari, buscando superar o arcaico conceito de relação jurídica processual, compreendeu o processo como *espécie de procedimento em contraditório*. Assim o fazendo, basicamente, demonstrou que o estágio de evolução da ciência do processo não mais depende de estabelecer qualquer parametricidade com o modelo de relação jurídica típica do direito material. Ainda, ao investir suas expectativas no princípio do contraditório está, na verdade, devolvendo às partes a sua real importância diante do debate processual (dialética das partes sobre uma base procedimental). E, por fim, como consequência da sua definição de processo, buscou explicar que o processo não é um fenômeno

---

[451] GUASP, Jaime. *Comentarios a la ley de enjuiciamiento civil*. Madrid: M Aguiar, 1943. t. 1.

exclusivo da alçada do Poder Judiciário, razão por que é possível falar em *processo judicial, processo administrativo* e *processo arbitral*.[452]

A grande pergunta é: *será que, no Brasil, precisamos importar o "conceito fazzalariano" para "desatar as amarras" que liga o processo do Poder Judiciário?* Pensamos que não. E a resposta que confirma a nossa tese encontra guarida no texto expresso da Constituição Federal Brasileira. Ora, o que diz o art. 5º da nossa Constituição Republicana? Primeiro, que aos litigantes, em *processo judicial ou administrativo*, são assegurados o contraditório e ampla defesa, com os meios e recursos a ela inerentes. Segundo, que deve ser concedido *habeas-data* para a retificação de dados, quando não se prefira fazê-lo por processo sigiloso, *judicial ou administrativo*. Terceiro, que tanto no âmbito do *processo judicial* quanto no *processo administrativo*, são assegurados a razoável duração do processo e os meios que garantam a celeridade de sua tramitação.[453]

Como se não bastasse, a Constituição Federal de 1988 prevê o *processo eleitoral* (art. 16), o *processo legislativo* (arts. 27, §4º, 59 e 84), o *processo administrativo para a perda do cargo público* (art. 41, II), o *processo de licitação pública* (art. 37, XXI), o *processo para perda do mandato parlamentar* (art. 55, II c/c §§2º e 4º), o *processo dos crimes de responsabilidade* (art. 85, *caput* c/c parágrafo único), o *processo de vitaliciamento do magistrado* (art. 93, IV), o *processos dirigidos por juiz de paz* (art. 98, II), os *processos disciplinares* promovidos pelo Conselho Nacional de Justiça e pelo

---

[452] "[...] Os processualistas têm sempre dificuldade, por causa da imponência do fenômeno (a trave no próprio olho...), de definir o 'processo' (esquema da disciplina de sua competência) e permanecem ligados, ainda durante alguns decênios do século passado, ao velho e inadequado clichê pandetístico da 'relação jurídica processual'. [...] Como repetido, o 'processo' é um procedimento do qual participam (são habilitados a participar) aqueles em cuja esfera jurídica o ato final é destinado a desenvolver efeitos: em contraditório, e de modo que o autor do ato não possa obliterar as suas atividades. [...] Existe, em resumo, o 'processo', quando em uma ou mais fases do iter de formação de um ato é contemplada a participação não só – e, obviamente – do seu autor, mas também dos destinatários dos seus efeitos, em contraditório, de modo que eles possam desenvolver atividades que o autor do ato deve determinar, e cujos resultados ele pode desatender, mas não ignorar". FAZZALARI, Elio. *Instituições de Direito Processual Civil*. 8. ed. Tradução de Elaine Nassif. Campinas: Bookseller, 2006, p. 109-128.

[453] "Art. 5º. Todos são iguais perante a lei, sem distinção de qualquer natureza, garantindo-se aos brasileiros e aos estrangeiros residentes no país a inviolabilidade do direito à vida, à liberdade, à igualdade, à segurança e à propriedade, nos termos seguintes: [...] LV - aos litigantes, em processo judicial ou administrativo, e aos acusados em geral são assegurados o contraditório e ampla defesa, com os meios e recursos a ela inerentes; [...] LXXII - conceder-se-á habeas data: [...] b) para a retificação de dados, quando não se prefira fazê-lo por processo sigiloso, judicial ou administrativo; [...] LXXVIII - a todos, no âmbito judicial e administrativo, são assegurados a razoável duração do processo e os meios que garantam a celeridade de sua tramitação". BRASIL. *Lei nº 13.105, de 16 de março de 2015*. Código de Processo Civil. Disponível em: <https://www.planalto.gov.br/ccivil_03/_ato2015-2018/2015/lei/l13105.htm>. Acesso em: 7 set. 2016.

Conselho Nacional do Ministério Público (arts. 103-B, III e IV, e 130, §2º, III e IV), o *processo seletivo público* dos gestores de saúde (art. 198, §4º) e os *processos da Justiça Desportiva* (art. 217, §2º).

Logo, no sistema jurídico brasileiro é inegável a existência do processo para além da estrita atuação do Poder Judiciário. Por derradeiro, podemos ainda citar a constitucionalidade da lei que regula o *processo administrativo* (Lei nº 9.784/99), bem como o reconhecimento de existência de "jurisdição", pelo Supremo Tribunal Federal (SE nº 5206), no *processo arbitral* (Lei nº 9.307/96), ao declarar constitucional o pacto arbitral em que partes maiores e capazes aceitam, voluntariamente, abrir mão da jurisdição estatal.

É possível constatar, portanto, que a Constituição Federal Brasileira ora se utiliza da expressão *processo* para significar o exercício de uma das *funções típicas do Estado* (processo eleitoral, processo legislativo, processo de licitação pública, processo seletivo etc.), outrora no sentido de *tutela*, ou seja, um instrumento hábil de proteção contra o arbítrio do Estado e, ao mesmo tempo, meio de garantia de realização de direitos fundamentais.

Hermeneuticamente, entendemos que o conceito de processo em Elio Fazzalari pode estimular a *falsa impressão* de que "processo" e "contraditório" se confundem. Em outras palavras: defender que processo é uma espécie de procedimento enriquecido pelo contraditório pode causar um sério *reducionismo do fenômeno processual*. Afinal, ao lado do contraditório, temos outras tantas garantias fundamentais a serem respeitadas e que são, constitucionalmente, indispensáveis para a conformação do processo, como o respeito à boa-fé processual, à ampla defesa, à razoável duração do processo (com prestação jurisdicional de qualidade), à prolação de decisões muito bem fundamentadas, dentre outras.

Assim, preferimos forjar um *conceito hermenêutico de processo*, que possibilite superar o *subjetivismo* patrocinado pelo modelo de relação jurídica processual (e agravada pela Escola Instrumentalista) e que, ao mesmo tempo, não se contente com uma solução meramente *procedimentalista* e se limite a identificar o processo apenas com o contraditório (diálogo travado entre as partes), ainda que sob um viés (neo)constitucional. Ora! É chegada a hora de suplantarmos, no Direito Processual Civil, o antigo *esquema sujeito-objeto*, pois!

Para a Crítica Hermenêutica do Direito Processual Civil (CHDPC), conceituamos o "processo" como *um fenômeno jurídico complexo, estabelecido entre os atores processuais (partes, juiz e qualquer pessoa que dele participe) de forma responsável, por intermédio de um procedimento equilibrado, previsto em lei e com duração qualitativamente razoável, e que* respeite o conjunto de garantias fundamentais e princípios processuais, com o objetivo de obter a decisão jurídica material (íntegra e coerente) mais adequada à Constituição.

Assim, será possível falar em *processo administrativo hermenêutico* e *processo arbitral hermenêutico*, ao lado do *processo judicial hermenêutico*. Por que não? Aliás, se o dever de bem fundamentar tem berço constitucional (CRFB, art. 93, IX) e, por esta razão, o novo CPC apenas "aclarou" o alcance do contraditório (substancial) e de uma fundamentação de qualidade (art. 489, §1º), qual o problema em se exigir *integridade* e *coerência* no exercício da jurisdição (dizer o Direito), em qualquer de suas instâncias? Ora, para que realmente tenhamos um "processo" na via administrativa ou na seara arbitral, ao final, igualmente dependeremos de boas fundamentações!

CONCLUSÕES

Verificamos que o Direito Processual Civil só obteve *autonomia científica* há algo em torno de *cento e cinquenta anos*, o que revela (e explica) as importantes transformações pelas quais tem passado, mormente nas últimas décadas, se comparado há mais de dois mil anos de história do *ius civilis* do Direito Romano.

No plano do Direito Constitucional, paralelamente, os horrores causados pela Segunda Guerra Mundial revelaram ao mundo a insuficiência do modelo jurídico adotado pelos países da *civil law*, até então centrados no ultrapassado *positivismo legalista* (ou *exegético*), capaz de confundir a lei com o justo, tornando os juristas escravos de sistemas autoritários, como o nazismo e o fascismo.

Erigiu-se, assim, a necessidade de construção de um *novo modelo de constitucionalismo*, construído a partir do renascimento do conceito *jusnaturalista* de dignidade humana, o que ocorreu pela assinatura e ratificação de tratados internacionais buscando preservá-la. Surge o *neoconstitucionalismo*, com a promessa de internalizar no bojo das Constituições os direitos humanos reconhecidos internacionalmente.

A falência do Direito no início do século XX demonstrou que o legislador não foi capaz de acompanhar (e resolver) as necessidades que o *Estado de Bem-estar Social* (*Welfare State*) impôs. Muitas das leis são tardias e, com isso, tornam-se obsoletas. Outras são ineficazes, *não pegam*. Muitas ainda criam confusão e obscuridade. Trata-se do *overload* (sobrecarga) do Poder Legislativo.

E, para poder controlar a sociedade complexa, o Estado transformou-se, aos poucos, de *Legislativo* em *Administrativo*. Com isso, chega-se ao *Estado Burocrático*, destinado à proteção e à repressão de práticas abusivas, criando-se um aparato grandioso, composto por órgãos, autarquias e agências reguladoras, a quem foram confiadas tarefas normativas e fiscalizadoras.

Todavia, os Poderes Legislativo e Executivo transformaram-se em dois grandes gigantes, sem sucesso para atender às necessidades impostas pela promessa da modernidade à luz de um novo modelo constitucional voltado à concretização de direitos e garantias fundamentais. O Legislativo demonstrou ser lento e ineficaz, ao passo que o Executivo se tornou paternalista e potencialmente repressivo. Tais consequências trouxeram para o Poder Judiciário a ampliação da sua função e o aumento da sua responsabilidade. As expectativas dos cidadãos voltam a sua atenção para o Poder Judiciário, por meio do controle da legalidade e da constitucionalidade dos atos do Poder Público: surge o *Terceiro Gigante (Big Judiciary)*.

E, assim, apostam-se todas as fichas em torno do Poder Judiciário, e uma nova função, para além da mera subsunção, passa a ser desempenhada pelos tribunais, mormente em *tempos neoconstitucionais*: a jurisprudência se torna importante "fonte criativa do Direito", sob o mote de se buscar conferir maior efetividade na aplicação do sistema de direitos e garantias fundamentais. Assim, chegamos ao *protagonismo judicial*.

Após a década de 1970, a *instrumentalidade do processo* passou a representar um *terceiro momento metodológico* (após o sincretismo e o cientificismo) na evolução do Direito Processual Civil: a técnica processual deve servir ao direito material conferindo-lhe *efetividade*, bem como se adequar ao máximo à sua natureza, de modo que as ideologias do direito material (filosóficas, políticas, culturais e sociais) devem "penetrar" no processo, imprimindo-lhes certas orientações, significados e desenvolvimentos que o simples texto da lei não saberia revelar. Para Mauro Cappelletti, essa missão só poderá ser exercida por juízes e por intermédio do processo.

No Brasil, Cândido Rangel Dinamarco publicou em 1987 obra intitulada *A instrumentalidade do processo*, propondo que o instituto da "ação" saia do centro das discussões da seara processual, dando destaque ao relevante papel a ser desempenhado pela "jurisdição" (Estado-juiz).

Nesse contexto, a *jurisdição* – o poder de dizer o Direito – deverá perseguir 3 (três) finalidades: o *escopo social* (o poder dos juízes em educar os membros da sociedade acerca dos seus direitos e obrigações); o *escopo político* (o poder dos juízes em decidir imperativamente e definitivamente, valorizando a liberdade, limitando os poderes do Estado e assegurando a participação dos cidadãos); e o *escopo jurídico* (o poder dos juízes em aplicar a vontade concreta do Direito, como um fim ideal, tendo como limite de atuação as leis e a Constituição).

Para a instrumentalidade do processo, deposita-se nas mãos do julgador a capacidade de escolher quando a forma se transforma em obstáculo à concretização dos direitos na busca de meios mais efetivos de prestação da tutela jurisdicional (permitindo a *flexibilização de procedimentos*). Assim, *hipertrofiaram-se* os poderes do magistrado, permitindo-lhe a busca da *verdade real* e a agir como um *catalisador* para a concretização do sentimento social de justiça.

No Direito Processual Civil Brasileiro, várias alterações legislativas buscaram criar novas técnicas processuais a fim de conferir maior "efetividade" (produção de efeitos práticos), mormente após a Constituição da República Federativa do Brasil de 1988, dentre as quais podemos destacar: a antecipação dos efeitos da tutela; a tutela específica (possibilidade de o magistrado determinar variadas medidas executivas); a criação de procedimentos mais simplificados, calcados na informalidade, celeridade e simplicidade (Juizados Especiais); o estímulo a meios alternativos de resolução de conflitos (arbitragem, mediação e conciliação); a criação de técnicas de flexibilização procedimental e fungibilidade de meios; a concentração maior de poderes nas mãos do relator; e a possibilidade de julgamento liminar de improcedência. Assim alimentamos o nosso *juiz Hércules à brasileira*. Em poucas palavras: *muita potência para pouco controle*.

Para o neoprocessualismo, o Direito Processual Civil deve ser compreendido após os influxos do neoconstitucionalismo. Como um dos principais representantes do neoprocessualismo, Eduardo Cambi propõe o chamado "método concretista", ao afirmar que com esteio no "pluralismo jurídico" seria possível apostar todas as suas fichas na teoria da argumentação para "inibir" subjetivismos e decisionismos. Todavia, denunciamos que o "método concretista" proposto por Cambi não passa de um *frankenstein* argumentativo (*mixagem teórica*), pois pinça (seletivamente) trechos dos autores mais diversos, de acordo com a sua necessidade narrativa, ao tentar conciliar *ponderação de valores* (Alexy) com *teorias discursivas* (Habermas), com *integridade e coerência* (Dworkin), com *Crítica Hermenêutica do Direito* (Streck), com *pluralismo jurídico*, dentre outros.

O neoprocessualismo (embora possua características próprias) apenas *exacerba, amplia, potencializa* os problemas trazidos pela Escola da Instrumentalidade do Processo. O neoprocessualismo, assim, não passa de uma espécie de instrumentalidade "turbinada", versão 2.0. Apenas serviu para "vitaminar" o *juiz Hércules brasileiro*, potencializando a subjetividade do magistrado, somada agora às premissas de um pretenso neoconstitucionalismo que justifica a utilização da *ponderação de valores* enquanto uma "técnica" mais eficiente de concretização de direitos fundamentais.

Comprovamos que na *terra da jabuticaba* a instrumentalidade nunca foi meramente formal (aquela idealizada por Cappelletti), mas sim já nasce como *instrumentalidade substancial* (constitucional, neoinstrumentalista ou pós-instrumentalista), mormente porque a maioria dos institutos processuais que aumentam os poderes dos juízes ao argumento de lhes atribuir maior efetividade foram desenvolvidos a partir da década de 1990, ou seja, após a Constituição da República Federativa do Brasil de 1988. Logo, não há sentido algum, no plano nacional, distinguir "instrumentalidade" de "instrumentalidade constitucional". São *farinha do mesmo saco*, pois.

Concluímos que o formalismo-valorativo contém proposta muito parecida com aquela defendida pela instrumentalidade constitucional, ao apostar na figura do "bom juiz", com a peculiaridade de buscar incluir as partes na construção do *discurso narrativo* que leve a uma *decisão justa e equilibrada*, a partir do *princípio da colaboração processual* (entendido como o juiz como se fosse uma parte). Todavia, em termos conceituais, não representa nada de novo, tampouco rompe com a lógica neoprocessual, já que o resultado é um *juiz marombeiro, super-atrofiado*, dotado de poderes sem fim.

Por outro lado, a partir de *procedimentalismos* – em franca oposição às posturas subjetivistas –, o princípio do contraditório torna-se a *alma do processo*, pois será a garantia (constitucional) do direito de influência das partes e da não surpresa pelo julgador, tornando a discussão fruto da comparticipação de todos os sujeitos processuais. Com efeito, a redução do *endeusamento* e da *figura paternalista* exercida pelo Estado-juiz é medida que se impõe, de modo que a ideia de (com)participação entre todos os atores processuais com esteio no contraditório não só é saudável em tempo democráticos, como também necessária.

Assim, fizemos 5 (cinco) importantes críticas às *posturas procedimentalistas*: 1ª. Limitar qualquer atuação do magistrado as aproxima ao garantismo de Ferrajoli, muito mais defensável na esfera penal (tendo em conta o *ius libertatis*); 2ª. Jamais existirá (efetivamente) o equilíbrio participativo travado entre as partes, já que existem fatores *endógenos* e *exógenos* que, em dadas circunstâncias, exigirão o reequilíbrio da relação travada no processo; 3ª. As partes não perseguem o *justo* – ou, *hermeneuticamente* falando, a resposta correta – e nem têm a obrigação de fazê-lo, o que pode transformar o processo em um jogo (ganha quem joga melhor?); 4ª. O *procedimentalismo*, ainda que sob o viés democrático, aparenta-nos repaginação da *legitimação pelo procedimento* (Luhmann), no sentido de que basta cumprir com um rito nutrido de garantias constitucionais para justificar qualquer tomada de decisão (uma espécie de "justiça por conformação"); 5ª. O papel do juiz como *mero garantidor* de direitos fundamentais o afasta da facticidade, produzindo por intermédio do processo uma *verdade projetada*, conformada artificialmente com o alento do respeito ao contraditório. Isso pode reduzir o juiz a um mero "fantoche".

Assim, concluímos que alguém sempre terá que decidir, queiramos ou não, porque a necessidade de resolução de conflitos é inerente à natureza humana. Ora, o juiz sempre fará parte da equação processual. E se de um lado a *instrumentalidade* tenha servido para fomentar o problema do *excesso de subjetividade*, é bem verdade que, de outra monta, não é colocando o *juiz de castigo*, no canto da sala, neutralizando-o (uma espécie de *vingança teórica* dos advogados após décadas de *"bullying" jurisdicional*...), que será possível a obtenção da (metáfora da) resposta correta (mais adequada) à Constituição.

Logo, torna-se indispensável a construção de um *diferente caminho*, vertente a partir de outras premissas (filosóficas), capaz de suplantar o ultrapassado (e insuficiente) *esquema (metafísico) sujeito-objeto*. Aqui surge a razão de ser (e existir) do nosso empreendimento: a Crítica Hermenêutica do Direito Processual Civil (CHDPC) deve ser compreendida como a *superação filosófica* das fases metodológicas apresentadas.

Para isso, primeiro, fincaremos raízes em nossa *teoria de base* – a Crítica Hermenêutica do Direito (CHD) –, a fim de sustentar a criação (e o desenvolvimento) de uma teoria crítica (filosófica) no Direito Processual Civil Brasileiro.

O *positivismo* é a forma de pensamento filosófico que busca conhecer a explicação da natureza (verdade) por meio da observação e da experimentação, abstraindo padrões de comportamento para identificar quais leis regem determinados fenômenos. Para isso, o positivismo primitivo busca *neutralizar os efeitos do sujeito*: qualquer carga valorativa, humana, pode afetar a pureza do experimento. Logo, "objetifica-se" o conhecimento.

Na seara jurídica, o *positivismo* busca nas leis (e pelas leis) a construção de um seguro e completo sistema de regras – sem a possibilidade de lacunas –, a fim de garantir a previsibilidade e a estabilidade das relações jurídicas. Os positivismos se desenvolvem paralelamente em diversos países, de acordo com a sua tradição jurídica. Na Alemanha, o *positivismo pandectista*, calcado no *formalismo conceitual*, deu origem à *Escola da Jurisprudência dos Conceitos*. Na Inglaterra, o *positivismo utilitarista* buscou a maior quantidade possível de *bem-estar social*, devendo a lei ser clara e breve. Na França, país responsável pelas primeiras maiores codificações, o *positivismo exegético* exigiu obediência irrestrita à lei (o juiz *bouche de la loi*).

A reação a cada uma dessas espécies de positivismos produziu novas escolas no Direito. Na Alemanha, a *jurisprudência dos interesses* (surge a ponderação), com acentuado viés sociológico, se opôs ao positivismo pandectista (jurisprudência dos conceitos). Nos Estados Unidos, país de colonização inglesa, o *realismo jurídico* sustenta que a norma nasce apenas quanto o juiz aplica a lei ao caso em concreto, em superação ao *positivismo utilitarista*. Na França, contra o positivismo exegético, surge o *Movimento do Direito Livre*, autorizando o magistrado a decidir *contra legem* com base na equidade (bom senso).

Em resposta à jurisprudência dos interesses e ao Movimento do Direito Livre – que pretendia introjetar no Direito argumentos de ordem psicológica, sociológica, política ou ideológica –, Hans Kelsen constrói sua *teoria pura do Direito*, propondo a cisão entre o *Direito* (ser) e a *ciência do Direito* (dever ser). Também divide a interpretação entre o "ato de conhecimento", decorrente de um plano ideal (puro, *descontaminado* de outras ciências), e o "ato de vontade", espaço onde se move o intérprete. Trata-se do *positivismo normativista*.

Kelsen, assim, afasta da *ciência do Direito* todos os problemas decorrentes da sua aplicação. Daí reside a sua *maldição*: cede ao *fatalismo interpretativo* do subjetivismo. É nesse *vazio semântico* que surgem e ganham força as *teorias da argumentação jurídica* e o *positivismo valorativo* (ou *positivismo interpretativo*), decorrente da *Escola da Jurisprudência dos Princípios* (ou *jurisprudência dos valores*). O Direito se transforma em campo fértil para o desenvolvimento das mazelas da *discricionariedade*, ao deslocar o problema, antes da lei (ou do fiel respeito à vontade do legislador), para a "consciência" do intérprete. Nasce, assim, o *sujeito solipsista*.

Para a *metafísica clássica*, o sentido das coisas (verdade) pode ser encontrado a partir da busca pela *essência das coisas* (objeto, a lei). Já o conceito de *metafísica moderna*, expresso em Emmanuel Kant, desloca a busca pela verdade para a *consciência do sujeito*. Assim, a partir do pensamento metafísico, todas as relações nascem e se perpetuam a partir da relação de dualidade entre o *sujeito* e o *objeto – esquema sujeito-objeto*.

No campo da filosofia, a *ruptura com a filosofia da consciência* ocorre no início do século XX com o *linguistic turn* (giro linguístico). Trata-se da *invasão da linguagem na filosofia*. A linguagem é uma estrutura social comum. É pela linguagem que se dá a ação, o sentido e a compreensão. Assim, o sentido não está mais na consciência do sujeito, mas sim em uma estrutura prévia – a linguagem – que condiciona e precede o conhecimento.

A linguagem é, sim, a *condição de possibilidade* para que o sujeito se relacione com os objetos e com outros sujeitos. Assim, o sujeito não está livre para atribuir qualquer significado ao objeto, já que existe toda uma *comunidade de significâncias* que antecipa a atribuição de sentidos por intermédio da linguagem.

A *filosofia hermenêutica* de Heidegger (*hermenêutica da facticidade*) adiciona o mundo prático na filosofia, o que podemos identificar como um *segundo giro*, denominado *hermeneutic turn* ou *giro linguístico-ontológico*. Não se trata de eliminar o sujeito, mas compreender que o *Dasein* (ser-aí) faz parte do *mundo*, espaço onde o significado é encontrado e produzido em um contexto previamente compartilhado.

É no abandonar do *esquema sujeito-objeto*, ao se adotar a *intersubjetividade* – um espaço prévio compartilhado de significantes e significados – que a hermenêutica (filosófica) se torna *antirrelativista*. É nesta intersubjetividade que experimentamos um mundo compartilhado *a priori*, e a linguagem torna-se condição de possibilidade para que o sujeito – não como um mero observador, mas inserido nesse mundo compartilhado (ser-no-mundo) – exerça a compreensão.

Enfatizamos, aliás, que isso não quer dizer que *múltiplas respostas* não são possíveis. Basta que o intérprete abandone a intersubjetividade e opte por sua própria consciência. Para o epistêmico, adepto da filosofia da consciência, a verdade não passa da projeção ideal dos seus pensamentos. Logo, não é difícil encontrar pessoas que afirmem que "cada um tem a sua verdade" e, no Direito, que "cada cabeça uma sentença". Aliás, assim o fazendo, matematicamente é possível que existam bilhões de respostas diferentes. Só tem um detalhe: a chance de *acertar* será muito menor, porque dependerá da eventual concomitância entre a *resposta subjetiva* e a *resposta intersubjetiva* (a única verdadeira, que existe, está no mundo e, portanto, não deriva de uma consciência isolada).

Para a hermenêutica, *não se pode dizer qualquer coisa sobre qualquer coisa*. E isso só é possível porque nada parte de um *grau zero* de sentido. O sentido que se pretenda dar ao texto estará limitado por um *a priori* de significâncias que, como vimos, restarão sempre condicionados pela linguagem.

O texto da lei não existe em si mesmo, não possui uma essência ou uma *textitude* capaz de conter o seu significado. Por outro lado, a norma não é uma projeção mental ou fruto de uma consciência iluminada. A *norma* só será *norma* diante da facticidade de um texto. *Texto é evento*, porque trata de coisas. O texto é dirigido a situações concretas. Afinal, não há normas sem textos.

Assim sendo, a lei enquanto texto em nosso atual sistema jurídico tem, sim, o seu valor. Não se trata, aqui, de leis impostas em regimes ditatoriais, utilizadas como instrumento de dominação. Ao contrário, sob o paradigma constitucional democrático, as leis são importantes e, em princípio, devem ser observadas. Por isso, nesse contexto, *devemos levar o texto de lei a sério* e, antes de rechaçá-lo – porque o texto não nos é ideologicamente ou politicamente conveniente –, é postura do hermeneuta *deixar que o texto nos diga algo*.

Experimentamos a ascensão do *protagonismo judicial*, a multiplicação de teorias da argumentação jurídica e a ideia equivocada de que os princípios são a *porta aberta* para introdução de "valores" no Direito, como se fosse uma "carta branca" para passar por cima do texto da lei e da Constituição. Todavia, *a lei contém limites semânticos que devem ser respeitados*. Não se pode enxergar o "não" onde existe o "sim". Tampouco ignorar condições para aplicar determinados institutos, quando exigidos por lei. Pior, ocorre quando o magistrado "tira da cartola" um princípio – ah, e como tem princípio "voando" por aí... – para revogar o texto de lei democraticamente aprovada.

Assim sendo, chegamos a 2 (duas) importantes conclusões:

1ª. *Cumprir com o texto da lei* – desde que respeitando os seus limites semânticos – *não implica em um agir positivista (ou legalista)*. Aliás, a lei existe para ser cumprida, pois não? É saudável e republicano que todos os cidadãos (inclusive os juízes) cumpram com a lei. Isso não significa, nem de perto, em um retorno (tardio) ao *modelo montesquiano* do *juge bouche de la loi*;

2ª. *Não cumprir com o texto de lei pode configurar uma atitude positivista*. Superado o paradigma do positivismo exegético, o *positivismo principialista* abriu espaço para *subjetivismos*, ao apostar suas fichas na discricionariedade do sujeito *assujeitador* da relação sujeito-objeto. Assim, não apontar de modo claro e inequívoco a inconstitucionalidade do texto de lei (ou sua não recepção pela Constituição) desloca o *problema de decidir* conforme a *boca da lei* (positivismo primitivo) para a *caneta do julgador solipsista* (filosofia da consciência), aniquilando o sistema jurídico, em princípio, democraticamente construído.

A fenomenologia avança para a *hermenêutica* na explicitação de que a nossa compreensão está em nosso *modo-de-ser-aí* e *como somos* no mundo de modo prático, não por *simples procedimento* ou *forma de ver a realidade*, mas sim pela descoberta de que todo discurso carrega consigo uma *dupla estrutura de linguagem*: aquela visível, presente no enunciado, e outra escondida, obnubilada, presente em uma dimensão não explícita.

O nível visível (expositivo) da linguagem, denominado de *nível apofântico* (ou *"como" apofântico*), permite que qualquer enunciado verbal seja considerado *verdadeiro* ou *falso*, buscando descrever a compatibilidade ou não da linguagem diante do mundo físico constatável. O nível apofântico é aquele utilizado pela "lógica", desde a concepção aristotélica, por onde deambula toda a epistemologia (teorias do conhecimento) e que tem o *método* como um vetor de racionalidade científica.

Entretanto, para além do *nível apofântico*, concomitante e mais profundamente, reside o *nível hermenêutico*, um nível que vem encoberto, um *locus* filosófico, capaz de estruturar a compreensão dos sentidos. O *compreender* está relacionado ao *nível hermenêutico* (ou *"como" hermenêutico*), espaço estruturante de significâncias compartilhado pela *intersubjetividade*, onde é possível interlaçar os *planos semântico* (sentido do signo a partir de sua relação com o objeto) e *pragmático* (a relevância do contexto do uso da linguagem, diante da facticidade). Compreender não é só modo de *conhecer* algo, mas sim "como" de *ser-no-mundo*.

Portanto, no nível apofântico *interpretamos para mostrar*, ao passo que no nível hermenêutico *mostramos interpretando*. Ainda, a hermenêutica não cinde *interpretação* e *compreensão*. *A interpretação é a explicitação da compreensão. Não interpretamos para compreender, sim compreendemos para interpretar*.

Quando intérpretes diferentes aceitam sua condição de *finitude* e percebem que tudo o que existe só é existente "na" e "pela" relação entre todos os homens, buscam revolver o chão linguístico-histórico, sempre diante da facticidade, para tentar atingir este espaço intersubjetivo compartilhado de significâncias. É por meio desse "esforço filosófico" que será possível a diferentes hermeneutas (já não mais apenas intérpretes) abandonar suas subjetividades e aproximar os seus horizontes de compreensão (*fusão de horizontes*), em um contínuo exercício de *desconstrução* e *reconstrução* de sentidos (*círculo hermenêutico*).

A expressão *senso comum teórico* denuncia que a "prática jurídica" tem a tendência de distorcer ideologicamente os conceitos jurídicos. O senso comum teórico é o resultado de um *processo cíclico*, que tem início em certos hábitos significativos (*doxa*), seguida da *falsa apropriação de critérios epistêmicos* para legitimar a distorção de um conceito jurídico de acordo com a ideologia predominante (processo de *purificação metodológica*). Trata-se do emprego *estratégico* de conceitos que nascem do *dia a dia forense* e que são absorvidos inautenticamente à dogmática jurídica, resultando na criação de *falsas camadas de sentido*, desviando o intérprete da verdadeira (e original) aplicação de determinado instituto jurídico.

A *hermenêutica* pode (e deve) contribuir com o *descascar do fenômeno jurídico*, inicialmente imposto pelo senso comum teórico, ao revolver o chão histórico-linguístico e retirar-lhe as diversas *camadas (falaciosas) de sentido* sobrepostas pela *tradição jurídica inautêntica*.

Por isso, o hermeneuta não é (nem deve ser) subserviente às tradições como lhe são postas à primeira vista. Deve, ao contrário, colocá-las sempre à prova, com espírito crítico – perguntas bem-feitas levam às boas respostas, pois não? – buscando *produzir compreensão* à luz do caso em concreto, para além da mera (re)produção do conhecimento *prêt-à-porter*.

O que permite distinguir o "hermeneuta" do "epistêmico", em apertada síntese, será a sua *postura filosófica*, onde as perguntas ganham especial importância, o seu comprometimento com a *intersubjetividade*, o seu esforço em percorrer trabalhoso (e, às vezes, tortuoso) caminho até chegar à *clareira* (compreensão), que vai da *desconstrução à reconstrução* de sentidos, em busca do desvelamento do fenômeno jurídico.

A Crítica Hermenêutica do Direito (CHD) é a escola fundada por Lenio Luiz Streck no Sul do Brasil a partir da *filosofia hermenêutica* de Martin Heidegger, a *hermenêutica filosófica* de Hans-Georg Gadamer e dos critérios de *integridade e coerência* em Ronald Dworkin, em que se acredita poder alcançar a *resposta correta* (uma metáfora) mais adequada à Constituição.

Dworkin cobra dos juízes a reponsabilidade política (*accountability*) das decisões judiciais, o que se revela pelo *dever de bem fundamentar*, o que só é possível pela demonstração da *integridade* (respeito ao sistema de princípios historicamente assumido pela comunidade) e da *coerência* (decidir casos semelhantes da mesma maneira) na fundamentação das decisões judiciais.

E, assim como em um *romance em cadeia*, a responsabilidade política das decisões vai exigir que o magistrado *não parta de um grau zero de sentido*, pois integridade e coerência vão exigir de si a restrição de suas convicções pessoais a partir do respeito aos princípios e à continuidade da história política da sua comunidade.

De acordo com Streck, para compreendermos a potencialidade de obtenção de respostas corretas no Direito, antes é preciso darmos um passo atrás e *olharmos o novo com os olhos do novo*. Devemos encarar a Constituição, portanto, a partir da *diferença ontológica*. Significa dizer que é muito relevante o *teor do texto constitucional* ("como" apofântico) e, portanto, devemos levá-lo a sério e deixar que ele nos diga algo, sempre. Mas também significa que para a compreensão da Constituição ("como hermenêutico") será indispensável a busca pelo seu sentido a partir da sua *aplicação*, o que só é possível por meio da *facticidade* e da *intersubjetividade*.

Logo, é a Constituição (formal e material) o parâmetro de aferição da *integridade* da comunidade política brasileira, da qual fala Dworkin. É a partir do texto da Constituição Federal que se torna possível vislumbrar os princípios comuns que dão dimensão moral e caráter corretivo ao sistema jurídico brasileiro.

Ainda, a *coerência* será atingida se o magistrado olhar para além de si mesmo e tentar alcançar a significação que seus pares (outros magistrados), os tribunais e a comunidade jurídica (doutrina e demais operadores do Direito) dão às questões jurídicas. Mas que não pairem dúvidas: a coerência não implica em observância *cega* ou *indiferente* às tradições; ao contrário, será fruto da compreensão crítica-filosófica, onde os porquês se revelam fundamentais para discernir as *tradições autênticas* das *inautênticas*.

Pelo todo exposto, mormente porque *a hermenêutica é antirrelativista*, acreditamos ser perfeitamente possível aplicarmos a filosofia hermenêutica, a hermenêutica filosófica e os critérios de integridade e coerência – consoante a Crítica Hermenêutica do Direito –, para a obtenção da (metáfora da) resposta correta (mais adequada à Constituição).

Consoante José Joaquim Gomes Canotilho, *interpretar uma norma constitucional é atribuir um significado a um ou vários símbolos linguísticos escritos na Constituição com o fim de se obter uma decisão de problemas práticos, normativo-constitucionalmente fundada*. Assim, sustenta existirem variados *métodos de interpretação constitucional*, ou seja, *técnicas* para obtenção do "verdadeiro significado" das normas constitucionais, à disposição do intérprete: *método hermenêutico clássico* (Ernest Forsthoff), *método tópico-problemático* (Theodor Viehweg), *método hermenêutico-concretizador* (Konrad Hesse), *método científico-espiritual* (Rudolf Smend) e *método normativo-estruturante* (Friedrich Müller).

Embora Canotilho reconheça (textualmente) que tais métodos foram forjados sob premissas filosóficas ou epistemológicas diferentes (e até antagônicas entre si), acaba por optar em não enfrentar este problema de frente e a relegá-lo a um segundo plano – é o que denomina *ironicamente* de "querelas metodológicas" –, já que a sua preocupação maior é a de se limitar a fornecer instrumentos interpretativos que permitam a *máxima realização* das normas constitucionais.

Ao nosso ver, assim como Kelsen cindiu "ato de conhecimento" de "ato de vontade", pouco se importando com o problema da aplicação do Direito (embora reconhecendo a sua existência), Canotilho de certo modo incorre na mesma *maldição*: enquanto reúne um arcabouço metodológico variado, munindo o intérprete de meios (métodos) para dar concretude ao projeto constitucional, infelizmente dá as costas ao problema central e que reside, precisamente, na *banalização do controle da subjetividade*.

Os constitucionalistas brasileiros, da mesma forma, acreditam que a interpretação das normas constitucionais consiste em um *conjunto* de *métodos e princípios* calcado em premissas filosóficas, metodológicas e epistemológicas das mais variadas, reciprocamente complementares, e que *confirmam o caráter unitário da atividade interpretativa*. Com isso, a interpretação constitucional (para o *senso comum teórico* brasileiro) se transforma em *"milkshake" metodológico* e, assim, acaba se instrumentalizando por meio de um *ato de escolha* do próprio intérprete que, simplesmente, seleciona (ou "pinça") o método de interpretação constitucional que avalia ser o mais relevante ou oportuno para decidir determinada questão. E, assim, novamente *retroalimentamos* os problemas do subjetivismo, da discricionariedade e do solipsismo judicial.

Em sua *Teoria Estruturante do Direito*, Friedrich Müller distingue *texto* e *norma*. A norma surge da interpretação do texto, gerando *normatividade*. O Direito se faz presente, sob o aspecto de sua validade, por meio do texto. Todavia, esse é apenas o ponto de partida, a parte exposta do *iceberg* interpretativo, por meio do qual a vivência empírica permite extrair a norma por detrás do texto (a parte submersa da cognição). A racionalidade e a possibilidade da interpretação verdadeira encontram lastro por intermédio da árdua análise e delimitação no âmbito de aplicação de cada norma. Após a investigação do alcance da norma, simplesmente não há espaço para colisões, simplesmente porque se descarta a norma não aplicável diante do caso em concreto.

Robert Alexy, por sua vez, em sua *teoria dos princípios*, buscou distinguir claramente normas, princípios e regras. *Norma* deve ser entendida no sentido de *enunciado normativo*, ou seja, a maneira como as normas são linguisticamente expressadas. Logo, os enunciados normativos podem ser *normas-princípios* ou *normas-regras*. As *normas-princípios* são verdadeiros *mandados de otimização*, com elevado grau de abstração e generalidade, com diferentes graus de força normativa a depender da análise do caso em concreto. Os conflitos entre princípios são apenas aparentes e se resolvem por meio (da técnica) de *ponderação de valores* (que, para o *senso comum teórico*, consiste na aplicação do princípio da proporcionalidade): *adequação, necessidade* e *proporcionalidade em sentido estrito*. Não existe hierarquia entre princípios (não existem, abstratamente, princípios mais ou menos importantes), porquanto a preponderância de um sobre o outro dependerá da análise fática, circunstancial. Por outro lado, as *normas-regras* se traduzem, geralmente, em enunciados legais. Podem ser cumpridas ou não. Por isso, os conflitos entre regras se resolvem no âmbito de validade: uma regra exclui a outra. Para que isso ocorra, existem critérios para determinar qual norma se sobrepõe à outra: *critério hierárquico, critério cronológico* e *critério da especialidade*.

Já de acordo com Ronald Dworkin, a diferença entre regras e princípios é de ordem lógica. As regras seguem a lógica do tudo ou nada. De outro lado, os princípios entram em conflito e interagem uns com os outros, de maneira que cada princípio relevante para um problema jurídico específico fornece uma razão em favor de uma determinada solução, mas não o condiciona: o juiz deve avaliar todos os princípios da comunidade jurídica, ainda que inicialmente conflitantes e antagônicos, para tomar a sua decisão. Os princípios, diferentemente das regras, não pretendem estabelecer condições que tornem a sua aplicação indispensável, mas sim têm a finalidade precípua de conduzirem o argumento do julgador em determinada direção, em face das peculiaridades do caso em particular. Será por meio dos princípios que poderemos conferir *coerência e integridade* ao sistema jurídico. Serão os princípios que proporcionarão ao *juiz Hércules* (figura metafórica utilizada por Dworkin para esboçar o "juiz ideal"), diante dos casos difíceis (*hard cases*), construir decisões justificáveis do ponto de vista constitucional e legal.

Para Dworkin, não é qualquer princípio que pode ser invocado para justificar a decisão *contra legem*. Os juízes não têm a liberdade para escolher quais princípios querem aplicar ou não, tampouco a "seleção" de tais princípios pode decorrer de *critérios* que levem em conta as suas *preferências pessoais*. Qualquer decisão que contrariar norma vigente com esteio em um princípio deve respeitar outros tantos princípios relevantes, frutos de longa tradição jurídica, mormente aqueles de natureza constitucional, sem descurar do sentido histórico e integrativo do Direito, como se estivesse a escrever *não um conto (isolado)*, mas sim o *capítulo de uma novela em cadeia*. Nesse sentido, é possível afirmar existir considerável aproximação (e a necessária complementação) entre o conceito de *intersubjetividade* na busca pela *fusão de horizontes* da hermenêutica filosófica (a partir do círculo hermenêutico) e os conceitos de *coerência* e *integridade* em Dworkin.

A *doutrina brasileira neoconstitucional*, representada por Luís Roberto Barroso e Ana Paula de Barcellos, defende que a *nova interpretação constitucional* busca guarida nos *princípios*, entendidos como *cláusulas abertas* aos sabores valorativos mais variados, não se prestando ao sentido unívoco e objetivo que certa tradição exegética lhes pretende impor. Ainda, reconhecem que a *ponderação* envolve avaliações de caráter subjetivo, que podem variar em razão das *circunstâncias pessoais do intérprete*, dando lugar à ampla *discricionariedade judicial*. Todavia, entendem que o risco desta disfunção não desmerece a ponderação enquanto técnica de decisão e que a discricionariedade restará limitada às hipóteses em que o sistema jurídico não seja capaz de prover a solução em tese.

Humberto Ávila, por sua vez, tenta demonstrar a proximidade da estrutura normativa dos princípios e das regras, de modo que considera ser possível a *ponderação entre "regras"*, à luz do caso em concreto. Assinala que a *técnica da ponderação* pode ser utilizada quando regras – inicialmente válidas e compatíveis no plano abstrato – passam a entrar em conflito diante da situação em particular.

Discordamos de Humberto Ávila. Primeiro porque *princípios e regras andam juntos*, de mãos dadas, de modo que a não observância de uma regra, necessariamente, importará em prejuízo a um princípio. Logo, falar de conflitos somente entre regras implicaria em *descolá-las* dos princípios que as orientam. Segundo, quando Ávila propõe exemplos de conflitos entre regras está a comprovar, na verdade, o aparente choque entre princípios, cujo resultado implicará – necessariamente – na preponderância de um princípio em detrimento de outro.

Virgílio Afonso da Silva defende que o principal traço distintivo entre regras e princípios é a estrutura dos direitos que essas normas garantem. No caso das regras, garantem-se direitos (ou impõem-se deveres) definitivos, ao passo que, no caso dos princípios, são garantidos direitos (ou são impostos deveres) *prima facie*. Por esta razão, o autor admite a possibilidade de ponderação entre princípios em aparente conflito não só na relação Estado-cidadão, mas também nas relações travadas entre os particulares, o que denomina de *eficácia horizontal dos direitos fundamentais*.

Já Lenio Streck adota a *tese da descontinuidade*, no sentido de que os princípios constitucionais *introduzem o mundo prático no Direito*, na medida em que produzem o *fechamento interpretativo*. Afinal, os princípios são vivenciados pela comunidade política e espelham a tradição jurídica de uma dada sociedade. Daí decorre sua *natureza deontológica*, no sentido de *normas de forte apelo moral e de observância obrigatória*. *Atrás de cada regra há sempre princípios que a norteiam*, que a orientam, de modo que não é possível a colisão entre regras e princípios, pela simples razão de que exercem *funções diferentes* e que, por isso, jamais uma regra poderá prevalecer em face de um princípio. Afinal, admitir o contrário (que a regra possa prevalecer sobre um princípio) equivaleria em retorno ao *positivismo exegético*. O princípio é a *razão de ser e existir* de uma regra, é o fio condutor entre a regra e a sua historicidade, permitindo a sua pré-compreensão. Os princípios podem (e devem) proporcionar uma espécie de *blindagem* à discricionariedade judicial, porquanto têm a finalidade de *impedir múltiplas respostas*. Os princípios representam a tentativa de resgate do mundo prático alienado pelo positivismo.

É por intermédio dos princípios que *a moral deixa de ser autônoma-corretiva, para se tornar co-originária ao (e com o) Direito*. Para a Crítica Hermenêutica do Direito (CHD), o *princípio da proporcionalidade* não se trata de um *metaprincípio*, representado por uma balança na qual são sopesados princípios ou regras em (aparente) colisão. Nesse contexto, mais grave que admitir a possibilidade de ponderação de princípios seria imaginar a possibilidade de ponderação entre regras, ou, ainda, entre regras e princípios. Ao contrário, o princípio da proporcionalidade desempenha o papel de uma *metáfora*, um modo de explicar que cada interpretação deve obedecer à *reconstrução integrativa do Direito*, a fim de evitar interpretações discricionárias, arbitrárias e solipsistas. Tão menos a proporcionalidade pode ser confundida com *equidade* ou *bom senso*. *Proporcionalidade* será, assim, o nome a ser dado à *necessidade de coerência e integridade* de uma decisão.

O que se combate – veementemente – é que o julgador se limite a invocar *princípios genéricos* (proporcionalidade, dignidade da pessoa humana, celeridade, dentre outros tantos) como se fossem "cartas na manga" para decidir de acordo com seus próprios valores morais. Visto como um meio de abertura para *disfarçar valores morais*, tudo aparenta "caber" em um princípio – uma espécie de *álibi teórico* –, utilizado para fundamentar uma decisão em um sentido (ou em outro) conforme o desejo do intérprete, sem qualquer critério mínimo de racionalidade e operabilidade. O problema é que esta falsa impressão de "liberdade para decidir" causou a multiplicação de princípios. Daí Lenio Streck cunhar a expressão *panprincipiologismo* (um "carnaval" de princípios) para identificar a *multiplicação de princípios sem regras*.

Nesse contexto de *incertezas* ou *verdades relativas*, o Direito se torna cada vez mais frágil diante da multiplicação de princípios sem qualquer normatividade (*panprincipiologismo*). E a técnica da *ponderação de valores*, exatamente por ser imprecisa quando da força do sopesamento (já que os pratos da balança pendem de acordo com o discurso de cada um...), só serve para atear ainda mais lenha na *fogueira da subjetividade*. A proporcionalidade, mal instrumentalizada, transformou-se no combustível da discricionariedade, em que "heróis de toga" – ainda que muito bem-intencionados – acabam por incorrer em *injustiças egocentradas*.

Cândido Rangel Dinamarco sustenta que o *princípio da instrumentalidade das formas* serve como fundamento para a *abolição de formas* pré-determinadas, desde que o ato processual seja capaz de atingir a sua *finalidade*. Ou, no mesmo sentido, José Roberto dos Santos Bedaque ao reconhecer possuir o julgador a capacidade para, *com sensibilidade e bom senso, adequar o mecanismo às especificidades da situação, que não é sempre a mesma*. Ora, *bom senso* para quem?

Concordamos que o exagero do *formalismo primitivo*, ou seja, a justificação da *forma pela forma* foi, na seara do Direito Processual Civil, uma das expressões do *positivismo exegético* e que, por isso mesmo, deve ser combatido e superado. Mas isso não significa que a *forma* não continue a exercer importante papel, da mesma maneira como a lei escrita não perdeu a sua *mais valia* diante do cenário democrático. Assim, o que deve ser combatido é o *rigorismo procedimental*, ou seja, *elevar a forma a um patamar que a transforme na razão de ser ou existir do processo*. O processo é feito para servir ao direito material. Disso não há discussão. Mas não se demonstra democrático, tampouco republicano, solapar regras de procedimento simplesmente porque o magistrado, calcado em seu exclusivo *ponto de vista* (normalmente exaltando suas qualidades de *bom gestor*), resolve implementar *atalhos* que permitam a resolução mais célere da lide.

O respeito às formas processuais (procedimentos) aprovadas democraticamente deve ser a regra, por questão de *mínima previsibilidade* e *segurança jurídica*, não a exceção. E atenção: isso não significa, sobremaneira, um retorno ao formalismo primitivo. Significa, sim, reconhecer que as formas (procedimentos) exercem importante *função* (isonomia de tratamento) no Direito Processual Civil e que, excepcionalmente e por meio de decisão judicial muito bem justificada, poderão ser relativizadas apenas quando houver a necessidade de preservação das demais garantias fundamentais, sempre à luz da facticidade, do caso em concreto, jamais em abstrato.

É leitura equivocada e ideologicamente tendenciosa servir o *princípio da instrumentalidade das formas* como *fundamento jurídico para a ampla relativização do devido processo legal*, como se fosse uma espécie de "carta em branco" endossada ao magistrado para conspurcar (antecipadamente) procedimentos legais. Ao contrário, o sentido legal (e histórico) da instrumentalidade das formas tem aplicação somente *posterior* aos atos processuais já praticados para que, quando não houver prejuízo às partes ou ao juízo, excepcionalmente, se evite o reconhecimento da nulidade.

Também merece a devida crítica hermenêutica o *princípio do prejuízo* ou *pas de nullité sans grief*. Isso porque, além da dificuldade de mensuração da existência relativa ou não de prejuízo – tendo em conta que a mera existência da nulidade já implica sempre em prejuízos por violação à garantia fundamental ao devido processo legal –, é caudatário dos (ultrapassados) *princípios gerais do direito* e, como tal, resquício do sistema adotado pelo *positivismo exegético*, período processual do século XIX que exigia axiomas universalizantes, cuja função era o de proporcionar a *falsa sensação de completude* do sistema jurídico processual.

Por consequência, ao princípio da instrumentalidade das formas, mormente após a década de 1990, aos poucos ganharam vozes no Brasil os defensores de maior *flexibilização dos procedimentos*. O Código de Processo Civil de 2015 inova em relação ao *princípio da flexibilização procedimental*, mormente em relação a 4 (quatro) importantes aspectos: o *negócio jurídico processual*, o *calendário processual*, a *dilação de prazos processuais* e o *ônus dinâmico da produção de provas*. O "controle hermenêutico" de uma decisão judicial que admita a flexibilização procedimental só será possível a partir da verificação de uma *fundamentação bem fundamentada*, com respeito aos critérios mínimos apresentados pelo §1º do art. 489 do CPC/2015.

Para os defensores do *princípio da verdade real*, o juiz não pode se contentar com a mera verdade formal, ou seja, a verdade produzida pelas partes por intermédio do contraditório. Ao contrário, o processo, compreendido como meio de obtenção de justiça social, impõe ao juiz o *dever* de determinar *de ofício* todas as provas necessárias à instrução do processo. Corre-se, assim, o risco de o juiz se tornar um inquisidor, de modo a buscar os elementos de prova necessários que sirvam apenas para confirmar (e, assim, conformar) a sua decisão (*confirmation bias*).

A dificuldade que hermeneuticamente verificamos, tanto na adoção de um conceito de *verdade formal*, quanto na sua transformação em *verdade real* pela publicização do processo, é o mesmo: o forte apego ao *esquema sujeito-objeto*. Ocorre que *a verdade não está nos autos* – verdade como *essência dos fatos* (metafísica clássica) –, tampouco *está na cabeça do juiz* – verdade como *sinônimo de verdadeiro*, produto de um método, relacionado à filosofia da consciência (metafísica moderna). Ora, as *provas não falam per si* – o *mito do dado* –, assim como *não é possível reconstruir a verdade* por meio das provas. Esse tipo de *verdade por correspondência*, derivada de um juízo de *cara-crachá* entre *fatos* e *teses* conduz o intérprete a uma *verdade projetada*, ou seja, um mero *simulacro da verdade*.

O fato de a verdade não poder estar contida nas provas (procedimentalismos), tampouco na consciência do intérprete (subjetivismos), não significa que ela (a verdade) não exista, ou que não possa ser alcançada. A verdade existe, sim. O que ocorre é que a verdade não "está" (nem nas provas, nem na cabeça do intérprete); a verdade simplesmente "é" (ou "foi", se me refiro a uma situação passada). A verdade é existencial, portanto. Está no mundo. Essa conclusão só pode ser obtida a partir de um *novo paradigma filosófico* que supere o antigo *esquema sujeito-objeto*, já que tanto a *metafísica clássica* (objetivação da verdade, o que conduz a *procedimentalismos*), quanto a *metafísica moderna* (assujeitamento da verdade, implicando em *subjetivismos*) não foram capazes de *dar conta do recado* (da verdade).

Verificamos que a expressão "livre convencimento motivado" consegue contemplar, ao mesmo tempo, *dois vícios de linguagem*. O *primeiro vício* é um *oximoro*, porque a expressão contém grave incongruência de significados. Ora, se o convencimento é "livre", realmente, então por qual razão deverá haver "motivação"? O *segundo vício* (que nos aparenta ser tautológico) surge quando tentamos salvar o princípio ao eliminar o primeiro vício de linguagem, riscando do mapa a expressão "livre". Sobraria, assim, o princípio do ~~livre~~ convencimento motivado. Será possível produzir *convencimento sem motivação*? Afinal, convencer é sinônimo de persuadir (ainda que se limite a si mesmo) por meio de razões ou argumentos bem fundados.

Podemos concluir que o *princípio da fundamentação* é muito mais técnico e específico que o *princípio da motivação*, já que incorpora em seu significado histórico o dever de *accountability* (responsabilidade política) do magistrado, porquanto toda decisão, doravante, não mais poderá comportar "qualquer" motivação, tampouco escolhas ou liberalidades.

O respeito à boa-fé não é uma novidade em nosso sistema processual. O Código de Processo Civil de 2015 busca melhor potencializar a preservação da boa-fé por meio de institutos que apliquem *penas processuais mais severas* (se comparadas ao código processual anterior) *aos que se comportem com má-fé*.

De acordo com o art. 6º do novo CPC, *todos os sujeitos do processo devem cooperar entre si para que se obtenha, em tempo razoável, decisão de mérito justa e efetiva*. Daniel Mitidiero defende que a cooperação (ou colaboração) processual pressupõe a necessidade de constante diálogo entre o juiz e as partes, de modo que *o juiz "converte-se" em um dos sujeitos processuais, inclusive em termos de participação ativa, trazendo novos argumentos, determinando provas "ex officio" e comparticipando do debate*. De outra banda, Lenio Streck, Lúcio Delfino, Rafael Dalla Barba e Ziel Lopes defendem que *a cooperação processual não é um princípio*, aduzindo poder vir a ser utilizada como um *álibi normativo* para que o juiz avance sobre os limites do contraditório substancial e se torne um verdadeiro contraditor – deitando e rolando no processo –, o que pode conduzir a um *(neo)protagonismo judicial* e, por isso, propõem que seja dada interpretação conforme ao art. 6º do CPC/2015 no sentido de que *o juiz deve cooperar com as partes para que se obtenha, em tempo razoável, decisão de mérito justa e efetiva*.

O art. 6º do CPC/2015, ao contrário do que os grandes debatedores do tema nos fazem crer, *não se limita apenas à relação travada entre o magistrado e as partes*. Isso porque a expressão "todos" envolve o ministério público, a advocacia pública, a defensoria pública, os advogados (enquanto representantes das partes), os serventuários, o perito, o depositário ou administrador, o intérprete ou tradutor, o conciliador ou mediador, o interveniente em qualquer de suas modalidades (*v.g.*, o *amicus curiae*), o terceiro (estranho à lide) em posse de um documento probatório ou que se nega a cumprir uma decisão judicial, dentre outros. Logo, entendemos que o *princípio da cooperação* existe, sim, e está relacionado com a observância do *dever de responsabilidade funcional* de cada um que venha a participar do processo. Ou seja, é uma norma *dirigente*, que deve permitir o fechamento da compreensão à luz de outras tantas normas que determinam "como" cada sujeito deve bem exercer a sua *função* (missão ou papel), o que só será aferível diante das peculiaridades ditadas pela facticidade.

Afinal, *o problema não está propriamente no princípio da cooperação* – pois como demonstramos é possível que seja compreendido como um *dever de responsabilidade* de todo aquele que venha a exercer uma função no processo –, mas muito mais pela ausência de uma *postura hermenêutica*, capaz de blindar o intérprete de um agir solipsista. Em suma: coopera aquele que não tumultua; e tumultua (não coopera) aquele que tenta se apropriar ou exercer as funções desempenhadas pelos demais atores processuais.

O art. 4º do CPC/2015 determina que *as partes têm o direito de obter em prazo razoável a solução integral do mérito, incluída a atividade satisfativa*. De pronto, observamos que dois elementos compõem a duração de um prazo razoável: *primeiro*, uma solução que resolva definitivamente a demanda; *segundo*, a indispensável irradiação dos efeitos dessa decisão para o plano concreto.

Será que é possível medir, de modo objetivo, qual o tempo ideal do tramitar processual? Evidentemente que não. Não existem fórmulas mágicas. Cada processo terá o seu *tempo natural de amadurecimento*, em razão das peculiaridades advindas da facticidade ou de novas situações advindas do desenrolar da dinâmica processual. Dito de outro modo: será razoável a duração de um processo que produza, acima de tudo, decisões de mérito (sentença ou acórdão) muito bem fundamentadas. Para isso, será indispensável que tenham sido respeitadas todas as garantias processuais, como a *boa-fé*, a *cooperação*, o *contraditório* (substancial), a *ampla defesa* (ou ataque), o *devido processo legal*, a *vedação às provas ilícitas ou ilegítimas*, dentre outros. É por isso que, para a hermenêutica, a razoável duração do processo diz respeito ao tempo mínimo (necessário) para que dele *se extraia o máximo de qualidade*, ou seja, consiste no tempo suficiente (nem mais, nem menos) que permita a obtenção da (metáfora da) resposta correta (a mais adequada à Constituição).

Uma das maiores conquistas do Código de Processo Civil de 2015 foi, sem dúvida, elevar o *princípio do contraditório* ao seu grau máximo, o que parcela da doutrina afirma significar a transformação do atual *contraditório formal* para o intitulado *contraditório substancial* (ou *princípio do efetivo contraditório*). Na verdade, o contraditório nunca mudou, sempre foi o mesmo. Ocorre que o seu real alcance foi sendo, aos poucos, encoberto pelo *senso comum teórico*. Assim, o novo CPC *não inventa* o conteúdo substancial do princípio do contraditório, mas sim apenas desvela o seu *verdadeiro alcance*, removendo as *falsas camadas de sentido* sedimentadas pela prática forense que o encobria enquanto fenômeno jurídico.

Nesse sentido, podemos identificar, a partir do novo CPC, que o princípio do contraditório é composto por 4 (quatro) importantes dimensões: 1ª. O contraditório deve assegurar a *paridade de tratamento entre as partes*, em seus mais variados aspectos, relacionados a direitos e faculdades processuais, a meios de defesa, a ônus processuais, bem como a deveres e a sanções processuais; 2ª. Consiste no *dever processual de não surpresa*. As partes têm o direito de serem *previamente ouvidas*, sempre, antes de atingidas pelos efeitos de uma decisão judicial; 3ª. As partes têm o direito de (potencialmente) *influenciar no resultado das decisões judiciais* e, por consequência, *o magistrado tem o dever de se deixar ser influenciado pelas partes*; 4ª. O magistrado tem o *dever de analisar todos os argumentos (relevantes) deduzidos pelas partes*, ou seja, se acolhidos implicariam na alteração do mérito da decisão.

Também denunciamos a tentativa de enunciados prolatados em encontros corporativistas (ENFAM, FONAJE, FONAJEF, dentre outros) serem utilizados por si só como "fundamento" (não jurídico) para afastar a força de lei democraticamente aprovada, em especial ao buscar restringir o verdadeiro alcance (ou alterar o sentido histórico) de relevantes institutos presentes no Código de Processo Civil.

O art. 12 do Código de Processo Civil de 2015, em sua redação original, determinava que tanto juízes quanto tribunais deveriam obedecer (obrigatoriamente) à ordem cronológica de conclusão para proferirem *sentenças* ou *acórdãos*. Significa dizer: o julgador não mais poderia "escolher" qual a ordem dos processos pretenderia julgar. E a razão é muito simples: todos têm o *mesmo direito* a uma resposta de qualidade do Poder Judiciário, o que se revela como uma manifestação legislativa de respeito, para além da isonomia, do *princípio da impessoalidade*. Da mesma forma, o art. 153 do novo CPC determinava ao escrivão a obediência obrigatória à ordem cronológica de recebimento e efetivação dos pronunciamentos judiciais.

Ocorre que a Lei nº 13.256/16 promoveu *sutil alteração* e acrescentou (entre vírgulas), no *caput* dos artigos 12 e 153 do novo CPC a expressão "preferencialmente". Criou-se, assim, uma *fresta*, uma *válvula de escape*, uma *brecha na lei*, uma *desculpa* a ser depositada possivelmente *na conta do* excessivo volume de trabalho, a fim de justificar a desobediência à ordem cronológica diante da eventual insurgência de uma parte preterida, transformando tais dispositivos em uma espécie de *norma processual de eficácia dirigente*.

Mas nem tudo está perdido! Restou intacta, ainda, a obrigatoriedade de manutenção de duas listas: a *primeira*, em relação aos processos conclusos endereçados ao magistrado ou tribunal para julgamento, que deverá estar disponível em cartório e na rede mundial de computadores; e a *segunda*, abarcando os processos que foram assinados e voltarão ao Cartório, para fins de cumprimento. Ao menos, agora, existe uma regra processual – que, na verdade, corporifica os princípios republicanos da isonomia e da impessoalidade – a permitir a *exposição pública* da ordem dos processos enfrentados pelo Poder Judiciário e que, de certa forma, proporcionará a realização da *comparação objetiva* do tramitar entre diferentes demandas, a fim de viabilizar os necessários *constrangimentos epistemológicos*, tanto pela doutrina, quanto pelo acesso melhor fundamentado aos órgãos responsáveis para a *repreenda de abusos temporais* (Corregedorias e Conselho Nacional de Justiça).

O Código de Processo Civil de 2015 acabou por incorporar em seu bojo uma regra de difícil compreensão e que acaba por distorcer ainda mais o significado (e o alcance) da *proporcionalidade*. Eis a redação do §2º do art. 489 do novo CPC: *No caso de colisão entre normas, o juiz deve justificar o objeto e os critérios gerais da ponderação efetuada, enunciando as razões que autorizam a interferência na norma afastada e as premissas fáticas que fundamentam a conclusão*. A expressão "normas" contempla "regras" e "princípios". Eis o novo problema: isso permite concluir a possibilidade de "ponderação" não apenas entre princípios aparentemente contrapostos (princípio 1 x princípio 2), mas também *entre regras* (regra 1 x regra 2) e, pior, *entre regras e princípios* (regra x princípio).

A redação do §2º do art. 489 do CPC/2015 demonstra que o legislador (e a doutrina que o inspirou) não domina ou ignora a diferença de *ordem estrutural* entre regras e princípios. Entendemos que o novo Código de Processo Civil, em razão de outros relevantes princípios, dentre os quais destacamos a *cooperação* (no sentido de bem desempenhar uma "função") e o *contraditório* (a paridade de tratamento, o dever de não surpresa, a potencialidade de as partes influenciarem nas decisões judiciais e a obrigatória análise de todos os argumentos (relevantes) pelo magistrado), a desaguar na necessidade de decisões que comportem *fundamentações bem fundamentadas*, impedem a sobrevivência do "princípio da proporcionalidade" – nos moldes idealizados pelo §2º do art. 489 do CPC/2015 – e o tornam incompatível com o restante do novo sistema processual.

E a razão é muito clara: pela tamanha imprecisão e subjetividade com a qual se decide por *ponderação* – já que cada um sopesa o *prato da balança* de acordo com seus próprios valores morais, resultando em diferentes respostas de acordo com o intérprete – é *impossível a compatibilidade de tamanho relativismo* (da verdade) com o forte viés hermenêutico introduzido pelos artigos 6º, 7º, 9º, 10, 11 e 489 do Código de Processo Civil de 2015, diante da necessidade de obtenção da (metáfora da) resposta correta (mais adequada à Constituição). Por isso, ao contrário do que defende o senso comum teórico, o "princípio da proporcionalidade" deverá desempenhar o papel de uma *metáfora*, um modo de explicar que cada interpretação deve obedecer à *reconstrução integrativa do Direito*, com a finalidade precípua de se evitar interpretações discricionárias, arbitrárias e solipsistas.

O *direito (ou a garantia) fundamental à fundamentação* é uma *conquista do cidadão brasileiro* – não qualquer fundamentação, mas "a" fundamentação – e, também, um *dever de responsabilidade política (accountability)* imposto ao Estado, por intermédio do magistrado. É somente pela fundamentação – a explicação "do porquê" de uma decisão – que se torna possível fiscalizar eventuais abusos que atentem contra a legalidade, a impessoalidade, a moralidade, a publicidade e a eficiência.

A fundamentação consiste em um dever republicano do Poder Judiciário. É a coisa (*res*) pública que eleva a fundamentação como importante instrumento de controle para que todos sejam tratados com isonomia (e imparcialidade) quando da prolação de uma decisão judicial. O dever de "bem" fundamentar – *accountability* –, portanto, não é uma faculdade (tampouco uma qualidade), é sim uma obrigação mínima de *prestação de contas*, derivada da responsabilidade política que todo juiz ou tribunal tem perante a sociedade.

Ocorre que o real (verdadeiro) alcance da expressão "fundamentação" foi sendo, aos poucos, encoberto pelo *senso comum teórico*. Por esta razão é que a academia brasileira, reforçada pela participação dos operadores do Direito (principalmente dos advogados), utilizou-se da "técnica" de listar quais os *principais problemas* eram encontrados em sentenças e acórdãos para, em seguida, repudiar tais práticas por intermédio do Código de Processo Civil de 2015.

A finalidade do §1º do art. 489 do Código de Processo Civil de 2015 é o de combater (e, assim, impedir a ocorrência de) 5 (cinco) dos maiores vícios que maculam democraticamente qualquer fundamentação: o *legalismo* (a mera indicação de texto de lei), o *generalismo* (utilizar motivos que se encaixam em qualquer situação), a *abstração* (a falta de relação com o caso em concreto), a *superficialidade* (não enfrentar todos os argumentos levantados) e a *incoerência* (destoar dos precedentes jurisprudenciais).

Os antigos embargos infringentes vinham há muito sendo duramente criticados pela doutrina processual, em especial por servirem de mais uma etapa recursal, a fim de superar um eventual "empate" quando a soma entre os votos do acórdão não unânime e da sentença reformada implicassem em um *dois a dois*. Enfim, os embargos infringentes eram uma espécie de "tira-teima", cuja finalidade era propiciar o debate um pouco mais aprofundado diante de decisões divergentes.

Nos últimos instantes da aprovação do Código de Processo Civil de 2015 no Senado Federal, por insistência do então Senador Aloysio Nunes Ferreira e após a aceitação de inclusão da matéria pelo Relator do Projeto, Senador Vital do Rêgo – contando com um provável veto presidencial (o que, depois, não ocorreu) –, foi incluída, no lugar dos embargos infringentes, a *técnica processual de suspensão de acórdãos não unânimes*, e que funciona da seguinte forma: se a decisão for não unânime o processo deverá ser "obrigatoriamente" suspenso – sob pena de não transitar em julgado, assim como ocorre com as hipóteses de "remessa necessária" – para convocação de outros julgadores (nos termos do regimento interno do tribunal) e *possibilitar a inversão do resultado* em sessão de julgamento posterior (por exemplo, transformar um "dois a um" em um "dois a três"...).

A técnica de suspensão de acórdãos não unânimes pode levar a 5 (cinco) diferentes problemas: 1º. O referido incidente processual demandará maior tempo médio de tramitação dos recursos; 2º. É possível, matematicamente, que dois novos votos gerem um novo empate ("dois a dois a um"); 3º. Gera uma obrigação para o tribunal, sob pena de a ausência de cumprir com a suspensão e refazer o julgamento acarretar nulidade absoluta; 4º. A "unanimidade", assim como o "consenso", não é (nem nunca foi) sinônimo de justiça das decisões; 5º. *O jeitinho brasileiro* tem tudo para produzir um "simulacro de unanimidade" e, assim, dar um belo *drible da vaca* na lei.

O art. 46 da Lei nº 9.099/95 aduz que *o julgamento em segunda instância constará apenas da ata, com a indicação suficiente do processo, fundamentação sucinta e parte dispositiva. Se a sentença for confirmada pelos próprios fundamentos, a súmula do julgamento servirá de acórdão.* É o que denominamos de "voto CPF": quando o juiz-relator *pega emprestado* os fundamentos do magistrado (de primeiro grau) *de forma enrustida* (sem sequer explicitar o conteúdo) e, simplesmente, "confirma a sentença pelos seus próprios fundamentos".

Como será possível fiscalizar a atuação do juiz-relator em seu dever de (bem) fundamentar (*accountability*) se, na verdade, limita-se a fazer um *hiperlink* para a decisão do juiz de primeiro grau? Ou seja, nem se dá ao trabalho do *copia-e-cola*! É o caos! Pior, como sequer haverá a demonstração da análise dos argumentos (relevantes), quem nos garante que, de fato, ao menos o juiz-relator se deu ao trabalho de "ler" as razões ou contrarrazões do recurso inominado? Assim, defendemos a "pulsante inconstitucionalidade" do art. 46 da Lei nº 9.099/95, porquanto um acórdão, ainda que em sede de Juizados Especiais, deverá ser sempre (bem) fundamentado, o que revela e reforça o importante papel de responsabilidade política (*accountability*) do magistrado na apreciação dos argumentos jurídicos (relevantes) invocados pelas partes.

Com a proposta hermenêutica de superação do antigo *esquema sujeito-objeto*, o juiz não é um mero observador (nem o problema) da relação jurídica processual, mas, ao contrário, está imerso no processo (dele faz parte) e, por isso, tem a responsabilidade democrática de (com)participar, ao lado (nem acima, nem abaixo) das partes – fruto da cooperação, entendida como o fiel desempenho de cada ator processual à sua função, o seu papel –, para a busca e construção da (metáfora da) resposta correta (mais adequada à Constituição).

Se a hermenêutica é o *remédio filosófico* para que sejam evitadas discricionariedades em sentenças ou acórdãos (ato judicial mais complexo, já lá que deverão ser analisados todas as provas e argumentos jurídicos relevantes), qual o problema de serem aplicadas as premissas da hermenêutica (filosófica) às diversas espécies de decisões interlocutórias (ato judicial normalmente mais pontual e de pequena complexidade), ainda que envolva a produção de provas?

Ante o exposto, propomos que o julgador "deverá" (não se trata de um "poder", portanto) determinar hermeneuticamente a realização de provas quando forem indispensáveis ao desvelamento da resposta correta (mais adequada à Constituição). É o que doravante denominaremos "decisão hermenêutica de produção de provas", o que não se confunde com a determinação de produção de provas *ex officio*, já que esta nomenclatura historicamente refere-se ao juiz inquisidor, que acha que "pode" determinar a realização de provas quando assim determinar a sua consciência, normalmente em busca da (falácia da) verdade real.

Para "blindar" o magistrado de discricionariedades, conveniências pessoais ou solipsismos quando da *decisão que determina a realização da prova indispensável ao (des)velamento*, entendemos ser indispensável o respeito a uma *criteriologia mínima* composta de 4 (quatro) etapas: 1º. O magistrado deverá produzir (apenas) as provas indispensáveis, quando essenciais ao desvelar de um dos argumentos jurídicos (relevantes) das partes; 2º. A necessidade (indispensabilidade) da realização da prova para o desvelar da resposta correta exigirá, sempre, que sejam levados em conta as peculiaridades do caso em concreto; 3º. O magistrado deverá respeitar as dimensões de *integridade*, tanto na decisão que determina a realização da prova, quanto na decisão que a valore. A integridade abrange o respeito ao sistema de garantias fundamentais presente na Constituição Federal e o modo como a prova será produzida (forma prevista em lei); 4º. O magistrado deverá respeitar a *dimensão de coerência*, tanto na decisão que determina a realização da prova, quanto na decisão que a valore. A coerência deve ser *interna* (em relação a outros casos similares em que o juiz já tenha determinado a realização de provas) e *externa*. A coerência externa deve ser tanto *horizontal* (como agem seus pares magistrados em relação à produção de prova em situações parecidas) quanto *vertical* (se o tipo de prova a ser produzida costuma ser aceita pelos tribunais). A coerência deve respeitar tanto a *temporalidade* (compreender que o Direito é um fenômeno histórico e está em constante evolução), quanto a *espacialidade* (respeitar os costumes locais onde a prova será produzida).

Se por um lado a tecnologia possibilita a obtenção de *melhor qualidade de vida*, de outro nos torna reféns de sua constante utilização. Mas frise-se: a tecnologia não deve ser entendida como um mal. Ao contrário, representa o triunfo do homem sobre a natureza. É um bem. Uma conquista da humanidade. Por meio da tecnologia podemos viver mais e melhor. O que se pretende criticar, aqui, é a uma espécie de endeusamento da tecnologia ou um *fundamentalismo tecnológico*, quando a tecnologia deixa de ser vista como um "meio" e ganha "feições de sujeito", tornando um fim em si mesmo. Eis o perigo. Qualquer tentativa de afastar a tecnologia de sua finalidade humanitária a transforma em instrumento de dominação. Quando a técnica racional de planejamento tende a se emancipar da reflexão de seus meios e fins, em função de sua base humana, transformando-a em um mero objeto de si própria, torna-se necessário proteger a racionalidade técnica dela mesma e, nesse momento, nossa humanidade deve ser questionada.

No âmbito do Direito Processual Civil a *busca pela eficiência* (que muitas vezes é confundida com efetividade) torna-se traço distinto, inegável e aclamado, proveniente tanto dos mandamentos legais – fonte primária – como do resultado da *práxis* construída pelos operadores do Direito. Como reduzir o crescente número de demandas a tramitar pelos tribunais? Como tornar mais céleres os meios de prestação jurisdicional? Para atingir determinados objetivos, o "processualismo tecnocrático" parte da busca de uma *verdade projetada, fabricada, artificial*. Cria-se o mito da obtenção da justiça pelo procedimento (respeito ao simples contraditório), pela ritualística que, uma vez cumprida, conduzirá à melhor solução. Esta *verdade* se revela como técnica metafísica, porque antecipa o sentido da ação humana para a realização de metas ou de procedimentos que, se cumpridos, aparentam um alto grau de racionalidade e estabilidade.

Quando se fala em "metas" no âmbito do Poder Judiciário, em princípio, pode-se ter a falsa impressão de uma *atitude positiva* do ponto de vista organizacional, como se as boas práticas do setor privado estivessem a migrar para o setor público. Todavia, tais metas – embora não se limitem a números –, acabam por sugerir a tentativa de quantificação e controle do fluxo de trabalho da *inteligência humana* que, por mais das vezes, exige um grau variado de complexidade e que está renegado a *nuances* capazes de tornar impossível a mensuração abstrata do tempo necessário à duração do processamento de cada processo. As *metas* não são um problema em si mesmas, mas podem se tornar a depender de *como são elaboradas e aplicadas*. Nesse ponto, algumas perguntas surgem: quem decide o que deve ou não fazer parte de uma meta do Judiciário? Como as metas são construídas (existe alguma criteriologia)? Até que ponto as metas podem guiar ou melhorar o nosso trabalho sem que nos tornemos reféns delas mesmas?

A principal característica do *processualismo tecnocrático* reside na racionalização quantitativa de todas as atividades, partindo-se de *uma concepção ideológica de mundo que admite sua mecanização dirigida centralmente por cérebros capazes de impulsioná-la do modo mais eficaz*. Transformam-se os indivíduos em engrenagens pertencentes a uma grande máquina em movimento – onde o Poder Judiciário se transforma em uma *indústria de decisões em série*, sob os auspícios de Taylor, Ford e Fayol – e, ao revés, *perde-se em humanidade*.

Para a hermenêutica, a qualidade das decisões (por intermédio do processo) estará sempre relacionada à obtenção da *verdade* (no sentido de *alétheia*) – que, nos dizeres de Lenio Streck, é uma metáfora, porquanto *não é a única, nem a melhor* –, e que para a sua obtenção exige um tempo natural de *amadurecimento*. Se o tramitar for muito célere, sem que o processo tenha se desenvolvido regularmente (dentro das "regras do jogo", previamente estabelecidas) e ausente um ambiente de *comparticipação responsável*, sem que tenha havido a produção das *provas essenciais para o desvelamento* – elementos indispensáveis à prolação de uma decisão íntegra e coerente –, corre-se o risco de uma dupla injustiça: primeiro, no tocante aos reflexos sobre o direito material; segundo, pelo desrespeito às garantias fundamentais, mormente no que diz respeito ao contraditório (substancial) e ao devido processo legal.

Assim, o *tempo de amadurecimento da causa* nunca será imutável ou absoluto. Ao contrário, é extremamente volátil ou relativo, também a depender do grau de evolução do *estado da técnica* e de *como se faz uso do aparato tecnológico*. Evidentemente, o tempo razoável não está no processo em si, apenas, mas sim nas condições em que ele se dá. Antes, redigiam-se as sentenças à mão. Depois, por intermédio da máquina de escrever. Hoje, temos os computadores, os *tablets*, os *smartfones*. Portanto, a duração razoável do tempo do processo (qualitativo) e o grau de evolução tecnológica se encontram, necessariamente, imbrincados.

Diante do esboço desses elementos, podemos conceituar o "processualismo tecnológico" como aquele capaz de fornecer uma resposta qualitativa (hermenêutica) do processo no menor tempo possível, sem atropelar a boa técnica processual (respeitando as formalidades necessárias e as garantias constitucionais), por meio do uso otimizado e integrado de todos os recursos tecnológicos disponíveis à luz de seu tempo. O *processualismo tecnológico*, portanto, é aquele que respeita a dignidade das partes processuais e, ao mesmo tempo, potencializa institucionalmente a Justiça.

O Direito, no Brasil, se tornou cada vez mais fragmentado e indeterminado. Transformou-se em certo *fetiche* ou *modismo* tirar sentenças da cartola e solapar a Constituição e as leis democraticamente aprovadas. Cada juiz decide como quer ou melhor lhe convém, ainda que *contra legem*. Não tem lei? Ora, invente um princípio, afinal, cabe tudo dentro dele! Superamos o positivismo exegético mas ficamos reféns das mazelas da *discricionariedade judicial*. Decidir se transformou em um *ato de escolha*. E, diante do "caos jurídico", passamos a depender dos elementos "sorte" ou "azar". Uma nova espécie de *ordália*: oremos, todos, para cairmos nas mãos do "bom juiz". Daí muitos se utilizarem (com razão) de expressões como *juristocracia, direito lotérico* ou *roleta russa do Judiciário* para tentar designar o alto grau de incerteza e de subjetividade que nos encampa nesta quadra da história! Como "acorrentar" o *juiz Hércules brasileiro*? Estamos diante da evidente *crise autofágica* causada pelo protagonismo judicial. O magistrado se tornou o grande *predador* do Direito.

Uma das alternativas encontradas pelo Código de Processo Civil de 2015 para tentar "controlar" os excessos judicializados foi construir um conjunto de *provimentos vinculantes* emitidos pelos tribunais superiores, com a finalidade de *reduzir a insegurança* (exigindo decisões parecidas diante de casos similares) e, assim, *gerar previsibilidade* para o sistema processual. O art. 926 do novo CPC determina que *os tribunais devem uniformizar sua jurisprudência e mantê-la estável, íntegra e coerente*. O artigo 927 do diploma processual civil elenca um rol de provimentos vinculantes para reduzir as incertezas causadas pela *loteria judicial*, determinando a observância obrigatória de juízes e tribunais: às decisões do Supremo Tribunal Federal em controle concentrado de constitucionalidade; aos enunciados de súmula vinculante; aos acórdãos em incidente de assunção de competência ou de resolução de demandas repetitivas e em julgamento de recursos extraordinário e especial repetitivos; aos enunciados das súmulas do Supremo Tribunal Federal em matéria constitucional e do Superior Tribunal de Justiça em matéria infraconstitucional; e, à orientação do plenário ou do órgão especial aos quais estiverem vinculados.

Assim, pretende-se "hierarquizar a jurisprudência" de modo que os *andares de baixo* respeitem os *provimentos vinculantes* produzidos pelos *andares de cima*. Isso contribui positivamente para a racionalização do Processo Civil, sim, na medida em que reduz a litigiosidade decorrente de *aventuras jurídicas*.

Ainda, o respeito à *hierarquia pretoriana* exigiu a construção de alguns *mecanismos de filtragem*, cuja mais valia é o de evitar que decisões contrárias aos provimentos vinculantes tenham prosseguimento processual, dos quais podemos destacar algumas técnicas processuais como: a *sentença liminar de improcedência*; as *exceções à remessa necessária*; a *negativa* ou o *provimento liminar de recurso pelo relator*; o *julgamento liminar do conflito de competência pelo relator*; e a *reclamação*.

Todavia, se os *provimentos vinculantes* forem mal compreendidos, quando da sua aplicação, ou recebidos de forma equivocada pela doutrina, poderão causar graves problemas ao sistema processual civil. Logo, torna-se necessário denunciar – para a boa hermenêutica – 5 (cinco) *potenciais mal-entendidos*: 1º. Os artigos 926 a 928 do novo CPC não criaram um "sistema de precedentes judiciais"; ao contrário, a expressão "sistema" possa dar uma falsa impressão de profunda mudança paradigmática e, com isso, revestir *simbolicamente* os *provimentos vinculantes* de "discurso performático" para justificar as crescentes solapadas à lei e à Constituição por meio de uma nova *forma turbinada* de *juristocracia*; 2º. Existe o risco de uma cisão (artificial) entre *questão de fato* e *questão de direito*, diante da (falsa) ilusão de que o resultado dos precedentes judiciais possa conduzir à criação de *teses jurídicas universalizantes e incontestáveis* (novos *dogmas judiciais*); 3º. No que consiste a expressão "casos semelhantes"? Em regra, não será possível aplicar provimentos vinculantes para a resolução de uma demanda que dependa de instrução processual; 4º. Correremos o risco de fomentar uma *nova forma de positivismo*, ao transmutar o antigo *juiz boca da lei* em uma espécie de *juiz boca dos precedentes*, como se o magistrado fosse um mero *replicador de decisões* das instâncias superiores; 5º. Criar uma *metalinguagem de segundo grau* não vai resolver os problemas da interpretação no Direito.

Os enunciados dos precedentes judiciais tentam suprir os enunciados da lei. Mas, quem suprirá a interpretação dos enunciados de precedentes judiciais? Vamos ter que criar novos precedentes judiciais para interpretar precedentes judiciais?

Se doravante serão impostos novos limites aos juízes e tribunais do escalão inferior, agora "amarrados" pelos provimentos vinculantes, também é verdade que todos continuaremos a dever obediência às leis e à Constituição, razão porque a *integridade* e a *coerência* do sistema jurídico deverão sempre prevalecer. Acreditar (ingenuamente) que as mazelas da *loteria judicial* serão resolvidas por *discricionariedades de segundo nível* (*Cortes de Vértice*), não resolve (e esconde) o problema da inautêntica tentativa de *reformulação inconstitucional da teoria política* – criando uma espécie de *ditadura do Judiciário* –, em manifesta avulta ao postulado da separação dos poderes.

O Poder Judiciário tem se *arvorado para além da sua missão constitucional*, quando busca promover mutirões de *mediação e conciliação pré-processuais*. A ideia é a seguinte: o Poder Judiciário tem-se antecipado ao litígio judicial, estimulando a negociação extrajudicial entre "potenciais" contendores. O principal argumento é o de serem evitados processos futuros para, consequentemente, estimular a pacificação social e reduzir a futura quantidade de litígios. Todavia, seria essa atuação do Poder Judiciário constitucional?

Acreditamos que não, fundamentalmente, por 3 (três) razões: 1º. Antes pretender alçar voos maiores e *colocar o bedelho* no problema alheio, deveria o Poder Judiciário se preocupar em arrumar a sua própria casa; 2º. Na prática, infelizmente, muitas "conciliações pré-processuais" acabam servindo como uma *forma sofisticada* de utilização do sistema de justiça (estrutura pública destinada à tutela jurídica de todos os cidadãos) como a extensão do "setor de cobrança" da Fazenda Pública, da Caixa Econômica Federal ou de Conselhos de Classe; 3º. Quando deslocamos *servidores* para atuarem em mutirões pré-processuais, já que contamos com limitados recursos humanos no Poder Judiciário, estamos a relegar o andamento dos processos já existentes a um segundo plano. Se a "desculpa" de problemas estruturais e a falta de pessoal são as causas para o atraso na prestação jurisdicional, então haverá (em última análise) a *inversão da ordem cronológica* dos processos em andamento (CPC/2015, art. 12) em favorecimento daqueles que sequer existem.

Assim, para que a mediação ou conciliação pré-processual seja constitucional, entendemos que deva ser exercida por *órgãos do Poder Executivo* com esta especial finalidade – aliás, nesse sentido, o Código de Processo Civil de 2015 já prevê a criação de câmaras com atribuição para solução consensual no âmbito administrativo –, pelas *serventias extrajudiciais* (protesto de certidões de dívida ativa, realização de mediação e conciliação, inventário e divórcio consensuais, usucapião extraordinária etc.) ou pela *sociedade civil organizada*, o que atende à tendência de *desjudicialização* (ou *extrajudicialização*).

Hermeneuticamente, entendemos que o conceito de processo em Elio Fazzalari pode estimular a *falsa impressão* de que "processo" e "contraditório" se confundem. Em outras palavras: defender que *processo é apenas uma espécie de procedimento enriquecido pelo contraditório* pode causar um sério *reducionismo do fenômeno processual*.

Assim, preferimos forjar um *conceito hermenêutico de processo*, que possibilite superar o *subjetivismo* patrocinado pelo modelo de relação jurídica processual (agravada pela Escola Instrumentalista) e que, ao mesmo tempo, não se contente com uma solução meramente *procedimentalista*, ainda que sob o viés (neo)constitucional. É chegada a hora de suplantarmos, no Direito Processual Civil, o antigo esquema sujeito-objeto!

Para a Crítica Hermenêutica do Direito Processual Civil (CHDPC), conceituamos o "processo" como *um fenômeno jurídico complexo, estabelecido entre os atores processuais (partes, juiz e qualquer pessoa que dele participe) de forma responsável, por intermédio de um procedimento equilibrado, previsto em lei e com duração qualitativamente razoável, e que respeite o conjunto de garantias fundamentais e princípios processuais, com o objetivo de obter a decisão jurídica material (íntegra e coerente) mais adequada à Constituição, a partir da intersubjetividade.*

À GUISA DE POSFÁCIO: A NARRATIVA DE UMA ABLUÇÃO OU PURIFICAÇÃO DOUTRINÁRIA. O FENÔMENO DE DILUIÇÃO DO PROCESSUAL PELO JURISDICIONAL E O ESQUECIMENTO DO SER CONSTITUCIONAL DO PROCESSO. O DESPREZO AO DIREITO FUNDAMENTAL À LEGALIDADE E O BRASIL SENDO ASSOLADO POR DECISÕES CUJO CRITÉRIO DE JUSTIÇA É O SUBJETIVISMO DO PRÓPRIO INTÉRPRETE. O RESGATE DO PROCESSO COMO INSTITUIÇÃO DE GARANTIA E AS POSSIBILIDADES DE CONTROLE DE ABUSOS E DESVIOS JUDICIAIS

Como a maioria dos bacharéis formados no Brasil, minha educação em Direito Processual foi de cunho *publicista*. Ouvi, acreditei e, já formado, segui meu caminho auxiliado pela doutrina elaborada pelos mais destacados processualistas, sobretudo aqueles ainda vivos e cuja produção era constante.

O primeiro susto veio com os escritos e palestras de **J. J. Calmon de Passos**. As críticas mordazes feitas pelo saudoso professor baiano ao instrumentalismo processual provocaram em mim forte *estranhamento*. Assisti-lo em toda sua eloquência era algo que fazia doer, cutucava o cérebro como ave carniceira e impelia a profundas reflexões. Tive (na companhia de **Paulo Leonardo Vilela Cardoso**) a felicidade de estar com ele algumas vezes, no Hotel Glória, Rio de Janeiro, nos memoráveis congressos organizados pelo Instituto de Direito (ID), conduzidos por James Tubenchlak (além de Calmon, observava embasbacado as performances de Yussef Said Cahali, J.E. Carreira Alvim, Miguel Reale, Luiz Fux, Amilton Bueno de Carvalho, Alexandre Freitas Câmara, Sylvio Capanema de Souza, Sílvio Rodrigues, Lenio Luiz Streck, Nagib Slaib

Filho, entre tantos outros), e também em evento ocorrido na minha cidade natal.

Se a memória não me atraiçoa, pouco depois passei a consultar com regular interesse textos dos mestres mineiros **Ronaldo Brêtas**[454] e **Rosemiro Pereira Leal**,[455] por intermédio de quem conheci a obra de **José Alfredo de Oliveira Baracho**,[456] todos sem exceção preocupados em refundar, cada qual a seu modo, o Direito Processual a partir de bases constitucionais. A essa altura, a semente decerto já estava plantada, e dali em diante o espectro da dúvida tornou-se um companheiro frequente, como um calo a machucar o pé, não importando o quão confortável fosse o sapato.

Então, não é que me aparece **Glauco Gumerato Ramos**. Nós nos conhecíamos, éramos amigos e o somos hoje, mais ainda. Mas ele, a esse tempo, ressurgiu no cenário nacional *reconfigurado*, por assim dizer. Uma espécie de Gumerato Ramos II, com *novidades a mil* na cabeça, fruto de sua estadia na *Universidad Nacional de Rosario* – UNR (Província de Santa Fé, Argentina). Ali estudou com **Adolfo Alvarado Velloso** e fez contato com pesquisadores de variadas nacionalidades. Conheceu ninguém menos que **Juan Montero Aroca**, o processualista de perfil garantista mais importante do mundo, dele se tornou íntimo e foi fortemente influenciado por suas ideias. Leu muito, argumentou, perscrutou e se limpou da doutrinação ativista cuja cartilha levava a reboque seu pensamento. Glauco desencantou-se, por esforço próprio desgarrou-se da multidão que acompanha maravilhada o flautista de Hamelin... Escreveu textos que desafiam o senso comum, sugerindo alterações legislativas impensadas entre nós, disparando uma metralhadora de dúvidas sem fim contra a propedêutica processual reinante e suas multifacetadas consequências práticas.

Nessa mesma época, nascia o Congresso de Direito Processual de Uberaba, organizado por uma equipe de advogados uberabenses

---

[454] Conhecido estudioso da Escola Mineira do Triângulo Mineiro, Ronaldo Brêtas é um dos expoentes do *processualismo democrático*. Para conhecer suas ideias: CARVALHO DIAS, Ronaldo Brêtas de. *Processo Constitucional e Estado Democrático de Direito*. 3. ed. Belo Horizonte: Del Rey, 2015.

[455] Rosemiro Pereira Leal é o autor da *teoria neoinstitucionalista do processo*. Segundo defende, processo é instituição jurídica coinstitucionalizante de regência dos procedimentos legais que põem em movimento direitos processualmente criados e assegurados. Consultar: LEAL, Rosemiro Pereira. *Teoria Geral do Processo*: primeiros estudos. Belo Horizonte: Fórum, 2016.

[456] Baracho talvez tenha sido o primeiro jurista brasileiro a analisar a relação entre Constituição e Processo. Para um aprofundamento em seu pensamento: BARACHO, José Alfredo de Oliveira. *Direito Processual Constitucional*: aspectos contemporâneos. Belo Horizonte: Fórum, 2006, p. 20.

(André Menezes Delfino, **Claudiovir Delfino**, Dinieper C. Assis, Eduardo Carvalho Azank Abdu, Fernando Fonseca Rossi, Gilberto Martins Vasconcelos, **João Delfino**, Katia Silva Alves, Leone Trida Sene, **Lídia Prata Ciabotti**, Luciano Camargos, Luciano Del Duque, Lúcio Delfino, Maira Rubia Sousa, Marcelo Venturoso de Sousa, Paulo Emílio Derenusson, Paulo Leonardo Vilela Cardoso e Vicente Flávio Macedo Ribeiro), sob a eficiente liderança do professor **João D'Amico**. Até 2016, foram dez edições anuais, realizadas em conjunto pelo Centro de Estudos e Promoção ao Acesso à Justiça (CEPAJ) e Instituto dos Advogados de Minas Gerais (IAMG) – algumas edições contaram também com o inestimável apoio da Ordem dos Advogados de Minas Gerais (OAB/MG) –, onde marcaram presença alguns dos mais consagrados juristas brasileiros e internacionais.[457] Um evento que começou grande, apadrinhado pela força da memória de **Edson Prata** e **Ronaldo Benedicto Cunha Campos**, saudosos processualistas mineiros cuja importância é lembrada ainda hoje em todo o país. Em seu núcleo duro, sempre esteve Glauco Gumerato Ramos (além dos professores Humberto Theodoro Júnior, Eduardo José da Fonseca Costa e **Luis Eduardo Ribeiro Mourão**), advogando fielmente suas teses garantistas que rendiam, em jantares de confraternização, acalorados e infindáveis debates.

Já doutor em Direito pela Pontifícia Universidade Católica de São Paulo (PUC-SP) fui orientado por **Donaldo Armelin**, professor vocacionado, culto, cativante, afável, sem vaidades, amante do diálogo e intensamente comprometido com a evolução intelectual de seus alunos –, aceitei o convite de Alvarado Velloso, intermediado por Glauco Gumerato Ramos (ele, de novo!), para cursar mestrado na aludida *Universidad Nacional de Rosario*. Fomos eu e **Sergio Almeida Ribeiro**, outro querido amigo que mantinha latente em si o espírito garantista. Foram dois anos muito prazerosos: carnes de primeira, vinhos, amizades, bate-papos e estudos lidando com o Direito Processual em atenção a seu papel de resistência contra desvios e abusos judiciais (portanto, o reverso do processo encarado como *instrumento* da jurisdição). Conheci processualistas dos quais sequer tinha ouvido falar, aprofundei-me na pesquisa de teses que até então me soavam um pouco burlescas, embrenhei-me sem medo de ser feliz no universo do processessualismo garantista, percebendo toda sua riqueza e logicidade, as divergências que despontam entre seus próprios apologistas e entre eles e os defensores do ativismo judicial. De lá pra cá viajei bastante pela América

---

[457] Para conhecer um pouco da história do evento, disponível em: <www.cepaj.org.br>. Acesso em: 7 set. 2016.

Latina (Argentina, Chile, Uruguai, Panamá, México), mormente para assistir a eventos promovidos pelo consagrado *Instituto Panamericano de Derecho Procesal.*

Como bom geminiano, permanecia desgostoso comigo mesmo – é como uma chaga que não quer cicatrizar. Em 2014, porém, descobri a possibilidade de cursar estágio pós-doutoral na Universidade do Vale do Rio dos Sinos (UNISINOS), com a supervisão de **Lenio Luiz Streck**, jurista cujos estudos avançam sobre todos os ramos do Direito indistintamente, unidos por uma potente argamassa a envolver Direito Constitucional, Teoria do Direito, Hermenêutica Jurídica e Filosofia do Direito. Em sua bagagem, traz nada menos que trinta livros, dentre os quais um vertido para o inglês, quatro para o espanhol e outro escrito em alemão. Entre suas cruzadas, talvez a mais proeminente seja contra o ativismo judicial, que é travada ferozmente por meio de um trabalho seriíssimo de revalorização da doutrina, em socorro do necessário despertar do senso democrático e republicano do povo brasileiro.

Não conhecia Lenio, mas sabia com quem mantinha relação de amizade. Pensei logo naquele provérbio francês: *"Os amigos de nossos amigos são nossos amigos"*... Enfim, catei o telefone e liguei para **Dierle Nunes**, processualista mineiro da nova geração (que também é minha geração), afiliado à linha de pesquisa do *processualismo democrático*, respeitadíssimo crítico do protagonismo judicial e que, merecidamente, conquistou projeção nacional. Falei assim: "Dierle, quero fazer um pós-doutorado com Lenio. Mas não o conheço. Só você para me ajudar nessa..." Não deu outra: ele, diligente e prestativo como é, resolveu a parada em minutos. Desligou o telefone, fez o contato e já me retornou com o *e-mail* do professor. Preparei a papelada, submeti meu pleito à apreciação da UNISINOS e ingressei no programa de pós-doutoramento, ali permanecendo por um ano, indo e vindo, praticamente todas as terças-feiras, de Uberaba (MG) para São Leopoldo (RS) e vice-versa. Afiliei-me ao *Dasein* e tornei-me pesquisador ao lado de toda a turma que lá conheci (Adriano Obach Lepper, Clarissa Tassarini, Daniel Ortiz Matos, Danilo Pereira Lima, Deiwid Amaral da Luz, Fabiano Muller, Francisco José Borges Motta, Guilherme Augusto de Vargas Soares, Julio César Maggio Stumer, Lanaira da Silva, Leonardo Zehuri Tovar, Luís Felipe Saccol, Nelson Camatta Moreira, Rafael Giorgio Dalla Barba, Roberta Magalhães Gubert, Roger Khalil Lovatto, Ricardo Herzl, Vinicius Almada Mozetic e **Ziel Ferreira Lopes**), passei a assistir às gravações do programa **Direito & Literatura**, estudei e escrevi muito. Lenio foi paciente, ajudou-me bastante, podou-me vícios de pensamento, emprestando-me seu prestígio (qualidade própria de grandes mestres) em artigos que elaboramos e publicamos conjuntamente.

Certa feita, enviou-me para Barcelona, como representante do *Dasein*, a fim de defender publicamente um artigo no Encontro do Conselho Nacional de Pesquisa e Pós-Graduação em Direito (CONPEDI). Enfim, ganhei outro professor e, sobretudo, um amigo!

Depois, veio a Associação Brasileira de Direito Processual (ABDPro), da qual sou um dos diretores (na companhia de Roberto Campos Gouveia Filho, Antonio Carlos Ferreira de Souza Júnior, Jaldemiro Rodrigues de Ataíde Júnior, Patrícia Henriques, Antonio de Moura Cavalcanti Neto, Glauco Gumerato Ramos, Mateus Costa Pereira, Antônio Carvalho e Georges Abboud), idealizada e presidida pelo querido **Eduardo José da Fonseca Costa**, jurista de formação multidisciplinar e atualmente quem melhor representa o garantismo processual em *terrae brasilis*. A entidade, apadrinhada pelos destacados processualistas Araken de Assis e Nelson Nery Junior (e que, além deles, tem como membros-honorários Donaldo Armelin, Lenio Luiz Streck, Rosemiro Pereira Leal, Adolfo Eduardo Alvarado Velloso, Marcelo Neves, João Maurício Adeodato, Torquato de Castro Júnior, Paulo de Barros Carvalho, Ronaldo Brêtas, Jacinto Nelson de Miranda Coutinho, Edson Ribas Malachini, Alcides Tomasetti Júnior, José Maria Rosa Tesheiner, Francisco Carlos Rezek, Juan Monteiro Aroca, Rosa Maria Barreto Borriello de Andrade Nery e Jorge Miranda), nasceu com objetivos bem delineados: (i) combater o hiperpublicismo processual, que tem alçado o juiz a um excessivo protagonismo e (ii) renovar a metodologia dogmático-processual a partir das recentes conquistas filosóficas, em especial nas áreas da lógica, epistemologia, hermenêutica e linguagem. A ABDPro pretende servir de *lente ampliadora* dessas ideias por enxergar nelas o bálsamo capaz de combater (ou ao menos ajudar a combater) o ambiente de hipertrofia judicial e anemia filosófica que só faz difundir-se dia a dia entre os estudiosos do Direito Processual no Brasil.

Não poderia deixar de fora a Revista Brasileira de Direito Processual (RBDPro). Ressurgida em 2007, coordenada por **Fernando Rossi** e por mim (e hoje somos auxiliados pela competente advogada Luciana de Araújo Miziara), foi concebida décadas antes pelos integrantes da sempre lembrada Escola Processual do Triângulo Mineiro. Inerte praticamente há dezesseis anos, seu prestígio permanecia incólume em função da credibilidade daqueles que estavam à frente dela, os já citados Edson Prata e Ronaldo Cunha Campos. Mediante uma parceria exitosa com a Editora Fórum (Belo Horizonte), a RBDPro ressurgiu com aspecto renovado e atual, e tem servido de veículo apto a fomentar o debate científico, assegurar a divulgação de ideias e corroborar o desenvolvimento da ciência processual. A correlação entre ela e o *garantismo* *processual* é manifesta, tanto que em sua capa estão estampadas, por ser o periódico oficial de publicação dos seus associados, as bandeiras do Instituto Panamericano de Derecho Procesal (IPDP) e da Associação Brasileira de Direito Processual (ABDPro).

Uma observação importante: com essa narrativa não foi meu intento rotular todos esses professores indicados acima de *garantistas processuais*, como cachorrinhos aos quais se amarrou uma caçarola ao rabo, mesmo porque boa parte deles é muito mais que isso, de forma que os designar assim seria desmerecer sua trajetória acadêmica e todo o espectro de suas pesquisas. Eu sim, confessadamente, amarrei a caçarola no traseiro. Contudo, o relevante é que inegavelmente todos os nomes negritados têm (ou tiveram) sua carreira marcada por preocupações que garantistas de todo o mundo alimentam amiúde, relacionadas com a revalorização do processo como instituição abalizada pela tutela à liberdade, e sobremodo manietadas ao combate do protagonismo judicial.

Contudo, o leitor decerto já se pergunta em que tudo isso está relacionado a este posfácio. Está e não está. A verdade é que não podia deixar escapar a oportunidade. Explico. Como eu mesmo, Ricardo Herzl sofreu espécie de metamorfose ao longo de seu caminhar acadêmico. E ele o revela abertamente nesse livro, numa mescla de lealdade e humildade intelectual que a mim tocou profundamente. Estas, suas palavras:

> O neoprocessualismo (e suas derivações instrumentalistas) tem sido aclamado por boa parte (não necessariamente a parte boa) da doutrina brasileira como sinônimo de modernidade e prosperidade técnica – a exemplo de autores nacionais como Cambi, Didier e Bedaque –, como decorrência dos influxos do neoconstitucionalismo sobre o Direito Processual Civil. Fruto da crescente constitucionalização do Direito, o neoprocessualismo se caracteriza pela utilização dos princípios como meio de concretização de valores constitucionais por intermédio do arcabouço processual e no desenvolvimento de institutos processuais aptos a assegurar maior efetividade às decisões judiciais. Foi nesse sentido que, quando da elaboração da nossa dissertação de mestrado na Universidade Federal de Santa Catarina (2011-2012), *fomos seduzidos pelo canto das sereias* e, assim, procuramos demonstrar (ingenuamente) que o neoprocessualismo representaria a quarta fase da evolução do Direito Processual Civil Brasileiro, após o sincretismo, o cientificismo e o instrumentalismo. Naquela oportunidade sustentamos, sob o viés estritamente dogmático e caudatário do senso comum teórico, consistir o neoprocessualismo na mudança paradigmática do Direito Processual Civil a partir das influências teóricas do neoconstitucionalismo: a centralidade dos direitos fundamentais no sistema jurídico, a reaproximação entre o Direito e a Ética, e a construção de uma nova dogmática de interpretação constitucional. Em janeiro de 2013, encaminhamos para

a publicação a obra intitulada *Neoprocessualismo, Processo e Constituição: tendências do Direito Processual Civil à luz do Neoconstitucionalismo*, que veio a compor o volume 6 da coleção Ensaios de Direito Processual Civil, em parceria com o Centro de Estudos Jurídicos (CEJUR) do Tribunal de Justiça de Santa Catarina, com o especial apoio do Prof. Eduardo de Avelar Lamy, a quem seremos sempre gratos pela amizade e confiança depositadas. Ocorre que estávamos equivocados. Por nossa sorte (se é que ela existe...), no início do mesmo ano de publicação da nossa primeira obra nos deparamos com a possibilidade de realizar o processo seletivo para o ingresso no Doutorado em Direito da Universidade do Vale do Rio dos Sinos (UNISINOS). Foi diante desse contexto que tivemos os primeiros contatos com as ideias do Prof. Dr. Lenio Luiz Streck, mormente por ter sido exigido, no referido processo seletivo, a leitura da obra *O que é isto – decido conforme minha consciência?* As primeiras aulas vieram com o Professor Lenio em maio de 2013: o problema do positivismo, a superação do esquema sujeito-objeto, o solipsismo judicial e o panprincipiologismo. Enquanto novos conceitos hermenêuticos ampliavam o *tamanho da nossa gaiola* e a visão crítica *afiava as nossas unhas*, observávamos o *castelo* formado por vários dogmas (como a panaceia do "princípio" da proporcionalidade) ruir diante dos nossos olhos atônitos. Saboreamos emoções das mais diversas: da sensação de ingenuidade teórica (ou insuficiência filosófica) à angústia pela obtenção da (metáfora da) resposta correta. Foi no rico e profícuo convívio com o Prof. Lenio Streck – que, aliás, foi extremamente generoso conosco, pois nos abraçou sob a sua tutoria, ainda que previamente ciente da nossa equivocada publicação –, que decidimos aproveitar a pesquisa desempenhada no Mestrado para colocar em xeque as premissas do neoprocessualismo (e outras vulgatas instrumentalistas) a partir da Crítica Hermenêutica do Direito. E a razão da *desconstrução para reconstrução* nos aparentou bastante evidente: percebemos que a partir de *uma postura um pouco mais filosófica* – onde *os porquês* se constituem em importante referencial e exercem papel refundante – poderíamos sair do conforto (aparente) que nos proporcionava o *senso comum teórico*, aliada com a enorme vantagem de poder interagir diretamente com o pensador de uma das mais importantes escolas críticas do Direito da América Latina na atualidade.

Aproveito, pois, solenemente a mão que me foi estendida pelo posfaciado para admitir que também sofri de semelhante processo de *ablução*. Demorei um pouco mais, talvez em função de minhas próprias limitações, mas cheguei lá. A exemplo dos cultos de origem africana (*ebós* ou banhos sagrados), purifiquei-me de parcela significativa dos enganos que sustentava como dogmas oriundos da doutrinação de cariz ativista que grassa e é difundida em graduações e pós-graduações Brasil afora. Sigo hoje revendo muito daquilo que pensava (e que escrevi), esforçando-me a estudar mais e mais Teoria Geral do Direito,

Hermenêutica Jurídica e Direito Constitucional, disciplinas essenciais para o avanço rumo à *des-vivicação* da própria experiência de mundo na qual todos se encontram mergulhados e que é responsável por uma espécie de cegueira epistemológica enclausuradora dos horizontes do estudioso.

É preciso reconhecer que por aqui o *paroquialismo doutrinário* tornou soberano o ensino do Direito Processual encimado em pilares publicistas (ou hiperpublicistas), cujas construções teórico-conceituais privilegiam exatamente uma compreensão na qual a jurisdição prima pela superioridade, de forma que o bacharel surge já pré-moldado por *verdades* que reputa insuperáveis.[458] *É o fenômeno da diluição do processual pelo jurisdicional,* tão bem explicitado por Eduardo José da Fonseca Costa:[459] uma promiscuidade proveniente de pré-juízos que se enraizaram na tradição jurídica pela labuta impactante e serial da dogmática durante longo trajeto histórico, fazendo com que a grande maioria de nós anteveja o processo por uma via de pensamento profundamente aferrada à perspectiva da atividade jurisdicional e de seus (denominados) escopos sociais, políticos e jurídicos. Afinal, não é exagero algum afirmar que ecoa de ponta a ponta no país o mantra: *processo é de somenos importância, ancilar e subserviente, mero instrumento da jurisdição*. Em resumo: o *ser constitucional* do processo, *sua institucionalidade garantística,* sua função de resistência esfumaçou-se pela influência impactante de doutrinas ativistas decorrentes de uma processualística orgulhosa e alheia ao englobamento constitucionalístico, apegadas a uma perspectiva meramente utensiliar, como se o processo representasse a própria jurisdição-funcionalmente-manifestada.[460]

---

[458] Nas palavras de Gumerato Ramos (tradução livre): "[d]entro desse panorama de propor a organização dos Institutos Fundamentais seguindo a ordem *jurisdição, ação* e *processo,* o discurso da doutrina foi sempre uniforme e legitimador do Poder estatal como o grande *dirigente* e *protagonista* da cena processual, e por isso a *jurisdição* é trabalhada como o polo metodológico preponderante. A partir daí a doutrina passou a valorizar a importância dos Institutos Fundamentais, porém, sempre com o enaltecimento da *jurisdição* (=Poder) por sobre o *processo* (=Garantia) e a própria *ação* (=Liberdade). Como já assinalado, isso se verifica na forma como os livros de teoria geral do processo metodicamente organizam o assunto, de regra principiando pela exaltação/explicação sobre a *jurisdição*, sendo a *ação* e o *processo* tratados sempre após aquela." RAMOS, Glauco Gumerato. Proceso jurisdicional, República y los Institutos Fundamentales del derecho procesal. *Revista Brasileira de Direito Processual – RBDPro*, Belo Horizonte, ano 22, n. 88, p. 251-272, out./dez. 2014.

[459] FONSECA COSTA, Eduardo José da. O processo como instituição de garantia. *Revista Consultor Jurídico*. 16 nov. 2016. Disponível em: <www.conjur.com.br>. Acesso em: 7 set. 2016.

[460] FONSECA COSTA, Eduardo José da. O processo como instituição de garantia. *Revista Consultor Jurídico*. 16 nov. 2016. Disponível em: <www.conjur.com.br>. Acesso em: 7 set. 2016.

O bom-senso me acode: se de um lado a Constituição de 1988 aposta em uma jurisdição que se assume com extremada complexidade, não restrita a ordenar e resolver conflitos que pululam na sociedade, mas operando outrossim em prol da concretização do próprio projeto constitucional (coopera em prol de uma reengenharia social),[461] de outro também supervaloriza o devido processo legal, matriz fundante do processo em particular, e da ciência processual de maneira geral, vedando ao intérprete que soterre seu papel característico de garantir a preservação da liberdade do cidadão frente do Estado-juiz, cujo núcleo característico se pode aferir com facilidade por uma revisitação histórica em busca de suas origens liberais. Não por outra razão o constituinte anunciou, de forma clara e translúcida, entre os direitos e garantias individuais e coletivas, que *ninguém será privado da liberdade ou de seus bens sem o devido processo legal* (CF/88, art. 5º., LIV). Ou seja, a valorização constitucional da atividade jurisdicional, com sua ingerência em uma diversidade de assuntos haja vista a própria analiticidade constitucional e o fenômeno da *judicialização da política*,[462] implica e justifica, ainda com mais vigor, rigorosas cautelas em seu controle a fim de impedir e debelar abusos e desvios.[463] Uma jurisdição mais intervencionista traz consigo o risco de discricionariedades, ativismos e decisionismos judiciais, que só fazem sedimentar intepretações afrontosas a princípios constitucionais fundantes, entre os quais a própria (e tão desgastada) separação de poderes.[464] Se é inegável o fato de que a Constituição de 1988 confiou especial prestígio à jurisdição no Estado Democrático

---

[461] Sobre o tema: STRECK, Lenio Luiz. *Jurisdição constitucional e decisão jurídica*. 3. ed. São Paulo: Revista dos Tribunais, 2013, p. 113-118.

[462] Sobre a distinção entre *ativismo judicial* e *judicialização da política*: TASSARINI, Clarissa. *Jurisdição e ativismo judicial*: limites da atuação do Judiciário. Porto Alegre: Livraria do Advogado, 2013.

[463] Em interessante pesquisa, Ran Hirschl analisa a transferência de poder das instituições representativas para o Judiciário, fenômeno por ele designado de *juristocracia*. Uma tendência crescente, que se estende do Leste Europeu à América Latina e atinge sistemas de clara tradição institucional fundada na soberania parlamentar. É a crença na legitimidade de se garantirem direitos pela via judicial, mesmo que isso se dê em evidente contraposição ao poder político parlamentar. O que faz Hirschl é apresentar o outro lado da moeda mediante análise envolvendo a experiência concreta de quatros países que permearam pela "revolução constitucional" (Canadá, Nova Zelândia, Israel e África do Sul). Segundo seu ponto de vista, hoje praticamente tudo pode ser judicializado, de maneira que juízes não eleitos pelo povo, sem responsabilização política, dia a dia assumem-se no mundo como principal corpo decisório sobre questões importantes para a vida coletiva. E isso, sem dúvida, coloca em xeque a própria ideia de democracia (HIRSCHL, Ran. *Towards Juristocracy*: The Origins and Consequences of the New Constitutionalism. Cambridge, MA: Harvard University Press, 2007).

[464] STRECK, Lenio Luiz. *Jurisdição constitucional e decisão jurídica*. 3. ed. São Paulo: Revista dos Tribunais, 2013, p. 113-118.

de Direito, é igualmente notório o destaque não menos relevante que também atribuiu ao *processo devido*.[465]

Pois bem. Concluído esse ato de confissão pública e de aclaração de meu *lugar de fala*, quero abusar um pouco mais deste espaço para dialogar com Ricardo Herzl sobre um dos temas que, com maestria, enfrentou nesse livro. E para tanto, inicio com a irrefutável (e desoladora) constatação feita por Lenio Streck: o Direito quotidianamente está perdendo seu império, esfacelando-se e sendo depredado para atender anseios particulares de alguns de seus intérpretes, tornou-se resultado de um filtro moral quando ao revés deveria ele próprio servir de filtro à subjetividade de juízes e promotores de justiça.[466]

A impressão é a de que nosso paradigma de Estado está esquecido. Mal entrou em sua idade adulta e já foi colocado de escanteio! Ou então, *o que é ainda pior*, tem sido retoricamente ignorado, tanto que alguns nem coram o rosto ao taxarem de *mutação constitucional* decisões judiciais que, com patente desfaçatez, enjeitam limites semânticos de direitos fundamentais lançados no texto constitucional.

Ao criar ou revogar leis (ou revogar enunciados judiciais vinculativos), o Legislativo não possui o respaldo de uma discricionariedade plena. Afinal de contas, os *argumentos de política* ali debatidos (é o Parlamento a sede para esse tipo de debate), conquanto habituais e indispensáveis, são manejados para justificar metas coletivas previamente eleitas pelo constituinte, de maneira que, no limite, a atuação parlamentar também se dobra inexoravelmente à Constituição. De outra banda, sob a égide do Estado Constitucional (ou Estado Democrático de Direito), cumpre ao intérprete (em especial à autoridade judicial) desempenhar função crítica, perspectiva que o convida à dúvida, estimula seu espírito e alimenta a incerteza permanente sobre a validade das leis e de sua aplicação.[467] Mas tampouco há – e é este o ponto! – permissivo constitucional legitimando juízes e tribunais a judicarem fora

---

[465] É suficiente, para uma tal constatação, verificar que o devido processo legal e os direitos fundamentais processuais que lhe conferem substância encontram-se elencados no rol de direitos e garantias fundamentais, trazido pelo art. 5º da Constituição de 1988. Em especial é preciso ler e reler, sempre e sempre, o que rezam os incisos LIV e LV do aludido dispositivo constitucional: "ninguém será privado da liberdade ou de seus bens sem o devido processo legal" e "aos litigantes, em processo judicial ou administrativo, e aos acusados em geral são assegurados o contraditório e ampla defesa, com os meios e recursos a ela inerentes".

[466] STRECK, Lenio Luiz. Breve *ranking* de decisões que (mais) fragilizaram o Direito em 2016. *Revista Consultor Jurídico*. 29 dez. 2016. Disponível em: <www.conjur.com.br>. Acesso em: 7 set. 2016.

[467] FERRAJOLI, Luigi. *Direito e razão*: Teoria do Garantismo Penal. 2. ed. São Paulo: Revista dos Tribunais, 2006.

dos limites da racionalidade legal, em desdém à própria Constituição, para além das (restritas) possibilidades às quais se apresenta viável a postura de desconsiderar a lei,[468] cumprindo ou não ditames legais a depender dos ventos que empurram sua própria vontade, como se pudessem desempenhar seu mister com desinteresse à responsabilidade política que distingue sua função, desapegados do dever de reverência à autoridade do Direito.

A supremacia normativa – em suas perspectivas formal e material – confiada atualmente à Constituição Federal é o maior ganho que se obteve com a inauguração do paradigma Estado Democrático de Direito.[469] Tal importe, todavia, não deveria exprimir diminuição, ou desgaste, do *princípio da legalidade*. Segundo um enfoque atinente à jurisdição, a legitimidade democrática das decisões judiciais assenta-se em sua forçosa sujeição aos parâmetros legais pré-constituídos emanados da vontade do povo, porque discutidos, votados e aprovados

---

[468] Sobre as seis hipóteses em que o órgão judicial deve deixar de aplicar a lei votada no Parlamento – (i) se for inconstitucional; (ii) se for possível uma interpretação conforme a Constituição; (iii) se for o caso de nulidade parcial sem redução de texto; (iv) se for o caso de uma inconstitucionalidade parcial com redução de texto; (v) se se estiver em face de resolução de antinomias; e (vi) quando do confronte entre regra e princípios (com as ressalvas hermenêuticas no que se refere ao panprincipiologismo) –, conferir: STRECK, Lenio Luiz. *Verdade e consenso*: Constituição, hermenêutica e teorias discursivas. 4. ed. São Paulo: Saraiva, 2012.

[469] Confira-se a belíssima lição de Lenio Luiz Streck: "Passados os milênios e atravessados por novas manifestações rupturais em que o direito assume um papel de interdição e garantia – como em Hobbes e na Revolução Francesa –, chegamos a um novo corte histórico: o término da segunda guerra mundial. O direito havia fracassado. Duas guerras mundiais, massacres, genocídio. O direito não conseguira garantir a paz. E tampouco, minimamente, assegurara a dignidade humana. Consequentemente, algo precisava ser feito. O lema: Auschwitz nunca mais! Daí a exsurgência de uma espécie de nova pactuação: o direito não mais poderia estar a reboque da política, da moral e de vontades de maiorias eventuais e irracionais. Surge o novo constitucionalismo – ao qual, desde Verdade e Consenso, venho denominando de constitucionalismo contemporâneo. A principal novidade desse novo paradigma: a Constituição passa a ser norma. Consequentemente, ela vale. É dever-ser. Diferentemente do velho constitucionalismo, em que os textos constitucionais eram vistos como cartas de intenções, agora a Constituição mostra a sua força. Essa circunstância pode muito bem ser vista nas teses de Konrad Hesse (força normativa da Constituição), Ferrajoli (Constituição normativa) e Gomes Canotilho (Constituição dirigente). A Constituição como norma jurídica vinculante quer dizer: a partir de então, a democracia passa a ser feita no direito e pelo direito. Daí a importância das cláusulas pétreas e dos mecanismos dificultadores de emendas constitucionais. Mais ainda, o constitucionalismo contemporâneo passou a trazer em seus textos o conteúdo das promessas da modernidade incumpridas, representadas pelos direitos fundamentais-sociais, naquilo que se pode denominar de "ideal de vida boa". Ou seja, direito e moral passaram a ser coorigninários. E a autonomia desse novo direito passou a tomar um novo rumo." STRECK, Lenio Luiz. *In*: ARRUDA ALVIM, Eduardo; KRUGER THAMAY, Rennan Faria; GRANADO, Daniel Willian. *Processo constitucional*. São Paulo: Revista dos Tribunais, 2014, p. 11-14.

por seus legítimos representantes no Congresso Nacional.[470] Nenhuma decisão pública é (ou deveria ser) exigível caso seu fundamento não decorra do anseio popular, a partir do qual todo poder estatal é derivado e exercido, seja diretamente, seja por intermédio de representantes eleitos conforme padrões democráticos (CRFB, art. 1.º, parágrafo único). Ou seja, o *princípio da legalidade* permanece sendo um dos pilares do Estado Democrático de Direito – como o próprio texto constitucional, aliás, faz questão de ressaltar com ofuscante lucidez (CFRB, arts. 5.º, II, e 37, *caput*) –, muito embora tenha sofrido variação de sentido, razão pela qual se fala atualmente em *legalidade constitucionalizada*: a lei não é mais aceita *per se*, como algo cuja supremacia esteja nela própria, isoladamente considerada, porquanto apenas se legitima, é validada, *se conforme* a Constituição, isto é, caso esteja ajustada às cargas axiológica e deontológica das normas constitucionais.[471]

E se a legalidade (=*legalidade constitucionalizada*) permanece sendo uma das colunas mestras no Estado Constitucional, não pode haver dúvidas de que, frente à sua previsão constitucional (uma *cláusula pétrea*, pois positivada entre os direitos e deveres individuais e coletivos; art. 60, §4.º, IV), o constituinte assegurou a inadequação, no atual regime republicano, de um "governo dos homens", aquele cujas decisões cedem ao sabor dos caprichos da autoridade. Como é nada menos que evidente, hoje se vivencia um "governo das leis", fruto da vontade geral (CRFB/88, art. 1.º, parágrafo único), avesso a arbitrariedades praticadas pelo Estado ou por aqueles que o representam.

Entretanto, o que se constata hodiernamente é uma absoluta falta de cuidado com a legalidade. Por exemplo, doutrina e tribunais brasileiros de maneira geral encaram os princípios como dotados de uma aplicação gradual equivalente aos valores, daí se admitindo o uso da proporcionalidade como maneira de responder a casos concretos

---

[470] CARVALHO DIAS, Ronaldo Brêtas. *Responsabilidade do Estado pela função jurisdicional*. Belo Horizonte: Del Rey, 2004, p. 134.

[471] Conforme pontua Lenio Streck, "[...] a tradição continental, pelo menos até o segundo pós-guerra, não havia conhecido uma Constituição normativa, invasora da legalidade e fundadora do espaço público democrático. Isso tem consequências drásticas para a concepção do direito como um todo! Quero dizer: saltamos de um legalismo rasteiro, que reduzia o elemento central do direito ora a um conceito estrito de lei (como no caso dos códigos oitocentistas, base para o positivismo primitivo), ora a um conceito abstrato-universalizante de norma (que se encontra plasmado na ideia de direito presente no positivismo normativista), para uma concepção da legalidade que só se constitui sob o manto da constitucionalidade. Afinal – e me recordo aqui de Elias Dias –, não seríamos capazes, nesta quadra da história, de admitir uma legalidade inconstitucional. Isso deveria ser evidente". STRECK, Lenio Luiz. Aplicar a "letra da lei" é uma atitude positivista? *Revista NEJ – Eletrônica, 15*, n. 1, p. 158-153. Disponível em: <www.univali.br/periodicos>. Acesso em: 16 set. 2016.

aos quais supostamente soluções não foram antevistas pelo sistema normativo. O que se fez no Brasil, no entanto, foi uma leitura desalinhada da obra de Robert Alexy, uma vez que, se concorde ou não com a tese do jurista alemão, é impossível negar a preocupação dele com a racionalidade dos juízos de ponderação pela via da argumentação jurídica. Em prestigiosa pesquisa, na qual foram examinadas 189 decisões do Supremo Tribunal Federal, Fausto Santos de Morais chegou a uma conclusão avassaladora: ainda que os ministros façam menção expressa acerca da proporcionalidade, sua aplicação não guarda relação com o "sistema Alexy", resultando em nada mais que uma *vulgata* de sua proposta.[472] O que se tem por aqui, portanto, é a aplicação de uma proporcionalidade *sui generis*, descolada da preocupação com a racionalidade argumentativa alimentada por Alexy, que funciona quer como *argumento de autoridade* para institucionalizar uma violência retórica, quer como *álibi teórico* que só faz potencializar o subjetivismo judicial.[473]

Somos muito inventivos. Ao longo de décadas e décadas, foi colocada em prática a arquitetura de uma espécie de *válvula de tolerância* de grosso calibre que transpassa o âmbito jurídico, ligando-o a outros domínios, manobrada pelo intérprete quando desejoso de acrescer à decisão judicial toda uma série de elementos exógenos (moral, economia, política) hábeis para macular o edifício legislativo e fazer valer aquilo que, *segundo seu particular subjetivismo*, se apresenta como *justo* para a solução do caso concreto.[474] Não há como ignorar um contraponto com o chamado *Realismo Jurídico Americano*, Escola Hermenêutica que eclodiu na primeira metade do século XX, cujos defensores afirmavam que o importante para o surgimento dos provimentos judiciais eram *fatores psicológicos*, muitas vezes irracionais, que levariam o juiz, primeiramente, a atingir o resultado de seu julgamento para só então, e num segundo plano, procurar as premissas convenientes que o justificassem.[475] As decisões se orientariam por razões emocionais; o Direito se

---

[472] MORAIS, Fausto Santos de. *Ponderação e arbitrariedade*: a inadequada recepção de Alexy pelo STF. Salvador: Jus Podivm, 2016.
[473] TRINDADE, André Karam. Robert Alexy e a vulgata da ponderação de princípios. *Revista Consultor Jurídico*, 16 nov. 2013. Disponível em: <www.conjur.com.br>. Acesso em: 20 set. 2016.
[474] STRECK, Lenio Luiz; DELFINO, Lúcio. Novo CPC e decisão por equidade: a canibalização do Direito. *Revista Consultor Jurídico*, 29 dez. 2015. Disponível em: <www.conjur.com.br>. Acesso em: 20 set. 2016.
[475] Oskar Bülow, por exemplo, cujas lições influenciaram na formatação do sistema processual brasileiro, ao que tudo indica tinha bastante simpatia pelo realismo jurídico, conforme fica claro pela leitura do seguinte trecho de uma de suas obras: "Então, quando acontece, várias vezes, das decisões dos juízes contrariarem o sentido e a vontade da lei, isso deve ser aceito tranquilamente, como um destino inevitável, como um tributo, o

desprenderia da normatividade para ser encarado como uma *aposta* ou *suposição* sobre o que decidirão os juízes e tribunais.[476] Mais relevante que estudar as legislações, meras fontes de *presunção* para vaticínios prováveis, era analisar o *comportamento* e a *personalidade* dos magistrados, sobretudo os fatores que os moldaram (sua educação geral e jurídica, seus vínculos familiares e pessoais, a posição econômica e social deles, sua experiência política e jurídica, a filiação e a opinião política que nutriam, seus traços intelectuais e temperamentais).[477] Acima de tudo, se valorizaria a ideologia que cada julgador traz em si, produto de sua própria história, de sua humanidade e suas idiossincrasias, de seus entretons psicológicos. O importante era o *resultado decisional* pronunciado pelos juízes, não necessariamente resultante dos textos legais, pouco significando que com isso se afrontassem a *certeza* e a *segurança* jurídicas, desideratos considerados míopes e que deveriam ceder espaço ante a evolução do Direito.[478]

Nas palavras de Luiz Alberto Warat:

> No realismo, a figura do Deus legislador é transladada para a instituição onde o juiz cumpre o papel de um criador divino. Ali o juiz é divinizado como o legislador no formalismo. [...] Negando que as normas jurídicas possibilitem uma previsão infinita das consequências jurídicas, os realistas chegam a produzir um exagerado ceticismo frente a ditas normas gerais. Negam-lhe todo valor. Afirmam alguns, inclusive, que as normas gerais são um conjunto de enunciados metafísicos que cumprem somente a função retórica de justificar as decisões dos juízes. [...] Para o realismo a atividade do juiz é basicamente um ato de vontade,

---

qual os legisladores e juízes prestam à fraqueza do poder de expressão e comunicação humanas. [...]. Mesmo a decisão contrária à lei possui força de lei. Ela é, como qualquer decisão judicial, uma determinação jurídica originária do Estado, validada pelo Estado e por ele provida de força de lei. Com isso, não se quer dizer outra coisa do que o juiz ser autorizado pelo Estado a realizar determinações jurídicas, por eles criadas, escolhidas e desejadas" BÜLOW, Oskar von. Gesetz un Richtertamt. *In*: Juritishe zeitgeschichte. Kleine Reihe, Klassische Texte. Berl: Berliner Wissenschafts-Verlag Gmbh, 2003. v. 10, p. 37 *apud* LEAL, André Cordeiro. *Instrumentalidade do processo em crise*. Belo Horizonte: Mandamentos, 2008.

[476] Leciona Recasens Sinches que os mais destacados representantes do movimento realista são: Underhill Moore, Herman Oliphant, Walter W. Cook, Karl N. Llewellyn, Charles E. Clark e Jerome Frank. Pontua, ademais, não haver entre os jurisconsultos que aderiram ao movimento unanimidade sobre o que se deva entender por *realidade*, a despeito de, genericamente, a maior parte buscar essa *realidade* na conduta efetiva dos juízes. (SINCHES, Luis Recasens. *Nueva filosofía de la interpretacíon del derecho*. México: Porrúa, 1973, p. 95-96).

[477] HERKENHOFF, João Baptista. *Como aplicar o Direito*. 9. ed. Rio de Janeiro: Forense, 2004, p. 67.

[478] HERKENHOFF, João Baptista. *Como aplicar o Direito*. 9. ed. Rio de Janeiro: Forense, 2004, p. 68.

devendo-se considerar como fontes dessa vontade todos os motivos que influem em seu ato de decisão. O realismo chega, inclusive, a afirmar em suas vertentes extremas, que a lei é só um álibi que permite encobrir, tecnicamente, os juízos subjetivos de valor do juiz. Dito de outra forma, a lei outorgaria uma estrutura racional aos componentes irracionais que determinam a decisão do juiz. Levada a suas últimas consequências, esta postura afirma que uma dor qualquer, a opinião da sogra do juiz, sua situação social, o clima do tribunal, os meios de comunicação são, em muitas hipóteses, as causas reais dos processos de elaboração das decisões, normativamente disfarçadas. Não interessaria, portanto, saber o que as normas dizem, senão o que os juízes dizem que as normas afirmam.[479]

Não é nenhum exagero declarar que o tão aclamado neoconstitucionalismo nos conduziu a uma prática judiciária bastante assemelhada em boa medida à doutrina encampada pelos *realistas jurídicos americanos*, que atenta contra a legalidade, fomenta decisionismos, que concentra o ideal de justiça no subjetivismo do julgador e não em leis democraticamente elaboradas pelos representantes do povo. Contudo, a pergunta cuja resposta não foi dada é: se a lei já não merece confiança por representar tão somente a vitória circunstancial de interesses de grupos, o que afinal nos induz a confiar na atuação de juízes guiados por seus próprios critérios de justiça?[480]

O quotidiano do foro é rico em exemplos demonstrando a adoção desse *pensamento libertário*, caracterizado pelo desapego a compromissos com a legalidade. Confira-se, por exemplo, a amostragem trazida por Lenio Streck de decisões judiciais ativistas-behavioristas produzidas no ano de 2016: (i) decisões que determinaram o bloqueio do WhatsApp; (ii) decisão do juiz Sergio Moro, em 16 de março, de divulgar interceptação telefônica de conversa entre a então presidente da República e um ex-presidente – o STF excluiu tais provas, comprovando a tese da ilicitude; (iii) decisão do STF fragilizando a presunção da inocência contra expresso texto de lei e da Constituição; (iv) "medida excepcional" autorizando buscas e apreensões coletivas pela polícia em favela no Rio de Janeiro contra expresso texto legal e constitucional; (v) mesmo após a vigência do CPC-2015, o STJ – guardião da legalidade – continua entendendo que nada mudou acerca do dever de fundamentação, como se o artigo 489, parágrafo 1.º, com todos seus incisos, fosse

---

[479] WARAT, Luiz Alberto. *Introdução geral ao Direito*. Porto Alegre: Sergio Antonio Fabris, 1994, v. I, p. 57-58.
[480] ABELLÁN, Marina Gascón; FIGUEROA, Alfonso García. *Interpretación y argumentación jurídica*. San Salvador: Consejo Nacional de La Judicatura, 2003, p. 21.

"letra morta" – segundo o decidido nos embargos de declaração no MS nº 21.315-DF, "o julgador não está obrigado a responder a todas as questões suscitadas pelas partes, quando já tenha encontrado motivo suficiente para proferir a decisão"; (vi) decisão do Tribunal de Justiça de São Paulo anulando o julgamento dos 73 policiais condenados pelo massacre do Carandiru – o relator, segundo seu voto, julgou baseado exclusivamente *em sua consciência*; (vii) decisão do juiz Sergio Moro que autorizou a condução coercitiva do ex-presidente Lula; (viii) decisão do ministro Luís Roberto Barroso, em *Habeas Corpus*, que afirmou, com base na ponderação alexiana, não ser crime a interrupção da gestação até o terceiro mês; (ix) decisão do Tribunal Regional Federal (4ª região) entendendo que a Operação "Lava Jato" não necessita respeitar as regras de casos comuns por representar situação excepcional; (x) decisão liminar do ministro Luiz Fux, nos autos do Mandado de Segurança nº 34.530, determinando "o retorno do Projeto de Lei da Câmara nº 80/2016, em tramitação no Senado Federal, à Casa de Origem", sob fundamentos que intervêm perigosamente no processo legislativo; (xi) decisão liminar do ministro Marco Aurélio determinando o afastamento do senador Renan Calheiros da Presidência do Senado, descumprida pelo Senado até decisão do Plenário do STF, que voltou atrás para manter Renan na Presidência, mas fora da linha sucessória.[481]

Enfim, é perceptível na realidade forense uma prática judiciária que corrói dia a dia a legalidade, oriunda de (i) um *ativismo judicial* muitas vezes desregrado que politiza e corrói o Judiciário; (ii) proferida em atentado às legislações processual e ou material sem que haja justificativas para tanto, a não ser a vontade do juiz; (iii) decorrente daquilo que os próprios magistrados entendem como *justiça*, com alicerce em critérios de conveniência, cujas premissas jurídicas são buscadas só depois que a solução é intuída; (iv) fundada em princípios constitucionais que desconsideram regras infraconstitucionais hábeis para a solução fácil das questões postas em juízo, ausente qualquer motivação analítica que demonstre aos jurisdicionados a incompatibilidade entre a regra positivada e a Constituição (controle difuso de constitucionalidade); (v) sedimentada em *pseudoprincípios*, porque carentes de normatividade, dotados de papel retórico e retificativo, elaborados acriticamente pela dogmática (*panprincipiologismo* ou *caos principiológico*), adulteradores dos limites hermenêuticos dos enunciados normativos, inclusive aqueles de calibre constitucional.

---

[481] STRECK, Lenio Luiz. Breve *ranking* de decisões que (mais) fragilizaram o Direito em 2016. *Revista Consultor Jurídico*, dez. 2016. Disponível em: <www.conjur.com.br>. Acesso em: 7 set. 2016.

Esse fenômeno provém de um inconsciente coletivo que aposta todas suas fichas na atuação do Judiciário, que valoriza paradoxalmente a discricionariedade judicial em desatenção a propósitos constitucionalmente previstos. Insiste-se em resgatar métodos do direito livre, cujos adeptos mais radicais se apegam a uma espécie de *niilismo legislativo*, desdenha-se o papel das leis para cercar-se de um ideário cujo astro maior é o julgador, aquele a quem cumpre julgar com excelência o caso concreto, se necessário até em desprezo ao próprio direito positivo. A consequência disso é que todo o sistema de justiça se torna autofágico e passa a nutrir-se de sua própria substância. Decisões proferidas sem apoio normativo, construídas sem compromisso com o *devido processo legislativo*, não só atentam contra o *princípio da legalidade*, como também, e por consequência, consomem alguns outros fundamentos do Estado Democrático de Direito, a exemplo da segurança jurídica. É o Estado Democrático de Direito canibalizando-se, corroendo e extinguindo, por ação própria, ideais que deveria concretizar. Quem perde com isso é sempre os brasileiros, a cada dia mais sufocados por uma atmosfera jurisprudencial esquizofrênica, com teses para todos os gostos, cuja característica manifesta é a imprevisibilidade.

Então, o que fazer para reverter o atual estado de coisas? Ao que se assiste, como se procurou demonstrar, é o desenrolar de uma atividade jurisdicional que avança para além do intervencionismo ou da preocupação em efetivar direitos fundamentais, assumindo não raramente perfil profundamente *intrusivo*. Burla-se o edifício legislativo e, em seu lugar, preferem-se critérios extrajurídicos (moral, economia, política) como maneira de estruturar as decisões judiciais, muitas vezes em afronta ao próprio papel contramajoritário que distingue (ou deveria distinguir) a jurisdição no Estado Democrático de Direito. E o processo, linha de frente para o controle desses descomedimentos, tem sua importância cada vez mais amortecida porque aceito e manejado em descompasso com seu *ser constitucional*.

Quer me parecer, e aqui faço uma ligadura com meu *lugar de fala* assumido alhures, que um bom começo é realmente encarar o processo como a *instituição garantística* que ele é. Em outras palavras, é preciso *levar a sério* o devido processo legal. Significa isso zelar pela imparcialidade judicial, afiançar às partes tratamento isonômico ao longo do desenrolar procedimental, fazer efetivo o contraditório como garantia de influência e não surpresa, concretizar a ampla defesa e, *mais expressivo para o tema aqui desenvolvido*, observar o direito substancial de fundamentação das decisões judiciais.

Sobre o ponto foi com precisão cirúrgica que Georges Abboud afirmou, em elucidativa entrevista, que a fundamentação é o direito fundamental do século XXI.[482] Nessa mesma linha, eu diria que se trata da *vacina* da qual precisamos urgentemente para exorcizar entendimentos segundo os quais as decisões podem ser motivadas pelo *livre convencimento* do julgador! Pois prestação jurisdicional que se preze, legitimada a partir de influxos republicanos e democráticos, é aquela justificada intersubjetivamente, em atenção ao liame histórico que sedimenta e confere racionalidade ao plano jurídico. É julgar o novo caso a partir dos mesmos preceitos já aplicados em circunstâncias anteriores, cujos contornos se apresentem semelhantes, construir argumentos de forma inteirada ao conjunto do Direito. Nada mais que assegurar a igualdade de tratamento, afastar possibilidades de trabalhar com "graus zero de sentidos", prezar por uma cadeia coesa de discursos e, não menos relevante, atentar-se criteriosamente à Constituição.[483]

No entanto, nada são flores nos maltratados jardins da justiça brasileira. Embora o CPC-2015 tenha acertado em reforçar o direito à fundamentação das decisões judiciais (art. 489, §1º.), trazendo ainda expressamente a positivação de respeito à coerência e à integridade (art. 926), tudo corre o risco de tornar-se *letra morta*. Palavras ao vento. Conquanto a mídia especializada tenha anunciado revoltas da magistratura em relação à "novidade" (o que já é de doer os ossos!), o pior mesmo é a irritante e prejudicial insurreição silenciosa: basta ler as decisões mais atuais para se constatar que nos tem sido dado apenas mais do mesmo. Nada mudou. Conclusão: a zona nobre do CPC-2015 está sendo canibalizada pelo *modus operandi* da jurisdição brasileira, infelizmente.

Sejamos otimistas, porém. E lutemos a boa luta. Afinal, de nada adianta cruzar os braços e fazer beicinho. Livros como este, cuja honra me foi concedida de dele participar de algum modo, são sinais de que há viva esperança. Tudo é demasiado lento, mas as possibilidades de mudança existem e seguem sendo construídas. Agradeço imensamente ao Ricardo a oportunidade que me concedeu de elaborar essas reflexões, parabenizando-o por seu novo livro; bem assim felicito a Editora Fórum pelo engajamento em publicações de tão alta qualidade.

Em Orlando (EUA), 22 de janeiro de 2017, às 23h52min, encerrando um domingo chuvoso e com muita ventania, porém deveras

---

[482] NERY JUNIOR, Nelson; ABBOUD, Georges. Núcleo duro do novo CPC é inconstitucional, diz jurista. Entrevistadora: POMBO, Bárbara. *Jota*. 21 dez. 2016. Disponível em: <www.jota.com.br>. Acesso em: 7 set. 2016.

[483] Sugere-se a leitura dos comentários aos artigos 489, §1º e 926 presentes na obra: STRECK, Lenio Luiz; CARNEIRO DA CUNHA, Leonardo; NUNES, Dierle. *Comentários ao Código de Processo Civil*. São Paulo: Saraiva, 2016.

agradável na companhia de filhos, esposa, sobrinhos, irmão, cunhada e mamãe.

Lúcio Delfino
Pós-Doutor em Direito (UNISINOS). Doutor em Direito (PUC-SP). Membro-fundador da Associação Brasileira de Direito Processual (ABDPro). Membro do Instituto Panamericano de Derecho Procesal (IPDP). Membro do Instituto dos Advogados Brasileiros (IAB). Membro do Instituto dos Advogados de Minas Gerais (IAMG). Diretor da Revista Brasileira de Direito Processual (RBDPro). Advogado.

REFERÊNCIAS

ABBOUD, Georges Henrique; CARNIO, Garbellini; OLIVEIRA, Rafael Tomaz de. *Introdução à teoria e à filosofia do direito*. São Paulo: Revista dos Tribunais, 2013.

ABELLÁN, Marina Gascón; FIGUEROA, Alfonso García. *Interpretación y argumentación jurídica*. San Salvador: Consejo Nacional de La Judicatura, 2003.

ALEXY, Robert. *Teoria discursiva do Direito*. Tradução de Alexandre Travessoni Gomes Trivisonno. Rio de janeiro: Forense, 2013.

ALTAVILA, Jaime de. *Origem dos direitos dos povos*. 5. ed. São Paulo: Ícone, 1989.

ALVIM, José Eduardo Carreira. *Teoria geral do processo*. 10. ed. Rio de Janeiro: Forense, 2005.

ASSIS, Araken de. *O Contempt of Court no Direito brasileiro*. [S.l.], 2003. Disponível em: <http://www.abdpc.org.br/abdpc/artigos/araken%20de%20 assis(4)%20-%20formatado.pdf>. Acesso em: 7 set. 2016.

ÁVILA, Humberto. *Teoria dos princípios*: da definição à aplicação dos princípios jurídicos. 12. ed. São Paulo: Malheiros, 2011.

BARACHO, José Alfredo de Oliveira. *Direito Processual Constitucional*: aspectos contemporâneos. Belo Horizonte: Fórum, 2006.

BARROSO, Luís Roberto. Neoconstitucionalismo e constitucionalização do Direito: o triunfo tardio do Direito Constitucional no Brasil. *Revista Eletrônica sobre a Reforma do Estado (RERE)*, Salvador, n. 9, p. 4-5, 2007. Disponível em: <http://www.direitodoestado.com.br/artigo/luis-roberto-barroso/ neoconstitucionalismo-e-constitucionalizacao-do-direitoo-triunfo-tardio-do-direito-constitucional-no-brasil>. Acesso em: 31 ago. 2016.

BARROSO, Luís Roberto; BARCELLOS, Ana Paula de. O começo da história: a nova interpretação constitucional e o papel dos princípios no direito brasileiro. In: SILVA, Virgílio Afonso da. *Interpretação constitucional*. 1. ed. São Paulo: Malheiros, 2010.

BEDAQUE, José Roberto dos Santos. *Efetividade do processo e técnica processual*. 2. ed. São Paulo: Malheiros, 2007.

BERMUDES. Sérgio. *Iniciação ao estudo do Direito Processual Civil*. 1. ed. Rio de Janeiro: Liber Juris, 1973.

BERNABENTOS, Omar Abel. *Teoria general del processo*. Rosario: Juris, 2005. v. 2.

BOBBIO, Norberto. *Liberalismo e democracia*. São Paulo: Brasiliense, 1988.

BOBBIO, Norberto. *O positivismo jurídico*: lições de filosofia do direito. Tradução de Márcio Pugliese. São Paulo: Ícone, 1995.

BRASIL. Constituição (1988). *Constituição da República Federativa do Brasil de 1988*. Disponível em: <https://www.planalto.gov.br/ccivil_03/constituicao/ constituicao.htm>. Acesso em: 8 set. 2016.

BRASIL. *Decreto-Lei nº 1.608, de 18 de setembro de 1939*. Código de Processo Civil. Disponível em: <https://www.planalto.gov.br/ccivil_03/decreto-lei/1937-1946/Del1608.htm>. Acesso em: 7 set. 2016.

BRASIL. *Emenda constitucional nº 90, de 15 de setembro de 2015*. Dá nova redação ao art. 6º da Constituição Federal, para introduzir o transporte como direito social. Disponível em: <https://www.planalto.gov.br/ccivil_03/constituicao/emendas/ emc/emc90.htm>. Acesso em: 31 ago. 2016.

BRASIL. *Lei nº 5.869, de 11 de janeiro de 1973*. Institui o Código de Processo Civil. Disponível em: <http://www.planalto.gov.br/ccivil_03/leis/L5869.htm>. Acesso em: 7 set. 2016.

BRASIL. *Lei nº 9.307, de 23 de setembro de 1996*. Dispõe sobre a arbitragem. Disponível em: <http:// www.planalto.gov.br/ccivil_03/leis/L9307.htm>. Acesso em: 7 set. 2016.

BRASIL. *Lei nº 9.492, de 10 de setembro de 1997*. Define competência, regulamenta os serviços concernentes ao protesto de títulos e outros documentos de dívida e dá outras providências. Disponível em: <https://www.planalto. gov.br/ ccivil_03/leis/L9492.htm>. Acesso em: 7 set. 2016.

BRASIL. *Lei nº 9.868, de 10 de novembro de 1999*. Dispõe sobre o processo e julgamento da ação direta de inconstitucionalidade e da ação declaratória de constitucionalidade perante o Supremo Tribunal Federal. Disponível em: <http:// www.planalto.gov.br/ccivil_03/leis/ L9868.htm>. Acesso em: 7 set. 2016.

BRASIL. *Lei nº 10.259, de 12 de julho de 2001*. Dispõe sobre a instituição dos Juizados Especiais Cíveis e Criminais no âmbito da Justiça Federal. Disponível em: <http://www. planalto. gov.br/ccivil_03/leis/LEIS_2001/L10259.htm>. Acesso em: 7 set. 2016.

BRASIL. *Lei nº 13.105, de 16 de março de 2015*. Código de Processo Civil. Disponível em: <https://www.planalto. gov.br/ccivil_03/_ato2015-2018/2015/lei/ l13105.htm>. Acesso em: 7 set. 2016.

BRASIL. Superior Tribunal de Justiça. *Agravo regimental no agravo em recurso especial AgRg no AREsp 346089 PR 2013/0154007-5 (STJ)*. Agravante: TNL PCS S/A. Agravado: Vânia Carrasco Falavinha Souza. Relator: Ministro Luis Felipe Salomão. Brasília, data de julgamento: 27 de agosto de 2013. Disponível em: <https://ww2.stj.jus.br/processo/pes quisa/?src=1.1.3&aplicacao=processos.ea&tipoPesquisa=tipoPesquisaGenerica&num_registro=201301540075>. Acesso em: 7 set. 2016.

BRASIL. Supremo Tribunal Federal. *Ação direta de inconstitucionalidade ADI nº 2.652*. Requerente: Associação Nacional dos Procuradores de Estado – ANAPE. Requerido: Presidente da República e Congresso Nacional. Relator: Min. Maurício Corrêa. Brasília, DF, 8 de maio de 2003. Disponível em: <http://www.trtsp.jus.br/ geral/tribunal2/Trib_Sup/STF/ADINS/2652_6.html>. Acesso em: 7 set. 2016.

BRASIL. Supremo Tribunal Federal. *Ação direta de inconstitucionalidade 3.168-6 Distrito Federal*. Requerentes: Conselho Federal da Ordem dos Advogados do Brasil. Requerido: Presidente da República, Advogado-Geral da União, Congresso Nacional. Relator: Joaquim Barbosa. Brasília, DF, julgamento: 8 de junho de 2006. Disponível em: <http://redir.stf.jus.br/paginadorpub/paginador.jsp?docTP= AC&docID=474620>. Acesso em: 7 set. 2016.

BRASIL. Supremo Tribunal Federal. *ADI 1539 - Ação direta de inconstitucionalidade*. Requerente: Conselho Federal da Ordem dos Advogados do Brasil. Intimados: Presidente da República e Congresso Nacional. Relator: Maurício Corrêa. Brasília, DF, 24 de abril de 2003. Disponível em: <http://www. stf.jus.br/portal/processo/verProcesso Andamento.asp?incidente=1655754>. Acesso em: 7 set. 2016.

BRASIL. Supremo Tribunal Federal. *SE 5206 AgR / EP - ESPANHA AG.REG.na sentença estrangeira*. Agravante: M B V Commercial and Export Management. Establishment. Agravado:

Resil Industria e Comercio LTDA. Relator: Min. Sepúlveda Pertence. Brasília, DF, julgamento: 12 de dezembro de 2001. Disponível em: <https://goo.gl/8LFvVb>. Acesso em: 7 set. 2016.

BÜLOW, Oskar. *Teoria das exceções e dos pressupostos processuais*. Campinas: LZN, 2003.

CAMBI, Eduardo. *Neoconstitucionalismo e neoprocessualismo*: direitos fundamentais, políticas públicas e protagonismo judiciário. 2. ed. São Paulo: Revista dos Tribunais, 2011.

CANOTILHO, J. J. Gomes. *Direito Constitucional e Teoria da Constituição*. 6. ed. Coimbra: Almedina, 1995.

CANOTILHO, J. J. Gomes. *Direito Constitucional*. 6. ed. Coimbra: Almedina, 1995.

CAPPELLETTI, Mauro. *Juízes legisladores?* Porto Alegre: Sergio Antonio Fabris, 1993.

CAPPELLETTI, Mauro. *Processo, ideologias e sociedade*. Tradução e Revisão de Hermes Zaneti Junior. Porto Alegre: Sergio Antonio Fabris, 2010. v. 2.

CARDOSO, Antônio Manuel Bandeira. A Magna Carta: conceituação e antecedentes. *Revista Informação Legislativa*, Brasília, DF, ano 23, n. 91, p. 137, jul./set. 1986. Disponível em: <https://www2.senado.leg.br/bdsf/bitstream/ handle/id/182020/000113791.pdf?sequence=1>. Acesso em: 24 ago. 2016.

CARVALHO DIAS, Ronaldo Brêtas de. *Processo Constitucional e Estado Democrático de Direito*. 3. ed. Belo Horizonte: Del Rey, 2015.

CERVEJARIA SCHINCARIOL. Schin – porque sim! [S.l.], 2014. (30 seg). Disponível em: <https://www.youtube.com/watch?v=BmdGKTfPzOk>. Acesso em: 20 set. 2016.

COMANDUCCI, Paolo. Formas de (neo)constitucionalismo: um análisis metateórico. In: CARBONELL, Miguel. *Neoconstitucionalismo(s)*. 4. ed. Madrid: Trotta, 2009.

CONSELHO NACIONAL DE JUSTIÇA (CNJ). *Metas 2010*. Brasília, DF, 2010. Disponível em: <http://www.cnj.jus.br/gestao-e-planejamento/metas/metas-prioritarias-de-2010>. Acesso em: 19 nov. 2014.

CONSELHO NACIONAL DE JUSTIÇA (CNJ). *Metas de nivelamento do poder judiciário 2009*: relatório final. Brasília, DF, 2010. Disponível em: <http://www. cnj.jus.br/images/metas_judiciario/2009/relatorio_cnj_formato_ cartilhav2.pdf>. Acesso em: 19 nov. 2014.

COUTURE, Eduardo. *Introdução ao estudo do processo civil*. Tradução de Hiltomar Martins Oliveira. Belo Horizonte: Líder, 2008.

CUNHA JÚNIOR, Dirley da. *Curso de Direito Constitucional*. 2. ed. Salvador: Jus Podivm, 2008.

DIDIER JR., Fredie. *Curso de Direito Processual Civil*. 13. ed. Salvador: Jus Podivm, 2011. v. 1.

DINAMARCO, Cândido Rangel. *A instrumentalidade do processo*. 14. ed. São Paulo: Malheiros, 2009.

DINAMARCO, Cândido Rangel. Entrevista. Cândido Rangel Dinamarco e a instrumentalidade do processo. *Cadernos de Direito da Fundação Getulio Vargas*, Rio de Janeiro, v. 7, n. 4, p. 18, jul. 2010. Disponível em: <http://bibliotecadigital. fgv.br/dspace/bitstream/handle/10438/7850/Caderno%20Direito%20GV%20-%2036%20-%20site.pdf?sequence=>. Acesso em: 30 set. 2016.

DINIZ, Maria Helena. *Compêndio de introdução à ciência do Direito*. 8. ed. São Paulo: Saraiva, 1995.

DWORKIN, Ronald. *Levando os direitos a sério*. 3. ed. São Paulo: Martins Fontes, 2010.

DWORKIN, Ronald. *O império do Direito*. São Paulo: Martins Fontes, 2014.

DWORKIN, Ronald. *Uma questão de princípio*. São Paulo: Martins Fontes, 2000.

ESCOLA NACIONAL DE FORMAÇÃO E APERFEIÇOAMENTO DE MAGISTRADOS (ENFAM). *Enunciados aprovados*. Apresentados no Seminário "O Poder Judiciário e o novo CPC", ago. 2015. Disponível em: <http://www.enfam.jus.br/wp-co.ntent/ uploads/2015/09/ ENUNCIADOS-VERS% C3%83O-DEFINITIVA-.pdf>. Acesso em: 21 out. 2016.

FAZZALARI, Elio. *Instituições de Direito Processual Civil*. 8. ed. Tradução de Elaine Nassif. Campinas: Bookseller, 2006.

FERRAJOLI, Luigi. *Constitucionalismo garantista e neoconstitucionalismo*. Tradução de André Karam Trindade. In: SIMPÓSIO NACIONAL DE DIREITO CONSTITUCIONAL, 9., Curitiba, 2010. *Anais eletrônicos*... Curitiba: Academia Brasileira de Direito Constitucional, 2010, Disponível em: <http://www.abdconst.com.br/revista3/ luigiferrajoli.pdf>. Acesso em: 11 nov. 2014.

FERRAJOLI, Luigi; STRECK, Lenio Luiz; TRINDADE, André Karam (Org.). *Garantismo, hermenêutica e (neo)constitucionalismo*: um debate com Luigi Ferrajoli. Porto Alegre: Livraria do Advogado, 2012.

FERRAZ JR., Tercio Sampaio. *Função social da dogmática jurídica*. São Paulo: Max Limonad, 1998.

FERREIRA FILHO, Manoel Gonçalves. *Curso de Direito Constitucional*. 23. ed. São Paulo: Saraiva, 1996.

FONSECA COSTA, Eduardo José da. O processo como instituição de garantia. *Revista Consultor Jurídico*. 16 nov. 2016. Disponível em: <www.conjur.com.br>. Acesso em: 7 set. 2016.

GADAMER, Hans-Georg. *Verdade e método*. 13. ed. Petrópolis: Vozes, 2013. v. 1.

GADAMER, Hans-Georg. *Verdade e método*. 6. ed. Petrópolis: Vozes, 2011. v. 2.

GAJARDONI, Fernando da Fonseca. *Flexibilização procedimental*: um novo enfoque para o estudo do procedimento em matéria processual. 2007. Tese (Doutorado em Direito) – Faculdade de Direito, USP, 2007. Disponível em: <file:///C:/Users/RICARDO/Downloads/ FERNANDO _TESE_COMPLETA_PDF.pdf>. Acesso em: 13 out. 2016.

GALIMBERTI, Umberto. *Psiche e techne*: o homem na idade da técnica. São Paulo: Paulus, 2006.

GOLDSCHMIDT, James. *Direito Processual Civil*. Campinas: Bookseller, 2003. t. 1.

GOYTISOLO, Juan Vallet de. *O perigo da desumanização através do predomínio da tecnocracia*. Tradução de Alfredo Augusto Rabello Leite. São Paulo: Mundo Cultural, 1977.

GUASP, Jaime. *Comentarios a la ley de enjuiciamento civil*. Madrid: M Aguiar, 1943. t. 1.

GUSMÃO, Paulo Dourado de. *Introdução ao estudo do Direito*. 18. ed. Rio de Janeiro: Forense, 1995.

HEIDEGGER, Martin. A questão da técnica. Palestra proferida em 18.11.1983. *Revista Scientiae Studia*, São Paulo, v. 5, n. 3, p. 375-398, 2007. Disponível em: <http://www.revistas. usp.br/ ss/article/download/11117/12885>. Acesso em: 21 set. 2016.

HERKENHOFF, João Baptista. *Como aplicar o Direito*. 9. ed. Rio de Janeiro: Forense, 2004.

HERZL, Ricardo A.; STRECK, Lenio Luiz. O que é isto: os novos embargos infringentes? Uma mão dá e a outra... *Revista Consultor Jurídico*, São Paulo, 13 jan. 2015. Disponível em: <http://www.conjur.com.br/2015-jan-13/isto-novos-embargos-infringentes-mao-outra>. Acesso em: 1 nov. 2016.

HERZL, Ricardo A.; ENGELMANN, Wilson. Processualismo tecnocrático *versus* processualismo tecnológico: da eficiência quantitativa à efetividade qualitativa no direito processual civil. *Empório do Direito*, [S.l.], 22 maio 2015. Disponível em <http://emporiododireito.com.br/processualismo-tecnocratico-versus-processualismo-tecnologico-da-eficiencia-quantitativa-e-efetividade-qualitativa-no-direito-processual-civil-por-ricardo-augusto-herzl-e-wilson-engelmann/>. Acesso em: 20 out. 2016.

HERZL, Ricardo, A. *Neoprocessualismo, processo e Constituição*: o Direito Processual Civil à luz do neoconstitucionalismo. Florianópolis: Conceito, 2013.

HUBERMAN, Leo. *História da riqueza do homem*. 14. ed. Rio de Janeiro: Zahar, 1978.

JOBIM, Marcos. As fases metodológicas do processo. *Revista eletrônica AJDD*, Rio de Janeiro, ano 4, n. 8, 2014. Disponível em: <http://www.reajdd.com.br/ed8.html>. Acesso em: 8 set. 2016.

KELSEN, Hans. *Teoria pura do Direito*. 6. ed. São Paulo: Martins Fontes, 1998.

LAMY, Eduardo; RODRIGUES, Horácio Wanderlei. *Teoria geral do processo*. 2. ed. São Paulo: Conceito, 2011.

LEAL, André Cordeiro. *Instrumentalidade do processo em crise*. Belo Horizonte: Mandamentos, 2008.

LEAL, Rosemiro Pereira. *Teoria Geral do Processo*: primeiros estudos. Belo Horizonte: Fórum, 2016.

LOEWENSTEIN, Karl. *Teoria de la constituición*. 2. ed. Tradução de Alfredo Gallego Anabitarte. Barcelona: Ariel, 1970.

LUHMANN, Niklas. *El derecho de la sociedad*. Mexico: Iberoamericana, 2002.

MEDINA, José Garcia. Novo CPC, a ordem cronológica de julgamentos não é inflexível. *Revista Consultor Jurídico*, São Paulo, 9 fev. 2015. Disponível em: <http://www.conjur.com.br/2015-fev-09/processo-cpc-ordem-cronologica-julgamentos-nao-inflexivel. Acesso em: 27 out. 2016.

MENDES, Gilmar Ferreira; COELHO, Inocêncio Mártires; BRANCO, Paulo Gustavo Gonet. *Curso de Direito Constitucional*. São Paulo: Saraiva, 2007.

MITIDIERO, Daniel Francisco. *Bases para construção de um processo civil cooperativo*: o Direito Processual Civil no marco teórico do formalismo-valorativo. 2007. Tese (Doutorado em Direito) – UFRGS, Porto Alegre, 2007. Disponível em: <http://www.lume.ufrgs.br/handle/10183/13221>. Acesso em: 20 out. 2016.

MITIDIERO, Daniel. *Colaboração no processo civil*: pressupostos sociais, lógicos e éticos. 2. ed. São Paulo: Revista dos Tribunais, 2011.

MORAIS, Fausto Santos de. *Ponderação e arbitrariedade*: a inadequada recepção de Alexy pelo STF. Salvador: Jus Podivm, 2016.

MÜLLER, Friedrich. *Teoria estruturante do Direito*. São Paulo: Revista dos Tribunais, 2008.

NERY JUNIOR, Nelson; ABBOUD, Georges. Núcleo duro do novo CPC é inconstitucional, diz jurista. Entrevistadora: POMBO, Bárbara. *Jota*. 21 dez. 2016. Disponível em: <www.jota.com.br>. Acesso em: 7 set. 2016.

NEVES, A. Castanheira. A distinção entre a questão-de-facto e a questão-de-direito. *Revista Digesta*, Coimbra, v. 1, p. 511, 1995.

OAB e CNJ lançam projeto para unificar processos virtuais no país. *Revista Consultor Jurídico*, São Paulo, 2 dez. 2014. Disponível em: <http://www.conjur.com.br/2014-dez-02/oab-cnj-lancam-projeto-unificar-processos-virtuais-pais>. Acesso em: 5 nov. 2016.

OLIVEIRA, Carlos Alberto Álvaro de. *Do formalismo no processo civil*. 2. ed. São Paulo: Saraiva, 2003.

OLIVEIRA, Carlos Alberto Álvaro. O formalismo-valorativo no confronto com o formalismo excessivo. *Revista de Processo*, São Paulo, n. 137, 2006.

OLIVEIRA, Rafael Tomaz de. *Decisão judicial e o conceito de princípio*: a hermenêutica e a (in)determinação do Direito. Porto Alegre: Livraria do Advogado, 2008.

OST, François. *O tempo do Direito*. Lisboa: Instituto Piaget, 2001.

PRATA, Edson. *História do processo civil e sua projeção no Direito moderno*. Rio de Janeiro, 1987.

PRAZOS processuais de juizados especiais passam a ser contados em dias corridos. *Revista Consultor Jurídico*, São Paulo, 5 jul. 2016. Disponível em: <http://www.conjur.com.br/2016-jul-05/prazos-juizados-especiais-passam-contados-dias-corridos>. Acesso em: 16 set. 2016.

RAMOS, Glauco Gumerato. Proceso jurisdicional, República y los Institutos Fundamentales del derecho procesal. *Revista Brasileira de Direito Processual – RBDPro*, Belo Horizonte, ano 22, n. 88, p. 251-272, out./dez. 2014.

SARLET, Ingo Wolfgang. *A eficácia dos direitos fundamentais*. 10. ed. Porto Alegre: Livraria do Advogado, 2010.

SILVA, Virgílio Afonso da. Interpretação constitucional e sincretismo metodológico. In: SILVA, Virgílio Afonso da. *Interpretação constitucional*. 1. ed. São Paulo: Malheiros, 2010.

SILVA, Virgílio Afonso da. *Interpretação constitucional*. 1. ed. São Paulo: Malheiros, 2010.

SILVA, Virgílio Afonso da. O conteúdo essencial dos direitos fundamentais e a eficácia das normas constitucionais. *Revista de Direito do Estado*, [S.l.], n. 4, p. 5-6, 2006.

SINCHES, Luis Recasens. *Nueva filosofía de la interpretacíon del derecho*. México: Porrúa, 1973.

STEIN, Ernildo. Introdução ao método fenomenológico Heideggeriano. In: HEIDEGGER, Martin. *Conferências e escritos filosóficos*. Sobre a essência do fundamento. Tradução de Ernildo Stein. São Paulo: Abril Cultural, 1979. (Coleção Os pensadores).

STRECK, Lenio Luiz. Aplicar a letra da lei é uma atitude positivista? *Revista NEJ/UNIVALI - Eletrônica*, Itajaí, v. 15, n. 1, p. 158-173, jan./abr. 2010. Disponível em: <http://www6.univali.br/seer/index.php/nej/article/view/2308/1623>. Acesso em: 16 set. 2016.

STRECK, Lenio Luiz. Breve *ranking* de decisões que (mais) fragilizaram o Direito em 2016. *Revista Consultor Jurídico*. dez. 2016. Disponível em: <www.conjur.com.br>. Acesso em: 7 set. 2016.

STRECK, Lenio Luiz. *Hermenêutica jurídica e(m) crise*: uma exploração hermenêutica da construção do direito. 11. ed. Porto Alegre: Livraria do Advogado, 2013.

STRECK, Lenio Luiz. *Jurisdição constitucional e decisão jurídica*. São Paulo: Revista dos Tribunais, 2013.

STRECK, Lenio Luiz. *Lições de crítica hermenêutica do Direito*. Porto Alegre: Livraria do Advogado, 2014.

STRECK, Lenio Luiz. O cego de Paris II: o que é "a verdade" no Direito? *Revista Consultor Jurídico*, São Paulo, 17 out. 2013. Disponível em: <http://www.conjur.com.br/2013-out-17/senso-incomum-cego-paris-ii-verdade-direito>. Acesso em: 14 out. 2016.

STRECK, Lenio Luiz. *O que é isto*: decido conforme minha consciência? 4. ed. rev. Porto Alegre: Livraria do Advogado, 2013.

STRECK, Lenio Luiz. O que é verdade? Ou tudo é relativo? E o que dizer a quem perdeu um olho? *Revista Consultor Jurídico*, São Paulo, 2 out. 2012. Disponível em: <http://www.conjur.com.br/2014-out-02/senso-incomum-verdade-tudo-relativo-dizer-quem-perdeu-olho>. Acesso em: 19 set. 2016.

STRECK, Lenio Luiz. Técnica de ponderação no Novo CPC. Debate com o Prof. Lenio Streck. *Jornal Carta Forense*, São Paulo, fev. 2016. Disponível em: <http://flaviotartuce.jusbrasil.com.br/artigos/ 302533403/tecnica-de-ponderacao-no-novo-cpc-debate-com-o-professor-lenio-streck>. Acesso em: 27 out. 2016.

STRECK, Lenio Luiz. *Verdade e consenso*: Constituição, hermenêutica e teorias discursivas. 5. ed. São Paulo: Saraiva, 2014.

STRECK, Lenio Luiz; ABBOUD, Georges. O que é isto: o sistema (sic) de precedentes no CPC? *Revista Consultor Jurídico*, São Paulo. 13 out. 2016. Disponível em: <http://www.conjur.com.br/2016-ago-18/senso-incomum-isto-sistema-sic-precedentes-cpc>. Acesso em: 8 nov. 2016.

STRECK, Lenio Luiz; CARNEIRO DA CUNHA, Leonardo; NUNES, Dierle. *Comentários ao Código de Processo Civil*. São Paulo: Saraiva, 2016.

STRECK, Lenio Luiz; DELFINO, Lúcio. Novo CPC e decisão por equidade: a canibalização do Direito. *Revista Consultor Jurídico*, 29 dez. 2015. Disponível em: <www.conjur.com.br>. Acesso em: 20 set. 2016.

STRECK, Lenio Luiz *et al*. A cooperação processual do novo CPC é incompatível com a Constituição. *Revista Consultor Jurídico*, São Paulo, 6 dez. 2012. Disponível em: <http://www.conjur.com.br/2014-dez-23/cooperacao-processual-cpc-incompativel-constituicao#_ftn3>. Acesso em: 20 out. 2016.

STRECK, Lenio Luiz; KÖCHE, Rafael; MÜLLER, Fabiano; FOGAÇA, Lucas. "Hermenêutica Constitucional" e senso comum teórico dos juristas: o exemplo privilegiado de uma aula na TV. *Direitos Fundamentais & Justiça*, Porto Alegre, ano 6, n. 19, p. 237-261, abr./jun. 2012. Disponível em: <http://www.dfj.inf.br/Arquivos/PDF_Livre/19_Dout_Nacional% 209.pdf>. Acesso em: 20 set. 2016.

STRECK, Lenio Luiz; MORAIS, José Luiz Bolzan de. *Ciência política e teoria do Estado*. 7. ed. Porto Alegre: Livraria do Advogado, 2012.

TARUFFO, Michele. *Uma simples verdade*: o juiz e a construção dos fatos. Tradução de Vitor de Paula Ramos. São Paulo: Marcial Pons, 2012.

TASSINARI, Clarissa. *Jurisdição e ativismo judicial*: limites da atuação do Judiciário. Porto Alegre: Livraria do Advogado, 2013.

TRINDADE, André Karam. Robert Alexy e a vulgata da ponderação de princípios. *Revista Consultor Jurídico*, 16 nov. 2013. Disponível em: <www.conjur.com.br>. Acesso em: 20 set. 2016.

TUCCI, José Rogério Cruz e. *Lições de história do processo civil romano*. São Paulo: Revista dos Tribunais, 1996.

VASCONCELOS, Maria José Esteves de. *Pensamento sistêmico*: o novo paradigma da ciência. 9. ed. Campinas: Papirus, 2002.

VIEIRA PINTO, Álvaro. *O conceito de tecnologia*. Rio de Janeiro: Contraponto: 2005. v. 1.

WARAT, Luís Alberto. Saber crítico e senso comum teórico dos juristas. *Revista Busca Legis*, Florianópolis, n. 5, p. 48-57, jun. 1982.

WATANABE, Kazuo. *Da cognição no processo civil*. Campinas: Bookseller, 2000.

WINDSCHEID, Bernhard; MUTHER, Theodor. *Polemica sobre "la actio"*. Buenos Aires: Europa-America, 1974.

WOLKMER, Antônio Carlos (Org.). *Fundamentos de história do Direito*. 5. ed. Belo Horizonte: Del Rey, 2010.

ZANETI JUNIOR, Hermes. *A constitucionalização do processo*: a virada do paradigma racional e político no processo civil brasileiro do Estado Democrático Constitucional. 2005. Tese (Doutorado em Direito) – Universidade Federal do Rio Grande do Sul, Porto Alegre, 2005.